U0120394

方机动　著

管仲 一箭相国

河南文艺出版社
·郑州·

图书在版编目（CIP）数据

管仲　一箭相国/方机动著. —郑州:河南文艺出版社,2021.3

ISBN 978-7-5559-1052-7

Ⅰ.①管… Ⅱ.①方… Ⅲ.①管仲(？—前645)-生平事迹 Ⅳ.①B226.1

中国版本图书馆 CIP 数据核字(2020)第 249828 号

策　　划	俞　芸	
责任编辑	俞　芸	
责任校对	殷现堂	
书籍设计	吴　月	
责任印制	陈少强	

出版发行	河南文艺出版社
本社地址	郑州市郑东新区祥盛街 27 号 C 座 5 楼
邮政编码	450018
承印单位	河南新华印刷集团有限公司
经销单位	新华书店
纸张规格	735 毫米×1040 毫米　1/16
印　　张	25.5
字　　数	436 000
版　　次	2021 年 3 月第 1 版
印　　次	2021 年 3 月第 1 次印刷
定　　价	48.00 元

我心目中的管仲

管仲，是中华民族第一次大动荡、大忧患、大转折时期，第一个无所畏惧地站出来，勇于担当、执掌航向、主宰沉浮的人。

自少年时期始，我便对中国的历史和战争产生了浓厚的兴趣，年龄愈长，痴迷尤甚，慢慢地，依着自己的喜好和评判，按时间排列，我的心中便产生了一幅中华英雄的座次图。这幅图中，管仲排第一。再后来，胸中鹿撞，心痒难耐，总想为这些可歌可泣的人物写些什么，那就先从第一个——管仲开始吧。关于管仲，初时只是感慨管鲍二人朋友义重，高山仰止，以及他辅佐齐桓公称霸，那一段英雄往事令人热血沸腾，如此而已吧。然而，真正动起笔来，一点一点深入研究管仲，才发现自己原来目光短浅，见识浅陋，实不识管仲，真真汗颜不已！不由感叹，难怪民国时期梁启超先生评论道："管子者，中国之最大政治家，而亦学术思想界一巨子也。"写《管仲》，也是一个对管仲重新认识的过程，而管仲以及管仲所干过的事情，也确有重新认识之必要。于是权将自己的种种认识整理如下，以为《管仲》之序，与大家做一个分享。

管仲首先是一个经济学家

管仲博学多才，是一个全能型人物。齐桓公可以成为春秋首霸，实是全赖管仲之能。《论语》中孔子言道，"桓公九合诸侯，不以兵车，管仲之力也!"三国时期诸葛亮也常自比于管乐（管仲、乐毅），管仲的治国本领和政治才能，世所公认，自不必说。若要我说，管仲首先是经济学家，然后是改革家，最后才是政治家。

管仲其人，大体前半生约四十岁前贫寒无依，漂泊不定；而四十岁后则一朝得志，大展宏图。值得注意的是，人生上半场，管仲的主题是与鲍叔牙一道经商。虽然生意做得并不怎么样，但以他的过人才智，应该自那时起，管仲就对商业和经济有了独特的视野和深刻的思考。具体内容我们无从知晓，不过通过一些蛛丝马迹依然可以窥得一二。后世有一本记载管仲思想与行为的书，叫作《管子》，其中有许多精密的计算与数字表达，极类似于一个商人的精打细算，说这是一个堂堂相国所为，的确有些不可思议。另外有许多记载，更是集中展现了管仲对商业与经济的特别关注，比如：

"夫凡人之情，见利莫能勿就，见害莫能勿避。其商人通贾，倍道兼行，夜以续日，千里而不远者，利在前也。渔人之入海，海深万仞，就波逆流，乘危百里，宿夜不出者，利在水也。故利之所在，虽千仞之山，无所不上；深源之下，无所不入焉。"

"地之东西二万八千里，南北二万六千里，其出水者八千里，受水者八千里，出铜之山四百六十七山，出铁之山三千六百九山。"

"夫楚有汝汉之金，齐有渠展之盐，燕有辽东之煮。"

"市者货之准也。是故百货贱则百利不得，百利不得则百事治，百事治则百用节矣。是故事者生千虑，成于务，失于傲。不虑则不生，不务则不成，不傲则不失，故曰，市者可以知治乱，可以知多寡，而不能为多寡。为之有道。"

这些言论表现了管仲对商业与经济问题的长期思考与深厚功力，绝非一日之功，绝非偶然为之。

做了齐国相国，管仲终于登上舞台，得以施展胸中抱负。齐国霸业，始自管仲改革，

而管仲的改革,是一次以强国图霸为目标的全方位的改革,涉及方方面面,尤其是关于发展经济的篇章,分量最重。其主要内容有:

发展商业,广泛设立市场。国都临淄,设工商之乡有三,发展商民达六千户;国都之外,每隔一百五十里,设市井一处,为民自由交易之所。此外还成立了专门的市场管理机构,有专门的管理市场的官员,叫作市吝夫。

招商引资,商业走出国门。管仲主导的商业,是既要发展"内贸",也要发展"外贸",做天下所有人的生意。这在当时的社会环境下,是一个根本性创举。要知道商业虽然在商朝时就有,但基本上是原始的物物交换,小范围内交易,到了管仲时期,商业一下子迅猛腾飞,变成了由国家主导的强势战略。当时齐国所采取的办法有:免征关税,降低市税,刺激外国商人来齐国行商。在齐境交通要道,每隔三十里,专为各国商旅设驿站一座——凡载一乘货物入齐者,供奉饮食;凡载三乘货物入齐者,加奉牲畜之草料;凡载五乘货物入齐者,再加派五个齐人侍奉……这便是管仲时代的招商引资、发展外贸策略。

行"官山海",实行盐铁国家专卖。这也是管仲的首创,特别是盐业专营与盐税,成了国家财政收入的重要来源,这一策略此后几千年始终不变。要特别关注的是,管仲时期的"官山海",并不是完全的国家垄断,而是采取了国有民营的办法,即在保证矿山、盐场国家所有的前提下,允许民间百姓介入,共同经营。与民分利,而且分利的标准竟是"计其盈,民得其七,君得其三"。——七成红利分给了国民!

税收制度改革。国家要富,赋税必丰,管仲对于税收制度,也是第一个敢于吃螃蟹的人。实行盐铁专营,便是税收改革的一个成功之举。此外如农业税,管仲废除了井田制,推行"均地分力",将土地平均分给一家一户耕种,同时也废除了过去的劳役地租(井田时期先种公田,然后才能种私田),实行实物地租(即缴纳粮食),而且这个农业税采取的是"相地衰征法",即根据土地的不同情况而征收等级不同的地租。所谓"十仞见水不大潦,五尺见水不大旱。十一仞见水轻征,十分去二三,二则去三四,四则去四,五则去半,比之于山。五尺见水,十分去一,四则去三,三则去二,二则去一,三尺而见水,比之于泽"。这个政策在当时无疑是一大进步,极大地促进了生产力的发展,后来各诸侯国纷纷效仿,如鲁国的"初税亩"法、秦国的"初租禾"法,都是从"相地衰征法"发展而来的。

铸造货币。在春秋中期以前,人们的商业活动要么是物物交换,要么就以天然的海贝充当货币进行结算,那个时代,"刀漆以为书,贝币以为货"。在管仲的主宰下,齐国经济率先崛起,顺应时势,国家也开始铸造货币——当时齐国铸造了刀形币,这是齐国最早的金属货币。

富国也富民。管仲的经济策略促使齐国迅速富强,在当时的一百多个诸侯国中脱颖而出。管仲所求不是简单的财富集中,在富国的同时,也强调藏富于民,这是管仲非常可贵的民本思想的一个体现。与后世封建时代的强国路线最大的不同,即管仲主政的齐国是靠发展经济起家的,走的不是"奖励耕战"以及武力掠夺的路线。管仲在世时,齐国都城临淄的规模便已经超过周王室的洛邑,成为天下第一城。管仲之后直到秦统一全国之前,齐国历代统治者无不延续了管仲重商富民的国策,临淄城在列国各城之中也始终以富有著称,据考证当时的城市人口已经达到二三十万之巨。《史记》记载:"临淄甚富而实,其民无不吹竽鼓瑟,弹琴击筑,斗鸡走狗,六博蹋鞠者。临淄之途,车毂击,人肩摩,连衽成帷,举袂成幕,挥汗成雨,家殷人足,志高气扬。"管仲将临淄建设成了中国历史上第一个商业中心,这个商业中心的拳头产品便是丝绸,这很容易使人想到东汉时期开辟的丝绸之路,以及唐朝时期万国来朝的世界贸易中心——长安。其路径可谓一脉相承。

齐桓公做了霸主之后,管仲的经济才能更是得到了最大程度的发挥。桓公称霸,武力固然不可或缺,不过其中有一道非常耀眼而独到的光芒,那便是注重和平谈判、经济融合以及贸易战的手法。从这个角度看,齐桓公与后面四霸不同,春秋首霸是一个和平主义者,武力非其主流。齐桓公"九合诸侯,不以兵车",怎么"不以兵车"而称霸呢?经济是重要手段。据《春秋经》记载,齐桓公会盟诸侯共有十六次之多,所谓"九合诸侯,一匡天下"只是一个概括性说法。每次会盟皆有盟约,可惜这些盟约大多没有留传下来,仅有极少数有据可查的,我们发现:

公元前679年,鄄城会盟有一条盟约:"田租百取五,市赋百取二,关赋百取一,毋乏耕识之器。"其中强调了会盟国之间降低关税的问题。

公元前678年,幽地会盟其中一条盟约:"修道路,偕度量,一称数,薮泽以时禁发之。"这是要发展交通、统一度量衡的先进思想。

公元前651年,葵丘会盟第五条盟约是"无曲防,无遏籴,无有封而不告。"专门禁止国与国之间设防,如灾年囤积粮食不让邻国购买等。

除了这些饱含经济融合与发展的盟约外,管仲在中国历史上第一个发动了贸易战,以"不战"而屈人之兵。

在《战国策·服帛降鲁梁》和《管子·轻重戊第八十四》中都记载了管仲通过贸易战降鲁、梁的故事:鲁、梁国人善于织绨(一种纺织品)。齐桓公向管仲请教攻克鲁、梁之策,管仲说不用动兵,用绨即可,便劝齐桓公穿绨衣,百官皆穿。上行下效,一时齐国人人穿绨,绨的价格猛涨,需求猛增。齐与鲁、梁乃是近邻,管仲对外宣布高价买绨,刺激了鲁、梁绨业的迅猛发展,一年后,鲁、梁的百姓几乎人人织绨、运绨、卖绨,从而放弃了农业生产。此时管仲果断收网,从齐桓公到百姓人人不再穿绨,齐国与鲁、梁之间的绨业贸易一夜之间断绝。又十个月后,鲁、梁便大闹饥荒,国君忙令鲁、梁国人弃绨业,返农业,可惜为时已晚,因为粮食不可能马上生产出来。鲁、梁国内粮食价格暴涨,不得不从齐国购粮,这回财富倒流了,鲁、梁百姓从齐国买粮每石一千钱,而齐国境内的粮价每石才十钱!整整二十四个月后,鲁、梁百姓纷纷投奔齐国者,十占有六;三年后,鲁、梁国君便请命归顺齐国了。

类似的故事还有很多,如衡山之谋利用械器击垮衡山国、买狐皮降代国、买活鹿制楚国、阴里之谋为齐国谋取财富、菁茅之谋为周天子谋取财富等等,这一招被管仲玩得登峰造极,出神入化,实为春秋史上的一大奇观,可惜并没有引起后世的重视。《管子》一书中记载了很多经济学方面的思想,其中包括贸易战、价格战、国家宏观调控、税收与财政、价格与市场、刺激消费、治理通货膨胀等观点,比之现代如亚当·斯密的经济学理论,也是毫不逊色的。

蓦然回首,我们发现,管仲居然是贸易战的老祖宗,中国人在两千多年前竟然有过如此先进而卓越的实践!虽然早年混于市井,然而管仲绝不是一个吆喝买卖的小商小贩,而是一个以商兴国、以商崛起、以商称王的大商巨贾!管仲也是中国历史上第一个拥有先进理论和成功实践的经济学家,为后世留下了重要的精神财富。但是很遗憾,自秦统一后的整个古代封建社会,始终是一个官本位的、以自给自足的自然经济为主体的农业社会,中国人对于商业的激情与探索,只有在春秋战国时期有过一次昙花一现般的大爆发,自那以后直到现代之前,两千余年中,商业便再也没有闪耀出那种独立而绚烂的光芒了,而管仲无疑是这次昙花一现中的第一道光。

管鲍桓:三个男人之间令人高山仰止的关系

管仲的一生,最主要就是他与鲍叔牙、齐桓公三个人之间的故事。

管仲出身贫寒,四十岁前一事无成,终年劳碌奔波,孜孜求索而无果,最重大的事情就是与鲍叔牙合伙做生意,而且做得比较糟糕。另外也有从军、从仕的一些经历,皆是一塌糊涂。这个人在拜相之前是个十足的倒霉蛋,干什么败什么,是个被众人讥讽、嘲笑的小丑般的人物,史载管仲"三市三辱""三战三走""三仕三逐",这也是我在《管仲一箭相国》中大费笔墨刻画管仲曾为"九败丈夫"的根据和缘起。管仲落魄之际,只有一个人视之如宝,这个人就是鲍叔牙。应该说在人生最艰难的几十年中,管仲是没有什么人缘的,只有鲍叔牙一个朋友而已,而管仲恰恰就是因为这样一个救命稻草般的知己而骤然翻盘,如火山般爆发了。这是多大的幸运!这是何等的友谊!

历史证明,当时认识管仲的绝大部分人都是有眼如盲,只有鲍叔牙一人目光雪亮。这是为什么?鲍叔牙早年厮混于市井之间的时候,便是一个小有成就的商人,更是一个豪杰人物,大约是常年贩货的阅历,使得鲍叔牙十分识货,继之十分识人。两人合伙经商,管仲屡屡少投本金而多拿分红,鲍叔牙一直无怨无悔。在管仲不断遭受打击的那段岁月,鲍叔牙不离不弃,始终对管仲充满信心。后来齐国大乱,公子纠与公子小白争夺齐国国君之位,只因管仲是辅佐公子纠的师父,鲍叔牙是辅佐公子小白的师父,于是因缘际会,至亲对决,历史上演了极其惊心动魄的一幕。管仲神射,先发制人,抢先一步将公子小白"射死"在半路上,以为劲敌已除,公子纠铁定登基。不想却是射中了小白腰间带钩,而小白到底是一代霸主,当下随机应变,咬破舌头,吐血诈死,成功骗过了管仲,从而抢先入城,继位为君,是为齐桓公。齐桓公誓杀管仲,满朝响应,是鲍叔牙苦心经营,使管仲死里逃生;再后来,齐桓公欲拜鲍叔牙为相国,而鲍叔牙连番力辞,最终说服齐桓公拜了本要将自己置于死地的管仲为相!可以说,没有鲍叔牙,管仲必死,一代奇才只能遗憾千古!而有了鲍叔牙,管仲陡然间鱼跃龙门,一飞冲天,成就霸业,青史留名,这不能不说是一个奇迹。由此我们该多么羡慕嫉妒恨啊,管仲怎么能有这么好的一个朋友!管鲍之交,鲍叔牙其人尤为可敬!如今,在山东淄博管仲纪念馆中,有一副楹联,主要是写给鲍叔牙的:"交友交心,人生难得一知己;让金让相,天下至纯二楷模"。诚为中肯之论。

第二个成就管仲的人是齐桓公。齐桓公的难得,第一是肚量,第二是纳谏,第三是信任。能起用一个死敌来做自己的相国,而且大约是在二十岁的时候敢于如此决策,这种胸怀和胆识确非常人所及。齐桓公在起用管仲的时候不是没有疑虑,此人聪明之处就在于——师父鲍叔牙是可信的,因为鲍叔牙可信,所以其举荐的管仲也必是可信的,用人不疑,破格拜相。面对管仲所提条件,齐桓公有求必应,尊为"仲父",并将举国之政悉数托付管仲,这种君臣间的信任度,即使在两千多年后,依旧沉甸甸的,令人感动。齐桓公能够成为五霸之首,并不在于他自身的才具,完全在于他的用人。对管仲而言,他的盖世才华在漂泊半生之后,也终于找到了用武之地,桓公成就了管仲,管仲也成就了桓公,两者一也。这种古代社会中的君臣际遇,加信任无间,加彼此成就,是十分罕见的,也是非常不容易做到的。三国时期诸葛亮出山前,之所以自称管乐,一方面是对自己才华的自信,另一方面也是对齐桓公与管仲君臣关系的一种向往。很庆幸,后来刘备也做到了。

管仲平生功业,首先应该感恩鲍叔牙与齐桓公,没有这两个人,历史上不会有管仲。管仲其人,抛却自身才华不论,是极度自信的、坚韧不拔的,是敢于担当的时代弄潮儿。早期贫寒,对富有的朋友大胆张口,丝毫不拘小节;后来历二十余年挫败,万千嘲讽,始终岿然不动,充满自信;危难时刻,不到最后关头,绝不轻言生死,留得青山在,不怕没柴烧;桓公敢于破格拜相,管仲便敢于为天下先,此后大兴改革,推行霸政,尊王攘夷,一时功业,无出其右!春秋历史到了管仲出场,才真正迎来了一场质的提升。管鲍桓三人彼此信任、彼此成就,可谓千古难遇,如同神设却又真实发生,实令我辈后人感佩不已!这段传奇结尾处更是波澜再起。管仲临终之际,病榻论相,却并不赞同鲍叔牙接任,因为鲍叔牙秉性过于刚直,只可为将,不可为相,更不可以个人私情而废国家公事。管仲此举光明磊落,更显大贤气度,而鲍叔牙也没有因此而生怨。管仲劝齐桓公亲贤臣,远小人,可惜桓公在管仲死后,并没有做到。最终,身边最为亲近的三个佞臣作乱,一代霸主垂垂暮年之际,被困死于黑室之中,尸横孤床,遭虫蚁啃噬,惨不忍睹。齐国霸业也由此告终。

尊王攘夷对于华夏民族和华夏文化至关重要的意义

自周平王迁都洛邑之后,东周开始,整个天下就乱了。当时华夏大地的主要问题一是周天子王权衰落,诸侯各自为政,礼崩乐坏,争权夺利,原有的政治秩序遭到了巨大破坏,呈现出一种集体玩火自焚般的危险倾向。二是在华夏族群的周边,各种异族势力空前活跃,所谓东夷、西戎、南蛮、北狄,他们对华夏国家不断侵扰,亡我之心日盛。这两个问题一个是内乱,一个是外患,两者交加,便有亡国灭种的危险。这是中华民族在历史上的第一次大考验,所谓"南夷与北夷交,中国不绝若线"(《公羊传》僖公四年)。在这种大背景下,与诸多只知争夺一己私利的春秋前期人物不同,管仲自告奋勇、义无反顾地站出来,以一种胸怀天下的民族眼光,第一个思考华夏族如何图存、该向何处去的问题。"尊王攘夷"便这样被管仲作为一面旗帜打了出来,"尊王"意在处理内乱,"攘夷"意在对付外侵,这是管仲针对当时乱局开出的一剂良药。"尊王攘夷"所成就的不仅仅是一种简单的政治功业,它开启了一个崭新的时代,并作为一种普世价值影响了此后几百年的春秋史。

"尊王攘夷"是管仲的首创,齐桓公因此而成为春秋首霸,值得注意的是,齐桓公之后的几任霸主,大体都延续了这个方针,就连自诩为蛮夷的楚国也不得不因之而调整策略。另一个值得注意的国家就是郑国。在管仲主政之前,郑庄公便作为春秋第一枭雄抢先登场,史称"庄公小霸",可惜这个人的眼界只是囿于郑国一己之私,并且公然挑战天子,射王之肩,所以"小霸"很快就消失了。郑庄公死后,郑国内乱不止,后来他最优秀的儿子郑厉公继位,此君一改其父的"射王"为"尊王",也开始了争霸之途,只可惜此时齐国霸业正盛,郑厉公的能量自然不能与齐桓公相提并论,所以郑厉公最后一抹夕阳红后,便悄然退出历史舞台,从此郑国再也没有恢复昔日的强盛。由此可见,管仲"尊王攘夷"是非常符合当时历史所需的,是高明而正确的。本人在《管仲》中关于历史事件的时间记录,一律采用周天子纪年在前,加公元纪年在后的方式,也是暗暗表达管仲"尊王"之意。

"尊王攘夷"也以管仲以及齐国做得最为出色。这面旗帜使得齐桓公充当了带头大哥的角色,带领华夏各国在当时险象环生的环境中拥抱团结,蹒跚前行。周王室也因此又延续了几百年的国祚。公元前664年,山戎侵犯燕国,齐桓公救燕,此番援手,齐国军队直接攻灭孤竹国,将山戎的一支彻底消灭。公元前661年,北狄攻邢国,将其国都化为废墟,齐国救邢,并在夷仪为邢国建了一座新都。最惨的是公元前660年,狄人大举攻卫,卫都朝歌被破,卫国百姓被屠,国君卫懿公被杀,卫国基本已亡。齐桓公率军救卫,驱逐狄兵,又在楚丘为卫国另建新都,于是卫国幸而得存……设想如果没有管仲的"尊王攘夷",当时的华夏当是一番什么景象?"尊王攘夷"在当时只是救亡图存,再延展一些时间,便会发现也是在为华夏文明延续血脉,一个最典型的画面是:赶跑北狄后,卫国在齐国援助下迁都楚丘之时,其国中的典籍文书与祭祀礼器并无丝毫受损,被完整地保留了下来。这种文化意义的功劳,大约是当时的人所预料不到的吧。正是从这个角度上讲,孔子才发出一声浩叹:"微管仲,吾其被发左衽矣!"所以,管仲又被誉为"华夏文明的保护者。"

华夷之辨与孤竹之战

华夷之辨又称"夷夏之辨""夷夏之防",用于区辨华夏与蛮夷。华夷之辨大约很早就出现了(西周初期),一直延续到民国时期始终不绝。这方面第一个提出深远思想并产生重要影响的人,是管仲,有学者称管仲是"华夷之辨第一人",我是赞同这个观点的。在春秋时期包括管仲那个时代,华与夷第一次大交锋。那时华夏族大体居住在大中原一带,有较先进的文明;而四周的其他民族,统称为夷,大体包括东夷、西戎、南蛮、北狄,较落后。可见华夷之辨从一开始就不仅仅是一个简单的地域区分,而是一个文化、文明意义上的区别。中华历史长河中,华夷之辨在异族入侵时显得尤为重要,其核心价值便是保护华夏族群得以延续下去,生生不息以至于今。

管仲立足于他的时代,率先提出了"尊王攘夷"的口号,对于华夏与夷狄的关系,有十六字方针,即"戎狄豺狼,不可厌也,诸夏亲昵,不可弃也"。简单讲,就是华夏各国都是需要包容团结的手足兄弟,而四方蛮夷则是贪婪凶狠的豺狼,兄弟联手,共打豺狼。

此便是管仲"夷夏之辨"的中心思想，也是那个时代最最需要的救世良方，也得到了当时华夏各国的一致赞同。金庸老先生认为：中华民族遭遇异族侵略最危险的有七个时期，第七是近代西方帝国主义和日本帝国主义的侵略，第一便是西周末年到春秋战国时期东西南北受到的外族入侵。如此而论的话，管仲可谓中华民族抗击异族入侵第一人！在那个年代，管仲是第一个带头讲这个话的人，也是第一个勇敢投入战斗并取得决定性胜利的人。

不能不说孤竹之战。

事情的起因是公元前 664 年，燕国遭到了山戎的入侵，燕庄公向齐国求救。管仲力主讨伐山戎，于是与齐桓公一道，率军救燕伐山戎。大军一路直进，最终灭了山戎老巢孤竹国。此所谓孤竹之战。《史记·齐太公世家》记载："二十三年，山戎伐燕，燕告急于齐，齐桓公救燕，遂伐山戎，至于孤竹而还。"

孤竹之战有几个需要关注的特别之处：

孤竹之战是齐国自找的赔本买卖。此次齐国远征，并非为齐国自身利益而战，乃是兄弟之国有难，我义无反顾施以援手。齐国为这次战争付出的包括生命在内的各种代价自不必说，灭了孤竹国后，这些打下来的领土，齐国并无私吞，而是全部归燕国所有。燕庄公实在感激不尽，一路远送齐桓公，不觉送入齐界之内五十里地，按照当时礼仪，"诸侯相送，不出境外"，齐桓公于是又将自己界内这五十里地割给燕国，以为谢礼。齐国等于为他人空忙一场，还赔了五十里土地；而燕国因此一战，北边增地五百里，南边增地五十里，由此才始为北方大国。天下可有这样的战争吗？真有！我一直揣测，梁启超关于管仲"中国之最大政治家"的评论，依据是不是在这里。

孤竹之战是齐国孤军深入并取得胜利的战争。一个需要特别重视的情况是：此次参战的华夏方只有齐国和燕国，而燕国当时国小民弱，微不足道，又刚刚被山戎扫荡过，所以此战其实是齐国孤军在战。此次劳师远征之际，正是齐国霸业鼎盛之时，霸主齐桓公多次会盟诸侯，有战事时也必是几国联军一起打，为什么偏偏这一次无人响应呢？这个问题很值得深思。当时的华夏族被蛮夷打怕了，要知道连周天子的国都镐京也曾被异族攻破过，各盟国大约都不愿意冒这个险。即便如此，管仲依旧强行，以管仲为代表的齐国志士表现出了殊为难得的民族大义和军事自信，终于一战成功！此战，开赴战场的是管仲改革后的齐国新军，这支队伍在冰雪茫茫的北国苦寒之地，将山戎人驱逐出燕国后并没有停手,而是一路穷追猛打,直至将其灭国,大长华夏志气!总指挥管仲在孤竹之战中是"狠"的,这与他在华夏大地数次内战中的"仁"形成了鲜明对比。

孤竹国的独特性。孤竹到底是一个什么样的国家呢?孤竹是商初分封的一个诸侯国,国君姓墨胎,系子姓国,与商的始祖契乃是同姓之族。孤竹国在商代中期很是发达,盛极一时,后来还出了两个贤人——伯夷和叔齐,均被司马迁载入了《史记》中。周灭商后,保留了孤竹国爵位,但在其西部建立了燕国,以为管控。再后来孤竹日衰,竟被山戎族占为巢穴——即孤竹国原是华夏之国,到管仲孤竹之战时,此孤竹已非彼孤竹了!孤竹自商初延至春秋,国祚长达九百四十多年,被灭国两次,然后终于从史书中永久消失了,其中曲折,发人深思啊。

孤竹之战后的深远影响。其一,燕国从此崛起,一步步强大起来,以至于后来战国七雄,其名在册。其二,齐桓公作为春秋首霸的地位和威望更加稳固起来。"尊王攘夷"的旗帜更加令人信服,其事业在桓公之后得以延续下去,华夏族和华夏文明因此一战而得到了更好的保护。其三,在孤竹之战前,华夏族总是被动地被异族欺负,华夷之间虽然也战争不断,但均是敌强我弱,以防为主。孤竹之战是一个质的转折,开主动消灭异族入侵的先河,这一点至今仍被忽视。此后华夏民族的民族自信迅速提升了。晋献公大战狄戎,"并国十七,服国三十八",秦穆公大灭西戎,辟地千里,无不有着孤竹之战的烙印。我们没有理由怀疑孤竹之战对整个华夏族所注入的正义能量和产生的深远影响。

华夷之辨是一个长期的历史过程,这个过程并不是盲目的、封闭的,而是开放的、融合的,在每个关键的历史节点上,总有优秀的中华儿女挺身而出,护佑着我们这个族群,于是中国人由炎黄二帝发展到华夏族,由华夏族发展到汉族,再由汉族发展到中华民族。管仲关于华夷之辨的巅峰之作便是这孤竹之战。在中国漫长的可歌可泣的历史中,这次战争规模很小,遥远模糊,为史书所淡忘,然而我以为此战乃是华夏族抗击异族入侵的具有里程碑意义的第一战!小觑不得。孟子曰:"春秋无义战。"此论也对也不对,孤竹之战便是具有民族大义的正义之战,是特例乃至孤例,作为中华儿女,应该对孤竹之战致以崇高的敬意!

啰里啰唆,终于将一番胸臆倾泻而出,长舒一口气。忽又颇感不安,不知自己在《管

12

仲》中是否将管仲如是表达明白。由于年代久远,相关资料还是比较匮乏的,执笔时也常常因为某个材料的缺失而苦恼不已,《管仲》里若有错误之处,敬请法家校正为盼。写作与出版过程中,本人曾得到相关朋友、老师、编辑及出版社的种种关心与支持,在此深鞠一躬,谢谢了。

兴酣落笔,意犹未尽,灵思陡然飞来,又偶得小诗一首,取名《管仲歌》,一并录下:

我从山野水畔走来,
茅屋土壁,只有一张弓在。
叹纷纷扰扰,天意难猜,
求索的步伐踏遍国土近百。
毕生知己,一个足矣,
感恩他赐我重生,风华绝代。

我在巍峨城楼高坐,
观黄鹄展翼,云中徘徊。
七鼎味,六篮食,一席酒笑,
擂战鼓,驱兵车,一曲歌哀。
莽莽苍苍,谁可主宰?
弄潮儿挺身,迎上去翻江倒海。

我向黄土黄河走去,
泰岳岩岩,风神万古不改。
九败丈夫,九合诸侯,
无悔华夏热土,轮回复来。
看大风大雪,山河默默,
一树梅花抖擞,世界皆白……

2020 年 10 月 21 日于郑州

目　　录

只听得马蹄声响了几下,眨眼间赤牙驱车来到鲍叔牙跟前。正要再逼近,忽听一声急响,一支利箭不知从何处飞来,猛然射入鲍叔牙车前木板上。赤牙猝不及防,勒马站住,定睛一看,箭射得好深! 不由心中暗叫"好箭"。鲍叔牙则脱口惊叫:"好箭! 哪里来的箭?"两人不由自主同时扭头向四周望去,但见白雪翻飞,空无一人。

管仲听后,哈哈大笑道:"鲍兄啬矣! 此乃市井庸俗之算法,你我高义之士,不屑为之! 鲍兄有财,缺一成利如江湖损一勺水;管仲乏资,多一成财却如饥者得粮救命呀! 其中有义。鲍兄当取两成之利予我!"鲍叔牙当下一怔,转瞬哈哈一笑,慷慨应允。

杀! 斗穀於菟恍觉晴天霹雳! 此时方才意识到长荆所虑,乃十分严重之事。但他与管仲一见如故,若要亲手杀掉,实是于心不忍,却又担心管仲万一泄密,于战不利! 一时间前后踱步,犹豫不决。

巫尹盘坐在苞茅草编的蒲席上，月光火影中更显得脸色有些苍白，她声音略带沙哑，缓缓道："国君不必迷茫。借我楚国祭祀之际，当今天下南北两大奇才不期而遇。此二人均是令尹之才，霸王之辅！所谓虎令尹，霸王辅也。只是眼下两人年少，均隐于草莽，未来各自辅佐南北雄主，大约五十年后，汉水之岸必有一场龙争虎斗！"

鹜子一听，直呼"高妙"！又道，"太宰刚刚赐粟，片刻间又借粟幻化出一篇绝妙文章！可谓变化多端，鬼神莫测！"两人暗暗得意。之后华督使人于管仲所居门室之前，陈设满满一钟好粟，粟中插一条竹简，上写"粟米小贼，何须逃跑！太宰赐粟，岂用盗乎？"十六个大字。此举晴天霹雳，一时太宰府中人人哗然。

觥筹交错之间，杀气隐隐。管仲远远望见，鼋鼎刚上不久，公子朔便上前贴在急子身边，附耳密说些什么，而急子面色一阵红一阵白，须臾气恼，猛然将手中铜匕投入鼋鼎之中，溅得肉汁四溢。公子朔似乎也气急败坏，起身转向公子寿行一揖，便急匆匆逃席离去。

管仲被推到岸边，牢牢捆在一株大柳树下，手不得动，口不能言，眼睁睁地看着急子率领众人，驾舟离去。人已逝，水空流，管仲心中无奈苦笑道："入卫不过半年，无奈卷入旋涡之中。先辅公子朔，公子朔送走我！又辅公子寿，公子寿弃了我！再辅世子急子，急子也撇下我独自寻死去了……"

管仲倒着爬到一辆残破的车边，见是宋军之车，车轮脱落，御者伏在车辕上已经死掉，到处都是湿湿的血迹。离前阵已远,这里相对安全,管仲于是扶着车轮站起身来。这一下不当紧,一刹那间,被朱赫看得清清楚楚,明明白白,只见朱赫大声喝道:"管仲!管仲!"

第九章　休妻葬母

管仲淡淡道:"乐姜不顺父母,无子,多言。妇人七出,乐姜占三。管仲就此休妻!你走吧,你还年轻,日后还可以找个好人家。管仲无能,辜负错爱,你我就此恩断义绝!"管仲说完,心中忽然生出无限酸楚,眼中落下了两行清泪。

第十章　洛水嵩山

山前溪畔,清风徐来。管仲青衣飒飒,王子白衣飘飘,两人躬身揖别,分道扬镳。一个学成出山,喜不起来;一个横遭变故,忧思难去! ——不期而遇,旋即分手,一对失魂落魄、壮志难酬的同命之人,荒山野岭之中,各自恓恓惶惶,一个南归颍上,一个北走燕国去了。

第十一章　哥哥妹妹

马车下了牛首山,沿着淄水行走。道路颇显颠簸,水边散布乱石。公子彭生前后张望,四下无人,知时机已到,左手搂定鲁桓公肩头,右手卡住其脖子用力一扭!却说公子彭生为齐国第一猛士,力大无穷,鲁桓公如何能受住这一扭,当下惨叫一声,登时毙命!

第十二章　齐国灭纪

一见二人,齐襄公霍地站起,火冒三丈:"公子纠!你不在后方督运粮草,跑到两军阵前转悠什么,很好玩吗?管仲,我将公子托付于你,你可对得起寡人这份信任?你不遵军令,私自外出,视军法如儿戏!视性命如儿戏!你……你,你险些丧了公子之命!寡人杀你一万次,也还是轻!来人,推出去,砍了!"

管仲忽然大惊:"不好!"当下急急传令攻过去。齐军于是在深沟上架起木板,片刻间便如水一般涌过去,冲进周营。原想着会有一场恶战,不想周师已是一座空营,大队人马早已撤去,只留下不足百数的老弱兵丁假装到处生火,以为疑阵。

管仲如一只灵猫攀下树来,牵得一辆二马快车,先寻来召忽,又急忙唤醒公子纠。公子纠睡眼惺忪,被管仲和召忽簇拥着就登上了车。管仲亲自驾车,飞驰而去。夜色黯然,街道清冷,空无一人。公子纠迷茫道:"发生了什么事? 管师父这是要带我去哪里?"

管仲心动神摇,热血翻涌,这个世界上,除了鲍叔牙,就属施伯这番话知心了。然而施伯乃鲁国数一数二的栋梁,自己乃齐国落难公子之臣,各为其主,各尽其心,管仲又岂会因为一番游说而动摇自身信仰! 管仲当下笑道:"愿闻施伯大夫所谓大道。"

"小白公子别来无恙!"随着一阵爽朗的笑声,公子小白与鲍叔牙皆大惊,不约而同于车盖下并肩站起。但见对面高冈上忽然起了烟尘,乌沉沉一片甲兵簇拥中,有一战车飘然而出,管仲背负长弓,凭栏而立,青衣飒飒,长须飞扬,两道目光如两支离弦之箭,正居高临下射过来。

不料王子城父登时变色,一语斩钉截铁:"事在人为! 先救齐国,再救管仲!"此语可谓石破天惊,醍醐灌顶! "然也!"鲍叔牙恍然大悟,不由重重击了一掌,两人不约而同哈哈大笑起来。

霎时间黑烟满地,红焰飞天,这条大道顿时化作一片火海。借此屏障,鲁庄公与管仲等率着残败之师,终于遁去——可叹军旅穿过汶阳之田,连自家的汶阳城也不敢进入,就向着曲阜迤逦奔去。

鲍叔牙大笑,取斧破了槛车,将管仲扶下,亲自为管仲解了绳,又为管仲拍掉满身的浮尘,在齐兵一片欢呼声中,携着管仲之手,向堂阜邑中行去。

齐桓公难抑兴奋,几欲摩拳擦掌,当下起身离席,于堂中晨光里疾走几步,陡然间又转头向管仲道:"管子所谋,令寡人拨云雾而见青天,此正为小白求而不得之梦想! 我再无犹疑。寡人谨拜管子为相国,总揽军国大政,以成齐之霸业!"

第一章　风雪箭台

云涌风起，黑云压城，天色越来越暗，唯余东方幽幽透出一片光明。

许国都城被团团围定，水泄不通。赤牙将军立于城头，放眼望去，但见城下齐军、郑军、鲁军呈左中右之势严阵以待，杀气腾腾。时周桓王八年，公元前712年，郑庄公假借周天子之令，以许国不朝王事为由，联合齐鲁二国，以颍考叔为主帅，公孙子都为副帅，统三国联军伐许。那许国乃西周分封的小诸侯国，姜姓，位于今天河南许昌一带。许城方不过五里，高不过三仞，国小城弱，将少兵乏，如何抵挡得了郑齐鲁三个大国的兵车？城内百姓人人惧怕，朝中大夫个个惊慌，国君许庄公也是束手无策，唯赤牙将军誓以必死之念保家护国。黑云压顶，敌兵逼城，赤牙体内五脏俱焚，不由得倒抽一口凉气，此刻，他知道敌方要攻城了。

风呼呼作响，旌旗飘扬。主帅颍考叔冷冷地立于战车麾盖之下，阴暗的天色衬得他原本黝黑的面膛好似涂漆一般。他的身旁，副帅公孙子都却眉清目秀，面如冠玉，披一袭白袍，露两眼秋波，青春正盛，意气风发，恍若颍考叔身旁一树茂盛的梨花！公孙子都为春秋第一美男子，其美貌与武艺颇得郑庄公喜爱，故此次被破格提拔为伐许副帅。《诗经》有云：“山有扶苏，隰有荷华。不见子都，乃见狂且。”其中“子都”者正是此人。当是时，天下以为不知公孙子都之俊美者，皆是盲人。

颍考叔目如闪电，望一眼城头，又望一眼阴云密布、大雨将至的天空，唰一下拔出腰间宝剑,直指城楼上的赤牙,大喝一声:"擂鼓! 攻城!"

战鼓响处,杀声震天,三国联军如风云般扑向许城。赤牙一声令下,城上乱箭齐发,虽有中箭倒地之人,却始终阻止不住攻城步伐。眨眼之间,联军越过护城河,架起云梯,纷纷向上登城。赤牙指挥若定,守城将士奋力拼杀,却也使得联军一拨又一拨坠落城下。双方胜负难分。

胶着之间,赤牙定睛观望:左右齐鲁二军动作迟缓,显然不肯用命,中间郑军虽说勇猛,但屡遭重创,士气也渐渐低落。原来此次伐许,实为郑庄公有意向南方开疆拓土,欲要称霸;齐鲁深惧郑国之威,不得不与之结盟,并非心甘情愿。"虽称联军,然而军心不一,破敌正在此时!"赤牙顾左右狂喜吼道,"杀! ——"

这一切,颖考叔比赤牙看得更明白。又一片郑军从云梯落下,惨叫声不断袭来。"郑伯大旗何在!"颖考叔大喝一声。"国君大旗在此!"车后旗手一边应着,一边快跑着,双手将一面螯弧大旗推到颖考叔面前。旗以黄色锦缎制成,鲜艳无比,上有"奉天伐罪"四个大字。颖考叔二话不说,长剑入鞘,翻身跳下车来,右手拔旗,一声呐喊,便如一匹烈马向许城冲奔而去。那旗在颖考叔手中左右翻转,如同长枪飞旋,气势非同一般。背后公孙子都看得呆了,只静静不动。

颖考叔奔至云梯,将大旗收住,攀梯而上。不断有箭镞、石头、滚木以及受伤甲兵从头顶落下,颖考叔左躲右闪,迅疾如猴。不料一块狼牙横木忽劈头而下,颖考叔赶紧侧身从旁急跳下,还好躲过。颖考叔在浸血的地上打一个滚儿,见不远处,有一辆郑军瞭望用的辚车。颖考叔扛起大旗,奔向辚车,三下五除二攀上车顶,命令旁边一簇郑军将那车推向城墙。郑国辚车偏高,许国城墙偏低,车轮碾着血迹慢慢前移。赤牙眼疾,着弓箭手对准辚车放箭。颖考叔舞动大旗挡箭,又放声狂吼起来,震人胆魄!

眼见辚车逼近城墙,颖考叔一声狮子吼,踊跃从辚车跳至城上,以大旗为刀枪,只几下挥舞,身边许兵倒下一片。颖考叔高高伫立城头,背对城下,威风凛凛,将螯弧大旗舞得迎风招展,高呼道:"郑伯已登城矣!"大旗的确是郑国国君之旗,登城之人显然不是郑伯庄公! 城前厮杀,十万火急的当口,颖考叔之所以谎称自己是郑伯,并背对城下好使攻城众人将大旗看得清清楚楚,意在鼓舞郑军士气,并从旁鞭挞齐鲁二军。

果然,士气大振,三国联军骤然如风,伴着天上黑云一齐拥过来。

赤牙大惊,听颖考叔大呼"郑伯已登城",误以为他就是郑庄公,顿时眼冒金星,喝道:"郑国老贼,拿首级来!"就拔剑冲过来。当是时,早在城下盯得一清二楚的公孙子都眉头一皱,眼露凶光,霍地挺身,亮出藏于身后的长弓利箭!公孙子都好武艺!开弓如满月,一箭忽飞出,只一箭,不偏不倚,阴毒狠辣,正中颍考叔后心!

公孙子都与颍考叔素有不睦,他乃郑国世卿贵族,清高自傲,甚是藐视颍考叔低下的封人出身,偏偏颍考叔又正直无私,屡建奇功,总是压其一头。伐许之前,郑庄公大阅兵马,曾新造一辆战车,十分华美,并于车上锁一面蝥弧大旗,传令说能挥动大旗,步履如常者,即以此新车赐之。不想颍考叔勇猛异常,舞旗如风,率先抢得这车。这辆战车十分精良,国中罕有,公孙子都愤恨不已,心想如此美车只配公孙子都拥有,于是更加嫉恨颍考叔,由恨转怒,由怒转狂,动了杀心。今见颍考叔又要立下头功,如何能忍?于是斜眼旁观,背后暗算,一支冷箭,直取后心。

颍考叔只顾眼前,哪里料得到背后自己人忽放冷箭?当下心头剧痛,腿上支撑不住,大叫一声,从城上连人带旗跌落下来。赤牙之剑尚未到前,见颍考叔已然坠城,惊诧不已。只是战乱之中只顾退敌,也来不及多想。

公孙子都眼角藏笑,见颍考叔已落城,遂又急急地凭空连发两箭,轻呼一声"杀——"率领身后士兵,驱车向前疾驰,假装攻城去了。

大战正惨,到处混乱,公孙子都手法又何其迅疾!于是谁也不知道许城之下子都那一箭。

兵戈胶着之际,有郑国大夫瑕叔盈见状急急奔来,见颍考叔身下满是血,仰躺在蝥弧旗边上,身体仿佛已碎裂,一动不动。瑕叔盈心疼不已,泪珠汩汩而下:"颍大夫,你要挺住!你看,破城即在眼前!"颍考叔脸色乌青,嘴角微微一丝笑意,吃力地说道:"颍考叔,何……何……负于国!"忽然转笑为怒,扭头向右,想要看一下背后之箭,可惜不能。颍考叔挣扎着瞪圆眼睛,紧紧抓住瑕叔盈的左手,拼尽最后一丝力气,重重吐出四个字道:"暗箭……难防……"言罢气绝,依旧两眼圆睁,狠狠地瞪着青天!黯淡的天光中,又有一朵黑云幽幽飘过来。

瑕叔盈痛定思痛,只以为颍考叔是中了敌箭身亡,禁不住怒火中烧,青筋暴起,将颍考叔尸首移向一侧,挺起蝥弧旗,又登輣车,似颍考叔一般跃上许城,摇旗呐喊,道:"郑伯已登城矣!"黄锦蝥弧旗在城头迎风飘扬,分外耀眼。郑军皆以为国君郑庄公真的登城,于是士气大振,喊杀之声铺天盖地!齐军鲁军也忽然间变得如同郑军一样锐不可当。守城许兵被杀得七零八落，瞬间土崩瓦解。随着瑕叔盈陆续登城的郑兵打开城门，三国联军潮水一般涌入。许国国破。

阴云更密，天色更暗。王宫中，乱象如麻，满地狼藉。许庄公方寸大乱，拔出短剑就要自刎，被从城上退下来的赤牙等人一把拦住。"许国虽破，而宗祀犹在！我等愿保国君冲出重围，来日再复许国！"赤牙如此说。许庄公早已六神无主，只是不住哀叹。赤牙寻来一些普通士兵衣服，与许庄公换上，而后率亲随百余骑，将许庄公藏匿中间，左砍右杀，冒矢狂奔，拼死也要夺出一条生路来。

赤牙、许庄公一行人冲出北门，又奔十余里，已离绝境，喘息方定。许庄公面如土色，扭头回望许城，依旧黑云压城，大雨还是没有落下，厮杀之声不绝于耳，天色阴暗更甚，唯余东方透着的那一片光明更亮，倍感夺目。"许国亡矣！"许庄公一声长叹，浊泪横流，而后与赤牙等一路向北，投奔卫国去了。

战事已定。郑庄公、齐僖公、鲁隐公三君并辔入城，到得宫中，分宾主坐定。郑庄公居中，齐僖公居左，鲁隐公居右，公孙子都、瑕叔盈及齐鲁众将于两侧纷纷入席。众人正一片欢喜，不料郑庄公忽然仰面痛哭道："我的颍大夫啊！好一个纯孝君子，国之栋梁！今英年早逝，是在寡人心头连捅三刀啊！呜呜呜呜……"郑庄公越哭越伤心，众人不禁黯然失色。公孙子都第一个劝道："国君勿再悲伤！颍大夫仁德勇猛，手执国君大旗率先登上许城，不想却被敌箭射死，大丈夫为国捐躯，死得其所，虽死犹荣！我等当效仿之。当下如何安置许国，乃是第一等急务。"

郑庄公以袖拭泪。齐僖公又道："子都将军言之有理。当初郑伯奉天伐罪，我齐鲁应声而来，三国相约攻克许国之日，平分疆土。我们齐国远在东方海滨，距许甚远，鲁国距许较近，又是周公封国，我愿将齐之许土赠予鲁国，不知郑伯意下如何？"言未毕，鲁隐公急道："齐侯谬矣！大谬！鲁与许之间隔着陈宋二国，齐与许之间隔着陈宋鲁三国，鲁许之近与齐许之远又有何差异呢？况郑伯伐许，乃应天之举，今又痛失颍考叔，克许之功全在郑！你我齐鲁岂敢贪功！依我之见，许国当全归郑国！"

郑庄公小泣几声，一抽鼻子止住悲声，用衣袖将眼睛拭了又拭，而后郑重说道："众人勿悲。传寡人令，以卿大夫之礼厚葬颍大夫于颍水之滨。"又左顾齐僖公作一揖礼，右顾鲁隐公作一揖礼，道："齐侯谬矣！鲁侯更谬！此战乃奉天伐罪，郑国岂有贪图许国之念？鲁侯之言，郑国不敢受，不敢受！断不敢受！齐鲁不远千里助我郑国，共尊王事，寡生感恩戴德，无以为报。郑国将罢兵，全部退出许境，以许国奉赠齐鲁。"这一番话，倒说得齐鲁二君又惊又怕，惶惶不安，更加推让不休。郑庄公不住暗笑，心想：我失颍考叔，你们失什么？跟我来争许国，你们敢争吗？

正左推右让间，忽闻门外传来哭声。郑庄公面带怒色，喝道："谁人在哭？"早有传报："启禀郑伯，许国大夫百里于门外痛哭，并引着一个小孩求见。"

"传。"郑庄公不耐烦应道。

百里涕泪满面，右手牵着一个十岁孩童急急入见。一见三君即哭拜在地，连连叩首道："郑伯善哉！齐侯善哉！鲁侯善哉！愿延续我国一线之祀！"齐僖公问道："那小儿是何人？"百里应道："国君许庄公无子，此乃许庄公之弟，唤作新臣。许国已破，任由明君裁处。唯愿天可见怜，留我新臣一脉祭祀祖庙，无有他想。"说罢又放声大哭，伏拜连连。齐鲁二侯心生恻隐，众人也都有怜悯神色。鲁隐公对郑庄公道："国之大事，唯祀与戎。自古贤者从不绝人之祀。百里大夫乃真君子，唯愿郑伯成全。"

郑庄公静听，环视周围，又想到适才齐鲁推让许国之事，忽然一笑，昂然道："寡人与许岂有仇哉！乃迫于王命耳。今大事已定，心愿已了，若再有妄想，非义举也！寡人一不绝许国之祀，二不贪许国之土，三要助许国强盛！许庄公弃国逃窜，死期不远，不足道也！百里大夫仁人君子，又有新臣可以为君，你们新君旧臣可以重治许国，并尊天子！如此，我心甚幸，天下甚幸！寡人将许国全数奉还。"

百里携新臣复叩首："我等乃亡国之人，能保留残躯以祀宗庙，心愿足矣，岂敢有君臣之想？郑伯明鉴！许国国土尽攥在明君之手，任凭裁处。"郑庄公道："唉，这却叫寡人为难了……寡人是真心复许啊！经此一战，许国大衰，新臣年幼，难托国事，这可如何是好……"郑庄公略顿，假意作难，伸手取了面前一爵酒来饮。酒爵端至嘴边又放下，立时抬高嗓门道："既如此，我当助你们一臂之力。来呀，公孙获听令！"

"在！"左首公孙获应道。

"以许城为界：许城之东，百里大夫奉新臣居住，许城之西，公孙获率众居之。许国百废待兴，公孙获要视许如郑，竭尽全能辅助之，常以许东为念，多助车马钱粮，以使许国早早复兴！"公孙获领命。

百里与新臣无奈，只得谢恩而去。

齐侯、鲁侯齐声道："郑伯善哉！"当下与郑庄公举爵共饮。他二人都以为安置妥当，郑庄公仁人义举,不愧是联军首领! 岂知郑庄公乱世枭雄,哪会如此轻算? 谈笑间分国如破镜,何能重圆? 公孙获以助许之名,行监守之举,自此许国被郑国牢牢掌控。自周平王东迁洛邑以来,王室衰微,诸侯争雄,郑国第一个乘势崛起,先后吞并虢国、邻国、戴国,击败宋卫,降服齐鲁,今又南下灭许,一时强盛不可挡! 郑庄公威慑天下诸侯,渐成霸主之势。

许庄公逃到卫国,听说许国被一分为二的消息,气得咯血不止,染上重疾。此后时常借酒浇愁,愁未去,病新来,未出三月,奄奄一息。赤牙等苦苦相劝,可惜再也唤不回许庄公的诸侯之志。这日他喝得烂醉,脚下一软,一头栽倒在地,便再也没有起来。赤牙将其埋葬在卫国南郊的一处高岗,此处或许可以遥望许国。那赤牙也是一代忠良,奈何守国国破,护主主亡,如今孤孤凄凄,茕茕孑立,顿觉天地苍茫,生亦何欢,死亦何苦! 又想到一切罪孽皆源于郑庄公,遂萌生了刺杀郑庄公之志。赤牙安葬好故主,横下死心,带领仅剩的五十余名心腹甲兵,星夜赶奔郑国国都新郑而来。

时已入冬,北风怒吼,行人渐稀,一路倒也畅行无阻。怎奈亡国残兵早已断了给养,人缺衣食,马缺草料,加之天寒地冻,军士们难免怨声载道。赤牙道:"尔等皆为许国忠贞之士,今国已破,君已亡,赤牙誓赴新郑,与君报仇。愿随我者自愿赴死,心有怨言者自可退出,无论去留,赤牙皆念大德。"于是将仅剩的些许财物散出,有十几人得财作揖辞去。赤牙率余众快马南下,每日里每人仅有两个粟米团充饥。赶至新郑,又有五六人不辞而别。后探得郑庄公不在城中,正于颍谷狩猎。一行三十余人,只赶着两辆空空的马车,又向颍水悄悄潜来。

不料天不作美,这日清晨纷纷扬扬降下一场大雪,未出一个时辰,天地皆白。赤牙等昨夜已经断粮,今晨更是饥肠辘辘。大家索性勒紧束腰,迎风冒雪,唱起许国战歌赶路。渐至晌午,行至颍水西岸。此处岸边有一块天生土台,横长二三里,高七八米,因其外形颇似一支长箭,当地人称为箭台。又相传上古时期,有神人曾在此台上习射,自那时便留下了箭台之名。赤牙勒马观望,只见箭台好似一堵石壁,遍被枯木杂树,上上下下,密密麻麻,冬寒里虽无生气,却有铮铮傲骨,满眼枝枝杈杈,似铜似铁,如矛如爪,白雪覆盖之下,又如一列迎面绽放的天外奇花! "奇哉箭台!"赤牙心中暗暗称赞。

赤牙仰观箭台,忽然想道:"此台居高临下,便于观望;树木混杂,便于藏身。真用武之地。军士腹中空空,郑庄公又不知人在何处,何不先驻足于此,先寻饮食,再探庄公,然后再做计较。"赤牙一边想一边对众人说道:"风雪太急,我们暂且在此休息,寻些吃食。大家将车马藏于箭台底下树丛中,另遣人登台巡视,探查动静,两人一组,半个时辰一换,注意隐蔽!"

众人钻入箭台,安排已毕。只是此荒野之地,空旷不见人烟,又遭逢大风大雪,哪里能寻得饭食?这些兵士悻悻不已,三五成堆,互相挤着坐在树丛中雪地上,胡思乱想。有人折一树枝,拂掉雪花,啃咬树皮。有人自言自语道:"我不要吃的,我就想喝一口滚烫的水!"有人眼中不由自主滚下两颗泪珠来。

正无奈间,忽有一人从台上急急跑下,是刚刚登台巡视的,大呼:"将军!将军!"赤牙正在马车边踩雪,见状急问道:"发现什么?"那人喘道:"前方发现商队!有两辆车,十余人!"这消息顿时让大家炸了锅,众人呼啦啦齐刷刷站起来。其中一人大笑道:"哇哈哈哈哈!真是天降粟米,劫了他!"其余人轰然响应,个个欢喜异常。只有赤牙面有难色,低沉地说:"我等皆是国士,身躯里流淌着高贵的血!岂可做这劫掠百姓的勾当!"

"嗨!郑国劫的是我国城池土地,我劫郑国的不过几个行商,有何不可?"

"将军不可迟疑,莫不是要我等皆冻死饿死?"

"我不管了,就是将军斩了我,我也要劫!"

众人慷慨激越,其势难违。又见一人扔了手中长戟,一屁股坐在雪地上,愤愤道:"不劫就不劫!大家死在这里,三十条冻死鬼,还是可以找郑庄公索命的!"

赤牙见状,在雪地里踱了几步,猛然转头,斩钉截铁命道:"劫!"众人齐声应好。"且慢——"赤牙又道,"全体蒙面行动!速战速决,旋即撤离。"

赤牙率众埋伏于树木丛中。赤牙透过树枝,见白雪纷飞中果然来了一行商旅,约莫十数人。有说笑声由远及近,渐渐听清,有人道:"啊哈,箭台!到箭台了!天黑之前可以到家了!晚饭——家里热豆羹!"又有人应道:"终于到家了,要不是那趟熟牛皮误事,岂能大雪天还在路上?哪年不是入冬之前就到家?好在买卖还好,也不枉我们一番辛苦。"说话间车队越来越近,赤牙望见前头是一辆独马货车,居中一人驾驭,旁有两人闲坐,车上载的似乎全是牛皮。随后又有一辆牛车,满是杂货。其余人等随车步行。"正前驾马车者必是当家人,拿下此人,其余皆不足道。"赤牙轻声命令。

驾车者约莫二十多岁,身穿白色葛衣,外披黑色罩袍,双手执辔,口吐白烟,风雪之中吆吆喝马,无比娴熟而潇洒,浑身上下透着一股威武之气。只是脸面如同西瓜一般滚圆,且面色黝黑如炭,由两腮而至鬓角满是短而卷曲的胡须,须上还沾着零零星星数片雪花。如此黑面虬髯,与其年龄实不相称,似是常年饱经风霜所致。朔风迎面扑来,黑袍裹挟着白雪如锦旗般飘舞飞扬,实在气概不凡。"好风!好雪——"但见那人目如闪电,凭空一吼!

正得意间,箭台那边忽然呐喊声起,蹿出一彪人马,个个蒙面,身手矫捷,片刻间就将他们围个结实。驾车者急急勒马立定,身后商旅们一片惊恐。却说赤牙也驾着马车立于那人面前,两人相距不过十余米。赤牙见对方血气方刚,英气勃发,双目犹如雷电,气势仿佛猛将,心中不由暗叫一声好。赤牙道:"风雪甚急,开口直言。我们前来只为借用一物,或是尔等人头,或是尔等财货,必留其一!你们意下如何?"

"哈哈哈哈!"驾车者仰天大笑,毫无惧色,"我也开口直言。我等行商归家,所载者有二:一是他乡杂货,二是尔等人头!你们意下如何?看你这模样,像是半个将军,大丈夫不思报国,却在这里自甘堕落为贼!你有何面目苟活于天地之间!"此番话语句句刺耳,说得赤牙无地自容。又见那人继续咄咄逼人道:"听你这口音,当是外乡之人,今却如何跑到我家门口撒野!哈哈哈哈,颍地鲍家!听说过吗?我就是鲍家三郎鲍叔牙!我家珠宝财货并不多,不畏死的心却不少!我鲍叔牙最恨恃强凌弱的小人!见一个,恨一个!打一个,灭一个!那才叫痛快!我今逢你,求之不得!来来来——"说罢扯掉黑袍,扬于风中,又从腰间拔出短剑,直指赤牙。

这一行商旅正是鲍家商队。鲍家祖上也是大夫,钟鸣鼎食之族,后来家道中落,子孙流落到颍地行商为生。至鲍公时小有气候,渐成颍地小富。鲍公生有四子:鲍伯牙、鲍仲牙、鲍叔牙、鲍季牙。长子鲍伯牙早夭,余下三子皆通商道,尤其老三鲍叔牙更具豪杰气象。鲍叔牙不似二兄、四弟那般精打细算,一向大度,但在大是大非面前则坚贞不屈,丝毫不让。其人慷慨仗义,疾恶如仇,乐善好施,扶危济贫。鲍氏三兄弟同为行商,但又个性迥异,颍地人笑谈说:"鲍仲牙所算者小,鲍叔牙所算者大,鲍季牙算小也算大。"

却说鲍叔牙那一番竹筒倒豆子的斥语，一泻千里，势如奔雷，讲得众商人热血沸腾，坐在左右的兄弟鲍仲牙、鲍季牙也颇感自豪。赤牙不由一怔——鲍叔牙正说中了他的痛处！赤牙从上到下细细打量鲍叔牙，观其一身正气，大义凛然，实是一个热血好男儿！倘若不是狭路相逢，倒真愿意与其结交，做个朋友。此时箭已上弦，不得不发。赤牙把心一横，放低声音冷冷道："我再问一句，留命？留货？"言语之中暗藏杀机。

"先留你命！再留我货！"鲍叔牙硬气道。风雪里，声若洪钟。

"好胆色！——好！——"赤牙忽起高亢之音。话音刚落，麾下所属军士齐举长戟，齐喝一声。箭台忽然静谧下来，耳旁只听得风雪之声呼呼大响，犹如江河翻滚一般。

鲍叔牙心中一团烈火，怒不可遏，只想着大战一场，哪管死活！然而十几个商人聚在一起虚张声势，其实个个心中惊恐。鲍仲牙嗫嚅着，想叫"叔牙，叔牙"，却发不出声。静悄悄，静悄悄，只听得马蹄声响了几下，眨眼间赤牙驱车来到鲍叔牙跟前。正要再逼近，忽听一声急响，一支利箭不知从何处飞来，猛然射入鲍叔牙车前木板上。赤牙猝不及防，勒马站住，定睛一看，箭射得好深！不由心中暗叫"好箭"。鲍叔牙则脱口惊叫："好箭！哪里来的箭？"两人不由自主同时扭头向四周望去，但见白雪翻飞，空无一人。

这支无名之箭仿佛在向鲍叔牙示意，又仿佛在向赤牙示威，更像是在劝赤牙与鲍叔牙和解。

一军士抽身四下里奔去，左右巡望，一无所获，回来禀道："到处风雪，不知射箭人藏在何处。""雕虫小技！"赤牙轻蔑道。又策马驱车向前移来，手按宝剑，意欲拔剑杀鲍。

赤牙轻抚剑柄，正要用力拔出，不料又是一声破空之响，一箭重重地击在剑身上！射来的长箭穿行在风雪中，依然有着剽悍的力道，赤牙感到右手虎口一震，不由自主甩开，刚刚拔出两寸的铜剑就又滑入剑鞘中。

好厉害的射手！想不到堂堂将军，想做一回贼，竟连剑也拔不出！赤牙心中先是惊诧，继之恼羞成怒，焦躁难安。只见他一声吼叫，霍地高举右手，只待右手一落，这些士兵将如虎狼般杀出！鲍叔牙暗叫不好，他见赤牙恶狠狠瞪着自己，正要张口发令！号令一出，便是血流成河！

万急时分，又是一声急响，何方的神箭倏忽飞来，一个横穿，正中赤牙掌心。滴滴鲜血滑落下来，渗入雪地，殷红如梅。军士们忍不住，齐唤一声"将军"，赤牙将带箭的右掌只一抖，并未叫疼，望着自己的血珠，却忽然冷静起来。"如此神射，若取我命则一箭足矣。此人连发三箭,意在劝我退兵!以箭止杀,用心良苦,真乃君子!可笑我步步紧逼,反不如这无名箭士!"赤牙静静注视掌中之箭,目光反而变得和善起来,又连连点了几下头,然后左手卡住箭身,微一发力,将箭拔出,面无一丝痛楚。

一时间,双方都陷入沉寂,个个屏息不动,仿佛都在听风观雪。

赤牙策马后退,将右掌攥成渗血的拳头,而后移开视线,凝望远方,呆呆出神。但见风雪更猛,大地一片白茫茫、空荡荡。乾坤无语,箭台孤寂,仿佛英雄寂寞,独卧于颍水之畔冰天雪地。赤牙翻身跳下车来,径直走到箭台跟前,满身虔诚,如拜箭神,面向箭台深深地连作三揖,一边行揖一边滴血,而赤牙浑然不觉。礼毕,一跃上车,厉声喝道:"撤!"这三十余人旋即消失在风雪之中。

鲍氏商旅恍若一梦,众人蒙蒙的,一片寂静。一人吐着白气吹了吹面前的雪片,打破沉默道:"当兵的就这么走了? 真走了? 怎么会走!"鲍叔牙接着大笑道:"不敢不走!这个做将军的,还算知道好歹!"正说间,忽然脑中闪出一个念头:"自己面对的将军其实并非贼盗,多是遇到难处,不得已而为之。有难处你说嘛,我鲍叔牙定当鼎力相助!何苦生死相逼呢?"

"吓死我了,如果真打起来,我们就要全部死在箭台了!"鲍仲牙长舒一口气。鲍季牙接道:"就是。也不知道是谁射的三箭,救了你我。这人箭法真好! ——不过怪怪的,干脆一箭射了那将军脑门,岂不省心?""非也!"鲍叔牙道,"季牙你不懂。此人神射,取人性命只在弹指之间。适才连发三箭,意在止斗劝和,绝非好杀,使箭者必是仁善之人。观其三射:第一箭射马车,意在警示;第二箭射剑身,意在止杀;第三箭射掌心,意在发威!我猜那位将军如果一意孤行,必有第四支箭飞来直取咽喉。三箭有理有节,一气呵成,使箭者胸中有丘壑,必是成大器之人!只可惜不知这位朋友姓甚名谁,哪里人氏。"言罢,忽然觉得其人应当隐藏在附近,于是大呼一声:"朋友,现身吧!"众人也随之向四方一齐呐喊,可惜玉龙飞甲满天飞,茫茫旷野无回音。

"行善不留名,是个真君子。"鲍叔牙慨叹。低头看见车上的箭还在,于是用力拔出,细细端详。仲牙、季牙也靠过来,其他同伴也跑过来看稀罕。青铜箭头,木质箭身,寻常得很,只是箭身上有一排长短不齐的刀刻竖纹,着实有一些古怪,令人费解。鲍叔牙用指尖滑过刻纹,寻思从未见过如此之箭,这些刻纹是什么意思呢?

"我知道这箭!"围观者中有一个叫苌楚的伙计,兴奋喊道。鲍叔牙眼睛一亮,如获至宝,喜道:"快快讲来,此何箭?此何人箭?"

苌楚接过那箭,瞟一眼刻纹,娓娓道来:"此箭独为一人专有。此人姬姓,管氏,名夷吾,字仲,乃周穆王之后,与周王室同宗。只是家道后来败落,子孙沦落山野。这管仲,虽居寒门,却是少有大志,博学多才,尤精射技。其人练箭异常刻苦,每日里必发箭百支,且必求百发百中。倘若有某一支箭不中,便在箭身上刻纹为记,再发十支。大家看,只要这箭身上有一道刻纹,便说明管仲正常之外又苦练了十支箭。"苌楚略停,指着刻纹数道:"一,二,三,四,五,六——哎呀,六道纹,只这一支箭,便知管仲至少又练箭六十支了——却说两年前管仲学成箭术,有小神射之誉。那年秋后,有同乡要管仲演示射技。众人于桑树下悬挂一张羊皮,皮之左上,抹一黑污,点大如枣,以作箭心。要管仲于百步之外,射箭三支。当是时,管仲轻舒双臂,挽弓如月,凝神定气,三箭连发,运箭极快,恍若一箭而已!众人正看羊皮,只听得风声急响,尚未回头,管已射完。检视羊皮,唯见污点地方有圆形破口,余皆无损,而三支箭均已穿皮而过。乡人击掌惊叹,赞管仲为三箭穿羊!"

"如此精彩,那管仲哪里人氏?多大年纪?"鲍叔牙问。

"年龄尚小,十七八岁。他远在天边,近在眼前,正是我们颍上人。管仲家居颍城东南二十里管家村,与我家隔着一条小山谷。"

鲍叔牙听得热血沸腾,不觉风雪之寒:"甚好!终于得知朋友大名,原来还是颍上人!不想我们颍地竟有如此人物!"从苌楚手中取回那支有刻纹的长箭,鲍叔牙视如珍宝,于车上牛皮底下藏好,兴奋道:"我们逢此劫难,多亏管仲出手,此情不可忘。风雪更急,宜速速返家,来日必寻访管仲,以报今日三箭之情。"众人纷纷赞同,一片欢笑。

鲍叔牙起身立于车前,对着长空风雪连行三揖,十分恭敬,道:"管仲兄!来日方长!"礼毕"哈哈哈哈"一阵大笑,笑声甚是豪迈,直欲压倒风雪!众人随之亦笑。一行人击掌高歌,倍添力气,荒野里迎着朔风,踏碎琼瑶,急急奔家而去。大雪如鹅毛翻飞,箭台也渐渐隐没于一片白羽之中。

一个时辰后,鲍氏一行人得返家中。久别重逢,倍感温馨,亲人们互相嘘寒问暖。鲍氏兄弟拂去身上雪花,洗脸净手,先拜父母,又拜宗祠。

　　堂内中间地上有一个四方形土坑，边沿砌有矮矮的台子。此为火塘，又称灶坑，为春秋时代民间生火煮饭所用。却说火塘早已燃起火米，红通通的，毕毕剥剥地发出木柴的爆响；上面有一只硕大的煮饭器物：陶鬲。那陶鬲大张圆口，鼓着肚腹，底下又有三只袋状之足稳稳地支在火塘上，热气腾腾，咕嘟咕嘟响，里面正煮着瓠叶豆羹。家人们围火坐定，簇拥笑谈。未言生意旺衰，却先议论起管仲三箭退贼兵的神奇。鲍公叹道："当今天下纷纷攘攘，正是英雄大显身手的时候。这个管仲，前途不可限量。"鲍叔牙道："只怕也是布衣之家，龙游浅水，虎落平阳，没有大显身手的机会。所谓英雄不遇……"

　　"羹熟了，快趁热喝。"鲍母道。每人便端过来一碗羹汤，就着热气喝一口，坦荡荡，暖洋洋。

　　"他们遇不遇的不打紧，要紧的是我们这一趟买卖百年难遇，实在值当！"鲍仲牙道，接着滔滔不绝述此次行商经过几城几邑，贩货几种几类，其中白盐得利几许，粮食得利几许，牛皮得利几许等，不一而足。窗外风雪不息，堂中笑语难止，众人七嘴八舌，似乎有说不完的话。聊至半夜，方才睡去。

　　鲍叔牙辗转反侧，听着窗外的风雪声，难以入眠。一会儿想到管仲，一会儿想到那位蒙面将军。管仲虽未谋面，但毕竟是同乡，相见有日。而那位差点生死相搏的蒙面人，究竟来自何方？姓甚名谁？意欲何为？

　　未出半月，赤牙被斩的消息传来。原来那日赤牙离开箭台后，不得已杀马煮肉，聊以充饥。第二日探得郑庄公在颍谷的狩猎营地，于是便乘夜偷袭。郑庄公防守何其严密！可怜壮士慷慨赴死，满腔热血抛洒野地，几番拼杀，三十余人当场被诛，而赤牙被生擒。郑庄公未斩赤牙，而是将其解送到许东新臣处；押送赤牙者，正是坐守许西的公孙获。郑庄公未有杀令，而杀意自明。借敌之手以杀敌，不怒自威。新臣与百里等当着公孙获的面，论数赤牙谋反之罪，而后挥泪将之斩首。赤牙临终大笑道："赤牙死得其所！诸君勿忘复国！"言罢引颈，毫无惧色。自此，许国精英悉数灭尽。一直隐忍十余年之后，即公元前697年，郑庄公命终，郑国内乱，新臣与百里乘机举旗兴兵，赶跑许东郑军，夺回都城，复建了许国。新臣即位为君，史称许穆公。此为后话。

　　却说赤牙被斩的消息传至郑国颍地，一片轰然。人人都骂赤牙行刺国君是罪有应得，当日箭台的十余名鲍家商人更是拍手称快，唯见鲍叔牙左右摇头，不住地轻轻叹息……

　　鲍叔牙另有一桩急切的心事，便是寻访管仲。无奈大雪封路，不便出行。这几日天气转暖，艳阳高照，道路清爽，一片明媚。鲍叔牙命芟楚准备了一些礼物，有干菜、腊肉、糙酒和一匹葛布。自己又不辞辛劳，亲往市井，千挑万选，寻来体形肥硕、尾巴细长、羽毛艳丽的雉鸟一只，又在雉身上裹得红布一块，双足系上红绳一条。此为雉礼。春秋时代，士人相见之礼用雉，且必是死雉。以雉为礼，是因为雉鸟不可诱之以食、慑之以威，宁死也不被生养。士人当如雉鸟守节死义，坚贞如一。鲍叔牙虽是市井商贩，但祖上曾为大夫，所以常自以为士。以"士相见礼"访管仲，也是对管仲的一番敬意。鲍叔牙准备妥当，命芟楚驾上役车，携伯牙、季牙一行四人出门便向东而去了。

　　不一会儿行至颖水。正说笑间，忽见前方河岸高处新筑起一座庙，众人围睹，有哭泣声阵阵飘荡。"这里什么时候起的庙？ 这许多人在干什么？"鲍仲牙问道。芟楚一边驾车，一边答道："主家不知，几个月前，我国大夫颖考叔在征伐许国之战中阵亡。国君感念其德，本要厚葬。后来据说颖考叔死后显灵，说自己并非死于敌军，是被自己人背后放冷箭射死，然后亡魂附体，取了那人性命。此事令我们国君感慨不已。因我们这一带是颖考叔的封地，所以命人在颖水之滨为颖考叔立庙，以供常年祭祀。前面便是颖考叔庙，看样子有不少人前来祭拜。"

　　"颖水汤汤，英灵荡荡！ 既然从这里路过，我们当停留片刻，祭拜一番。"鲍叔牙道。"哥哥不是要火急火燎地寻访管仲吗？"鲍季牙问。"不急，"鲍叔牙答道，"我们所寻访者，乃是天地之间堂堂正正的君子，管仲如是，颖考叔亦如是。四弟不知，颖考叔不仅仅是国之大夫，君之臂膀，更是一个纯孝君子。我国先君郑武公之夫人姜氏生有二子：长公子名寤生，即郑庄公；次公子名段。姜夫人偏爱公子段，遂不顾国家礼法，竟然挑拨公子段密谋夺取兄长之君位。公子段最终兵败自刎身亡。郑庄公平了弟乱，深感其母失德，遂将姜氏迁出国都，发送到我们颖地安置。庄公也是一时气急，发下毒誓：'不及黄泉，无相见也！'后来悔恨不已。再之后，时为颖谷封人的颖考叔以献鸮鸟为名，细述鸮鸟长成后啄食母鸟，为不孝之鸟，以此为题，劝说庄公应当接母回城，以尽孝道。奈何庄公毒誓在前，有为难之色。颖考叔遂献一计，于牛脾山下掘地十余丈，见泉水汩汩流出，遂在泉畔搭建一间木室，先接姜夫人入内居住，之后安排庄公乘梯而下，于是自然就有了他们母子之间'黄泉相见'。好一番哭泣，终于母子和好，共回都城。颍考叔既成全了庄公的孝道，又不曾违背庄公黄泉相见的誓言。国君称赞颍考叔贤孝，赐爵大夫，后又赋予重任，与公孙子都同掌兵权。这才有了不久之前的伐许之战。"

"哦，颍大夫是个真君子！"鲍季牙感佩不已。鲍仲牙道："如此人杰，我们理当一拜。"话未及，车马已到庙前。苌楚守车马，鲍氏兄弟取了一些腊肉和酒，就走过去。

颍考叔庙四方四正，坐北朝南。过大门，入中院，两侧是偏房，正中是主殿。殿内有高奉的颍考叔牌位，门口置有三口青铜大鼎。庙堂内外，人如潮涌，有颍地百姓，也有国都官员。这一日，恰逢大夫瑕叔盈前来祭拜。只见瑕叔盈伏拜于殿，呜咽痛哭道："颍大夫啊，我来祭你啊！想那日许城之战，颍大夫中箭落城，你我诀别之际，颍大夫最后一言说道，'暗箭难防！'我只以为你是中敌箭身亡，怎料到这箭乃我国公孙子都背后发射的冷箭！这公孙子都，心胸狭隘，鼠肚鸡肠，因嫉你立功，竟下如此毒手！真是白长了一张美男子的面孔！我呸……"瑕叔盈又哭又骂，引得众人一片伤感。有人窃窃骂起公孙子都，讲如何如何。鲍叔牙侧耳细听，原来其中另有曲折。

却说许国平定之后，郑庄公总觉得颍考叔死得蹊跷。后来检验尸首，果然箭射在后心，郑庄公大惊！继之又询问瑕叔盈，瑕叔盈才恍悟——颍考叔是一中箭就坠城！必是我军中有人背后发冷箭！那么这个要置颍考叔于死地的人到底是谁呢？郑庄公与瑕叔盈百思不得其解。

后来，郑庄公于军中设一大帐，杀一头猪、一腔羊、十只鸡以祭奠颍考叔，并命巫史于帐中日夜诅咒发冷箭之人。却说诅咒到第三日，郑庄公率众文武前往观看。忽然间公孙子都狂笑不止，抓破自家脸皮，而后转笑为哭，扑通跪在郑庄公面前，仿佛换了一副嗓音道："臣颍考叔何负于国！许城之战，臣已率先登城，只因公孙子都嫉贤妒能，挟私恨于背后放冷箭，将臣射死城下！国君在上，天理昭昭！臣死亦诛小人之命！公孙子都——偿我命来！"言罢，以右手自探其喉，指节硬如铁爪，顷刻间拔骨碎肉，但见喉咙中一股热血喷射，公孙子都登时气绝身亡！郑庄公及身边众人个个惊颤不已。由此方知，背后射杀颍考叔之人，正是自家人公孙子都；颍考叔亡魂不宁，附体以杀子都！郑庄公更加敬重颍考叔英灵，于是命人在颍水岸边立庙以纪念之。

鲍叔牙听得热血沸腾，不由得赞一声好。又有哭声传来，瑕叔盈伏拜于地祭奠道：

"颖大夫啊,可怜你一世英名,却落得如此下场! 呜呜呜呜,颖大夫享我祭食……此一件,乃是颖大夫最喜欢的鸧鸟肉! 这鸧肉,引得大夫献计,黄泉见母;这鸧肉,引得大夫封爵,统率三军;这鸧肉,也引得大夫殉国,壮志未酬! 颖大夫啊颖大夫,你且安睡,你要佑我乡土,保我郑国! 呜呜呜呜……"瑕叔盈再拜,众人随之亦拜,哭泣声源源不绝。

瑕叔盈离去。鲍叔牙三兄弟入殿,捧上腊肉与酒,亦拜。鲍叔牙静静地凝视颖考叔神位,心想:"如此豪杰君子,只恨无缘相识,如今人鬼永别了!"不由伤感起来。仲牙献了酒,三兄弟再拜。鲍叔牙祭道:"君不识我,我不识君。君之操守,永在我心。如雨如雪,如日如月。英魂不朽,佑我故土!"言罢又三拜。

身后又有人来献祭品。鲍叔牙礼毕,与仲牙、季牙退出。人头攒动中,行至大殿门口,鲍叔牙忽又回首叹道:"愿天下豪杰,皆能有君之德,无君之箭!"说完大步出门,领着二兄弟乘车上路了。

一路颠簸,将近午时,赶到山谷中一个小村落。又转过两条泥泞小道,苌楚以手指着前面道:"到了,就是这里。"鲍叔牙瞧去,小山坡下一溜儿残破的黄土泥墙圈着三四间低矮的草屋,入眼一段墙头残雪中,几茎枯草摇曳,恰巧正蹲着两只哀鸣的寒雀,门口却昂然挺拔着一株参天的大桑树。这里就是管仲的家了。

鲍氏兄弟下车,鲍叔牙手捧雉礼,仲牙、季牙拎着酒肉丝帛立于身后,三人于桑树下叫门。一个妇人应声而出:五旬年纪,农妇衣装。再朴素寻常不过,只是端庄娴雅,眉宇间透着一股和蔼可亲却又凛然不可侵犯的气息。"尔等意欲何为?"妇人问。

"夫人安好!"鲍叔牙恭敬道,"我乃颖人鲍叔牙,这两位是我的兄弟鲍仲牙、鲍季牙。我兄弟三人久仰管仲,特来访友。"

妇人上下打量,见鲍叔牙手捧雉鸡,雉头朝左,雉尾朝右,当下就明白了这是庄重的雉礼,慈笑道:"原来是朋友来访,但请堂内叙话。"

几人入院,蹑步行至内堂,脱履,入席。妇人居上,鲍氏兄弟于左首依次坐定。鲍叔牙屈膝跪立,拱手又行一揖,说:"夫人有所不知,我兄弟以行商为生。半个月前从外地返乡,行至箭台,时逢今冬头场大雪,又偏偏遇上一帮武人劫掠。正无奈间,管仲不知藏身何处,连发三箭以退贼兵。我兄弟感念不已,今日特来登门拜谢。"

"呵呵,不知藏身何处! 如此说来你们并没有见到管仲,又如何肯定是管仲?"

“有箭为证,夫人请看。”鲍叔牙说着,取出那支刻纹长箭,递上来。

妇人接过,只瞟一眼,含笑道:“是的,正是管仲所用之箭。可以救人危难,也不枉了我一番苦心。我乃管仲之母。”

三人闻言,不约而同挺起胸膛,齐行揖礼。“晚辈眼拙,不识尊长。老夫人吉祥如意!”鲍叔牙道。

“免礼,免礼!”管母笑吟吟道,“我一个山野村妇,吉什么祥,如什么意!只盼得你们年轻人如意就好!只可惜仲儿不在家中,辜负了你们兄弟一番盛情。”

“管仲兄——”鲍叔牙正要问“管仲兄现在何处”,忽然听得门外有歌声传来,于是打住话,屏住呼吸,凝神细听——

　　　　肃肃兔罝,椓之丁丁。赳赳武夫,公侯干城。
　　　　肃肃兔罝,施于中逵。赳赳武夫,公侯好仇。
　　　　肃肃兔罝,施于中林。赳赳武夫,公侯腹心。

歌声豪迈,气势直冲云霄。兔罝,即捕兔之网。歌中所唱乃是捕兔打猎的场景,以此暗喻英勇无敌的军士,是保家护国的城防。鲍叔牙听出了此中真意,心想此歌非是英豪不能唱出,想必是管仲回来了!于是笑道:“赳赳武夫,公侯干城!唱得好,唱出了豪杰气象!此是何歌?唱歌者莫不是管仲?”

“非也。唱歌者乃家中老仆,此乃兔罝歌。”正说间,一对夫妇模样的仆人进门,年岁皆与管母相当;男的左手挽着弓箭,右手提着三只肥兔。“夫人,后山上三只兔子晒太阳,被我一并拿了。”女的接过兔子直接踅入东边灶房去了。男仆进得堂内,见有宾客,于是将弓箭藏于身后,静立。管母笑道:“此乃老仆扶苏子,那是他妻。”又对扶苏子道:“贵客登门,兔子随之也来尽待客之礼了,殊为难得!准备饭食,以飨贵客。”

“诺。”扶苏子应声退出。

见来者不是管仲,鲍叔牙心中难免有些失落:“不知管兄现在何处?”

“仲儿不久前出门,周游列国,游学去了。”

“游学列国?不知几时能回?”

“或三载五载,或十载八载。学成自归,学不成不回。”管母答。谈笑自若,云淡风轻,仿佛十年八载就是十天八天一般。

鲍叔牙大惊,心想缘分何以如此浅薄?朝思暮想的管仲竟然是归期不定,一时无语。身边鲍仲牙又问道:"以时间算来,管仲出行之日,当是入冬初雪之时。想来管仲应该是刚出远门,就在箭台遇到了我们?"

"正是。"管母道。

"老夫人,寒冬时节,正是游子归家时候,老夫人为何反其道而行之,令子风雪远行。老夫人不担心爱子能否吃得饱,能否穿得暖,能否避风寒……"鲍仲牙又道。

"正是老妇的主意。"管母正襟危坐,略一沉思道,"去年我与仲儿相约,来年风雪袭来之日,恰是汝远游之时。大丈夫正当顶风冒雪,壮观天地,岂可贪恋暖衣饱食!非是慈母不爱子,我爱我子如松柏——不惧狂风,不畏冰雪,飒飒英姿,战天斗地!此我之谓也。"

一席话说得鲍仲牙满脸臊红,无言以对,只低头沉默,伸手去轻抚膝前的蒲席。鲍叔牙听得入神,心中暗暗叫好,当下爽朗朗一声大笑:"夫人高见!夫人真是女中丈夫!晚辈佩服。恕晚辈唐突,夫人气象非同一般,想来当是公卿大夫出身,怎么会屈身在这颍水山野?——我鲍家祖上即是大夫,可惜家道中落,子孙不得已而沦落为市井之徒!夫人莫不是也有如此苦衷?"

管母身子微微一颤,面带愠色,稍纵转安,黯然道:"你这个孩子呀,倒是直爽得很,我很喜欢。"而后长舒一口气,似在思念往事:"我丈夫本是齐国大夫,后来遭人陷害,亡于战乱,长子亦亡。我携幼子管仲一路从齐国逃到这里,幸好还有家仆扶苏子夫妇不离不弃,我们四人避居山野,相依为命,至今已经整整十三年了。"言未毕,热泪盈眶。

鲍叔牙见管母讲到了痛处,颇感心酸。想来这十三载春秋,孤儿寡母,真不知吃了多少苦头。"夫人不易!原来我们一样,都是大夫人家!——夫人应喜!我们兄弟愿与管仲一道,携手同心,开拓进取,共同光复先祖荣耀!"

管母笑而称善。正谈论间,只见扶苏子夫妇悄悄捧食而入。鲍氏兄弟一低头,见每人膝前置一碗豆饭,一碗霍羹,一鼎烤兔肉,一豆芥子酱。碗与豆皆是陶土器物,只是那鼎却是民间少见的青铜器。管家沦落山野,想是藏了几只大夫所用之鼎,只待有贵客时方才偶尔一用。管母开心笑道:"乡野小村,唯有豆饭霍羹,今日碰巧撞上了炙兔,诸位莫要见笑,请!"鲍叔牙取一片兔肉,蘸酱入口,果然美味异常,真不是粗野食物。

　　饭毕,鲍氏三兄弟辞归,管母送至门口。暖阳高照,残雪正消,空气里依旧透出丝丝寒冷,树影婆娑,有几片枯老的桑叶倒悬树顶,悠悠轻荡。鲍叔牙道:"有缘自会相见,我与管仲相逢有期。管仲于我们有搭救之恩,我等自当厚报。管仲之母即我兄弟之母,鲍家小有余资,衣食可以无忧。夫人若有难处,尽可差扶苏子到鲍家寻我,有求必应!"

　　管母道:"深情厚谊,我已心领。乡野小家,可以自足。勿要挂念。"鲍叔牙兄弟又连行三揖,方才乘车离去。

第二章　管鲍行商

　　日月如梭,光阴似箭,一晃六载春秋。鲍叔牙依旧四处行商,趁返乡间隙总会探望管母,多送饮食衣物。一来二去愈加熟稔,管母也越来越喜爱鲍叔牙,视为半个仲儿。而管仲依旧音信杳无,仿佛石沉大海。鲍叔牙的生意越来越好,数年之间,郑国、陈国、蔡国、宋国、曹国、戴国、卫国等中原诸国皆有鲍氏踪影,点点线线,纵横交织,如网如棋,形成独树一帜的鲍氏商圈。看着财货与年岁俱长,鲍家颇感欣慰。

　　这日,鲍家贩卖牛皮来到蔡国。入城安置后,颇感饥渴难耐,鲍氏三兄弟于是寻得一处酒家,要了一缸酒,一碗豆,三张饼,大吃起来。店内人来客往,十分热闹。

　　众人正饮食间,忽见一白发老翁跌跌撞撞进来,扯起嗓门就喊道:"天子中箭了!我大周天子中箭了!——拿酒!拿酒!气杀我也!"众人一片惊呼,有四五个好事者忙凑过来,问所以然。鲍叔牙顿觉如鲠在喉,目瞪口呆。此消息如同晴天霹雳,莫说一个鲍叔牙,普天之下万国臣民莫不震惊!

　　白发翁于正中蒲席胡乱坐定。店家上酒,白发翁咕嘟咕嘟豪饮,一抹嘴角道:"我孙子从繻葛随国君征战回来,竟带来这个天大消息!郑国老贼郑庄公屡屡欺君罔上,是可忍,孰不可忍——当今天子周桓王少年神武,统率王室与陈、卫、蔡三国共同讨伐郑国。双方大战于繻葛。这个郑庄公,雄则雄矣,奸亦奸矣!两军对阵,竟然违制使用鱼丽之阵！——从古至今，哪个敢用鱼丽阵！结果先败左路陈军，又败右路蔡卫，继之大败中路天子之军……"老翁说到这里，实在气恼，又狂饮几口。却说西周以至春秋中早期，两军交兵颇讲究"礼法"，打仗仿佛体育竞技一般，需要战前互相约好，战时按照规则打，战后及时收兵，不得斩尽杀绝等，与后世诡计多端、以诈取胜的战争有本质区别。而此次缙葛之战中的鱼丽阵，乃是郑国率先打破原有战争法则，不按已有的两军对阵之法列队，而是在有周以来战争史中首次采用阵法——郑国军队一军五偏，一偏五队，一队五车，五偏五方为一方阵。战车居前，兵士在后，弥补空隙，将步卒队形环绕战车进行布局，这样的编队仿佛鱼队，故命鱼丽之阵。春秋之战以车战为主，这种阵法在两军交兵之际，先以战车冲锋，继之以步兵配合攻击，极大地提升了杀伤力，在当时可谓是"违法用兵，不可思议"。

　　白发翁接着道："周桓王落荒败逃。可恨郑军竟还追杀天子！郑国有一员大将，叫，叫，叫……对，叫祝聃的，祝聃贼子！丧心病狂，明知绣盖之下者必是天子，却胆敢发箭射去！一箭正中周桓王左肩！那箭好痛！惨惨惨！"言罢哽咽，众人唏嘘不已。老翁又饮，愤愤道："自平王东迁洛邑以来，传至桓王已历二世，正是人心思治、复兴社稷之时。不想郑庄公如此乱天下！自古以来，只有天子伐诸侯，岂有诸侯战天子！以下犯上，射王左肩，天子颜面何在？宗法礼制何在？天道人心何在？从此，君不君，臣不臣，社稷鼎沸，天下大乱矣！"

　　白发翁说到心痛处，呜咽不止。围过来倾听之人越来越多，人群中亦有随之呜咽者，亦有劝慰者，亦有破口大骂者，酒家中登时乱成一片。时周桓王十三年，公元前707年，面对日益崛起、藐视王权的郑国，为了振兴周王室，周桓王联合陈、卫、蔡三国，发动了缙葛之战，可惜以郑庄公大胜、周天子惨败而告终。

　　鲍叔牙喝一句"乱臣贼子"，便悻悻地离店而去，慌得鲍仲牙、鲍季牙赶忙追出来。鲍叔牙刚正不阿，最是恼恨犯上作乱之辈，不由得对郑庄公咬牙切齿！接下来的几天，鲍叔牙始终闷闷不乐。打理好生意，仲牙、季牙特意陪他游览蔡国风光，也不见好。无奈之下，只有继续沉醉经营，仿佛淡忘一些。一晃几个月过去了，兄弟们忙完这里忙那里，又向南阳奔来。

南阳新兴了一处大市井,他们常来常往。如何住宿,如何饮食,财取哪家,货卖哪户,几街几市,几朋几友,全部烂熟于胸。一行十余人走在市井之间,有宾至如归之感。鲍叔牙的脸上也泛起笑容。街道两旁,商家林立,这家卖白帛,那家卖黄黍;左有牛角、鹿角、犀角,右有陶盆、陶簋、陶豆;你正染羽毛,他正漆梓木;编筐的、琢玉的、凿毂的、画陶的、煮丝的、蒸酒的,形形色色,不一而足,人声鼎沸,喧嚣热闹。鲍叔牙领着众人边走边看,心中无限喜悦。

行至闹市中心,鲍叔牙不由止住脚步。眼前三丈开外,浑厚的黄土墙壁前面,有一年轻人正襟危坐。此人一身青衣,背负箭囊,右肩上挎长弓,左手中执书简,闹中取静,正自读书。面前一溜儿麻袋,四个,个个鼓鼓胀胀,袋口敞开,全是晒干的红枣。显然他是个贩枣子的,但肯定一枚也没有卖出去。那人屈膝正坐,腰杆笔直,纹丝不动,远观宛如一尊玉像。一种浩浩然、坦荡荡的静气从他身上荡漾开来,令人如沐春风。

鲍叔牙颇感奇异。眼前来了三五个行人,阻断了视线,鲍叔牙挪挪脚,又望去。任凭闹市鼎沸,那人静读如故。"所读何书? 一定是部奇书!"鲍叔牙正思忖间,又见那人微微探头,右手食指轻击竹简,喝一声"好!"继之仰头大笑,又低声自言自语,但听不清所云者何。一番得意后,他右手顺势从袋中拈取一枚枣子,入口咀嚼,须臾轻吐枣核于右边地上,继之又食,而眼睛始终不离书简。

这一瞬间,鲍叔牙等均望见那人乃一个美男子! 面如冠玉,目若深渊,神清骨秀,凛不可犯! 身高当有八尺,年龄大约二十三四岁。"啧啧,真是俊美! 此人莫不是天下第一美男公孙子都?"鲍季牙身后一人道。"不要胡说,公孙子都六年前已经死掉了!"鲍季牙扭头应道。鲍叔牙接着微笑道:"公孙子都天下称美,然而其人貌美而心恶,不足道哉! 我观此人,超凡脱俗,天人一般,岂是那公孙子都所能比得了的!"

众人正议论间,只见那人身边走过来一个小孩儿,蓬头垢面,衣衫褴褛,眼神中满是怯懦与可怜。小孩儿呆呆站立,看看地上枣核,又凝视袋中红枣。"小孩儿,你饿了吧? 这里有枣子,你随便拿去。"那人慈笑道。但小孩儿不敢伸手,只红着脸努着小嘴扭怩道:"我不饿……是家中老母病了,她最喜欢吃枣,我想买你的枣子,可……可我没钱。"那人道:"真是孝子! 我不要你钱,尽管拿去孝养老母!"说着大捧大捧就把枣子塞给小孩儿。小孩儿满脸花一般的笑,又杂着几分羞怯和恐慌,拎起残破的衣襟兜住,很快满得就要溢出来了！小孩儿连连道："够了！够了！谢谢先生，我将来要报答你！"

"谈什么报答，我赠孝道而已！——已过了半日，我终于发市了！"那人说罢哈哈大笑。小孩儿得了枣子也甜笑而去，一边走一边不住回头望。

小孩儿前脚刚走，不知从哪里冒出一个黑衣人来。此人年龄三四十岁，衣衫破烂得不成样子，满脸贼笑。黑衣人歪着身子站在麻袋前，直直伸出双手，讨要道："先生也赐我枣子嘛！我也要养我娘，我娘也病了，我娘也爱吃枣，我也没钱！"说完歪着嘴坏笑，一口黑牙，满脸猥琐，令人作呕。

那人从上到下瞅一眼黑衣人，冷冷笑道："好个孝子！既是老母有病，我可以赐枣，更可以赐药。请问你娘姓氏？家住哪里？得病几日？是冷是热？是饥是寒？是闷是咳？是仰卧病榻渴盼孝子归来，还是手执木条鞭挞逆子滚去?！"连连发问，步步紧逼，绵里藏针，声色俱厉，逼得黑衣人面红耳赤，再也笑不出来。黑衣人自知欺瞒，只想着贩枣人是个善心肠，还是很好诓骗几枚枣子吃的，哪曾料到遭逢如此唇枪舌剑！

"你！你你……"黑衣人说不出话来，索性一声长叹，"嗨！我就是个市井乞丐，先生能送枣与小孩，为什么就不能施舍我呢？"

贩枣人正色道："非也！大丈夫立于天地之间，自当奋发激进，自强不息！孩童年幼，孝心难得，我赠枣以彰其德！你身强体健，正值壮年，若非不务正业，何至于沿街乞讨！我若赠枣则助其恶！你若改邪归正，知廉耻，勤上进，发动手脚，劳动作业，不出三月，便可以丰衣足食！你可听明白了？"

"听明白了……"黑衣人胡乱应道，"只是，我眼下一无所有，还是想先讨一枚红枣，然后自足。"说罢又是一脸坏笑。

"好！那就施舍一枚红枣给你！"那人从袋子中只轻轻拈取一粒枣子，重重放在黑衣人掌心，"此为枣种，回家植于庭中，数年后自有一树甜枣供你食用。"

黑衣人绷紧了脸，气急败坏，再不言语，握紧枣子就走。心想着自己厚着脸皮哀求半天，怎么着也可得到一捧枣子，不想真是讨了"一枚"，当下又恼又羞。前行五六步，含枣于口吃了，转过身来，又吐枣核于麻袋中，对那人不屑道："多谢赐枣，后会有期！"而后一溜烟跑了。

鲍叔牙看在眼里，心中暗暗叫好。那人将枣核从麻袋中拈出，轻弹地上，摇头自叹："人如顽石，不可救也！"鲍叔牙恍觉那人如此熟悉，仿佛多年故交，正要上前行揖问好……

忽然传来一阵急促的脚步声！刚才那黑衣人又来，此时却纠结了七八个人，个个贼眉鼠眼，看样子都是市井无赖。

黑衣人一伙围堵住卖枣人，却见那人气定神闲，还是读书。周遭许多人惊诧起来，渐渐不断有人走上前去看稀罕。鲍叔牙心中一惊，领着众人也围过来。

黑衣人站在一个肥胖汉子的身边，弯腰道："大哥，就他。"胖汉子上前，冷眼看着那人，抓一把枣子，塞嘴里就嚼起来，又抓一把撒地上，然后用脚踩了又踩，踏了又踏，道："我兄弟贪嘴，想吃这枣。我等皆是贪婪好吃、无恶不作的鼠辈，你这四袋枣子老子全部借用，数年之后，长成大树挂满果儿，我再还你！你可听明白了？"说完几声坏笑，身后泼皮们跟着狂笑不止。

"哈哈哈哈！好说。"卖枣那人亦大笑，笑声盖住了他们，而后右手一挥，指着一溜儿麻袋道，"请。"胖汉子先是一怔，片刻间似乎醒悟，随之又嘿嘿嘿干笑几声："倒是一个识时务的小子，来来，大家吃！使劲吃！千万不要客气！"于是手下人一哄而上，如群猪拱食。胖汉子与黑衣人只得意扬扬地看着。贩枣那人也不生气，侧过身子，翻动竹简，继续读书，旁若无人，仿佛一切都不曾发生过似的。

围观之人皆有怒色，鲍叔牙更是火冒三丈！身边鲍季牙凑过来轻声道："他可真能忍！没见过这等懦夫！"鲍叔牙替那人发急，暗暗攥紧了拳头。

那伙人吃了一阵，地上一片狼藉。黑衣人说道："兄弟们全部扛走，留着明天再吃哦！"几个无赖拎着麻袋上肩，嗷嗷欢呼就要离去。

胖汉子故意回头，想看看贩枣那人是如何难受，不承想那人依旧默默静读，好像枣子不是他的。胖汉子不由得心头冒火！斜睨一眼，无意中却瞧见那人身上斜挎的一张长弓。"且慢！"胖汉子喝一声，众无赖应声停下脚步。只见胖子走到那人面前，恶狠狠说道："贩枣的，我看你身上的弓箭不错，也借老子用用！"说罢，右手老长老长就向那人肩上伸来。

那人后退一步，藏书简于背后，变色冷冷道："请君勿动！"

"哈哈哈哈，君？请君勿动？哈哈……老子也是君子！哼哼，我今天真是长脸喽！老子偏要动！"胖汉子大笑，迈起腿来就向前又逼近一步。

"请君勿动!"那人又后退一步,音色大变,透着冷冷杀气。胖汉子充耳不闻,继续嘲笑,继续慢慢伸长胳膊来拿。手渐至胸前,冷不防那人以迅雷不及掩耳之势,从背后箭囊霍地抽出一支箭来,从上贯下一下子将胖汉手臂刺穿!那胖汉子一声惨叫,身子一晃,险些摔倒。身后泼皮们立时大乱,个个急红了眼,二话不说,一齐冲过来就打那人。

那人看着清清秀秀,不想一动起手来,仿佛变了一个人,也是水来土掩,迎头就上,虎拳豹腿,十分强悍!怎奈一帮市井泼皮人多势大,急切之间,那人免不得吃亏。

鲍叔牙大呼:"不好!"率先一个箭步冲过来,揪住那个黑衣无赖就是重重一拳。鲍家十余人也杀过来助战!他们早就怒火中烧了!双方于市井之间拳脚相搏,乱作一团。刹那间一条街道闹得鸡飞狗跳。

这帮人渣早就犯了众怒!围观人群中有四五个加进来就是一通拳脚,另有数人远远地暗暗偷袭,捡起土块陶片从背后向无赖们纷纷砸去!胖汉子、黑衣人他们拢共才七八人,怎敌一群人围攻?不一会儿个个鼻青脸肿,抱头求饶。场面渐渐平静下来。

胖汉子胳膊上依旧插着箭,跪在鲍叔牙面前,拉长脸苦笑道:"好汉饶我!饶命啊!我……我不知你们是一伙儿的,我错了!我作揖!我叩首!"鲍叔牙啐一口道:"再敢仗势欺人,为非作歹,定然打断你们的狗腿!滚!"胖汉子急忙磕头,身后黑衣人也领着那几个混混儿纷纷伏地跪拜不已。鲍叔牙看得不耐烦,连连摆手道:"滚!滚滚滚……"胖汉子赔笑几声,爬起来,呼唤自己的弟兄们,一拨人狼狈鼠窜,拔腿就跑,片刻间消失得无影无踪了。

鲍叔牙放眼望去,见自己对面一堵墙壁之前,贩枣那人刚刚把四袋枣子归拢好,可惜没有一只麻袋是满的。那人轻掸身上尘土,也正向鲍叔牙望来。四目相对,莞尔一笑!

那人一身青衣,背靠黄土泥墙,真似一树傲岸的青松!那人向鲍叔牙一笑,忽然又朝四面高呼道:"诸君请食我枣!"然后双手捧起红枣就向前后左右尽情抛撒而去,一掬又一掬,纷纷扬扬,哪里都是,满地一片红!众人俯身蹲地去捡枣,都乐得喜气洋洋!人群如潮水落去,唯有那人与鲍叔牙笔直挺立,互相望,互相笑。君子神交,朋友际会,唯笑而已!

青衣那人重重行一揖:"不幸受辱于市,感谢壮士出手相助,受我一拜!"

鲍叔牙也拱手行揖："相逢即是有缘,四海之内皆朋友! 举手之劳,何足挂齿! 我是鲍叔牙,敢问兄弟姓氏?"

"我是管仲,管夷吾。"

管仲! 鲍叔牙心中顿时一颤。六年前,鲍氏箭台遇贼,管仲三箭解围,风雪茫茫,失之谋面;六年之中,鲍叔牙无数次寻访管仲,始终音信杳无。不想今日南阳市井鸡飞狗跳之间,管仲忽然从天而降,真真欣喜若狂! 鲍叔牙定睛观看,好一个英俊男儿! "哈哈哈哈,原来是管仲! 你让我寻得好苦! 你可记得六年前,适逢你离家游学之际,风雪箭台,三箭退贼的事儿吗? 我就是被那贼兵围堵的鲍叔牙! ——二哥,四弟,快来拜见管仲! 他就是管仲啊!"鲍叔牙一边说,一边屈身深深行揖。仲牙、季牙也十分惊喜,赶过来随之作揖。

鲍叔牙! 管仲浮想联翩。当年游学过箭台,见一伙贼兵掠商,于是连发三箭搅了局。当时只是心中不平,管他贼兵是谁,商旅是谁。不承想当年故人于六年之后为我挺身仗义! 又想到一个月前游学返家,老母曾多次提及一个年轻后生,是了,正是鲍叔牙! 管仲心中一热,深行一揖:"原来是鲍兄! 当年箭台,管仲略施小计,吓唬吓唬贼兵而已! 风雪游戏,不足道哉! 倒是鲍兄对我老母关照优厚,六年如一! 此情此义,管仲铭记于心!"

"哈哈哈哈,鲍叔牙是个直性人,揖来揖去,揖不耐烦了! 然而,"鲍叔牙收住笑容,又端端正正行揖道,"请君再受我一拜! 朋友难得,相逢恨晚! 愿与君善始善终,结永世之好!"

管仲屈身拱手,深深作揖道:"投我以木桃,报之以琼瑶。匪报也,永以为好也! 鲍兄之情,永不相负!"

众人正于闹市商街俯身拾枣,你拥我挤,嬉嬉闹闹,乐得忘乎所以,谁也没有注意到管鲍三揖。鲍叔牙春风得意,吩咐仲牙、季牙等先回去休息,并特意嘱咐收拾好管仲的枣子。"今日相逢,如获至宝! 我要与管仲痛饮!"说罢,扯住管仲就走,两人并肩携手,一路大笑,须臾间就不见了。

南阳市井,红枣满地,众人俯身欢笑间,管鲍绝尘而去了。

鲍叔牙拉着管仲径直走入酒家,择临窗两张席位,脱履,屈膝,对坐。每人面前置有一个食盒，各盛着一陶罐腊肉，一陶豆瓠叶，一陶缶糙酒，以黑粗陶碗对饮。鲍叔牙道："算来你我已有六年故交，只是这六年，空闻其名，不见其人啊！不知六年之中，兄弟游学去了哪里？"

管仲道："管仲自幼受老母教诲，素有博学之志。周桓王八年，我辞母远行，自颍上南下，先游南方之国，继之东方，继之北方，继之西方，五六年间，先后游历郑国、戴国、曹国、宋国、陈国、申国、曾国、邓国、唐国、楚国、随国、黄国、息国、蔡国、徐国、薛国、鲁国、莒国、纪国、齐国、燕国、无终国、孤竹国、中山国、晋国、卫国、虢国、虞国、秦国等大大小小共计九十国。天下之大，物华之丰，山河之壮丽，民风之迥异，令管仲眼界大开，受益无穷！两个月前，我正在秦国寻访镐京故地，听言周郑爆发繻葛之战，天子被射，此事亘古未闻，海内无不震惊！我知道天下之大机到了，便星夜从秦国赶回颍上。"

"繻葛……实不相瞒，我近来日夜烦忧，唯到今日方才一笑。喜的是你我神交六载，终于一朝相逢；忧的便是这繻葛之战！"鲍叔牙叹一口气，道，"周朝立国三百余年，先王之制，邦内甸服，邦外侯服，侯、卫宾服，夷、蛮要服，戎、狄荒服，所谓道德礼乐治天下，重德不重兵！时至今日，礼坏乐崩，江河日下，列国争雄，兵戈不休。原以为我们郑国之君郑庄公乃是强国雄主，不想他如此无礼，胆敢冒天下之大不韪，以臣战君！箭射天子之肩！他这是要杀王吗？是要篡逆吗？是要谋反吗？我鲍叔牙平生最是容不得这种乱臣贼子！郑庄公，应当烈火鼎烹！鼎烹！"鲍叔牙说着，怒不可遏，忍不住"咕嘟咕嘟"饮了几大口酒。

"鲍兄言之有理，亦言之偏颇。繻葛之战固然是悖逆失德之举，然而也是天下大势。乱自上始！试想若无当年幽王烽火戏诸侯之事，又哪里来的镐京失陷，王室东迁？王居镐京之时，关中千里沃野，资材取用不尽，外有仁德之宾服，内有万乘之兵威，天下归心，四海臣服！后来平王东迁，择洛邑为都，实乃自绝龙脉，自求其败！当今天子，其地不过河洛三百里，其威不过兵车四百乘，与小国何异！王室衰微，海内离析，列国诸侯各雄一方。权柄者，天下之重器，上失则下必得！从此之后，四方诸侯争夺天下霸权将如江河泛滥，咆哮冲奔，前赴后继，一发而不可收！郑庄公不过其中一浪花耳！"提到郑庄公，管仲想到自己游学途中关于郑国的些许见闻，当下略略一顿，又道："想当初周幽王时，郑之先祖郑桓公已经预知周之将变，早早将国都从郑地迁至河洛，意欲在黄河、洛水、伊水、济水四水之间立国。桓公之后，武公继之；武公之后，庄公继之。时至今日，郑国已俨然成为东周第一强国！并虢郐，克许国，败宋卫，服齐鲁，繻葛之战又大败周王，郑庄公真雄主矣！天下之乱，自庄公始！天下之霸，也将自庄公始！"

"非也！鲍叔牙以为大谬！"鲍叔牙怒目圆睁，一脸不快，"我朝根本，以德立国。初时古公亶父迁民周原以避战，太伯虞仲远走东南以让贤。至武王伐纣之后，刀枪入库，马放南山，自废兵事。周公辅成王，作周礼，礼乐布于寰宇。成王康王时期，天下不用刑法四十余年，四海之内无不清平康乐！纵观周史，天子立于德，诸侯臣以礼，才是正道！诸侯争霸，不可取也！"

管仲应道："鲍兄所言者仁，管仲所见者势，仁则仁矣，势则势矣，千古未有定论，何况乎你我？鲍兄不必忧心，来来，你我再饮。"言罢，两人举碗。

酒入愁肠，鲍叔牙一声叹，嘴上虽如此说，心中总觉得管仲所言更有道理，于是又笑问道："依兄弟之见，争霸之势既然不可挡，必有霸主出世！天下霸主当归何人？——是了，自然非郑庄公莫属。"

"非也！"管仲乘着酒兴，慷慨激昂道，"猛兽必出深山，大鱼必隐深渊，霸主必出大国！非大不足以霸！郑国非大，郑庄公非霸！"

"那依弟看，天下霸主当出何国？"鲍叔牙问道。

"郑桓公时期，有一奇人太史伯。当年正是此人劝桓公东迁，提出四水立国之策。郑桓公见周衰，曾问及此后何国当兴？太史伯对曰：齐、秦、晋、楚。此论慧眼所见，极其高妙！所以者何？——其一曰国险，其二曰国大，其三曰国强。齐乃山海之国，南倚泰山，北拥大海，西界黄河，东临汪洋，地势广阔，固若金汤，自成一体，实为东方第一大国。秦立国最晚，平王东迁之后，岐丰之地半被犬戎侵据，平王于是尽以赐秦，以作西藩。秦国历经无数血战，终于将岐丰之地收入囊中。千里沃野，四塞之国，可出可入，进退自如！此后西方大国，非秦莫属！晋国地大物博，自不必言，左有黄河之险，右有太行之阻，形胜甲于天下！北方诸侯，晋居其首。楚国居于江汉之间，腹地广大，民风好战，以方城为城，以汉水为池，久久觊觎华夏，其志不小！南方第一大国，舍楚其谁？

"当今天下之患，内有列国争雄，外有蛮夷入侵，纷纷扰扰，如冰如炭！我华夏之外，东有夷人，南有蛮人，西有戎人，北有狄人，齐秦晋楚分居四方边塞，乃异族劫掠华夏首选之地，于是有齐与东夷战，秦与西戎战，晋与北狄战，楚与南蛮战，愈战愈强，愈强愈战，国势自然威猛不可挡！反观郑国，今日之郑虽然一时雄强，然而国土狭隘，国无险阻,民弱兵乏,后续无力,强劲之势经久必消! 不出三代,郑国必衰! 而齐、秦、晋、楚必然会大兴于天下,也必是霸主所出之国! 至于具体人物,则未可预料。"

"天下大势,诸侯列国,兄弟信手拈来,如数家珍! 弟之见识,鲍某远远不及!"鲍叔牙赞道。

管仲忽然间沉闷下来,沉吟片刻,举目窗外,见天空中一朵云絮独在。"箭射天下,管仲之志也! 只是……唉!"管仲神色黯然,失魂道,"不瞒鲍兄,我得知繻葛之战的消息,匆匆返回故里,本以为天下生变,必有我等建功立业之机,不承想出身卑贱,难有进身之阶。布衣之辈,何日出头! 祖上虽是大夫爵,然而沦落民间已许久。老母多病,家贫不堪,不得已南阳贩枣,以求糊口。唯有这张长弓日夜伴我,聊以自慰。"管仲说完又一声叹,从身上摘下弓矢,慢慢轻拭起来。

"好弓! 好箭!"鲍叔牙笑道,"兄弟勿忧。想我朝太公姜尚,七十出山,辅佐文王,打下江山,八十受封,开创齐国,成为一国鼻祖! 千秋功业,谁不敬仰! 大丈夫自有蛟龙入海之时,且待时机! 不必烦恼!"鲍叔牙忽然想到了什么,不由心中一乐,接着笑道:"你说贩枣……贩枣! 你贩枣方始,我行商多年! 哈哈哈哈! 你我皆出自大夫之家,今日又都沦落为市井之流,倒真是有缘得很! 从此之后,你我便是朋友! 一起合作经商如何? ——有我鲍叔牙在,绝不令管仲受窘!"

管仲听到"合作经商",一时开怀不已,道:"鲍兄美意,却之不恭。管仲欣然领命。"于是拱手行礼,又道,"鲍兄商道精熟,管仲必将受益无穷! 甚好! 管鲍行商,也是前世的缘分!"鲍叔牙还礼,两人会心一笑,开怀畅饮。管仲又说了一些游学见闻,待到酒足饭饱,天色已晚,方才归去。

鲍叔牙拉着管仲见家中兄弟。鲍仲牙、鲍季牙一直视管仲为奇人,今见鲍叔牙领着活生生的这人归来,心中又惊又喜,亲热不已,皆上前以礼相见,直赞:"管仲俊美压倒公孙子都!"又为当年箭台一事连连称谢。苌楚也过来相见。鲍叔牙论及管鲍合伙行商,众人皆无异议,都道是喜事一桩。大家席地围坐,欢笑之声不绝于耳。

却说管鲍合伙行商,鲍家人多,以鲍叔牙为首,慷慨出资两大车商货。管仲家贫,唯有这四袋枣子入伙。不过鲍家并无一人介意。数日后货物贩完,获利颇丰。鲍叔牙对管仲说道:"南阳贩货,弟出资不足一成,且以一成计。今将盈利十分之一分与兄弟。"

管仲听后,哈哈大笑道:"鲍兄吝啬矣! 此乃市井庸俗之算法,你我高义之士,不屑为之! 鲍兄有财,缺一成利如江湖损一勺水;管仲乏资,多一成财却如饥者得粮救命呀! 其中有义。鲍兄当取两成之利予我!"鲍叔牙当下一怔,转瞬哈哈一笑,慷慨应允。鲍季牙也视为美事一桩,付之一笑。鲍仲牙虽然也笑而应之,但心中微有一丝不快。

此后一连数月,管鲍流连于市井之间。每次管仲总是出资少而分利多,而鲍叔牙也总是不以为意,每每照旧多分,两人于是交情愈深。只是管仲虽说也忙碌于商旅杂务,却总有魂飞天外之感,常常独自一人对着弓箭发呆。物不得其用,人不得其志,心有不甘! 鲍叔牙深知其中之故,常与管仲饮酒消遣。

这日,一行人来到新郑。新郑乃郑国国都,本为四方辐辏之地,各路商贩、列国使节来往不绝,加之繻葛战后,郑国盛极一时,倍增繁荣。一行人安置妥当,各自歇息。管仲感觉烦闷,想透透气,于是独自一人于城中闲走。

管仲立足街头,发觉城内行走的各国贵族都穿着同一种华丽的衣裳。数年游历,颇有见闻,他一眼就认出这种衣裳的材质是产自齐国的丝绸。自周之初,姜太公受封齐国,极重桑麻纺织,通商工之业,便渔盐之利,至今已有三四百年了。齐国工商极为发达,尤以丝业为首,时有"齐国冠带衣履甲天下"之誉。管仲蓦然悟道:"若在齐郑之间贩布卖丝,必获重利!"当下欣喜异常,急急返归将这一消息告诉鲍氏兄弟。鲍仲牙精于算计,前后盘算一番,大呼道:"大买卖! 若从齐国贩布一车,可得十倍之利!"众人都是欢喜不尽。

次日,鲍氏与管仲一边处理新郑事宜,一边着手准备齐国之行。五日后,一切就绪,管鲍一行数人驾着一辆马车,沿着官道,奔齐国而去。

饥餐渴饮,夜宿晓行,自新郑启程,一路朝东北走去。路经宋国,在郊野逢上大雨,连绵不绝。众人歇了两日,鲍仲牙深感不能再等,恐误商机,于是大家冒雨前行。蓑衣挡不住雨水与汗水,人人双脚浸泡得肿了一般,但均无怨言。不想大雨中逢陈国商队亦在赶路,两路人马仿佛亲人相逢,互致寒暖,又匆匆离去。

又过鲁国,偏偏逢上大旱,管鲍等始料不及,由于干粮备得不多,终于断食。大地热得生烟,满目草木凋零,正在绝望之际,偶遇齐国商人南下,施舍了一些吃食,众人方才得救。管仲叹道:"行商苦旅,民生艰辛! 然而天下人为得一个'利'字,便不怕艰难险阻,不避风雨饥渴,没日没夜,竞相追逐。此乃人性,亦是民心!"

好一番奔波,这日,管鲍一行十余人终于赶到齐国临淄。未过护城河,管仲呼唤着"临淄"一跃而起,跳下车来,深情瞻望。眼前矗立的黄土城墙雄浑苍老,又厚又硬如同石壁一般,正中托起一座巍峨的城楼,红艳艳的,仿佛一团烈火!倒影入河,波光闪烁,更衬出这座古城雄伟异常。

临淄城让管仲心动不已,仿佛前世就住在这里,有一种莫名的熟悉和亲近感。游学之时初来这里便有这种感觉,此次又来,依然心旌摇荡。鲍氏三兄弟也下得车来,啧啧赞叹。他们原来一直在河洛一带走动,从未到过东方,今见临淄如此壮观,大生仰慕之心。鲍仲牙道:"真是大城!城门可以并行四辆我们的马车!"鲍季牙接道:"看那护城河,宽阔数丈,足足可以通航!"鲍叔牙更是一声赞,叹道:"都说齐国乃东方第一大国,今观临淄,诚不虚言!"

几人说笑间,进入城门的人流中来了一老一幼,看样子,应是爷爷领着孙子进城。那孩子顽皮,挣脱了爷爷的手,蹦蹦跶跶跳起来,指着城门道:"爷爷爷爷,好大的城!这就是大家都喜欢住的都城吗?"

"孩子,这里不是都城,这里是墓穴!我们不要住在这里,买了东西我们就回家去!"

"爷爷,明明是大城嘛,怎么是墓穴呢?"

"诸侯连年征战,甲兵死伤不绝,这里就是专为他们收尸的,不是墓穴是什么!爷爷当年从军时也差点埋在这里!记住,富贵功名所在,便是亡命之所!我们世世代代都不要住在城里!"老者说完,抓紧孩子的手,咳嗽一声,就慢悠悠入城去了。

这一番爷孙闲话仿佛冷水盖头,令管鲍众人愕然。管仲对着老者远去的背影叹道:"长者慧眼!"而后扭头道,"依你们看,这临淄城像什么?"

鲍仲牙嘿嘿笑道:"我看,像是金黄黄的粟米,可以令我衣食丰足。"

鲍季牙接着道:"像是亮闪闪的珠宝,可以使我富甲一方。"

"依我看,什么都不像,城就是城,可以保国安民。"鲍叔牙微微摇头道,又问管仲,"兄弟,你看像什么?"

黄土城前,管仲青衣飘飘,气宇轩昂,清亮如玉。"我观临淄如一支箭,独一无二的神箭,可以成就霸业,扫荡天下!"管仲慨然应道,语气甚是豪迈。

众人都叫一声好,赞管仲志向不凡。唯有鲍仲牙觉得管仲总是好高骛远,过于虚浮,当下只冷冷一笑。

众人驱车入城。沿着一条笔直大道一路前行,折而向东,再拐过两个角落,就是一处大集市。路途辛劳,将随行人等安置在一家客栈歇息,管仲与鲍氏三兄弟一起先入集市看看行情。齐以工商立国,市井最是繁盛。天下万物,不分东西南北,齐市无所不有。品类之全,物种之多,令人眼花缭乱。鲍季牙叹道:"入得临淄,方知市井繁华,竟如此壮观!"

管仲笑道:"不过小成而已,远远不够。我若主政临淄,其繁荣十倍于此!"

鲍仲牙听着刺耳,忍不住高声道:"管仲好高,好远,好大!我们且等着看你如何十倍繁华!"言语中颇含讥讽之意,话一出口,又觉不妥,于是转语道,"嗨!十倍繁华与我们有什么相干!眼下,你我获利十倍才是正经。"四人不由一笑。

正说间,迎面有一人忽然惊呼道:"管仲!前面可是管仲管夷吾吗?"管仲望去,见人群中那人一身黑色深衣,年龄与自己相当,相貌堂堂,血气方刚,满脸惊喜之色,正立于车前。再看那车,乃是大夫所乘的墨车,此人应当是大夫之家。正思忖间,忽然想到此人乃当年游学临淄时结识的饱学之士召忽。召忽乃齐国大夫召刚之子,学识广博,刚正不阿,实是齐国近些年来的新起之秀。

"哈哈,正是管仲。召忽兄,别来无恙!"管仲大喜,上前作揖。

召忽也急忙揖道:"一别数年,何期与管兄相逢于齐市。"

"齐国衣帛天下无双!我等朋友四人一同入齐,乃携带重金以求此宝。不想,衣宝尚未求到,却有人宝不期邂逅!"管仲戏谑道。鲍叔牙、鲍仲牙、鲍季牙也一同相见行揖,召忽还揖。

"美哉!召忽欣喜若狂,也是如获至宝一般。诸君且随我归家,我当置酒食相待,聊表殷勤之意。"

"好!连日奔波,腹中早已饥肠辘辘,召兄如此一说,引得我是垂涎三尺啊!"管仲毫不推却,坦然笑道。于是管鲍四人随着召忽,有说有笑离去。

召府堂中。召忽居上,管鲍四人居下,各自入席,坐定。有家仆捧食以进,有铜鼎、铜簋、铜豆、铜罍、铜爵。鲍叔牙再低头细看,乃是一铜鼎羊肉,一铜簋鲜鱼,一铜豆腌菜和一铜罍酒。清一色的青铜器皿,色泽鲜亮夺目,件件制作精良,为平生第一次所见。尤其那盏盛着腌菜的铜豆——底下圈足托着一只长柄,柄上乃是浅腹的圆盘,通体细长而厚重,朴拙之中藏着几分灵动。尤其圈足和圆盘边沿分别刻着凤鸟纹和云雷纹,中柄上似乎还镂着四五个小小的篆字,一时也看不太清楚。这些纹理和字迹弥散着轻灵而神秘的气息,又透着十足的严肃和庄重,虽是食器,但令人大起恭敬之心,直欲对着这些器物行礼,而不敢吃那器中之食!怪哉!鲍叔牙心中不禁慨叹:"此乃大夫鼎食之家,我祖上当亦如是!"鲍仲牙、鲍季牙略觉惶恐,经年累月,四处奔波,所食者乡野粗食,所用者陶鬲土器,何曾享受过如此美器美食?当下竟不知该如何吃用,只好等有人先吃,看了再说。管仲心中也颇不宁静,暗自叹道:"大丈夫处世,自当建功立业,钟鸣鼎食,岂能终日豆饭霍羹,蹉跎于市井之间!"

召忽举爵,五人痛饮。三爵过后,与管仲叙旧,论及管仲学识,世所罕见,又见今日出没市井,颇感伤怀。召忽道:"管兄之才,我自知之。金珠遗于山野,美玉没于草莽,岂不可惜!我劝管兄弃商从仕。齐居山海,实力雄厚,国君僖公,志在争霸!管兄如愿入齐,前途岂可限量!愿管兄思之慎之。"

管仲答道:"召兄美意,我已心领。怎奈管仲出身卑贱,齐国君臣恐不似召兄这般待我!何况家中老母年迈,我又不忍远离。齐国虽好,非我等布衣之家!管仲与鲍兄等朋友相亲,逍遥市井,未尝不是一乐。"

召忽又道:"商旅市井终非正途,有什么好?"

管仲道:"召兄居庙堂之上,自然不知市井妙趣。天下熙攘,皆为利往,若水趋下,不召自来。此即道也!君子行商,亦行道也!行道无量,行商可富。大富者倾城,中富者倾邑,小富者倾乡里,千金之家可与一都之君同乐!商者可为无爵大夫!不亦奇乎?"

此番商道令座中人皆惊。鲍叔牙眼中放光,饱含欣赏之意瞧着管仲。召忽道:"无爵大夫!管兄高论,妙!诸位,请再饮一爵。"几人举爵又饮。召忽放下酒爵道:"管兄,既如此,召忽便不再多言。但今日相逢难遇,正要请教一言——当下之齐国,国君有伐纪之志。齐国与纪国乃世仇。周夷王之时,纪侯向天子进献谗言,借天子之手烹杀我国哀公。后哀公之子胡公继位,便要报仇。自那时始,两国交恶,绵绵至今而不绝。此间恩怨太深,极难化解,齐纪之间必有生死之战。但如何应战取胜,国野之间众说纷纭,不一而是。请教管兄高论。"

管仲道："武王伐纣灭商以开国,大封诸侯于天下。时太公、周公功勋最著,太公封于齐,周公封于鲁。纪本是商朝之国,商亡后臣服于周。于是周初以来,东方便有齐、鲁、纪三个大国并立,鼎足之势数百年之久。时至今日,齐鲁渐强而纪国渐弱。鼎足三分,相生相克,齐欲胜纪,必外结鲁国,以二敌一。反之,纪国欲求自保也必会与鲁国结盟,其势然也。所以,齐国伐纪取胜之道,在鲁而不在于齐。"

"妙,妙!"召忽击案赞叹,"召忽只知忠义,而管兄深谋远虑,我不及也。"于是举爵又饮。鲍叔牙又问及齐市丝绸、布帛等商务,召忽娓娓道来。直待罍中之酒尽饮,方才散去。

翌日,管鲍至齐市精选布帛,购得满满一大车。又采买一些干肉、果品、麦饼之类,以备路上食用。又入召府致谢辞行。诸事已毕,一行人驱车起身,出临淄,一路西南返归而去。

不数日至鲁国。当年鲁国大旱,又遇蝗灾,水源枯竭,草木食尽,饥民饿死者不计其数。众人行至曲阜城西一处地方,地名叫作桐丘,这里灾情最重,死人最多。沿路两旁时时可见乞讨者,大多瘦骨嶙峋,奄奄一息,其中不乏老弱与幼童。管鲍来时并未走这条路,乃是从旁而过,当时虽也知晓鲁国有灾,但未曾料到如此严重。望着满目惨象,管仲心如刀绞,道："鲁国天灾非比寻常,我等不可袖手旁观。我意散财买粮,拯救灾民。"

鲍叔牙应道："善!我也有此意。只是我们钱财早已花尽,身边只有一车布帛,这布帛蒸不得粟,煮不得粥,如何是好?"

管仲答："把布帛换成粮食,不就可以蒸粟煮粥了!"

"鲁国闹灾荒,国中之粮必已用尽,哪里会有粮食换我们的布?行不得,行不得!"鲍仲牙有些急,一听说管仲要拿布换粮,再白白散出去,登时心疼不已。

"鲁国无粮,难道齐国也无粮吗?掉转马头,再去临淄,如何行不得!"管仲面带不悦,字字掷地有声。

"你……你!管仲!就算把一车布帛全换了粮食,能救得了这一国灾民吗?"鲍仲牙火了,用手指指着管仲鼻子吼道。

"救不了一国灾民,救得了一村之人!逢灾援手,不负我心!"管仲也步步紧逼。

"不必如此。"鲍叔牙过来劝道,"二哥,管仲也是一番善举,此种惨剧我们不遇到也就罢了,但碰上了就一定要施以援手!管仲能在箭台救助我等,也必在这桐丘救助鲁人!——回临淄!换粮!"

"三弟!"鲍仲牙道,"你为何也如此说!救灾是国家之事,我等不过是商人!兄弟们餐风饮露,千里奔波,所为者何?——利耳!如将这布帛施舍出去,我们却落得一场空,如何甘心?"

"鲍氏求利亦求义!"鲍叔牙微微一怒,厉声道,"就这么定了!"

鲍叔牙说完,赶起马车就要走。鲍仲牙止住辔头,一个箭步,从车上呼一下就抱下来一捆布帛。他手法娴熟,这一抱不多不少,正好十匹。"要换也不能全换,留下一捆,作为我们一路吃食。"

"这又是干什么!"鲍叔牙说完,伸手要来抢夺。管仲急忙拽住,微微笑道:"常听家乡人言,鲍仲牙算小,鲍叔牙算大,今日可谓眼见为实!呵呵……留下一些也是对的。仲牙兄放心,这笔账算在我头上,来日管仲必以两车之利以报今日之德!鲍兄,救民如救火,我们还是快马赶往临淄要紧!"

鲍叔牙高声道:"走!"这时一直未作声的鲍季牙走过来道:"三哥与管兄带着几个人去临淄吧,我与二哥留在这里等候。"管仲应一声好。最后,鲍仲牙、鲍季牙和伙计们留在桐丘,管仲与鲍叔牙两人驱车向齐国奔去。

管鲍入得临淄城中,得召忽相助,迅速把车上布帛换成了粟米、稷米和一些干粮。两人又急忙再返回桐丘,顷刻间将车上粮食分散殆尽。当地饥民群起而拜,竟有一片喜极而泣之声此起彼伏。管鲍二人纷纷躬身还礼,劝解大家不必如此。须臾间,炊烟袅袅升起,粟稷之香随风飘荡,沁人心脾。有三个德高望重的老翁,个个鹤发童颜,满脸喜悦,捧着刚刚煮好的热粥来谢管鲍,却发现早已踪影全无。一老翁抬头望天,悠悠道:"愿苍天保佑这两个素不相识的年轻人!"

管鲍也是一片欢喜,快马快车赶路。离了鲁国,不数日又至宋境。这日进入亳城,天已正午,一行人饥渴难耐,加快脚步赶路,左右寻找吃喝。不多时,见前面不远处有一家食店,饭香早已飘溢得老远。一行人风一般赶去,管仲与鲍叔牙走在最后。

街上行人穿梭,各色人等,杂乱无章。不知谁家廊下墙根,有一人衣衫不整,手拿一埫,垂头呆坐,似是行乞,又似是卖艺,一副失魂落魄的模样。管鲍走得急,并未在意。过了那人,身后陡然响起歌声,引得二人不由驻足,管仲侧耳听那人唱道:

> 缁衣之宜兮,敝,予又改为兮。适子之馆兮,还,予授子之粲兮。
> 缁衣之好兮,敝,予又改造兮。适子之馆兮,还,予授子之粲兮。
> 缁衣之蓆兮,敝,予又改作兮。适子之馆兮,还,予授子之粲兮……

歌声豪迈,隐隐却有凄凉之感。

此为《缁衣》歌,管仲甚是熟悉。当年游学宋国,偶遇同年萧大兴,两人一见如故,相见恨晚。萧大兴博学多能,曾教管仲唱《缁衣》歌,此为五年前旧事。

"莫不是遇到了萧大兴?"管仲心底一沉,回头望去,见唱歌者正是廊下那人,只是蓬头乱发,半掩面容,难以辨识,更何况自己心中的大兴萧郎当年意气风发,慷慨激昂,决计不是这等落魄模样,当下以为认错了人,于是回身又走。

管仲刚迈两步,那歌声急起高亢之音。管仲觉得那人似在以歌声呼唤自己,其中必有隐情。管仲又回身转头,来到那人面前,蹲下身来。鲍叔牙不知何故,也跟过来。

管仲凝望那人片刻,就眼眶湿润起来。十分奇怪! 管仲忽然与那人屈膝对坐,行君子礼,又随声附和唱道:"缁衣之宜兮,敝,予又改为兮。适子之馆兮,还,予授子之粲兮……萧大兴,我是管仲!"管仲只唱了一句,但歌声婉转飘逸,极为悦耳。鲍叔牙旁立,没想到管仲如此精通音律,大感意外。又见管仲与那人像是故人相逢,更是惊诧不已。

那人见管仲报上自家姓名,终于抬起头来,双手轻捋乱发,两行浊泪就流下来,又饱含笑意道:"一身青衣,背负长弓,面如冠玉,目若深泓! 坦荡荡如春风暖日,凛凛然若雪中孤松……五年前管仲如是,五年后管仲亦如是! 我岂能不识你是管仲! 只是管仲怕是难辨大兴!"

"萧大兴!"管仲抓住那人双手,心如刀绞,"当年萧郎潇洒少年,何其神采奕奕! 如何今日竟然沦落成了这副模样?"

萧大兴苦笑道:"不说也罢。我本贫寒之家,早年丧父,两年前母亲又染重病,卧床不起,为尽孝道,我不得已卖尽家财,可惜依然换不回老母性命。今日之萧大兴,头上无茅草,身边无亲人,茕茕孑立,孤孤凄凄,不得已蓬头垢面,乞食街头。闲来吟唱《缁衣》,

但愿可遇知音……"

"不要说了！"管仲打断他的话，又将鲍叔牙拉至一旁，悄悄说道，"愿鲍兄相助！萧大兴，宋之奇才，我之朋友！今见故人落魄至此，我心何安！我们车上的十匹齐帛足以使萧大兴枯木逢春，重振豪杰之风！愿鲍兄成全。"

"救人危难，义不容辞，区区布帛何足道哉！只是……"鲍叔牙面有难色，"仲牙，季牙……"

管仲望一眼前面，见鲍仲牙、鲍季牙领着鲍氏其他伙计以及车马一道停在那里等，旁边就是食店。桐丘一事后，仲牙、季牙与管仲心生嫌隙，常常是管鲍两人聚在一起，仲牙季牙两人聚在一起，不似先前那般亲热。管仲略一思索，道："鲍兄，这样，大家早已饿了，你我在这里陪大兴，叫仲牙、季牙他们吃饭去。"

管仲言外有声，鲍叔牙一听，全明白了——是要支开仲牙、季牙，以便行事。鲍叔牙当下喊道："二哥四弟，管仲遇到一个故友，我们在此相聚片刻。你们先去吃饭，不用等了！"

鲍季牙应一声好。鲍仲牙笑道："管仲奇人也，召忽是故友，乞丐也是故友！呵呵……"说罢也不多想，留苌楚守车，领着其他人就往食店里钻。

过了片刻工夫，管仲大步来到车边，一把将十匹布帛抱起，可惜抱不全，有两匹落下。鲍叔牙过来帮忙。苌楚满是迷惑，正要张口询问，却见鲍叔牙瞪着自己，吐出重重两个字："别问！"

管仲将布帛放在萧大兴跟前。贫人得宝，萧大兴一脸茫然！管仲道："我们行商匆忙，仅有这些布帛。你且收下。富不可以生骄，穷不可以失志，蓬头日久，萧郎废矣！君以此十匹布帛为起步之资，足可以大兴！"

萧大兴五味杂陈，如在梦中，一时呆呆无语。"萧大兴莫非妇人！"管仲喝一声。萧大兴如梦方醒，抖擞精神，刹那间英气勃发，如同换了一个人。萧大兴对管仲和鲍叔牙各深行一揖，慨然道："大恩不言谢！后会有期。"言罢抱起那十匹齐帛，雄赳赳，气昂昂，大步离去。二十多年后，萧大兴成为萧国开国之君，此为后话。

望着萧大兴的背影在人流中消失，管鲍长舒了一口气。然而一想到如何面对仲牙、季牙，两人同时犯难。管仲望着鲍叔牙的脸，微微一笑；鲍叔牙瞅着管仲的眼，也淡淡一笑。两人四目相对，忍不住又捧腹大笑，笑声越来越高，旁若无人。街上南来北往，行人如织,均投以异样的眼光。鲍叔牙乐道:"管仲呀,今天才发现你原来深通乐律之妙,来来来,再唱一个!"

"缁衣之宜兮,敝,予又改为兮。适子之馆兮,还,予授子之粲兮……"管仲引吭高歌。鲍叔牙也跟着胡乱唱着。两人踉踉跄跄,做酒后失态之状,互相搀扶着向马车走去。

食店里大家伙围坐席间,吃得正酣。见管鲍过来,有两个伙计起身相迎。却见鲍叔牙不慌不忙入席,唱似的说道:"那十匹布帛,我呀我,赠送朋友了哦!"当下将刚才事情和盘托出。

"管仲!"鲍仲牙情知鲍叔牙虽说是自己赠布,却必定是管仲作怪!当下火冒三丈,霍然起身,将手中粟米团砸在地上,用脚狠狠地踏了又踏,"你! 你你……"气得说不出话来,末了冷冷道:"走了!"就拂袖而去。

鲍季牙也哭丧着脸,苦笑道:"走? 往哪里走? 有什么面目走? 不走了,索性在这宋国住下吧。"说着,也随着仲牙去了。

管仲无语,只默默地行揖,目送两人离去。刚刚的火热气氛登时散去,伙计们人人感到一阵寒意。鲍叔牙见一时僵持不下,便不再辩解,依旧笑道:"好好,我们先住下,住下——"于是安排众人于亳城中一家客栈歇脚。鲍仲牙、鲍季牙两人单独居一室,将管鲍两人撇在一边不管。

夜幕低垂,家家灯火,整条街道显得异常安宁而祥和。管仲与鲍叔牙两人并肩而来,推开一扇门。里面鲍仲牙、鲍季牙兄弟半卧于蒲席上,正饮闷酒,见有人进来,也不抬头。席边放着一只酒缸,两只陶碗,一竹箬熟豆。

管仲呵呵呵直笑,在鲍仲牙身侧坐定。鲍叔牙也随之坐在鲍季牙身边,四人两两对坐。

管仲举缸斟酒。沉闷的屋里,酒声细如溪流,如泣如诉一般。管仲笑道:"仲牙兄、季牙兄莫要生气,都是管仲的错,管仲特来赔罪! 来来来,满饮了这碗赔罪酒!"

鲍仲牙依旧低头,冷冷道:"自己没有酒,却拿别人家的酒孝敬别人! 还说什么赔罪! 管仲啊,你可真是一个慷慨大丈夫呀!"鲍仲牙借酒,讥讽管仲是在拿鲍家的钱财救助如鲁国灾民、宋国萧大兴等这些在他眼中一文不值、毫不相关的人。

这时,鲍季牙猛然抬头,眼中满是怒火,直逼管仲,声色俱厉道:"我等兄弟皆以为管先生乃大才,胸中无限敬仰。先生与我兄合伙行商,先生每每出得少,而分得多,季牙并无异议。过鲁国遇桐丘,先生以布换粮,救助饥民,季牙也不曾有过半句怨言。然而在这亳城,先生只顾自己慷慨,唯我独断,唯我专行,丝毫无视我等!我们一行数人连月来劳碌奔波,昼夜不歇,不过为赚得一些财帛,以讨生活!可惜我们的艰辛,被先生视如草芥,要扔就扔,要送就送!实乃太过!——世之大才,果如是乎?"

"季牙不可如此无礼!此中关节,我一一知晓。况且鲁有天灾之祸,宋有落难之友,岂能袖手旁观?管仲乃仁人君子……"言犹未尽,鲍叔牙的话被对面的鲍仲牙拦腰截断:"鲍叔牙!休要再讲什么救人危难!你我并非一国之君,不过区区市井贩夫而已!我们所求的不过蝇头小利,温饱其身!天灾多了,人祸多了,我们救得了吗?我们救得动吗?我们救得完吗?亏你还是商人!"鲍仲牙愤愤不已,口齿一张,便是熊熊烈火。

"商人如何?商人亦有仁心和道义!我鲍叔牙最瞧不起见利忘义之人!不想我的兄长竟会如此不堪!"鲍叔牙双目圆睁,又急又恨。

"鲍兄息怒,息怒——"管仲见顷刻间就要燃起火来,慌忙拦住鲍叔牙,又与鲍仲牙、鲍季牙赔笑道:"仲牙兄、季牙兄所言甚是!我等千里奔波,不过为一利耳!鲁宋两国之事,错在管仲一人!如今惹得鲍氏兄弟反目,小弟我于心何忍!也是一时情急,迫不得已,还望哥哥们见谅!"管仲一顿,又抖擞精神道:"兄长勿忧!我有一策,可以将此行所失之利再补赚回来,而且此利非彼利,可以点石成金,足以称得上百倍之利!"

一听说"百倍之利",鲍仲牙、鲍季牙两人不由得眼中一亮。鲍季牙兴奋之余,又觉得管仲是在故弄玄虚,当下摇头道:"管仲只会说笑,世上哪有什么百倍之利!"

管仲郑重道:"非是说笑!管仲害得大家受苦,又岂敢说笑!——敢问季牙兄,此次齐国之行,我们损失多少?"

"当为一镒金。"未等鲍季牙张口,鲍仲牙抢先道。

管仲略一沉吟,转向鲍仲牙道:"管仲欲贩一物,可获百倍利,可得百镒金,不知仲牙兄以为可否?"

鲍仲牙顿时熄了火气,轻声问道:"什么货物如此神奇?愿闻其详。"

"据仲牙兄看来,当今天下,何物可得百倍之利?"

"没有！天下财货，鲍家无有不识，十倍已是巨利，绝无百倍之属！"鲍仲牙摇摇头，端起碗来轻轻饮一口。

"普天之下，无奇不有！"管仲起身，一边踱步，一边慨然道，"有可见之商，有不可见之商。可见之商为天下商家所共有，人人从之如流，所谓人众而利薄；譬如帛，譬如粟，譬如酒，譬如陶瓦器，譬如犀牛角，譬如桑梓木……此外，另有不可见之商，众人懵懂不识，唯我慧眼独具！抢先一步，人无我有，奇货可居，所谓人罕而利厚，譬如……"

"那是什么？"鲍仲牙、鲍季牙急不可待，一齐问道。

"黄吕！"管仲字字千钧，重重答道。

"不可！"鲍叔牙大惊道。原来西周时期，青铜器乃国之重器，为天子及诸侯贵族专有，民间不得享用。各国为了铸造源源不断的青铜器，都要预先购买一种叫作"黄吕"的东西。黄吕乃青铜矿石开采之后，于矿山就地加工提炼的一种半成品，因其颜色金黄，外形大多如同四四方方的石头，故名黄吕。但如此贵重之物，一直为国家掌控，西周立国以来便禁止在市井上流通。鲍叔牙接着道："王制有曰：圭璧金璋不卖于市，命服命车不卖于市，兵戈戎器不卖于市，黄吕金器、宗庙之器不卖于市！我等行商岂能不遵王法！黄吕者，国家之宝，私贩者罪无可恕！"

管仲哈哈一笑，若无其事道："鲍兄只知其一，不知其二。此乃周初之制，至今日时势皆变。譬如这命服命车不卖于市，周初时自然如此，时至今日，命服命车由市人制作者可谓比比皆是！平王东迁以来，列国争雄，而市井争盛。各国商贸来往不绝，天下财货无所不通，这其中也包括黄吕。诸侯日渐强盛，各国贵族争用青铜器者也与日俱增，其中不乏私用黄吕者，僭越使用黄吕者。数年前，我在南方游学时，就曾经遇到私贩黄吕的楚国商人，大获重利！此正是不可见之商！想我郑国国威正盛，贵族有奢侈之风，所需黄吕者甚多——管仲粗算，倘若南下贩运一车黄吕，需要本金十镒黄金，返归国内则可收益黄金千镒！此非百倍之利乎？如此，可以弥补管仲之罪吗？"

一席话，说得鲍叔牙默默点头。鲍仲牙惊叫道："哎呀，先生到底是大才！我等两代行商，如何不知道这世上真有百利之货！"

"季牙寡闻。敢问先生，何处才有黄吕？如何行走？"鲍季牙问道。

管仲道："当今盛产黄吕之地不少，而最盛者莫过于江汉之间的随国。从郑国南下，取道汉水穿越楚国，折而向东，便是随国。"

鲍季牙略有担心："好是好,只是随国之行,需要耗金十镒,近乎我鲍氏半个家当,不免让人忧心!"

"四弟好小家子气!"鲍仲牙笑道,"取十金而获千金,有何不可! 此为管先生所谓不可见之商,我之不取,人将取矣! 悔之晚矣! 千金之数,于你我兄弟而言,当为数十年奔波所得! 所以,我以为,此机断不可失!"

鲍叔牙也觉得此事可行,点头道:"好! 那我们就随国一行! 只是……"鲍叔牙忽然一笑,"只是可惜,齐国白跑一趟,足足折了一大镒金子!"

鲍仲牙情知鲍叔牙意在为管仲开脱,但如此巨利摆在眼前,也就不以为然了,当下望了望管仲,哈哈大笑道:"失之东隅,收之桑榆,何惜之有! 来来来,我们为这随国的黄吕,干他一碗!"四人于是对饮。看着鲍仲牙、鲍季牙面露笑颜,管仲心中的石头方才落地。

四人尽欢。鲍仲牙又要了一缶酒,执意要管仲多饮,管仲也不推却,开怀海量一番。时至深夜,几人共醉,便不分你我,胡乱倾倒,共卧一榻,沉沉睡去。

第三章　南国有虎

却说管鲍一行齐国贩布,两手空空,返回郑国,心情难免抑郁,原本在亳城商定好的随国黄吕之行也又有了争议。鲍季牙始终觉得不妥,他担心万一失手,则鲍家将损失至少一半的家业,此举无异于豪赌,令他总有如坐针毡之感。鲍仲牙、鲍叔牙和管仲则坚持南下。犹豫不决之间,又陆陆续续贩卖了一些牛羊皮和犀牛角。管仲始终毫不客气,每每依旧少出多拿。有一次本金占两成,分利竟拿了六成,说是管母生病,先行借用。此事令鲍仲牙、鲍季牙两人对管仲愈加生厌。

僵持了几个月,转眼入夏,方始随国之行。不过鲍季牙托言有湿热病,不去了。鲍仲牙倒是十分想去,但自觉与管仲疏远有隙,季牙若不在,便更觉孤单,于是也推托不去,说是留下来照顾年迈的父母。最终,管仲与鲍叔牙携了十镒黄金,只带着芟楚、春生两个伙计就出发了。

南方多水,一行四人弃岸登舟,顺汉江南下。正是盛夏时节,碧水悠悠,一帆如叶,两岸青山叠翠,倒映出一片清凉世界。江风徐来,吹得衣襟阵阵飘扬。管仲立于船头,见山高水阔,心中顿生无限豪情,道:"鲍兄,可知这天下之壮观否?"

"鲍某行商,局促中原一带,天下四海,实是不知啊!"鲍叔牙答道。

"当今天下,南至穆陵,北至无棣,东至深海,西至大河,可谓奇大无比。地之东西二万八千里,地之南北两万六千里,其出水者八千里,受水者八千里！其间有国者,比比皆是！管仲游学六载,所历者不过九十余国。周武王时期,觐见天子的侯伯有千余人之众,可见这天下之国多不胜数,或真有千余之数！——单说眼前这条汉水,源发秦岭,滔滔南下,至楚国郢地折而向东,注入长江。在汉水、长江以及淮河之间,有周王室分封的诸多诸侯国,散落如明珠,曰随国、唐国、厉国、贰国、轸国、郧国、黄国、弦国、申国、应国、息国、江国、道国、柏国、沈国,共计十五国。这十五国乃是清一色的姬姓封国,有汉阳诸姬之称！其中随国最大,所以汉阳诸姬,以随为首！当今南方大国,舍楚国,便是随国了。"

鲍叔牙道:"兄弟博闻广见,我不及也。汉阳十五国,皆是姬姓封国,皆属王室贵胄,可见这十五国非同一般啊！所在封地也必是江山要地！"

"鲍兄一语中的！"管仲道,"汉阳诸姬陆续分封,多在周昭王、周穆王时期。何以要列国重重,镇守汉阳？大要有三:其一,南向以遏制强势的荆楚;其二,东向以防备作乱的淮夷;其三嘛,便是我们所求的黄吕了。汉东一带多铜山,为天下最为集中的青铜产地。天子分封十五诸侯以掌控汉阳,也是便于青铜北上,以供应王室所需。而这青铜山的核心,便在随国！所以,随国在谁手中,谁便握有青铜！祭祀之礼器,战争之兵戈,便可以源源不断地铸造出来,真乃强国之根本,天下之大计！"

"原来如此。"鲍叔牙恍然大悟,一面说着,一面有一种担忧涌上心头,"只是当今天下纷纷攘攘,战乱频仍,随国重地,怕是也会干戈不休！"

鲍叔牙倒是提醒了管仲,管仲不由得面生忧色,轻轻叹道:"国中产青铜,兵甲必富足,想来这随国占尽地利,自当可以成为强国。"

两人笑谈天下江山,纵论古今兴废,正自得趣儿,却听得船夫唤了一声:"渡口到了！"管鲍四人别过船夫,登陆上岸,早入楚境。一番奔波辛苦,数日后,由楚国东疆翻越青林山,便到了随国。

随国国都为随城。管鲍入城后,先饱餐一顿,然后找了一家客栈歇脚。黄吕之事搁置不提,管仲却急着要先置办一份厚礼,说是要拜访一个叫作诶子的人。鲍叔牙大为不解。管仲解释道:"当今随侯有两大重臣:其一是季梁,忠贤之臣;其二是少师,谄媚之臣。而这诶子,即少师最为倚重的家臣。我们欲得黄吕,必要……"

"什么？谄媚之臣！谄臣家臣！兄弟为何要对这等小人行此大礼？"未等管仲道完，鲍叔牙便火冒三丈。他一向光明耿直，最是瞧不起背后算计的阴人。

管仲笑道："岂不闻：一阴一阳之谓道。贤臣有贤臣之功，谄臣有谄臣之用。黄吕之物不同于盐粮布帛等普通商品，明买不得，需走暗道。随国青铜矿山皆由少师掌管，而这谀子则是具体经办之人。我们要买的黄吕就紧紧攥在谀子手中——我之礼拜谀子者，非是敬人之礼，乃是计赚黄吕之策啊……"

鲍叔牙依旧不耐烦，道："既然如此，兄弟自去见这谀子。我是见不得这种人的，我就在客栈等候佳音。"说罢，走向卧榻，倒头就睡。

管仲摇头笑笑，也不勉强，只带着苌楚出门，于市井商街中好一番精挑细选，置办了一份厚礼，装了满满两箱，然后谁也不带，独自去拜见谀子。

却说当时楚国遣使入随，欲与随国结兄弟之好。楚强随弱，楚却屈尊结盟，反而使得随国惴惴难安。随侯于是派少师为使，入楚以探虚实。谀子随行。少师与谀子进入楚国大营，见满眼楚兵老的老，弱的弱，残的残，旗幡倒地，戈矛腐朽，可谓军纪涣散，毫无战力。少师心中暗暗乐道："所谓强楚，不过徒有虚名，依我看来，实则不堪一击！"少师于是趾高气扬，忘乎所以，乃与楚君熊通慷慨结盟，得意而去。管仲来访时，谀子伴随少师刚刚从楚营归来，且自以为不虚楚国之行，不辱使命，为国家立一大功！而随侯得此讯息，也自以为得了伐楚良机，当下竟起了兵戎之念，欲要先发制人，发兵灭楚。自然也给予了少师、谀子不少赏赐，以表彰二人探得军情之功。管仲心细，早将这些消息探听得一清二楚。

管仲入得谀子之府。谀子贪财，本是见利忘义之辈，见管仲之礼足足两大箱，高兴得合不拢嘴。管仲又盛赞谀子入楚的功劳，更许以贩金之后再行厚报，谀子更喜，当即允诺了管仲所求黄吕之事。两人又密谈了一些细节，方才分手散去。

第三日戌时后，乘着夜色，谀子引路，管鲍四人赶着两匹马驾驭的役车，小心随行，来到随城郊外青铜山。有谀子关照，管鲍毫不费力，便以十镒黄金购得一车黄吕，而后又神不知鬼不觉地溜出山来。

千里奔波下江南，竟然一夜之间就轻而易举得了黄吕，连鲍叔牙也不得不摈弃前见，暗暗感叹管仲所言"谄臣有谄臣之用"的妙处！下了青铜山，转上官道，临别之际，管仲又特别恭维谍子一番。谍子笑了又笑，末了特别嘱咐道："我国与楚刚刚结盟，不过却是假盟！楚国如今国力虚弱，甲兵疲惫，正是不堪一击之时。我随侯准备乘此良机，先发制人，一战而定楚！随军正在调动，不日随楚之间必有一战！战火燃起之日，势必伤及无辜，所以，你等宜火速离去！"

管仲与鲍叔牙拱手称谢，别了谍子而去。

夜幕笼罩之下，苌楚驾车，春生执着火把照路，管鲍二人肩并肩于一侧步行，慢慢悠悠地走着。伴随着"嘚嘚"的马蹄声，管仲若有所思，面带忧色。鲍叔牙喜道："君子也容得，小人也容得，兄弟襟怀，我不及也！哈哈哈哈，如果没有兄弟与谍子这等小人周旋，我们如何能够赚得这一车黄吕来！——咦，兄弟，你好像不高兴？"

管仲应道："区区黄吕，何足挂齿！天下宝藏，迟早是我囊中之物！鲍兄啊，我忽然想到一事——可曾听说楚随结盟之事？据谍子与少师入楚所探，说什么楚军羸弱，不堪一击，我觉得甚是蹊跷！

"楚人本居华夏，先祖乃火神祝融，系出黄帝一脉。周成王时，有首领熊绎被天子封于荆蛮，赐子男之田，都丹阳，于是才有了今日的楚国。五传至熊渠时即为江汉间一强国，曾经僭号称王，后因畏惧之心又自去其号。后八传至熊仪，又传至熊眴。熊眴卒后，其弟熊通，弑杀熊眴之子而自立，做了今日的楚国之君。鲍兄，纵观楚国，从初封子爵五十里地而俨然壮大为千里大国，历代国君呕心沥血，前仆后继，何其悲壮！今日之熊通更是强悍好战，乃一代雄主！如此楚国岂能以弱国视之？谍子、少师所得讯息，其中必然有诈！谍子又说随国要抢先伐楚，国家大计，如此轻率，怕是要自掘坟墓了！"

鲍叔牙道："莫不是楚国故意示弱，引诱随国中计？"

苌楚大笑道："管先生为什么总要为家国天下担忧呢？国乃他国，家乃他家，天下乃他人之天下！这黄吕才是我们自己的！随国伐楚也好，楚国伐随也好，他们谁胜谁败，与我等有什么干系？依我看，贩金一车，得利百金，管鲍随国之行可谓赚得满满！我们才是胜利者！"

春生也是十分兴奋，将火把举起来于夜空中转了又转，得意喊道："管鲍大胜！管鲍大胜！"引得苌楚也发出阵阵笑声。鲍叔牙看得也乐了。

管仲心中暗暗叹道："朽木难雕，竖子永远是竖子！"望着满脸喜悦的苌楚、春生，管仲无奈摇了摇头，又淡淡道："山路崎岖，我们还是早些赶回去的好。"芆楚于是止住笑声，应一声"诺"。几人加快脚步，转眼间就消逝于山间夜色之中。

管鲍四人驱车载着黄吕，沿着原路返回。离了随国，行至青林山。青林山位于楚随交界，也是一条两国之间的缓冲地带。山深林密，溪流纵横，多有野兽出没。山中有一条谷道，可通车马，为商旅行人必经之路。管鲍一行循着羊肠小道入谷，道路崎岖，行程缓慢，一日后进入了深山腹地。途中偶遇几拨自称狩猎的人，个个虎背熊腰，身手矫健，但冷言冷语，行为怪异，令人费解。从衣饰上看，多半是楚国人。管仲好一番思索，也得不出这些人到底是干什么的。

这日正午烈日炎炎，炙热难耐。管鲍四人个个汗流浃背，实在走不动了，正要寻个清凉地方歇歇，忽然听得空谷之中不知何处传来汩汩水声。四人大喜，循声觅去，果然，前方不远，一片茂林深处，竟然藏着一潭清冽的泉水！潭形如满月，方圆约十米，波光粼粼，清澈见底，犹若山间一块美玉！几人走近，但见七八个泉眼，水花四射，飞珠溅玉，水烟弥漫，润在周围树木的枝叶上，如同甘雨清洗一般，又慢慢化作水珠一点一点再滴下来。潭边横躺着几块高低错落、布满苔藓的青石，其中一块竖石上镌刻有三个斑驳的楚字："虎饮泉"。

"真是好地方！"芆楚不由得欢呼。四人一齐拥过来，捧泉而饮，清冽甘甜，如饮仙露！从拂晓走到现在，早已疲惫不堪，此时午间又燥热难耐，这里正好可以休憩一番。鲍叔牙道："我们索性就在泉边睡一会儿，等太阳下滑了再赶路不迟。"几人于是择石头而卧，就着泉水又吃了一些干粮。春生又将马车放好，马匹拴于潭边一株老松树下。

石上阴凉，暑气尽消。阳光在枝叶间左闪右闪，湿润的水汽一阵一阵扑来，如同云雾洗面，实在惬意不已。四人渐有睡意。片刻过后，周边仿佛变得越来越静，只有清脆的梦一般的泉涌之声萦绕不绝。

忽然，顶上林鸟惊飞，草木丛中发出一阵乱糟糟的急响，仿佛鸟兽同时受了什么惊吓似的。不知何故，鲍叔牙也陡然觉得身上起火一般燥热！鲍叔牙无意间拍了拍脑袋，额头发汗，微一侧身就睁开眼睛，这一睁眼不当紧，被唬得简直魂飞天外了——伴随着马鸣声，陡然爆出惊天动地的一声虎啸！但见树林丛中霍然蹿出一只金色猛虎来！那虎一个箭步就盘踞在对面潭边的石头上，浑身金黄，皮毛鲜亮，白牙列如刀斧，圆眼怒射凶光,狰狞可怖,正要恶狠狠地扑过来!

四人同时大惊。茷楚喊:"天哪!"春生叫:"救命!"两人不由后退,险些摔倒。鲍叔牙却一跃而起,瞪着那虎,攥紧拳头,张开双臂,将其他三人挡在身后。

管仲拉开鲍叔牙的右臂,冲着老虎微微一笑道:"强中自有强中手,好个山中之王,吃我一箭!"管仲左手执弓,右手取箭,对准老虎咽喉,满弓如月,一箭飞出!

眼看即将射中,不想半空中飞旋着冲过来一柄短刀,那刀正好击中箭身,两两散落在老虎面前的石头上。随着刀箭撞击的铿锵响声,浓密的树丛后面又跃出两个人:左首一个少年,浑身白衣,约莫十五六岁年纪,虽说稚气未脱,但也英姿飒爽,器宇不凡,右边那个较老,脸膛黝黑,且穿黑衣,赤着一双臂膀,鬓角几丝白发分外入眼,颔下却又黑须飘飘。

管仲等正自纳闷不已,却见两个来人并不搭话,而那少年径向老虎走去。管仲与鲍叔牙面面相觑,迷茫不解。但见少年冲着那虎一声怪吼,老虎随之发出一声长啸,少年探出双手如蛇摇摆,那虎随之左右摇头,不断吐着舌头。少年又屈身蹲于虎侧,手捋虎须,虎竟然卧于少年膝前,以头蹭少年腿肚,少年双手捧泉水喂虎,虎舔手饮水,继之又一头扎在潭中喝个酣畅——显然老虎早已渴得难耐。待饮完了水,少年口中又咕嘟咕嘟发出一些怪声,虎随之时断时续、缠缠绵绵"嗷嗷"不已;少年好像很生气,立起身来又一声大吼!那虎惊恐不已,急忙蹿入树丛中就不见了。

管仲等四人瞠目结舌,又惊又奇!管仲恍然大悟:原来这个少年是来救虎的,而且应是精通虎语之人!那虎并非要来吃人,而是渴了来饮山泉的!难怪此泉名曰"虎饮泉"!原来有此一段缘由!管仲不由望向那少年,心中暗暗叹道:"大千世界,无奇不有,人与虎焉得如此亲密!这个少年,真是一个奇人!"

送别老虎,少年回过头来。但见他白嫩脸皮,眼睛雪亮,个头不高,腰间悬着美玉与佩刀,一身稚嫩之中又透出几分英气、几分可爱来。管仲看得喜悦不已,但暗暗觉得这少年像是军旅中人,且多半出身显赫,一时不知是敌是友,心中难免不安。

管仲欲探虚实,主动上前行揖道:"小将军好本领!小将军可是精通虎语之人?"

少年也不还揖,冷傲道:"这算什么!楚国方圆千里之内,百座深山老林之中,皆有我之虎友!我乃虎王!"

鲍叔牙听了暗暗惊道："好大口气！"也走过来问道："请教小将军姓氏？"

"什么小将军！"旁边老者抢过话来，"我等是这山中猎户。他是我侄儿！"

"对！叔叔说得是。我是他侄儿，大家都叫我……叫我……叫，蜜橘……"少年眉宇之间闪过一丝慌乱，又强装镇定，显然是在生疏地表演。又见他右手指着管仲道："那谁？你，就你！你叫什么？"

管仲淡淡答道："甘水。"身后芡楚、春生忍俊不禁，扑哧一笑，又赶紧忍住。

"好，甘水！我看你射得一手好箭！只是你的箭射了我的虎，便是有罪！我本要杀你，为虎报仇，不过念在你们乃商旅之人，我可以宽容一二！来来来，你我比试射箭，你若输了，便怪不得我，早早将项上头颅献上！"

为了一只山中野兽却要赌上人命！少年言语虽说荒诞，但这番狂放之气倒也令人十分感佩。鲍叔牙探头到管仲耳后，悄悄道："兄弟，我看这人来者不善，我们撞上大事了。"

管仲只默默望一眼鲍叔牙，仿佛在说："鲍兄放心。"扭头又望向少年，笑道："我要是赢了，又当如何？"

"你能赢我，便是无罪！本公子将奉上鲜果、干肉，交你这个朋友！"

"痛快！我交定你这个朋友了——只是不知如何比箭，愿闻其详！"

"我这儿有柑橘。一会儿，我叔叔会将橘子高高抛起，你我并肩站立，同时发箭，先射中橘子者为胜。三局两胜者即为赢家！你可明白？"

管仲哈哈大笑，应一声好。于是两人各握弓箭，并肩站在潭边一株挂满青藤的老树下。那老者几步小跑，早离他们百步开外，正准备抛橘。鲍叔牙、芡楚、春生三人立在一侧，都屏息观看，不由为管仲捏了一把汗。

老者须发偾张，声若洪钟，喊一声"走"，一枚橘子陡然向左上方飞出。待橘子落地，老者检视，射中橘子的乃是少年之箭。只是橘身右侧又有一道箭痕，当是管仲之箭擦过。"第一局，蜜橘胜！"老者道。少年面露得意之色，但心中也为管仲喝彩不已。

老者二声"走"，又一枚橘子向右上方飞起。橘子落地，射中橘子的乃管仲之箭。只是这枚橘子上带有一片橘叶，而叶子也被射走大半，自然是少年之箭所为。"第二局，甘水胜！"老者又喊道。管仲虽赢，却也在心中赞叹对方"好箭"！

老者三声"走"，第三枚橘子朝正前方忽一下蹿出。待橘子落地一看——射中橘子的乃管仲之箭。但很奇怪，少年的箭仿佛被什么东西拦腰击落，就掉在旁边铺满青苔的碎石上。老者摇了摇头，无奈报道："第三局，甘水……胜。"声音低沉，似乎极不情愿但又无可奈何。

"请受我一拜！"那少年放下弓矢，对着管仲就深深地躬身行揖。原来第三局中，管仲在刹那间连发两箭，一箭射中橘子，一箭击落了少年的箭。少年慨叹道："先生可以双箭齐发，手法之快，射技之准，匪夷所思！先生真乃奇才也！刚才我不过一番戏言，实则是要目睹先生神技，先生勿怪！"

管仲扶住少年，笑道："以箭会友，何怪之有？你小小年纪，竟有如此射艺，也是殊为难得！只是……"管仲话锋一转，狡黠道："只是，小兄弟的箭，可不是射禽射兽的狩猎之箭啊……"

那边老者急忙赶过来，打断管仲言语，机警言道："蜜橘，不可再耽搁，前面有猎物正在等，我们得赶紧过去！"

少年心领神会，微微一笑，略带羞涩道："今日相逢即是有缘，无奈琐事缠身，不敢久留。就此别过，后会有期！"言罢，急走而去，只是目光中满是留恋之意。管仲早听出两人言语闪烁，必有难言之隐，当下也不再追问，只静静笑着。

那少年未行几步，又回转身来，解下腰间一块玉佩，递与管仲道："若在楚国遇到难处，可将此玉佩高高举起，言道'我是虎子朋友'即可，必然可以逢凶化吉！山高路远，千万珍重！"说完施了一揖。管仲还揖，一抬头，少年与老者隐入泉边树林，神秘遁去了。

鲍叔牙、苌楚、春生一起凑过来，欣赏那玉佩。玉佩形如满月，其色如雪，唯左上角有一点指甲大小的赤红。上面雕着一只凤凰，纹理细腻，线条飞扬，做振翅欲飞之状，同时又回首望着一轮太阳。那种左顾右盼、欲走欲留的神态，惟妙惟肖，令人叫绝！更妙的是，玉佩天然赤红之处，巧妙雕作一轮太阳，足见匠心独具。鲍叔牙常年行商，最是识货，当下惊叹道："此乃楚国独有的极品之玉，乃王公贵族方才拥有的器物，非同寻常！"

管仲道："鲍兄言之有理。腰悬极品玉佩，岂是什么深山狩猎之人？这少年必是大有来历！那老者哪里是什么叔叔，分明是家臣仆从！两人言辞闪烁，互相遮掩，足见可疑。我看这少年，必是楚国哪家王公贵卿之子！"管仲将那玉佩托高，日光下发出透亮的光来。管仲一面瞧着，一面喃喃自问："既然是楚国贵族，他来这深山野林干什么？玉佩,好玉佩啊……虎子……虎王……虎语……"管仲忽然想到了什么,失声叫道:"哎呀,此少年——恐怕就是斗縠於菟啊!"

"什么?斗縠於菟?好古怪的名字!"鲍叔牙也惊道。苌楚、春生在一旁也乐了:"这哪里是什么人名儿啊。"

"你们有所不知。鲍兄啊,这里有着一段楚国奇闻。来,坐下说。"管仲说着,将玉佩收好。四人凑成一团,坐在泉边的树荫下,管仲道:"斗縠於菟乃是楚国方言。於菟即是虎,縠乃喂奶之意,而斗则为姓氏,为当今楚国令尹斗伯比的族姓。斗縠於菟,即斗氏家族一个由老虎喂奶养大的男孩。这其中有一段奇谈趣闻,楚地无人不知,无人不晓。四年前我游学至楚,曾听当地人谈论此中故事。"管仲略略停顿,娓娓道来。

五十多年前,楚君熊仪娶南方䢵国国君之女为妻,生了一个儿子名叫斗伯比。熊仪卒后,斗伯比随母亲回䢵国小住。当时䢵君有一个小女名叫梦儿,正值妙龄,美艳如三月桃花。斗伯比常在宫中行走,某日邂逅梦儿,神魂俱销。梦儿也对斗公子暗生情愫,一来二去,两人不能自已,有了男女私情。不久,梦儿有孕,并偷偷生下一个男孩。梦儿母亲䢵夫人得知此事后,大为恼火——只因䢵国乃斗伯比母舅之国,梦儿乃斗伯比之表妹,有碍伦理,有伤脸面!䢵夫人便狠下心来,将两人生生拆散,遣送斗伯比回楚国,更将梦儿所生之子弃于野外云梦泽中。

那云梦泽方圆八百里,水势汪洋,草木繁盛,风光无比秀丽,更兼多蓄鸟兽,自然也是狩猎的好去处。几个月后,秋高气爽,䢵君一行数人入云梦泽中打猎玩耍。途中偶遇一片草丛,见一只雌虎静卧其中,旁若无人。䢵君甚感奇异,走近一看,那雌虎正以乳喂食一个男婴。那男婴虎头虎脑,白白胖胖,一对明眸闪闪发光!一见䢵君即呵呵呵地笑个不停,十分喜人。䢵君迷茫,一头雾水。

䢵君回国后,与䢵夫人酒后谈论此事,以为世间奇闻。不想䢵夫人大惊失色,禀告那虎乳之子,正是国君外孙!于是详述斗伯比与梦儿私情,以及弃子于云梦泽等事。䢵君听后一声长叹,道:"昔日帝喾次妃吞食玄鸟之卵而孕,生子殷契,殷契后来为商之始祖。又有元妃入荒原中踩中巨人脚印而孕,生子后稷,后稷后来为周之始祖。今我外孙弃之数月不死,反得猛虎哺养,迥异如此,岂非大福之象!此子贵不可言,日后必有惊天伟业!"于是重入云梦泽中寻得那虎子。再后来,䢵君亲自张罗,将梦儿嫁与斗伯比,并将虎子归还斗氏。一波三折,奇缘如此!一时间在楚、䢵之地广为传诵,至今不绝。正因为这个缘故，那孩子取名斗毂於菟，又唤作小老虎，又唤作虎子。

管仲接着道："我游学楚国时，听人讲那孩子大约十岁。今以年岁推之，大约十五六岁年龄，也与刚才那个少年相仿。"

鲍叔牙大笑道："真是天下奇闻！我等真是不虚此行了！"

管仲一怔，眉头紧皱，忽然又想到了什么，惊叫道："是了，此人必是斗毂於菟！——不好！楚国与随国必将开战，而战场必在这青林山！"三人大惊。鲍叔牙觉得管仲似有九颗玲珑之心，什么事情只要瞟上一眼，便能视通千里，观常人所不能观，察常人所不能察，想常人所不能想。鲍叔牙惊道："何以见得？"

管仲将随国谀子与当下这个古怪少年之事合在一起，断然道："鲍兄，我猜随国谀子所言楚弱，乃是楚国使诈以诱敌！而方才斗毂於菟一行两人，绝非狩猎，必是勘察青林山，以为排兵列阵之用。不出一月，楚、随两国在这青林山必有一场恶战，而且，注定是楚胜而随败！"

却说管仲这一番话语并非只入他们四人之耳，泉边林后，正有一人，被管仲之论惊出一头冷汗。那人正是少年身边的老者！少年正是斗毂於菟，而他则是斗氏忠仆老臣，名叫长荆。管仲所论不差，可谓入木三分，竟与楚国国君之谋略暗合！熊通继位后，野心勃勃，有称雄江汉之志。汉阳十五国一直是楚国东扩的绊脚石，熊通早欲除之而后快。一日与群臣商议，令尹斗伯比献计说，汉东诸国，以随为首，拿下随国，则江汉之间必以楚国为伯长。又定下降随之策：先与随国缔盟，假结兄弟之好。随国入楚盟约之际，又故意布下残兵败将的假象，于是便有了随使少师与谀子关于楚弱的错误判断，并挑动了随君欲要先发制人、发兵灭楚的妄念。继之楚国出其不意，发出了大会江汉诸侯于沈鹿的号召，俨然是以霸主之姿召开诸侯大会！其他小国不敢不从，唯有随国与黄国拒绝。黄国乃随之附庸，亦无足轻重。而随国不会盟，正中楚国下怀！由此，楚国顺势以叛盟之名，公开伐随。一个欲要先下手为强，一个却在公然挑起事端，双方势同水火，楚随之战一触即发！可叹楚之一方处心积虑，磨刀霍霍，早早布下陷阱以待随来；而随之一方却误以为楚国兵弱，不堪一击，仓促间调集兵马，以为可以轻松一战而定楚！双方均以为我方必胜，要在青林山一决雌雄！时周桓王十四年，公元前706年，楚国第一次伐随。

　　熊通与斗伯比日夜谋划,细做安排。却说斗伯比之子斗縠於菟,时年十五岁,也不甘寂寞,要请命为国效力。熊通大喜而允。当时斗伯比为中军右领,便将斗縠於菟纳于麾下,着家中老臣长荆为辅,命他负责勘察地形。而青林山为双方交战之地,斗縠於菟自然不敢疏忽大意。那日登山望水之间,斗縠於菟被几声虎啸吸引,遂与管鲍邂逅于虎饮泉边。斗縠於菟谎称猎户,与管仲比了射艺,之后不敢久留,匆匆而去。走得不远,忽然想起自己曾有许诺:倘若管仲比箭得胜,自己要奉上鲜果和熟肉,以表敬意。一时走得急给忘了,于是便差长荆再返回去,送些果子与肉。不想节外生枝,事有凑巧,长荆拎着半袋柑橘和鹿肉,来到虎饮泉边,却意外偷听到了管仲纵论楚、随交战事宜!楚国方略被管仲谈笑间点破,一个贩夫走卒如何会有这等见识!长荆顿感管仲不一般,不知是哪路人物,是敌是友,又仿佛是国家绝密已被敌国密探窃走,不由惊得一身冷汗。

　　长荆暗暗叹道:"如此多嘴!年轻人,你要死在自己这张嘴上了!"

　　长荆拭掉汗珠,装作无事,推开藏身的树枝,捧着袋子,走到泉边来。见了管鲍,冷冷道:"这是我侄儿送给各位的柑橘和鹿肉,不成敬意。后会有期!"说罢甩下袋子,抽身急走,如一只黑狐噌一下就钻入树丛中不见了。

　　"哎——"鲍叔牙怎么也没有料到他们还会返回来送吃的,心中蓦然生起感激之念,欲要挽留一二,表达谢意,却被管仲一把拽住衣襟。管仲对着长荆背影,高声道:"多谢多谢!不送不送!"

　　见长荆消失得踪影全无,管仲笑道:"鲍兄勿留。人各有志,留也留不住!哈哈,天也不要管,地也不要管,先管肚皮一顿饱饭!来来来,吃吃吃!"管仲一面说着,一面打开袋子,将柑橘与鹿肉对着鲍叔牙、芣楚、春生三人抛一个抛一个又一个,然后自己抓起一块鹿肉,坐在石头上大口撕咬着,狼吞虎咽,实在吃得痛快!那副若无其事的样子,看得鲍叔牙不禁哑然失笑,当下也不再言语,默默吃起肉来。

　　山间谷道,几株古树的浓荫下支着一顶帐篷。长荆追上斗縠於菟,早见手下十几个楚兵也聚在这里。"公子,不得了啊——那人危险!"长荆喘一口气,然后将在虎饮泉边听到的管仲话语,一字不落和盘托出。斗縠於菟听了又惊又喜,叹道:"此人竟有如此的眼光和见识,也不枉我与他相识一场!"言语中大有惺惺相惜之意。

　　见斗縠於菟少年情怀,不知轻重,长荆沉下脸来,语重心长道:"公子!公子绝不可等闲视之！楚随之战，已经迫在眉睫。此人竟将我楚国方略一语道破，公子不怕他泄露我国军机吗？当此国家大战之际，万万不可疏忽大意！此人眼光毒辣，见识超群，却又身份不明，难保不是随国密探！此人断不可留！必须立即杀掉，以绝后患！"

杀！斗毂於菟恍觉晴天霹雳！此时方才意识到长荆所虑，乃十分严重之事。但他与管仲一见如故，若要亲手杀掉，实是于心不忍，却又担心管仲万一泄密，于战不利！一时间前后踌步，犹豫不决。

"几个蚂蚁一般的人物，杀了他，免得节外生枝！"身边几个楚兵怂恿道。

长荆火急火燎，劝道："公子不可迟疑！山深林密，道路复杂，片刻之间，他们将会逃遁而去，悔之晚矣！请公子即刻下令！"

"杀？不至于——"斗毂於菟摇头道，"此人操北方口音，像是中原一带人物，断非随国探子，我看不过几个市井贩夫而已。但眼下正值非常时期，又不可掉以轻心！速派十名甲士将这几人请至沈鹿，拘束帐中，待楚随战事结束以后，再行定夺。"

"得令！"长荆一挥手，带着那些甲兵就要出发。斗毂於菟又嘱咐道："请——至沈鹿，不可怠慢！切记切记！"故意将"请"字声音拉长，音调提高。

长荆率着十余甲兵火速追赶。来到虎饮泉，空无一人，又顺着谷道赶忙向前追去。果然，片刻间，在山坳转弯处，长荆将管鲍四人及一车黄吕团团围住。

祸从天降，凭空落难，管鲍二人正不知所以然，只听长荆道："我乃楚国中军右领大人麾下，长荆便是。彼此已经谋面，诸位勿惊！奉楚君令，不日间这青林山将有大战，过往行商一律请至沈鹿暂居，待战事平息后，即刻全数放行。得罪了！"言罢不由分说，一排排铜戈铜矛便威逼过来。鲍叔牙性如烈火，正要上去理论，却被管仲死死拽住。四人无奈，只好被长荆押解着前行。

出了青林山，天色已暗，又趁黑赶到了沈鹿楚国大营之中。

管鲍四人被单独关在一个营帐中，帐外前后左右皆有甲兵把守，日夜轮岗，严禁出入。只是外紧内松，威严之下又毫无伤害之意，每日里饮食颇丰，有酒有肉，隔三差五还有柑橘，那一车黄吕也安然无恙躺在帐中一角。管鲍大为不解，难道真是楚国在保护商旅吗？询问守卒，皆守口如瓶。管鲍无奈，索性放下一切，敞开肚皮吃，高卧榻上睡，半醒半醉，养精蓄锐。

十日后,青林山之战爆发。楚军如狼似虎,勇猛异常,加上早布战阵,巧设伏兵,未及两个时辰,将随军杀得一塌糊涂。乱军之中,少师被楚将斗丹斩于车下,谀子欲逃,也被一箭射中后心,当场呜呼。随侯见兵败如山倒,乃弃戎车,换上士卒衣服混于军中逃生,后得大夫季梁血战死保,方才杀出重围,侥幸留下命来。

随侯、季梁等率领残兵败将逃出青林山,点视兵马,十存其三。随侯仰天哭道:"楚军如此雄壮,少师如何禀报寡人说什么楚国羸弱,不堪一击?少师误国,死何足惜!可叹经此一战,元气大伤!随国精锐丧之殆尽!倘若熊通乘胜追击,兵临随城,岂不要灭我之国!天啊,楚乃江汉猛虎,今雄踞国门之侧,寡人该何以自处?唉——"

众人皆叹气。季梁道:"一切悔之晚矣。楚国熊通野心勃勃,伐我随国,又并非单为随国,其志欲为江汉霸主。今我国新败,国势衰微,只有遣使求和,并率汉阳十五国共尊楚国为南方伯长方可!只有如此,熊通才会退兵而去。也唯有如此,随国之危可解。别图后计。"

随侯踌躇半晌,百般无奈,只得含泪允诺道:"爱卿所言是也!命……命季梁为使,入楚……入楚,求和!"其余几个朝中大夫闻言,不由失声痛哭。季梁也滚下两行热泪,领命道:"诺。"

季梁独自驾车,携带重礼,来到沈鹿楚营。季梁礼拜熊通,禀明来意。熊通喜不自胜,先将季梁奚落一番,继之慷慨应允求和,并要随国倡率汉东诸侯共同与楚国结盟,尊楚为伯。季梁一一应允。至此,楚国首次伐随,以结盟和解而终。熊通恩威并用,季梁不卑不亢,熊通胸中暗暗忖道:"不想随国还有季梁这等忠良之臣!有季梁在,随不会亡!"

此后数日间,随侯先入楚营拜见熊通,以结两国盟好。江汉诸国也先后遣使来见,均愿尊熊通为江汉伯长。眼见大事已定,熊通颇感得意。

这日深夜,众文武早早退去,熊通独自于帐中饮酒。案上置有九只铜鼎,八只铜簋,盛着楚地各色美食,尤其那鼎熊掌肉,很得熊通喜欢。还有一铜罍桂花酒,更是他的最爱!依着周礼,九鼎八簋的饮食规格,乃是周天子才可以享用的大礼,各国诸侯只可以使用七鼎六簋,所谓"天子九鼎八簋,诸侯七鼎六簋,大夫五鼎四簋,士三鼎一簋"。熊通早将这些礼制遗弃,自继位以来一直享用九鼎八簋,与天子同。却说熊通本来志得意满,喜气洋洋,饮着饮着,忽然生出一股愤怒来,竟狠狠地将酒爵摔在地上。吓得帐中侍从额头冒汗,也不敢去捡,只呆呆立着。熊通从席上起身,踱了几步,走到帐后一副悬挂的弓箭前面,呆呆出神,半晌挥袖命道:"速传令尹斗伯比来见。"侍从应声急忙退出。

须臾,斗伯比应召入帐,见熊通背对自己,立在弓箭前面纹丝不动,地上摔了一只酒爵。斗伯比官居令尹,统率百官,也是楚国第一谋士,最是知晓国君心事。斗伯比缓缓走近,捡起酒爵,轻置案上,又托起酒罍倒了满满一爵。一边倒酒,一边闭目舒眉,嗅那酒香,陶醉道:"好酒好酒!如此佳酿只配王者之饮!国君莫不是想称王吗?"

"哎呀,知我者,斗伯比也!哈哈哈哈!"熊通的心思被斗伯比一语道破,顿感意外,陡然转身,大笑走过来,一伸右手道,"坐。"两人分宾主坐定。熊通雄霸之气侧漏,双目如电,慨然道:"寡人确有称王之念,特与令尹商议。伐随之战业已大胜,江汉霸主非我莫属!历代先主东出江汉之志,至今日历熊通之手终于圆梦!然而……这,这还不够!远远不够!——先祖熊渠在世时,南征北战,东征西讨,开疆拓土无数,楚国才由五十里子爵小国成为今日之千里大楚!先祖雄才伟略,效仿天子,封长子为句亶王,次子为鄂王,幼子为越章王,虽说是僭越封王,却大长我楚人威风!后来因为惧怕周厉王,才不得已取消王号。当今天下大乱,王室衰颓,诸侯四起,楚国的机会又了!我欲效法先祖,自立为楚王!令尹大人以为可乎?"

斗伯比应道:"周之国制,天子称王,诸侯有公、侯、伯、子、男五爵。国君欲以诸侯之位而享天子之尊,其雄霸之志虽佳,但终究有僭越之嫌。然而为了楚国强盛,有何不可?国君既然下问,斗伯比斗胆进献一策:可令季梁为使入周,以随首之汉东十五国联名上书周天子,言道楚国历代先君创业艰难,于周功勋卓著,今楚国雄强,屏藩南疆,江汉诸侯皆以楚为伯长,故请天子赐楚以王号,以镇蛮夷。"熊通听到此处,嘴角露出一丝得意坏笑。斗伯比接着道:"无论周天子应与不应,楚之威名必将震动天下,威慑四海!十五国一番辛苦,最终获利的只有我楚国!如此,国君先取天下之势,然后可以为王!"

"此论高明至极!斗伯比不愧为我大楚第一谋士!"熊通喜不自胜,举爵与斗伯比对饮。斗伯比酒到嘴边,又忧虑道:"出使周者,非季梁不可。我担心季梁乃随国忠直之臣,如此辱国之事,只怕季梁不从。"

熊通满饮,放下酒爵,冷冷道:"如今彼为鱼肉,我为刀俎,焉敢不从!你放心,我料季梁必去!"

次日,熊通设宴,召随侯、季梁二人营中来见,斗伯比作陪。熊通目光凛凛,透射寒光,直瞪着随侯道:"随侯! 寡人今有一事相托——请你国季梁为使,携江汉十五诸侯联名之国书,北上洛邑王畿,请求天子赐寡人王号! 若寡人幸而得请,乃随国之赐,楚随将永世为好! 事关两国邦交,请季梁速速北去!"

随侯闻言大惊,手指乱颤,不由自主将爵中之酒洒在了腰间衣襟上。季梁仰头大笑道:"楚君倒是好一把算计! 你这是要季梁背上丧权辱国、附逆僭越的千古骂名啊!"

熊通也发出一阵狂笑,道:"季梁,你还没有这个资格! 僭越王号,这个千古骂名我熊通欣然领受了! 哼哼,还轮不到你! 只是——洛邑王城,你非去不可!"

季梁闻言哽咽,垂着头,面向自己国君行了一礼! 此刻之礼,是臣向君谢罪请罚之礼,是君向臣示下发令之礼,更是君臣任人宰割、无可奈何之礼! 随侯更是一头冷汗,情知今日非要受制楚国不可,当下嗫嚅道:"楚君啊……事关重大,容……容我们回国商议,三日后回禀……"

"哪里需要三日! 季梁明日便请出使洛邑! 寡人统率三军,就在这沈鹿大营等候王命!"熊通斥道,又转口冷笑道,"季梁啊,辛苦你了!"熊通故意将"沈鹿大营"四字高高扬起,意在以兵相威胁,不容随国不从。

随侯长叹一口气,也垂下了头。季梁观状,落泪应道:"季梁领命。"

随侯、季梁无奈退去。熊通望着两人失魂落魄的背影,好一番狂笑。斗伯比道:"季梁出使洛邑,无论是成是败,对我楚国皆是有利而无害! 臣建议国君就在这沈鹿之地高筑一座九层高台,名曰沈鹿台,此台为我楚国与汉阳十五诸侯会盟之地,更是楚国称霸江汉之所! 待季梁从洛邑返回后,国君就在此台大会诸侯,名曰沈鹿之会!"

"沈鹿之会! 妙!"熊通拊掌称赞,又道,"令尹所言沈鹿台也极好! 此事委托令尹全权操办,越快越好! 哈哈哈哈,登台称霸,寡人早等不及了!"

斗伯比拱手道:"诺。"

季梁一去半月,音信全无。这日入夜,管鲍四人正在帐中闲坐,忽见一人笑眯眯走进来。来者乃是长荆。长荆行揖道:"委屈诸位了! 青林山中那位自称蜜橘的少年,乃我家公子斗榖於菟! 斗公子爱惜朋友,唯恐诸君伤于乱军之中,故请大家来此小住。如今青林山战事已定,随国及江汉诸侯正与我楚国商议永结盟好,过不了几天,大家就可以走了。斗公子目下正在青林山军营,尚不得脱身,不日将奉国君之命来这里参加沈鹿大会,相见有日! 虎饮泉一别,斗公子也甚是想念朋友啊!"

四人大喜,管仲上前道:"原来如此,果然是斗縠於菟! 感谢斗公子想得周全。"

长荆不由一怔,心中暗暗嗔道:"年轻人太过狂妄! 如果不是你窥破我国军机,如何会被囚禁于此?"转念一想,又道:"当时我与斗公子军务在身,不便言明身份。现在诸事已了,如释重负。请教诸位朋友姓氏。"

管仲应道:"我们皆是郑国商人。我乃管仲,这是鲍叔牙,这两位是我们的随行伙计。"

"管仲,鲍叔牙,好。"长荆重复姓名,从身后取出一只黑色袋子,"这是随国犒军的果脯,为南方独有,甘美异常,斗公子特请大家品尝。"管仲欣然接纳,转给身后的芣楚。"请坐,我们正要请教一二。"管仲道。几人入席坐定。

管仲与鲍叔牙早知青林山之战,今见长荆来,便急不可耐询问具体战况,长荆娓娓道来。管仲大赞楚君威武,斗伯比多智,也为随国惋惜不已,当下叹道:"自平王东迁以来,天子日渐衰微,而诸侯日渐强盛! 列国争霸,早已势不可挡! 眼下北方郑国一时雄强,有中原王者气象;而南方楚国也已崭露头角,不日将为江汉霸主! 其他如齐国、鲁国、宋国、卫国、晋国、秦国等国也皆非等闲之辈,正各自谋划强盛之道,霸业之途! 天下之大乱,将愈演愈烈! 真不知谁将主宰华夏江山,为天下之主。"

几人愕然。半晌,长荆道:"管仲啊管仲,你屈身市井商旅,真是可惜了! 老汉我且问你一句:依你之见,谁将成为天下霸主?"

管仲笑道:"长荆大人,是我在问你啊,怎么你反倒问我! 哈哈哈哈!"

鲍叔牙接着乐道:"要回答这个问题啊,先要搞明白是管仲问长荆,还是长荆问管仲啊! 呵呵呵呵!"

几人哄然大笑。芣楚插言道:"这个问题太绕了,也太沉了! 我们马上就要回家了,应该聊点轻松愉快的! 来,请品尝斗公子带来的果脯!"

长荆令帐外送一些酒食过来,再就着果脯,几人欢饮。其间谈论一些管鲍的平生往事。长荆终于确认管仲与鲍叔牙真的就是郑国普通商人,这才彻底放下了心。

夜色渐深,长荆离去。管鲍等也酣然入梦。

　　季梁身负特殊使命,可谓替贼子谋国,不得不为之,不敢不为之,不能不为之。一路快马,昼夜如飞,恨不能朝夕之间交付差事。

　　不知穿越多少山川城池,这日终于赶到洛邑。季梁整理衣冠,叹一口气,无精打采,穿过宫门,入殿觐见周桓王。

　　大殿上,季梁三拜天子,便递上汉阳十五诸侯的联名国书。两侧文武见季梁神色反常,仿佛丢了魂魄一般,无不惊讶。周桓王年已四旬开外,虽说正当盛年,然而身形消瘦,沧桑枯槁,双眼布满血丝,鬓角也是早露白霜,仿佛风烛残年的老翁!继位十五年来,日夜忧思,如履薄冰,然而江河日下,万般事业皆不由我!他早已被日渐崛起的强大诸侯摧残了风华,华丽的冠冕衣裳之下,包裹着一颗已经奄奄一息的王者魂灵!

　　只听季梁缓缓说道:"臣季梁,奉命为随国等汉阳十五诸侯国为使!南方荆楚,泱泱大国,颇具江汉伯长之风。今十五国联名请命,请求大周天子赐楚国国君以王号,从此威名远震,屏藩南疆……"

　　"季梁!"未等季梁言尽,周桓王咆哮暴怒,狠狠地将国书摔在地上,"乱臣贼子!乱臣贼子!楚要王号!妄想……只有我才是王!普天之下,只有天子可以为王!熊通这是要做天子吗?!让他自己来洛邑拿啊!我要发兵讨伐熊通……发兵!来人啊,发兵!"

　　殿内群臣惶恐,却无一人回应。半晌,有内史禀道:"天子息怒。天子右肩的箭伤尚未痊愈,万望保重龙体!"

　　此语如同一阵阴风,吹得周桓王瞬间脊背发凉。内史所言箭伤未愈,显然是在暗指周郑繻葛之战,桓王右肩被射之事!此乃周室之耻,也是东周王权衰落的一个标志。"发兵,哪里来的兵啊!"周桓王泥一般瘫坐在席上,冷笑一声道,"季梁啊,汉阳十五国,十五姬姓国啊!你们与朕乃同宗同祖,一脉嫡亲哪!如今,你们乃是舍嫡亲而助叛贼哪!哼哼……季梁啊,你乃十五……不,十六国乱臣贼子之使啊!"周桓王声音如哭。

　　"季梁乃忠良也!"季梁一脸正色道,"乱臣者,时也;贼子者,势也!皆非季梁也!"季梁深深作揖,又拜道:"请天子命,赐楚王号,允否?不允否?"

　　"不允!"周桓王暴跳而起,欲言无言……忽然一声呜咽,就拂袖退去了。季梁紧闭双目,又是深深一拜:"臣季梁领命。"便匆匆退去。

　　殿中诸臣个个哑口无言……

　　车马飞驰，一路无语，季梁恍觉身子轻松、头颅沉重，一时间轻飘飘的，一时间又如泰山压顶似的，就这样晃晃悠悠，浑浑噩噩，如梦一般就返归到了沈鹿。

　　季梁未及拜见母国，先入楚营面见熊通，详细禀明出使洛邑之事，明言天子不允楚国称王！言罢便退帐而去，不辞而别。熊通正于帐中饮酒，听后大怒，掀翻酒案，怒吼道："桓王小儿不允？不允就不允！老子将自立为王！号楚武王！看你奈何于我！"身旁斗伯比道："国君既然心志已定，事不宜迟，即刻昭告楚国！昭告天下！此事必然雷霆万里，海内震荡！对江汉十五诸侯更具威慑，不数日，十五诸侯必恭贺楚王为江汉伯长！"熊通闻言，仰面狂笑。

　　次日，斗伯比率文武群臣，于大帐中齐拜楚王！刹那间，楚营上下一片振奋，人山人海，群声山呼："楚武王！楚武王！楚武王……"

　　沈鹿台早已建好，楚武王命斗伯比广发号令，召集随等十五国国君数日后于甲子吉日齐集沈鹿，以便公推楚王为江汉霸主。又厚赏了季梁，令其返回随国。又命巫尹择日祭祀太一神，为楚国称霸祈福！诸多号令，得意扬扬，不一而足。

　　消息传至洛邑，周桓王独自一人闭于周之宗庙不出。面对诸多先祖神位，周桓王摘掉天子之冕，伏地叩首，痛哭流涕道："王室东迁，社稷崩溃！北有郑庄公射王之肩，南有楚熊通僭号称王，诸侯乱舞，天下板荡，大周休矣！"庙堂空空荡荡，王者之泣，如冷风一般飘然逝去……

第四章　霸王之辅

　　洛邑王城笼罩在一片阴寒之中,而南国楚营则是无限峥嵘！楚王志得意满,楚人喜气洋洋,正忙祭祀！楚武王早已下令,命巫尹祭祀太一神,以壮楚国霸业。"国之大事,唯祀与戎。"有周一代,祭祀为国家礼典重中之重。与其他列国不同,楚人专于夜间祭祀。祭坛设于楚军大营中的一块空地上,坛上陈设三只硕大的圆鼎,分盛着牛牲、羊牲、猪牲。鼎前又有一条香案,案上置有三具铜簋、两只竹笾、两只木豆,分盛鹿肉、鱼肉、稻米、果子、腌菜、花椒、香草等祭物。又有两只铜罍、三只铜爵,供的是桂酒瑶浆。尤其祭坛上那些青铜铸造的鼎、簋、罍、爵等祭器既庄严肃穆又精美异常,夜色中透着清亮之光,令人不由自主生出恭敬之心来！楚武王率文武众臣于祭坛之前躬身端坐,膝下是清一色的茅席。这其中,斗穀於菟也从青林山驻地赶来,诸事繁多,祭祀最紧,尚未与管鲍他们见面。

　　是夜微风轻拂,满月如盘,清辉中,偌大的营中一片雪白。祭坛正中已经燃起篝火,火星四溅,烈烈红焰如同蛇一般扭动跳跃不已。"歌舞娱神啰！"话音刚落,左有钟鼓,右有琴瑟,诸种妙音齐响。巫尹与十余个女巫皆穿五彩华服,腰佩香草,围着篝火跳起舞来。

　　那巫尹是主祭,年逾半百却依旧是处女之身,每次祭祀,神灵总要借助她纯洁的肉身来传达上天的旨意。

　　楚武王微闭双眸,伏地三拜。有侍者捧来一个木盒,内盛玉器和丝帛,为国君亲献祭品。楚武王接过,双手捧着走过篝火,献上香案。顿时钟鼓琴瑟之音更亮,乐舞欢呼之声更响,楚武王禁不住回头望一眼火光中跳跃的女巫们。

　　左首有侍者捧来满满一束收拾得整整齐齐的苞茅草,恭恭敬敬立放在楚王面前。那苞茅是刚刚收割的新草,每一茎都精挑细选,碧绿油亮,闪着水光。右边又有侍者捧来一只玉盘,盘中置有三尊桂酒。楚武王取一尊酒,望着苞茅,高声言道:"无上的太一神啊,请降临我楚,享我祭酒! 熊通自继位以来,无时无刻不敢懈怠,誓愿扫平江汉,称霸一方! 三日后,十五路诸侯将齐聚沈鹿,公推楚国为江汉伯长! 此乃大楚百年不遇之大机! 熊通自知德寡才微,难当大任,但天降大任,又岂敢妄自菲薄! 前途吉凶未卜,今夜特设祭坛,虔诚祈求太一神赐福! 助我荆楚成就霸业!"言毕,将三尊桂酒逐一浇向苞茅。那酒顺着直立的苞茅草束,从上往下滴滴滑落,酒渗于草,越渗越少,末了只有些许滴落到地面,仿佛那酒是被苞茅喝了一般。

　　此为"苞茅缩酒",是有周一代祭祀的一项重要仪程,其意代表神灵享用了人们的供奉,为吉祥如意之兆。苞茅于是成为祭祀的贵重礼品,价值连城。苞茅只产于南方楚国一带,就连周王室的苞茅也需要楚国进献,所以有"楚贡苞茅"之说。但自熊通僭号称王以来,楚国便不再向东周王室进贡苞茅了。如此悖逆之举更使楚国为天下诸侯所声讨,此为后话。

　　女巫们越舞越欢,个个沉醉,仿佛无我。楚武王归席,闭目又拜。那巫尹嘴角含笑,手舞足蹈,身躯柔软如蛇,绕火一周,却到楚武王面前狂跳不止。其余女巫们也如水一般围上来。楚武王略感惊恐,正不知所措,一刹那间,却见巫尹脸色陡变,一声狂呼,浑身抽搐,立时倒地,仿佛不省人事的样子。众女巫也停下舞步,分一左一右两列,屈膝跪于巫尹身边,齐声垂头呐喊:"太一神! 太一神! 太一神……"虽说是喊,但又似齐声歌唱一般。

　　楚武王慌忙伏拜于地,道:"恭迎太一神!"身后众臣随之亦拜。在一片恭敬中,巫尹缓缓起身,闭目端坐,凭空几声大笑。奇怪的是听那声音并非巫尹,倒像是一名雄壮的男人。那声音道:"楚王所谓霸业,何足道哉,有如囊中取物! 天下霸主,必有楚之一席! 但当下楚国营中闯入一只斑斓猛虎,正是日后荆楚大业的绊脚大石,你们知道吗?"

　　此番祭祀,本意是要为三日后沈鹿之会楚国称雄江汉而祈福,怎么好端端地又忽然冒出来阻碍楚国的一只什么猛虎?! 委实大出意外。看巫尹之意,仿佛在说沈鹿之会没什么,但是楚国新近遇到了日后的强敌! 楚武王大惊失色,身后众臣如斗伯比等也是一片骇然。楚武王道:"猛虎……虎? 敢问太一神,虎在何处?"

　　那声音笑道:"正在眼前。这片营地的东北方,有一只锁虎的囚笼,国君难道不知?"

　　楚武王愈加迷茫,追问道:"熊通愚钝。请太一神明示,这猛虎是谁? 这猛虎是吉是凶? 如何对付这只猛虎?"

　　那声音应道:"克虎者,虎也。我有谶语,国君谨记。北有虎,南有虎。虎令尹,霸王辅。五十年后,汉水斗虎。"言罢,又见巫尹从脖下项饰中摘下一颗玉珠,轻轻一弹,那珠子凌空飞去,不偏不倚正好打在坐下席中斗榖於菟的额间。

　　斗榖於菟微痛,轻叫一声,不知所以,斜睨落在眼前的玉珠,伸出右手想去捡却又缩回。楚武王及众人不约而同向斗榖於菟投以异样的目光。斗伯比情知此事非比寻常,更是惊得心如撞鹿。

　　巫尹仰天长啸,火影中声如霹雳。待啸声散去,巫尹如一尊石像,轰然倒地,仿佛没了气息。须臾,似乎又回过神来,缓缓坐起。巫尹像是很累,疲惫说道:"我回来了。"侧耳听去,此时之语才是巫尹自身的声音。众人知道,这是太一神已经离开她的肉体走了。有三五个女巫过来,将她搀扶到一边休息,然后那些女巫又手挽着手,围着篝火继续跳起舞来。两边的钟鼓琴瑟也改奏起舒缓的乐章来。

　　楚武王无意乐舞,一味沉思起刚才巫尹谶语的深意。心中虽然翻江倒海,却是百思不得其解。楚武王扭头望向斗伯比,示意上前。斗伯比蹑手蹑脚过来,躬身坐于右侧。楚武王问道:"巫尹谶语何意? 珠子打向公子斗榖於菟,又是何意?"斗伯比深知祭祀谶语乃是国家大计,何况自己的儿子也卷入其中,若非大福便是大灾,心中着实忐忑难安,当下推托道:"恕我愚昧。国君下问,斗伯比不得而知。巫尹掌管国家祭祀重典,谶语之事,当无所不知。"楚武王嘿嘿一笑:"斗先生乃楚国第一大才,也有不知之事?"斗伯比只垂头不语。

　　等不到祭祀完毕,楚武王携斗伯比就来到巫尹面前。楚武王道:"请得太一神为楚祈福,巫尹劳苦功高! 寡人有一事不明,特来请教。谶语道:'北有虎,南有虎。虎令尹,霸王辅。五十年后,汉水斗虎。'究竟是何意思,还望巫尹明示。"

巫尹盘坐在苞茅草编的蒲席上,月光火影中更显得脸色有些苍白,她声音略带沙哑,缓缓道:"国君不必迷茫。借我楚国祭祀之际,当今天下南北两大奇才不期而遇。此二人均是令尹之才,霸王之辅! 所谓虎令尹,霸王辅也。只是眼下两人年少,均隐于草莽,未来各自辅佐南北雄主,大约五十年后,汉水之岸必有一场龙争虎斗!"令尹,为东周时代楚国境内的最高官职,相当于后来的相国。谶语暗示,两人都是辅佐王霸之主的相国大才。

楚武王心惊,"南北争霸,必是我楚国与北方之国争霸,不知这北方之国是哪一国? 南北之争,孰胜孰败?"

巫尹闭目道:"太一神言尽于此,楚国好自为之。"

斗伯比忍不住又问道:"这南北二人,既然已经聚集在今天楚营,即是已现端倪! 敢问巫尹,南人是谁? 北人是谁?"

巫尹忍不住呵呵一笑,道:"先生乃我楚国第一智谋之士,今日为何如此茫然? 当今楚国,不是正有一只被老虎乳养了的虎子吗! 南虎者,正是令公子斗穀於菟! 北虎,正囚禁在楚军营中之艮(东北)方,除北虎外,另有同行三人。你等自去寻访。哎,这北虎正是我楚国称霸的天敌! 北虎不亡,楚霸无望!"

"北虎不亡,楚霸无望!"巫尹之言,明明是在说——只要有北虎在,楚国便称不了霸! 楚武王闻言却哈哈大笑起来,眼中射出两道寒光:"他既然已经来到我楚营,休想再活着离开! 杀了北虎,我看哪里还有阻我霸业的天敌! 哈哈哈哈……"楚王狂笑,陡然又变色道:"传令! 全营搜捕,尤其营中之东北更是要滴水不漏! 非我楚人,无论南北,一并捉了来见我!"

坛下甲兵匆匆领命而去。祭坛上忽然弥散出一股血腥气来,满席文武皆是一片惊骇。巫尹却紧闭双目,对着天上明月幽幽自语道:"各安天命,好自为之。"

祭祀已毕,女巫撤去。祭坛之上,火光烈烈,楚武王抚剑挺立,直面群臣,慷慨激昂道:"我之先祖本是火神祝融之后,源出黄帝一脉。商时为中原王朝所不容,不得已南迁丹阳,至周时被封为子爵小国。筚路蓝缕,大启群蛮,历时三四百年之久,方有今日之大楚! 熊通自立为王,必要扫荡东西,踏平南北,为天下霸主! 上仰太一神护佑,下赖群臣鼎力相助,楚国霸业指日可待!——然而!今夜神灵降临,却传下南北二虎争霸的谶语,告知我们一只北虎已经来到我们楚营!此人日后正是我楚国称霸的劲敌!寡人问你们,怎么办?"

"杀了他!"下面一呼百应,各位朝臣、大夫是又惊讶又愤怒,个个咬牙切齿。"杀?"斗榖於菟却是满脸疑虑,瞟一眼四周,心中不住嘀咕道,"几句谶语而已!为谶语而杀人值得吗?岂非堂堂楚国之笑柄!国君啊国君,你的胸怀为何如此狭隘!"斗榖於菟到底年幼,自然不知巫之谶语在当时人们心中的分量。

楚武王霍地挥动一下衣袖,下面立时鸦雀无声。楚武王傲然笑道:"阻我荆楚霸业者,逢虎杀虎,遇龙斩龙!普天之下,莫敢不从!"

正雄谈阔论间,只见管鲍四人被戈矛逼着押了过来。却说管鲍几个正在帐中闲乐,说一些列国诸侯的青铜趣事,两队楚兵不由分说,闯进来就抓人。管鲍迷茫无措,不知到底发生了什么事情,只好跟着走。苌楚、春生更是吓得满头冷汗。来到这里,管仲机警地左右瞧去,见四周陈兵布戈,中间设有一坛,火堆正旺,并有香案、大鼎、酒器等物,料想必是祭祀之地。又见楚国众多官员簇拥之中,有一人上衣下裳,头戴冠冕,抚剑立于火光之中,浑身上下透着王霸之气,管仲不由一惊,料定此人必是刚刚僭越自立的楚王!"又是祭坛,又是楚王的,我们为什么会被押到这里?"管仲如同坠入一团迷雾之中。鲍叔牙更是懵懂。

楚武王问道:"此四人是何人?"

"乃郑国商人。此人是管仲,此人是鲍叔牙,后边两个是随行伙计,一个叫苌楚,一个叫春生。"有武士答道。

"商人?商人为何会拘押在我楚军营帐里?"

"禀楚王,此四人行商,途经青林山,被公子斗榖於菟……"武士正要详说,却被一人高呼"楚王"打断。只见斗榖於菟急急忙忙跑过来,对楚王施礼道:"这四个郑国商人的确是被我拿住的,但只是请来营中暂住,而非囚犯。那日……"斗榖於菟不敢隐瞒,口若悬河,滔滔讲到巡视青林山如何偶遇管鲍,管仲于虎饮泉如何谈论楚国军机,当时楚随两国大战在即,为谨慎起见,又如何将管鲍四人请往楚营等事一一道来,又道:"楚王英明!管仲等不过一介布衣,市井小贩,一时兴起,戏谈国政,自娱而已,于我楚国并非戴罪之身！如今楚随之战尘埃落定,理应放此四人北上而去。"

　　与斗穀於菟山泉一别,管鲍也甚是想念,不想再度相逢,却在楚国大营祭坛之上!管仲与鲍叔牙见斗穀於菟方才一番禀述,欣慰地点了点头。此时二人如梦方醒,原来只因虎饮泉一番狂论,竟惹祸至此! 真是祸从口出啊! 鲍叔牙偷偷贴近管仲,轻声道:"兄弟好眼力,这楚国国君的心思,你竟然知道!"管仲悄悄应道:"岂止楚国! 天下之事,管仲无不明了!"说着,得意一笑。

　　楚武王却听得惊悸难安,虽然面上强装镇静。"倘若此人说破我计,再报知随国,那么青林山之战,惨败的就可能是楚国了! 幸亏此人被斗公子看守在营中!"楚武王心中暗忖,不由打个冷战。

　　楚武王踱步来到管仲面前,一言不发,只上下打量。又想了想巫尹的谶语,看来"北虎"必是管仲无疑! 楚武王沉默半晌,猛回头瞪着管仲道:"你就是管仲? 说破我楚国伐随大计的,就是你吗?"

　　管仲低声答道:"正是管仲。我乃一介布衣商旅,不过胡言乱语,误打误撞。"

　　"能撞到国家大计,这一撞可是非同小可! 管仲,寡人问你,你是郑国人,为何千里迢迢来到随国行商啊?"

　　"不敢欺瞒楚王,我来随国只为采办黄吕,发点小财。小人是个贪财的人。"

　　"大胆管仲! 你等只是贪财吗? 黄吕岂是商人可以买卖的? 依周之礼制,私贩黄吕,乃国之重罪! 寡人要杀你的头!"

　　"周天子为桓王,大王为楚王! 请问楚王:周礼何在?"管仲不卑不亢,对答如流。此语非同小可,楚武王一时被反诘而不能答。

　　下面有一大夫厉声喝道:"管仲,你好大胆子! 胆敢质问我们楚王!"

　　管仲回转身,瞧着那人轻轻回道:"岂敢。楚王下问,不得不答。"

　　半晌沉默,彼此无语。

　　楚武王哈哈大笑,打破沉寂,解嘲道:"周礼何足道哉!'我蛮夷也,不与中国之号谥!'你私贩随国黄吕,即是触犯随国律法。此罪不可恕! 今楚随两国已然结盟,我要替盟国治你的罪,杀你的头!"

　　"敢问楚王,私贩黄吕,定要杀头吗?"

　　"其罪必诛! 多此一问!"

"有一人,举倾国之兵,设奇诡之谋,青林山下,一战败随! 所谓伐随者,非随也,乃随之青铜黄吕也! 此人之意,乃是要劫掠他国之宝,据为己有! 敢问楚王:私贩黄吕,其罪当诛,霸占青铜,其罪几何?"管仲慷慨激昂道。

此语一出,当下一片哗然。楚国伐随,其最大的战略意图,便是图谋控制随国境内的青铜矿山,那是一座兵器之山,那山一旦攥入掌中,便可以源源不断地打造出无数的青铜兵器来! 其中隐藏的利害关系,大家嘴上不说,都是心知肚明罢了。"伐随不为那座青铜山,却是为何? 这个管仲好一双尖锐的眼睛,好一张伶俐的口齿! 可惜如此人才,偏偏是那北虎,恨不能为我所用!"楚武王心中暗暗慨叹不已。

管仲一时言语得势,逼得楚国上下竟无一人可答,双方又是一阵沉默。

明月无声,祭坛之火毕毕剥剥地发出几声爆响。楚武王拖着长长的身影,若有所思,缓缓踱了几步。楚武王唰地拔出腰间佩剑,插在脚下地上,大笑道:"寡人伐随,就是为那青铜宝藏! 当今天下,罪与不罪,唯在掌中利刃,岂是那口舌之争!"而后瞪着管仲,冷冷道:"好管仲,只是可惜了,可惜了啊! 真北虎也,霸王之辅也——天幸神灵护佑,北虎入我囊中!"言罢猛然离去,大步走到斗縠於菟面前道:"克虎者,虎也! 谶语所言非虚! 斗公子忠于职守,及时收押可疑之人,于楚随之战大大有功,寡人重赏! ——赐斗縠於菟大夫爵! 待其年长后,寡人再行重用!"

"谢楚王赏赐!"斗縠於菟慌忙伏地拜谢。斗伯比也赶忙称谢。众人也拥过来,齐向斗氏父子道喜。气氛瞬间轻松了许多。

"来人!"楚武王喝一声,众人又愣住了! 只听楚王命道,"速将管仲四人斩首,以祭我荆楚大地的太一之神!"

管仲与鲍叔牙面面相觑,大惊失色。对于楚武王的"北虎"之论正懵懂不解,谁知杀身之祸又从天而降! 管仲自然不知道刚刚发生的祭祀谶语之事,总觉得方才眼前种种,突兀横来,迷茫不明,仿佛从五里雾里又飘上了十里云中——唉! 自从虎饮泉后,总是莫名其妙地被人摆布,真不知我之所作所为,到底惹了何方神圣? 身后苌楚、春生更是喋喋叫苦。管仲大怒:"楚王! 为何要杀我四人! 你给我说个明白!"

"管仲,休要怪我。祭坛之上,巫尹带来神灵的旨意,你乃阻我楚国称霸的北方猛虎,我岂能容你!"楚武王厉声道。

不想管仲仰天一阵狂笑! "都说楚国巫风盛行,今日一见,果不其然!"管仲冷冷地望着楚王道,"管仲一介布衣,进取无门,沦落市井,聊以自食,如此蝼蚁一般的小小角色,何能阻碍你们楚国的霸业！因巫语而杀人,视小人如巨患,楚王岂有霸主之风！既如此,杀管仲一人则可！放了我这三位朋友！"

鲍叔牙挺身而出,将管仲拦在身后,大声道:"残暴不仁的熊通！僭越礼法的乱臣！杀我鲍叔牙即可,我替管仲祭你们的巫神！"

管仲深情唤一声"鲍兄"。楚武王走过来,斜睨鲍叔牙道:"你是管仲什么人,竟能为他舍命?"

"管仲与我,朋友也！"鲍叔牙凛凛道,"朋友之情,非你这乱臣贼子所能懂！"

"哈哈哈哈,准了！勿要争抢,四人一并杀了！黄泉路上也好多几个伴侣,免得冷冷清清！"楚武王一边狂笑,一边狠狠地挥了挥手。

"不可！"斗穀於菟急忙跑过来,拜道,"大王乃一代雄主,胸怀四海,气吞八荒！管仲等不过布衣草民,苟活乱世而已,何至于必死！即使谶语成真,南北虎峙,也当于两军阵前一决雌雄,此方为霸主雄风！大王若此时杀了管仲,岂不为天下人耻笑！"

斗穀於菟如此说,引得楚国群臣一时躁动难安。"不得无礼！"斗伯比赶过来斥道,又急忙向楚武王赔罪。楚武王微微笑道:"令公子年少,尚不足以论大道！巫之谶语,岂可儿戏！我必杀之！休要多言！"

斗穀於菟又要劝阻,被斗伯比止住。斗穀於菟回首望向管鲍,见两人若待宰羔羊,更是忧心如焚。正无奈间,斗穀於菟忽然急中生智,大喝一声:"杀！"众人都是一愣。

斗穀於菟缓缓道:"管仲该杀！禀楚王,容斗穀於菟再进一言:今日祭祀已毕,神灵归天,不宜再行杀戮。三日后国君将于沈鹿台大会十五诸侯,楚国势必雄霸江汉！当此千秋功业之际,再杀管仲,以祭霸旗,岂不是更妙?"

此语颇为中听,惹得楚武王心花怒放:"甚好！就依斗公子,将管仲严加看管,待三日后血祭沈鹿！寡人要用北虎之头,为楚国霸业开路！"

"楚王英明！楚王英明！楚王英明……"一片欢呼雷动,楚营上下仿佛燃起了兴奋的烈火,声彻云霄！然而呼声越高,管鲍四人越是惊怖难安。

众人依令而行。管鲍四人被押回原帐,严加看守。楚王与众臣返回国君大帐,再奏雅乐,又摆宴席,分享祭肉祭酒,一时间觥筹交错,钟鸣鼎食,直乐到东方拂晓方才散去。

这边厢,管仲与鲍叔牙性命悬于一线,焦虑难安,哪里坐得住!灰暗的囚帐中,一前一后有两盏高足铜灯的火焰左右摇曳,照得四人身影如风飘动。鲍叔牙道:"楚人巫风最盛,今夜楚巫传下谶语,熊通也下了杀令,你我四人必死无疑!不如趁着今晚月光,我们联手杀出去!逃出一个是一个!"

苌楚闻言身子一软,瘫坐在案边,唉声叹气。春生急得哭道:"我不要被人杀,我也不要杀出去!我怕……呜呜呜呜!"

"不可!"管仲拦道,"此地乃楚王大营!布局缜密,法度森严,到处哨探,满地精兵,仅凭你我匹夫之勇,冲不出一丈远,必妄死于乱军之中!"

"依你之言,只有等着三天后任凭熊通杀头了!"鲍叔牙勃然大怒,忽然冲着管仲厉声道,"贪生怕死,任人宰割!管仲为何如此懦弱!"

自相识以来,管鲍相敬如宾,鲍叔牙什么时候曾对管仲这样失望过?训斥过?管仲当下也是血气喷涌,愤愤道:"我岂是怯懦之辈!只是如此求生,与死何异?"

鲍叔牙更恼,大吼道:"我愿夺命而死!绝不待毙而亡!"

管仲道:"鲍兄息怒,请暂忍一时,容我谋个万全之策……"

"忍!忍忍忍!我忍不了了!"鲍叔牙发狂一般,举起拳头就砸向木案,震得铜灯跌落下来,恰巧苌楚正倚案坐在灯边,有灯油溅上苌楚衣襟,立马就着起火来。苌楚大叫,蹦起来就拍打着灭身上的火苗,春生也赶过来帮忙。

铜灯打翻后,帐中陡然间更亮。这当儿,帐外守卫不知发生了什么事情,一人提着铜戈匆忙进来,大声怒道:"又吼又叫的干什么呢——哎哟,你们这是要烧了衣裳玩儿哪!"说着就嘿嘿嘿笑起来。

灯火影中,守卫一怒一笑,倒激得鲍叔牙灵光一闪,计上心头,只见鲍叔牙霍地从地上捡起铜灯,左手拈出灯捻,右手举着就将盏中残剩的灯油一饮而尽!如饮美酒一般!守卫惊呆了!管仲三人也一时蒙了。

鲍叔牙尽饮,大笑三声道:"痛快痛快!只是太少!"又立马变了脸色,冲着守卫冷冷道:"鲍某人就这一个偏好,爱喝灯油!三日后我就要被你们大王杀掉祭旗了,死前让我喝个饱!快去!与我取一大缶灯油来!不然,我今夜就烧了你们这个营帐!叫你们失职而死!哈哈哈哈!"

鲍叔牙豪气干云,早把守卫震慑得魂魄俱销。管仲也急忙道:"快去快去!不然等我大哥犯了灯油瘾,早晚把你们活人当作灯油喝掉!"

那守卫晕头转向,七分惊诧三分恐惧,只"好好好"几声,便出帐寻找灯油去了。

守卫刚走,管仲扶着鲍叔牙,正想问一句"鲍兄,你这是"?话未出口,却见鲍叔牙挣脱管仲,一个箭步抢到帐壁一角,哇哇哇就呕吐起来。灯油入喉,实在恶心得难受,刚才硬是被自己一股狠劲儿强压着,现在是真坚持不住了!

鲍叔牙呕了又呕,春生见状,忙端了半碗清水来漱口。鲍叔牙漱了口,略觉几分清爽。碗中水尽,春生又端来一碗。鲍叔牙接了水碗,自觉好笑,就忍不住呵呵笑起来,笑了几声,又呕起来,停了片刻,又忍不住笑。管仲更是压抑不住,仰面大笑不止,苌楚、春生也乐了起来。霎时四人心花怒放,早忘生死。

直漱了三碗水,鲍叔牙方才转好,于是用衣袖拭口,回转身坐在灯前。管仲依旧乐呵呵,这才问道:"鲍兄啊,你什么时候染上的灯油瘾啊?"

鲍叔牙正要张口,却见方才那个守卫果真抱了一只陶缸进来。守卫犹带三分恐惧之色,只进帐几步就将陶缸放在地上,嗫嚅道:"这个……灯油,一缸……放这里了……"说完倒退着抽身欲出,仿佛帐中囚着的是几只恶魔。

鲍叔牙抿嘴嘿嘿一笑,道:"谢了。"那人急忙退出去了。

鲍叔牙双手抱了那缸,轻轻放在案上,揭开盖子,灯油气味迎面扑来,鲍叔牙忍不住又是一呕,慌忙又将盖子盖上。

四人灯下坐定。鲍叔牙左右环视,又轻轻咳嗽两声,示意大家小心帐外有耳。鲍叔牙低声正色道:"为今之计,只有舍命一搏。我刚才喝那几口,只为赚这一缸灯油。有此一缸好油,烧他楚营十个八个大帐不在话下。我们等到寅时,楚兵疲惫昏睡之时,杀了守卫,纵火焚营!那时楚营必乱,我们浑水摸鱼,趁乱逃出!"

管仲不语,眼光却转向灯影中的那车黄吕。苌楚也顺着瞧了瞧那满满一车的心血,皱着眉头道:"黄吕怎么办?如何能带走!"可不是嘛,四人千里奔波,弄得命悬一线,说到底不就是为了这一车黄黄的石头吗?

鲍叔牙慨然道:"性命尚且不保,何况一车黄吕!扔掉!"

苌楚、春生听了垂头丧气。管仲见鲍叔牙心意已决,便也决定生死与共,当下把心一横,拱手道:"鲍兄既如此说了,弟便唯命是从!你我兄弟生死一处,权且赌他一赌!"

…………

时间一点一点流去,灯火摇曳中,已过寅时。此时人们睡意正浓,帐外楚营一片沉寂。管鲍两人不约而同起身,令芟楚抱了灯油之缶,和春生守在帐后,熄了帐中灯火,一个背负长弓,暗暗握了一支长箭,一个腰悬利刃,手中操着一柄短刀,摸着黑,蹑手蹑脚走到帐门边。两人于朦胧中互相点头致意,猛一下同时冲到帐外,三下五除二,一箭一刀,就将帐外两名守卫变作尸体拖了进来。鲍叔牙犹怕那人不死,狠狠地又补了两刀。管仲向内一挥手,轻声道:"快!"芟楚、春生便抱着灯油,急忙跑过来。

帐外,巡逻哨兵刚刚通过,此刻空无一人。管鲍见东首边不远,营帐密集,几只硕大的火炬被高高支起,照得眼前道路清晰。二话不说,几人旋即冲了过去。管仲从芟楚手中抢过油缶,路过一个营帐就朝帐上倒油,不敢太少,也不能太多,一路倒去,过了十帐,灯油用尽。鲍叔牙取过来一只火把,挨个点油,纵起火来。须臾间,十个大帐同时火起,烈焰冲天,燃成一片!不断有人从火帐中冲出,随着几声杂乱的呼喊"救火啦",楚营顿时乱成了一锅粥!

见计谋得逞,鲍叔牙与管仲相视一笑,然后找个冷清的暗角躲了起来。

管鲍四人躲在远远的一个被黑暗笼罩的营帐背后,看着众多楚兵被吸引去火场救急,那里乱得不可开交,而这边正空出一条无人大路出来。四人互致眼色,拔腿就朝这条大路上逃去。

未行多远,迎面撞上一队楚兵,对方不由分说,挥舞长戈就杀过来。管仲发箭,有两人应声倒地。这当儿,有喊声"不要逃了郑国商人"传来。管鲍四人改道,挑着能下脚的地方就跑。然而偌大一个楚营,道路不熟,想要徒步逃出,谈何容易!不一会儿,眼见三面楚兵合围过来,管仲带着芟楚、春生一边打着,一边躲着,一边逃着,慌乱中一回首,唯独不见了鲍叔牙!

管仲正叫苦间,却见前方几个营帐中间的一块空地上,火光中,鲍叔牙大战正酣!短刀早不知丢到何处,鲍叔牙手中抢了楚兵一条铜戈,左横右扫,舞动如风,声声怒吼,摄人胆魄,仿佛一头咆哮的猛虎,竟令一排又一排的楚兵翻身倒地而去!鲍叔牙,分明是一员虎将!相识至今,管仲从未见鲍叔牙如此勇武,只是逃命要紧,又何必恋战!管仲当下叹道:"鲍兄刚猛彪悍! 只是逃命要紧,又何必逞一时之勇!"

忽然鲍叔牙左臂被一矛刺中,不待发出惨叫,肩头又被后面一支铜戈划伤。管仲大叫"不好!"便冲过去。未及鲍叔牙身边,见鲍叔牙微笑着望着自己就倒了下来! 万急时刻,眼见一团楚兵拥上去,无数戈矛就要刺下来,片刻间鲍叔牙即将身穿万洞而死! 管仲霹雳一声狂吼,从怀中掏出斗縠於菟赠送的玉佩,高高举起,大声喝道:"斗縠於菟!谁敢杀我! 谁敢杀我!"

这一声喊果然非同一般! 长戈铜矛纷纷从鲍叔牙身上撤了下来,众楚兵回转身,将兵刃指向管仲。管仲不慌不忙,举着玉佩大步走过来,俯身扶起带血的鲍叔牙——好在只是外伤,并无性命大碍。鲍叔牙低头,气喘吁吁,用手捂住臂上伤口。这时,苌楚、春生也跑过来,看着鲍叔牙的伤口,皆心疼不已。

管仲凛然不惧,踱着大步,将玉佩逐个推到每个楚兵面前,昂然道:"此乃斗縠於菟的贴身玉佩,楚人哪个不识! 我等乃是斗縠於菟请来的贵宾,你们谁敢杀我!"

楚兵顿时愣住。半晌,其中一个武官模样的大汉道:"玉佩倒是斗公子的玉佩,只是你们与斗公子的事情,尚需请斗公子说个清楚! 来呀,押回去,严加看守! 再有失误,军法从事!"

管仲算是松了一口气,又大声道:"速请斗縠於菟来见我!"楚兵哪里理会,四人被长戈铜矛逼着又押回原来帐中去了。

此时鲍叔牙放的那把火已然被扑灭,囚帐也被重新收拾,管鲍四人又被撂回帐中了。幽暗的铜灯下,管仲与鲍叔牙扯了身上衣襟包扎伤口,只见鲍叔牙依旧眼角挂笑,满脸疲惫道:"管仲啊,你我玩到头了……不用忙了,睡……睡吧,死了也要做个睡鬼,呵呵……呵呵……"说罢果然倒头睡去。苌楚、春生却是满腹焦虑,两人拥坐在榻上,各自沉默,任凭黑影笼罩着自己。

管仲无语,独自一人静坐案前,对着灯火呆呆出神。管仲心中翻江倒海,沉思道:"冒险出逃虽然失败,但切不可放弃求生之念! 楚营势大,我等力单,若要虎口逃生,只有出其不意,以计取胜方可! 然而,计从何来? 何来……"管仲冥思苦想,忽然思忖道:"何不将斗縠於菟诱来,然后挟为人质,逼迫楚兵让出一条生路来! 那斗縠於菟乃楚王最为倚重的令尹斗伯比之子,非同小可,有他为人质,满地甲兵,空无一用,必然可以谋得全身逃出……"

正思谋间，管仲忽然听得帐外有窸窸窣窣之声，像是守卫换岗，又像是在窃窃私语。管仲机警，以为有变，慌忙取了弓箭，又拍了拍鲍叔牙，唤他醒来。鲍叔牙一个激灵霍然起身，挺直腰板，与管仲并肩而立。

不一会儿，有一楚兵低着头，蹑着脚，悄悄进来。入帐抬头，却是乔装改扮的斗縠於菟！原来斗縠於菟也正在思谋救人良策，不想管鲍一夜也等不得，居然抢先纵火出逃，以致鲍叔牙险些丧命！斗縠於菟深知事态严重，便天亮也等不得，摸黑来见管鲍。

鲍叔牙立时火冒三丈，苌楚、春生也霍地站起，鲍叔牙怒道："又是你！都是你害的……"

斗縠於菟重重"嘘"了一声，鲍叔牙把另外半截话咽了回去。管仲急忙上前道："鲍兄，斗公子分明是来帮助我们的！"

管仲一提醒，几人顿感急迫，个个屏住呼吸。管仲挽住斗縠於菟，行至后帐。周围好静，只听见微微的虫鸣和木叶之声。五人胡乱坐定，斗縠於菟深行一礼，压低嗓音道："害得诸公受苦，斗縠於菟之罪也！火烧楚营之事，我已尽知——鲍兄，你的伤势如何？"鲍叔牙抬起受伤的手臂，道："一点皮外伤，算不了什么。"斗縠於菟接着道："天幸鲍兄无恙！青林山中一番曲折，你我尽知，自不必说。夜间楚国祭祀，巫尹传下谶语：'北有虎，南有虎。虎令尹，霸王辅。五十年后，汉水斗虎。'预言管仲将为北国猛虎，霸王之辅，几十年后正是楚国称霸的劲敌！所以楚王痛下杀心，必要除之而后快。我与君等相识于虎饮泉，大有惺惺相惜之感，岂能坐视朋友如此枉死！斗縠於菟乔装改扮，不请自来，正为营救诸公……"说着，斗縠於菟以衣袖遮住灯火，噗一声吹灭了。几人默默围过来。斗縠於菟轻声细语，声若蚊蝇。管鲍等侧耳细听，连连点头。管仲心中暗暗乐道："我正思劫持斗縠於菟之计，不想人家自己送上门来！不过，此人乃真君子、大丈夫！不用我们费心了！"当下一番密谋，计议已定。

又过两日，如过两年。

夜幕降临，阴风拂动，天边一轮残月若隐若现，楚营中并未见到其他异常。鲍叔牙浑身燥热，不住地于帐中踱步，苌楚、春生不知所以，各拿了一只橘子在掌中翻来覆去地玩。管仲则静坐在案边，只望着铜灯出神。光阴在灯影间跳跃，渐至明月东上，夜色渐深。

忽听得帐外有人大踏步走近,带着些蒙眬醉意,大声道:"兄弟们辛苦,我家公子抱来一缶酒,送……送给管仲喝! 这可是送行酒哇,送行……待明日斩了管仲,兄弟们就不用这般辛苦了,呵呵呵呵!"

像是长荆的声音。管鲍四人赶忙贴着帐壁窃听。那人又倒了一碗酒,道:"这酒甚好! 只是送给死人喝,可惜……太可惜了! 我再喝点……嗯! 来来来,兄弟们也喝! 不过……每人只能小半碗,莫要误了正事! 给管仲留……留一口就好,我好给公子交差!来,喝! 喝……"

帐外便争起酒来,嬉笑之声闹成一片。有几人吵着说:"不够!"又有声音骂道:"滚!"管鲍默默静听,情知斗榖於菟安排的救星已经到来,不由紧张,个个额头渗出汗珠。

不一会儿竟没了一丝响动! 苌楚、春生小心起身,正要到帐外看个究竟,却见霍地一下有两人破门而入——正是斗榖於菟和长荆! 长荆手中抱着一团黑物,分外入眼。

斗榖於菟匆忙一揖,道:"诸公久等! 事不宜迟,快快换上军服,扮作兵士,我带大家出营。"管仲、鲍叔牙也不言语,只还一揖。长荆将怀中黑物放在案上,是四套楚军军服。管鲍四人胡乱罩在身上,而后随着斗榖於菟急急出帐离去。

帐外守卫不省人事瘫卧在地上,他们饮的酒中被长荆下了迷药,要睡上一整夜才会醒,而斗榖於菟带来的六名亲兵守着两辆车正在等候。那两辆车,前面是斗榖於菟的墨车,后面的却是管鲍他们那辆装满黄吕的役车! 见黄吕犹在,苌楚、春生不由得乐开了花。管仲与鲍叔牙也是十分欣慰,齐行揖道:"多谢斗公子!"斗榖於菟翻身上了墨车,应道:"此刻万急! 管兄四人与我的兵士混在一起,跟在役车车后,我们火速出营!"

于是斗榖於菟驾起墨车,长荆驾起役车,两车一前一后转起车轮,管鲍四人与其他兵士计有十人跟在役车后面跑起,夜色朦胧,马蹄声碎,一行人向楚营辕门奔去。

明天即是楚国与汉阳十五诸侯结盟的大日子,所以今夜楚营车水马龙,倥偬异常。斗榖於菟带人赶到辕门,早有守卫看见。那守卫见是斗公子,一下子就慌了,一边紧紧拦着,一边赔笑道:"明日沈鹿大会,斗公子怕是也难得清闲! 瞧瞧,两车人马……"

斗榖於菟啐一口,骂道:"小爷的车你也敢拦! 小爷奉楚王令,没收死囚管仲的黄吕,要用这些黄吕连夜铸起一只大大的霸王鼎! 后面便是他们的那车黄吕,你们好好瞧个清楚！"

守卫躬身笑道："小的哪敢啊，不过尽忠职守罢了！"虽如此说，还是走了过来，揭开役车的帐幔，果是黄吕！守卫啪啪啪拍了几下，石头一般。于是乐道："开眼了哦，小人还是头一回见识黄吕！你说那管仲，也是包天的胆子，这东西也是布衣草民可以贩卖的?！活该明日要被杀头！"又朝车边的士兵望来。管仲与鲍叔牙目不斜视，苌楚与春生赶忙低下了头。那守卫未发现异常，又道："一车黄吕，可够兄弟们辛苦的！铸好霸王鼎，大王必要赏的！"

"少啰唆！"斗穀於菟冷冷斥一声，"不要误了小爷铸鼎的时辰！"守卫赶忙跑上前来，对斗穀於菟行揖道："斗公子，请！"斗穀於菟理也不理，喝一声马，一行人便箭一般冲出辕门。

离了楚营，残月隐去，夜色逾暗，众人掌起火把，沿着大路直向西奔去。约莫跑了四五里地，来到旷野中一条岔口。此处又有两人守着一辆空车，等候多时了。他们也是斗穀於菟早安排好的。

斗穀於菟长吐一口气，下得车来。管鲍也迎上前去。火把照耀之下，每人一头大汗，双方忍俊不禁，莞尔一笑。斗穀於菟道："管兄，鲍兄，一身楚服，好生奇怪！快脱掉吧，已离虎口！此去向前如果再穿兵服，反而招人耳目。"

鲍叔牙扯住自己衣服就脱，大声道："憋死我了！这衣服太小——哈哈，怎么就稀里糊涂地当了一回楚兵呢！"一边脱着一边"哎哟"了一声，两天前留下的伤口还是微微疼了一下。

管仲、苌楚、春生也将兵服脱掉。长荆过来，收拢一处，扔一火把就烧起来。管仲道："蒙斗公子相救，我们方才捡回一条性命！只是明日沈鹿之会，不见了血祭之人，楚王必要为难公子！"

"管兄莫要如此说，羞煞斗穀於菟！楚王那里，我自有应对，不必挂心。只因一时不慎，害得大家险些丢了性命，我心着实难安！好在苍天有助，诸公终于脱离虎口，黄吕财货也丝毫未损，斗穀於菟略略宽慰一二。"言罢指着路旁夜幕里的一辆马车道，"这辆墨车是我专为朋友准备的。管兄鲍兄不可松懈，一刻不得喘息，连夜驱车西行，拂晓时分便可赶到汉江。登舟江上，那才是离了楚国！"斗穀於菟一口气说完，恍觉又缺了什么，忙又补充道:"江边芦苇丛中,我已备好一只大船恭候。管兄亮出我的玉佩,他们自会二话不说。"

管仲、鲍叔牙齐声谢道:"斗公子如此恩情,我们何以为报?"

斗縠於菟道:"朋友相逢,人生一乐,何谈什么报与不报!"朦胧的火光中,斗縠於菟面露忧色,唤管仲道:"管兄,我甚是仰慕管兄之才! 临别之际,请教一言:我国国君业已僭号称王,此事天下震动! 斗縠於菟也惊惧难安。请问管兄,楚王称王,究竟是对是错?"

"无有对错,只有利弊!"管仲道,"楚王称王,其利有一,其弊有一。利在雷霆霹雳,先发制人,率先争得天下大势,楚国霸业由此而兴! 然而,楚之称王,乃是僭越作乱,必被天下诸侯群起而不容,乃自树箭心,为天下射! 此后楚国,征程多艰,稍有不慎,便会粉身碎骨,这便是弊。"

斗縠於菟一时大悟,行了一揖道:"管兄洞若观火,佩服之至!"

"斗公子,我也请教一言。"鲍叔牙笑吟吟道,"楚巫谶语,已在军中广为流传。所谓北虎南虎,日后必有一斗! 这南北二虎,乃是斗公子与管仲了。请问公子,倘若数年之后,果真南北虎斗,君将若何?"

"鲍兄取笑了。巫语你也信! 虽为楚人,我却是不信的。"斗縠於菟略略一顿,又道,"不过,若真如谶语所言,我与管兄君子虎变,成就南北霸业,斗縠於菟倒是乐意统率三军,挥戈北上,与管兄疆场对峙,一决雌雄! 岂非人生一大快事!"

管仲道:"天下之本,在和而不在争。若真有那一日,管仲愿化干戈为玉帛,南北会盟,以和解斗,还天下苍生一个清平世界! 岂非人生莫大善事!"

"妙!"鲍叔牙乐道,"果真那一日来时,若战,则鲍叔牙亲为击鼓;若和,则鲍叔牙亲为抚瑟! 不负今日朋友之情!"

三人不约而同大笑。旷野里笑声传得很远,击破了夜色的宁静。斗縠於菟道:"此地不宜久留,公等请上车马,你我后会有期!"

管鲍两人乘了斗縠於菟赠送的墨车,苌楚、春生则驾起装载黄吕的役车,几人恋恋不舍,彼此作揖道别,而后一东一西,消失于夜色中了。

夜色之中难辨道路深浅,火把又照得不亮,大家索性熄了火,趁着朦胧而微弱的一丝月光艰难前行。役车装满石头一般的黄吕,不似墨车那般轻巧,车身沉沉,马不得快,苌楚与春生心急,轮流驾车,没命地喝马驱驰。跑了大半夜,曙光微露,周围依稀可辨。又转过一个坳口,眼前忽然地势开阔,碧草丛生,乱石密布,薄雾之中似有水声隐隐传来。管仲道:"前面应该就是汉水,我们上了船才是脱离了险境!"

苌楚正驾车,闻言轻轻勒一下马,恍觉那马已累个半死,自己也喘气道:"终于到了!累死我的马了,这黄吕何以如此沉重! 到了郑国可要加倍换些钱财,要不然如何对得起我们这番辛苦……"一旁春生大声道:"歇一会儿吧,我看马儿不行了,正好吃些水草。"

墨车在前,正赶车的鲍叔牙应一声"好",止住马,长舒一口气,用袖口擦了擦额头汗珠,就要下车来……

这当儿,"不好!"管仲陡然间大叫一声——只听得身后传来轻微而又急促的马蹄声与车轮声,夹杂着许多零碎的人声。四人回首,见后面远处有十辆八辆马车正朝这边驰来,微弱的晨光中一溜儿闪烁流动的火把,分外耀眼!

原来斗穀於菟带着管鲍逃走后不久,还是被巡哨的楚兵给发现了。消息报到楚武王那里,熊通大怒,便派出十辆精锐兵车火速追来,定要将管仲等就地斩首,只将人头带回沈鹿台即可。自然的,斗穀於菟私放国家重犯,罪不可赦。楚武王怒不可遏,本要将斗穀於菟斩首,幸亏满朝文武都来求情,加上其父斗伯比为国家屡立大功,乃社稷擎天一柱,楚武王于是赦免了斗穀於菟,但将其爵位削了,再不录用。一直到楚武王逝世,楚成王继位,斗穀於菟才正式登上楚国政坛(此后改名斗子文),官居令尹,与楚成王君臣一体,同心协力,施展宏略,再起风云,共同带领楚国北上争霸,此为后话,当在四五十年之后。

管鲍四人大惊,赶起马车就逃。墨车如飞一般,怎奈役车实在赶不动了! 苌楚、春生拼命喝马,可惜那马负重跑了一夜,早已筋疲力尽,此刻撅起蹄子,喷着鼻子胡乱嘶鸣,似乎比人还急,却只能如蜗牛般爬行,再也跑不起来了! 鲍叔牙猛回头,扯起嗓门高喊道:"快,快! 快呀!"管仲皱眉,心中暗暗叫苦不迭。苌楚、春生急得满脸紫涨,可那马就是跃不起来!

片刻工夫,席卷而来的追兵似乎已到脊背之后,有喊杀声传来:"管仲休走! 管仲休走!"鲍叔牙无奈至极,凭空发出一声狂叫:"啊——"

千钧一发,十万火急,山穷水尽之际,只见管仲一挥袍袖,翻身跳下墨车,三步两步就冲到役车前,哗啦一下就揭开役车的帐幔,露出堆得整整齐齐的黄吕块块。管仲搬起顶上的一块就要扔掉,惊得苌楚、春生不约而同扑过来按住,苌楚疑问道:"管先生,你要做什么?"

"黄吕车重,追兵太急! 只有抛弃黄吕,堵塞道路,方可退楚兵! 眼下只有舍弃黄吕,我们才有逃生的机会!"管仲眼放冷光,言语镇定。

"不可! 这可是鲍家半个家当! 我们拼死拼活,不就是为了这一车石头嘛!"苌楚大叫,拿胸脯压在车上。

管仲扶起苌楚,微微一笑:"苌楚,管仲心中更痛!"而后转头对着鲍叔牙,高声朗朗道:"为一车财货而丢掉你我性命,非大丈夫所为! 留得命在,何患无财! 鲍兄……鲍兄! 生死关口! 鲍兄不可犹豫!"

"干!"鲍叔牙恍然,紧紧竖起两道剑眉,一拍栏杆,也跳下车走过来。

于是四人八手,搬起黄吕就朝道路上胡乱扔起来。那一车黄吕真是石头砸地,一股脑滚了下来,横七竖八,密密麻麻,不一会儿就把这条道路堵得死死的。春生一边做活,一边连连哀叹,苌楚则泪流不止。

此时天已放亮。望着摊了一地的黄吕,管仲不由闭目摇头,一脸铁青。鲍叔牙早瞧出管仲心思,当下笑道:"一车黄吕而已,不必挂心! 日后你我兄弟再赚他十车八车的! 追兵已到眼前,我们火速撤离!"鲍叔牙拉着管仲上了墨车,苌楚与春生也挤上来。那辆役车早被黄吕困在道路中间,想出也出不来,只好弃掉。

墨车如箭,不一会儿赶至江边。但见满眼碧波,几片芦苇荡,清风徐来,空无一人。不知斗穀於菟预备的船只藏在何处,管仲冲着大江就高喊道:"斗穀於菟! 斗穀於菟! 快送船来!"

正犹豫观望间,一声水响破空传来,只见两个三十岁上下的汉子摇着一只大船,从芦苇丛中慢慢钻了出来。一人向前行揖道:"岸上之人请报上姓名!"

管仲答道:"我是管仲。"又从怀中掏出斗穀於菟赠他的玉佩,待船只靠近,就抛向那人。

那人接了玉佩,前前后后一瞧,见果然是斗穀於菟的信物,于是拱手道:"我二人奉斗公子之令,已在这里等候一夜。诸公请快快上船!"说着,将那玉佩又抛过来还给管仲。

　　管鲍四人还揖，互相搀扶着，弃岸登舟，将墨车马匹也顺着木板赶上船来。船舱颇大，装载两车黄吕也绰绰有余。这边刚忙完，只见岸边来路上，追兵车马如风袭来，"活捉管仲！""管仲休走！""留下管仲！"呐喊声更是响在耳畔！两个船夫微微一笑，一人喊道："起！"便拨转船头，离了芦苇荡，直向江中驶去了。

　　却说楚兵眼看就要追上管仲了，怎料道路竟被一地黄吕堵塞，中间又横着一辆役车。如此这般，数十辆兵车如何得过？兵士纷纷下车，见满地黄吕如一堆黄金一般，个个傻眼，一人忍不住，躬下身就抱一块儿。这一下不打紧，立时炸窝，众人疯抢，争先恐后，人人唯恐少拿！头领虽不住喝止，但如何能够止住？待到道路完全清开，这才继续追赶。怎奈等到一队兵车追到汉水，为时已晚！大江横亘，水天相连，芦苇丛畔空见碧波荡漾，管鲍早乘一叶扁舟行至江心去了……

第五章　粟米小贼

甩掉楚兵,管鲍一行乘舟北上,离了楚境,惊魂方定。

苌楚、春生蜷缩在船尾,倚背半睡;鲍叔牙抱膝卧于船舱,侧耳听着一波又一波喋喋不休的水声;管仲则独立于船头,青衣飘飘,凝望东方,呆呆出神!汉水悠悠,舟行如飞,却载不动满船的哀愁与沉闷!管仲转头望向鲍叔牙,强笑道:"今天是楚武王会盟十五诸侯的大日子,沈鹿台上,江汉霸主横空出世,何其威武!如此千载难逢的诸侯大会,可惜你我无缘亲临目睹,反要像贼人一般狼狈逃窜,鲍兄,不觉得千古遗憾吗?!"说着又强装大笑两声,谁知笑声刚刚发出,管仲心中的苦楚便再也忍不住,猛一下就扑倒在鲍叔牙面前,伏拜道:"鲍兄,管仲对不住鲍兄!你我自南阳相识以来,蒙鲍兄不弃,与我这贫寒之人合伙经商,管仲每每总是多拿多取,本少而利多!鲍兄仁厚,从未计较!此次南行,本想险中求富,出奇制胜,未承想竟将十镒黄金白白葬送,鲍家数十年艰难经营皆因我一时狂妄而付之东流!管仲心如刀绞,无地自容,我……"

鲍叔牙一把扶住管仲臂膀,道:"莫要过于自责,南行随国楚国,你我皆是一片赤诚。不期虎饮泉边生变,无奈被困于楚营!呵呵呵呵……也是天公戏弄,命中有此一劫!逃亡路上,车重马乏,追兵又至,抛弃黄吕,实是形势所逼,情非得已!还亏了兄弟急中生智,救了我等脱难!若非兄弟,此刻你我四人怕是身首异处,在那沈鹿台霸王鼎中化作一摊血食了!哈哈哈哈……"

鲍叔牙愈笑，管仲愈加心酸，当下眼眶红润道："管仲狂傲，不知地厚天高，竟敢冒天下之大不韪，私贩黄吕！可恨管仲一人之罪，连累鲍家囹圄受苦！今数月奔波，空手而回！管仲有何颜面见鲍家人！"说完眼角忍不住滚下一颗泪珠。

不想鲍叔牙大喝一声："大丈夫如此丧气！为何做妇人之状！管仲之才，虎令尹也！霸王辅也！今时不得其志，不过时运而已！即使一时有失！一时有错！一时有过！一时有罪！又如何！莫要气馁，切不可妄自菲薄，空销了一腔壮志！"

"鲍兄！鲍兄知我……"管仲向来口若悬河，此时哽咽，竟不知该说什么。

鲍叔牙满脸慈笑道："老鲍也曾略读史书，粗知礼仪。有道是'天子有公，诸侯有卿，大夫有贰宗，士有朋友'。何以为朋友——'朋友者，若子若弟！'试想，若我之子有过，若我之弟有过，鲍某岂能袖手旁观，作妇人怨！不必如此，起来……"说着便扶起依旧拜倒在前的管仲。

"鲍兄！"管仲忍不住抓紧鲍叔牙双臂，一时无语凝噎。管仲自幼丧父，由母抚养成人，刹那间一种如父如兄的奇异之感如一股暖流自上而下纵贯全身，令管仲意乱，心颤不已！此种感觉，为平生头一遭，从来不曾有！管仲叹道："鲍兄之德，何以为报！"

"又来！管仲怎如妇人一般！"鲍叔牙伸出右拳轻击管仲左肩，管仲不由向后闪了半步。鲍叔牙指着面前宽阔的汉水与两岸挺拔的青山，慨然叹道："如此好水！如此好山！过了今日，不知你我何时再游汉江……"

管鲍一路迤逦北上，连日奔波，终至郑国家乡。管仲依旧羞愧，自觉无颜见鲍公及叔牙、季牙等家人，便推托说久别思母，急欲归家云云。鲍叔牙深解其意，也不多言，两人遂于颍考叔庙前分道扬镳。鲍叔牙与芣楚、春生结伴返归鲍家；管仲形单影只，孤孤凄凄，独回颍上。

鲍叔牙携芣楚、春生回到鲍家，也毫不隐瞒，如实陈述此番南行种种事端。一说到江边亡命，抛弃黄吕这段，立时炸锅一般。鲍仲牙早就对管仲心生嫌隙，今见管仲损掉鲍家十镒之金，便张口大骂起来，言语恶毒，如骂累世仇敌似的。鲍季牙一向隐忍，此时再也忍不住，冷冷道："这个管仲言过其实，徒有虚名！南阳贩枣市井受辱，齐国贩布千里走空，今又到随国贩什么黄吕大石头，到头来又怎样？还不是赔得一塌糊涂！管仲倒是一身轻，可怜鲍氏半个家业顷刻之间化为泡影！管仲呀管仲，轻狂自负，好大喜功！

看似满腹锦绣,临事实则百无一能,注定碌碌终生,一事无成!三哥不可再与管仲做朋友,莫要赔光鲍家!"鲍叔牙沉默无语,也不辩驳,只任兄弟任意痛批。

自此,对于管鲍交往之事,仲牙、季牙横加阻拦,且每每总是理直气壮!管鲍渐渐疏远,一片深情不知该向何处走……

却说管仲回到家中,管母见其面有难色,也不追问,只笑谈些亲人团聚的天伦乐事,管仲心中略略小安。一晃三月有余,虽说可以日夜侍母,榻前尽孝,怎奈家徒四壁,生计艰难,日子一日不如一日了。管仲先是与扶苏子夫妇一道耕田务农,发觉于事无补,后来又到颍邑城中与人养马,也收入极微。然后又到大户人家教人射艺,也是不见起色。万般无奈,度日如年,每每夜间总是辗转反侧,孤枕难眠,到了拂晓时分才会合一下眼睛。

春去秋来,时光飞转,转眼之间数年光阴如箭逝去。管仲思来想去,觉得还是从商更有利于生存,但是苦于毫无本钱。其间鲍叔牙也来探望几次,管仲几次想要张口借钱,只因南方黄吕之事耿耿于怀,实在难以开口,便屡屡作罢。于是日子就这样空耗着,过了一日又一日,过了一年又一年。

这日家中乏粮。管仲晨起陪母饮食,仅有一点豆饭,和着半碗藿羹,却不见扶苏子夫妇。管仲心中暗暗疑虑,悄悄踅入偏房小屋,却窥见他们夫妇分享一碗热水充饥,而两人谈笑如故,竟无半句怨言!管仲一时倍感酸楚,不由自怨自艾起来。当下心头一横,挽弓挎箭,也不辞母,出门便向鲍家急奔而去。不得已,还是找鲍叔牙解燃眉之急吧。

管仲大步独行,心中却是五味杂陈,说不出的难受。行了两里地,走着走着就不愿走了,徘徊一番,长叹一番,再自我激励一番!实是羞于见鲍家人!不经意间顺着颍水来到颍考叔庙,恰逢集会,人声鼎沸,好不热闹!管仲无心于此,悻悻地逐颍水继续前行。喧闹声渐渐逝去,鲍家亦渐渐逼近,不知为何,管仲却再也迈不开脚了。此处天高地阔,平野悠悠,空无一人,与方才人头攒动的颍考叔庙相比仿佛两个世界。管仲愁眉不展,满腹幽怨,索性一屁股坐在河岸的一块大石头上,对着颍水顾影自怜。

时已仲秋。颍水岸边乱石密布,野草疯长,十分繁茂。又见孤零零一株大柳树弓着身子向河中横去，似要探到彼岸，低垂的枝条拂着水面前后漂浮着。眼前颍水如注，翻银滚雪一般，打了几个漩涡就向下游汹涌淌去。

管仲看着那水出神，忽闻水声之外有窸窸窣窣之响传来，略一转头，却见草丛深处闪过几只兔影！那水畔秋草正茂，那草中野兔正肥！管仲喜出望外，摸着石头起身，蹑手蹑脚向那草中兔影走去。惊兔如飞，又怎飞得过管仲之箭！嗖嗖嗖三五箭过去，竟猎得野兔四只，一黑一灰两白，只只拎起来，但觉好沉手。

"鲍兄，今日权且不打搅了。这四只肥兔可到颍考叔庙换些吃食，解我燃眉之急！"管仲自语，舒展眉头。又连根扯了几根长草，用草茎缚住兔脚，整理好弓箭，左手两只，右手两只，转身向颍考叔庙走去。

自郑庄公立颍考叔庙以来，四时祭祀不绝，民间也常常有人来庙祈福，于是你来我往，人流不断，渐渐形成庙会集市，成为颍地一方好去处。庙前有一条弯弯曲曲的街道，零散分布着几家店铺，其中有一家酒食店最是众人皆知。这家店实也普通，只因店中所酿糙酒口味独特，与众不同，当地人极是喜爱。又因主家乃是当地颍姓族人，排行老二，故称颍二酒家。几年间，管仲与鲍叔牙常来颍二酒家小聚，自然每每总是鲍叔牙做东，而管仲也是尤喜他家糙酒。不过今日却非为饮酒而来，管仲背负长弓，拎着野兔，偏偏择一处离颍二酒家远远的墙角蹲下，然后将四只兔子耳朵朝外一字排开，专候人买。

街上行人穿梭，吆喝声、嬉笑声、叫卖声、闲言碎语声，聒噪不已，眼看人如潮涌，可那兔子偏偏就是无人问津。"难道我天生注定做不了生意？"管仲暗暗自嘲，无奈摇头。又想到自和鲍叔牙合伙经商以来，屡屡失手，害得鲍家总是赔钱，不由长叹起来。管仲不自觉从背后取下长弓，用衣袖轻轻擦拭。这许多年来，每当失意之时，管仲总莫名其妙地要擦拭弓。

管仲一面拭弓，一面漫无目的地想着这些年的坎坷往事。正沉思间，不知何故，街面上突然混乱起来，有女子惊叫之声响起，又伴随着阵阵犬吠步步逼近。管仲微惊，一抬头，见对面人群中一个黄衣少女犹若柳底飞花，却又哇哇乱叫，急忙忙、轻飘飘风一般奔过来。少女一边惊叫一边没命地跑，原来被一条长尾的黑狗疯狂追咬。如此场面倒也稀罕，管仲哑然失笑。不想那少女"扑通"一下被几块陶片滑了脚摔倒在地，想是又疼又怕，一时乱了心神，竟起身不得，而身后那狗却已经追至跟前，就要扑上来撕咬！少女惊得尖叫不已,只双手抱头,以衣襟掩面。

危急时刻,不料一声箭响,黑狗应声倒地。街上众人惊魂初定,见一箭正中黑狗咽喉,止不住齐呼"好箭"! 黄衣少女也缓过神来,挪开面上衣襟,睁眼一看:那只大黑狗被一支长箭射穿,依旧瞪着眼睛趴在自己面前,动弹不得,只是拼命喘息,腹部抽搐不已。少女又受一惊,胡乱翻了身,双腿蹬地,半坐着忙向后退了几步。

管仲上前,扶着黄衣少女站起身子,道:"姑娘勿要惊慌,一条野狗而已。"说罢从狗身上拔出箭,就着狗身上的皮毛擦拭血迹。

街上众人都挤过来,争先恐后看那黑狗,啧啧称赞不已。一个黑脸大汉笑道:"真是神射啊! 收了我做弟子吧。如此,我天天就有狗肉吃了!"管仲置若罔闻,毫无应答。

少女定定神,此刻方知射犬救自己之人,正在眼前。"多谢义士出手相助,感激不尽!"那少女低着头重重行一礼。

只是管仲此刻业已转身而去,少女只能从其背后望见一身青衣而已。"些许小事,何足挂齿。"管仲淡淡回一句,头也不回,径直走向墙角又卖兔子去了。

"哎——"那少女本想多说两句,请教一下管仲姓氏,却见管仲冷冷远去,一时顿感失落,呆呆玉立,微嗔薄怒轻唤了一声。

众人也乐呵呵散去。黄衣少女正不知如何是好,却见父母驾着车马匆忙赶来。"我的儿啊,伤到哪里没有?"其父止住马缰,跳下车来喘息问道;母亲下车慢了片刻,也是一脸惊慌的神情。少女忽然变换神色,一脸俏皮,眼露得意道:"我怎么可能伤到! 瞧瞧,那疯狗被我玩死了!"话音刚落,母亲举手就要打来,但又如何舍得,只高高举起,又轻轻放下,怒道:"恼人的心肝! 还玩! 当心再被老虎追咬!"黄衣少女眉开眼笑,嘻嘻不已。

少女名唤乐姜,其父乐晋乃是颍邑富商,家资丰厚。乐晋夫妇年已半百,膝下只有乐姜一女,视为掌上明珠。乐姜生性刁蛮,兼有父母溺爱,自小就目空一切,惹是生非。今日乐家大小三口共乘一车来逛颍考叔庙会,乐姜却独自悄悄溜下车来闲游。走着走着,道逢野狗拦路,乐姜便狠狠去打。谁知那狗像是得了疯魔病,一番狂叫,便没命地追咬乐姜。幸好管仲及时出手,才免去一场祸事。乐姜当下向父母讲述此事,言语之间半吞半吐,满怀娇羞,不似往常那般放纵嚣张,一边说着,一边以右手连连指向蹲在远处墙角的管仲,如指一宝。

父母听了恍然大悟。母亲依旧神色担忧,忙着拂去女儿身上的尘土。乐晋笑道:

"若非此人,我女儿岂不是要变成狗儿了!呵呵呵呵……"三人不由一乐。言罢,一家人并肩径直向管仲走去。

"义士好箭法,救了我儿,请受老夫一拜!"乐晋说着就向管仲恭敬行礼。管仲忙从墙角起身,还礼道:"折杀晚辈!不过寻常一箭,不必挂心。"

一瞬间,乐姜从母亲身侧望去,近近地将管仲瞧个明明白白:但见眼前人一身青衣,背负长弓,面如冠玉,目若深泓,坦荡荡似春风暖日,凛凛然如雪中孤松!"好一个英姿俊朗的美男子!"乐姜心中暗暗赞道,不由脸就红了,心忍不住怦怦乱跳。

"我乃颍邑人乐晋,今携妻女出游到此,不期与义士相识!敢问义士姓氏?哪里人氏?"乐晋问道。

"颍上管仲。"管仲答。

"你叫管仲,我叫乐姜。你是做什么的?你家住哪里?哦,是了,你好箭法!该是极好的猎人!回头帮我再射一只狗,不……我要射一只虎!可好吗?"乐姜笑靥如花,一气儿道个没完。

管仲这才正眼望向乐姜。但见乐姜二八妙龄,青丝垂肩,蛾眉杏眼,如花似月,俊俏的容颜下犹带着三分古灵精怪。只是初看如画里人,再看便觉刺眼,但又说不出哪里不对。管仲心头微微一颤。

"又浑说,哪里找老虎去!"乐母笑着半嗔道。乐姜努起樱桃小嘴,轻声道:"那就不射虎了吧。"

乐晋笑道:"小女顽劣,勿要见笑。我当重谢与你!哎呀——"乐晋俯身瞥一眼管仲脚下的兔子:"你有所不知,老夫我最喜欢兔羹!这四只兔子肥得,啧啧——恰恰好!"说罢,从衣袖中掏出一袋钱来。乐晋欲借买兔以酬谢管仲,袋中之钱多出好多,当下故意道:"四只兔子全归我。老夫半生行商,最知行情深浅,这袋子里的钱不多不少,正好买你的兔子——请笑纳,勿要推却!"

管仲明知钱多,却也毫不客气,当下爽快接住钱袋,悬于腰间道:"如此,管仲谢了。"

乐晋心生欢喜:"管仲呀,老夫欲邀你到颍二酒家饮一碗糙酒,可好?"

乐姜在一旁乐得手舞足蹈,一个劲儿催道:"去嘛去嘛,快走快走……"

"前辈恕罪,家中老母正盼儿归,我急欲返家。前辈自去,管仲恭送!"管仲说完,恭敬作揖,做送客状。

乐姜忽一下就止住笑容，俏脸拉得老长。乐晋也是一怔，他无论如何也没有料到自己会先被管仲下逐客令，眼前的年轻后生热情似火却又冷傲不羁，敢于慷慨接纳却又善于戛然拒绝，贫而有骨，弱而有才，开合自如，变幻莫测，有些令人难以捉摸，当下只笑着叹道："好，好！容日后相见。"于是携了妻女，与管仲作别。乐姜亦步亦趋随父母回到车前，一边走一边不住回首。

乐母搀扶着女儿臂膀正要上车，岂料乐姜猛一个挣脱，从父母这边急转，奔到管仲面前，摘下右腕玉镯"啪"一下重重拍在管仲手里，红着脸道："这个，乐姜谢你的！"说完满面娇羞，转身风一般跑回去了。

乐姜回来，上车坐定，倾身半倚着车前栏杆，心中依旧撞鹿一般。知女莫若母，乐母早瞧出了乐姜的少女情怀，当下会心一笑，掏出袖中锦帕，帮乐姜轻拭额头汗珠。

乐晋扯上马缰正欲起身，只听得"当"的一声响，一支长箭不知何处飞来，深深射在乐姜身前的栏杆上。乐姜惊眼望去，却见箭身上明晃晃套着自己刚才送管仲的那只玉镯，乐姜什么都明白了，忍不住心头火起，大声喝道："管仲！死管仲！挨千刀的管仲——"抬头望去，街上依旧人来人往，那个墙角却已空无一物，管仲早隐于人流之中不见了。

乐姜取了那镯，拔了那箭，却又转怒为笑，满脸桃花一般，斜睨着管仲刚才背立着的那方黄泥墙壁，轻轻骂道："死管仲！你很能射箭是吧——我也是箭！看我如何射你！哼！"

…………

返回颍邑，乐姜魂飞天外，愁眉不展，眼前朝朝暮暮都是管仲身影。这日午后，乐姜独自坐于窗前案边，望着窗外桑树上两只斗嘴的鸟儿出神。时家人捧上一只竹笾，内盛梅子果脯。乐姜拈取一枚，又觉得毫无食欲，随即将梅子抛落地上，然后又取一枚，又抛一枚。又取又抛，又抛又取，也不知到底抛了多少，但见室中满地梅子。乐姜失魂落魄，睇梅子若有所思，轻轻吟道：

摽有梅，其实七兮！求我庶士，迨其吉兮！
摽有梅，其实三兮！求我庶士，迨其今兮！

摽有梅,顷筐塈之！求我庶士,迨其谓之！

此是当时少女情窦初开之时,常常吟唱的闺房情诗《摽有梅》,存于《诗经》之中。大意是树上的梅子越落越少,从七成减为三成,以至纷纷落尽！光阴急迫,青春易逝,有心追求我的男子啊,不可迟疑,快快来吧！

不想乐母正巧入室,于门外听见女儿吟唱之声,早已猜出了七八分,笑吟吟进来道:"梅子何罪？惹得我儿抛了一地？"

乐母本以为女儿家会羞不可当,难以作答,谁知大出意料,乐姜迎着母亲纳头就拜,哭泣着说道:"乐姜誓要嫁与管仲为妇,请母亲大人做主！"

乐母又是欢喜又是心疼,当下道:"好好！我儿不要伤心,都在母亲身上！"免不了一番劝慰,将女儿安抚妥当,然后又急忙找了乐晋商议。乐晋也是欢喜异常。只是男大当婚,女大当嫁,奈何没有穿针引线的媒人。

几番打听,终于探得与乐家有三世旧交的当地鲍家——鲍府三子鲍叔牙乃管仲挚友！如此巧合,真可谓前世有缘！后经鲍叔牙之口,尽知管仲生平。乐晋夫妇亦看中管仲人才,只是嫌管家太贫,女儿免不得吃苦遭罪！虽有犹豫,但终究拗不过乐姜的性子,于是应允。乐家经过几番商议,最终议定要鲍叔牙做媒人,欢欢喜喜成全女儿心愿。

鲍叔牙更是喜出望外,做媒人可谓正中下怀——管鲍之间因黄吕一事略生嫌隙,如今正好借此重归于好！鲍叔牙来到管家村,拜了管母,口若悬河,道来喜缘,言谈间禁不住眉飞色舞。管母听了也喜上眉梢。扶苏子夫妇更是欢喜异常。唯独管仲闷闷不乐,鲍叔牙问所以然。管仲道:"我堂堂丈夫,今壮志未酬,家徒四壁,一无所有！却以狩猎贩兔之人蒙乐家明珠错爱,岂不羞杀管仲！乐家乃富豪之家,管家乃清贫之户,凤凰不栖梧桐,美玉遗落草莽,我实在是不忍心！"

鲍叔牙笑道:"管兄离题千里喽！男女婚嫁与家贫家富何干！乐家之富在管兄眼中不过身外之物,管兄之才在乐家眼中却是重若泰山！两家正当相配！那乐姜姑娘对管兄是一片痴情,必可辅助管兄成就大业！大喜在前,何苦徒增烦恼？"

管母接着道:"我儿素有大志,诚为可嘉。然而合抱之木,生于毫末;九层之台,起于累土。世间万事都是一步一步做出来的,不可一味空谈,亦不可中途废止！当食则食,当眠则眠,当婚嫁时则婚嫁,当建功时则建功! 眼下正值我儿娶妻立家之时,勿要妄自菲薄! 切不可辜负了叔牙一番美意!"

管仲为人至孝,对母亲一向言听计从,见母亲也如此说,当下点头道:"全凭母亲做主!"鲍叔牙击掌呼一声"好",又一拍胸脯道:"此事全包在鲍某身上!"管母、扶苏子夫妇一时心宽。

鲍叔牙慷慨仗义,可谓如兄如父,以朋友身份为管仲全权操办婚仪。先备了酒食衣帛等物送至管家,以为婚礼之用;又到庙里寻访巫人,卜得下月十五为婚礼吉期;又备一份雁礼送到乐家纳采,之后问名、纳吉、纳征、请期,按照周公"六礼"之法,替管家将诸事办理得妥妥帖帖,只等下月十五管仲"亲迎",以完婚仪。管母、管仲皆视鲍叔牙为家中至亲,心中着实感激不已。

十五吉期已到。黄昏时节,管仲身穿爵衣,坐乘墨车,前有火烛开道,后有从人簇拥,中有从车二乘相伴,在鲍叔牙主持下,欢欢喜喜将乐姜迎娶到家中。其间欢乐,不一而足。春秋时期男女婚嫁,择在黄昏时分进行。黄昏时,天色由明转暗,由阳转阴,有"阴气到来,阴阳交融"之意,正应婚礼中阴人(女人)到家,男女阴阳和合之象。追本溯源,实为"昏礼"。《白虎通》记载说"婚者,谓黄昏时行礼,故曰婚"。时光流转,沧海桑田,渐至后世,"昏礼"就变成了"婚礼","结昏"就变成了"结婚"。

新人入门,夜幕早降,管家张灯结彩,大宴宾朋! 山野茅屋之家一片喜气洋洋! 诸多乡邻父老自不必说,鲍叔牙夫妇也不必说,鲍仲牙到了,鲍季牙到了,还有受邀而来的齐国故人召忽,也有不请自到的宋国朋友萧大兴……众皆欢喜,不可名状。

乐姜过门后却也贤淑,敬奉管母,善待扶苏子夫妇,一家和美。只是整日里娇滴滴、笑嘻嘻,粘着似的对管仲缠个没完,简直如影随形,如胶似漆。管仲渐有不悦。管仲志在千里,非儿女情长可以束缚,未出十日,管仲便坐卧不安,总想着如何跑出家去。

这日半晌,一人叩门而入,管仲喜出望外,来者乃萧大兴! 管仲成婚,前来道贺之人如村中父老、鲍氏兄弟以及齐国召忽,管仲皆不感意外,唯独萧大兴不请忽来,从天而降一般,实在令管仲又惊又喜又是满腹疑窦。管仲拉着萧大兴入堂中坐定,笑问道:"我婚仪之后,萧兄不是就回宋国了吗? 何期今日又与萧兄相逢?"

"管兄婚毕,我本应返回宋国。无奈萧某贪恋颍水风光,故又趄到鲍叔牙兄长那里盘桓十余日。管兄新婚燕尔,神仙眷侣,我岂能忍心打扰！不过,今日还是搅了管兄春梦,呵呵呵呵……"萧大兴回道。

管仲一脸无奈,摇头道:"萧兄取笑。"

"管兄！"萧大兴忽然止住笑容,重重唤了一声。但见萧大兴正襟危坐,义正词严道:"管兄容禀,我正为笼中鸿鹄而来！管兄有经天纬地之才,岂可坐困于山野草莽！我此次来到颍上,非为管兄婚仪,实为朋友前程！上次宋国一别,萧某得管兄资助,日夜不敢懈怠,好歹上天开眼,终于搏了个进身之阶。目下宋国自庄公继位以来,国政尽委于太宰华督,君臣一心,颇有强国气象。宋庄公有二子,长公子名捷,次公子名御说。却说公子御说更具雄才大略,宋国上下无不称贤,其人龙跃于渊,不可限量！萧某侥幸成为公子御说之家臣,颇得信任,至今已半年有余。萧某落魄之时,管兄慷慨相助,今萧某稍有微业,理当回报当年恩赠！我今为管兄一谋,不知肯纳否?"萧大兴口若悬河,管仲也是听得津津有味。萧大兴又道:"当下,太宰华督实乃庄公之下宋国第一人物,权倾国野,达于诸位。岂不闻:'南有樛木,葛藟累之。乐只君子,福履绥之！'宋国目下正是用人之际,华太宰正在招贤纳士,广募家臣,此举于你我布衣之辈而言,岂非百年不遇之良机?管兄若有意,此事全包在我萧大兴身上！只是不知管兄肯去吗?"

"去！"管仲满口应道,当下大喜,毫不犹豫。这几日被乐姜缠个不休,正思远走高飞之策,萧大兴前来可谓正中下怀。又想到游学返归至今,自己空怀一腔抱负,与鲍叔牙几次谋划,却终以失败而告结,浑身上下似要闷出病来。管仲道:"当今天下大乱,豪杰并起争雄,可恨我等徒有奋飞之志,却空耗于这布衣出身！贫贱之人想要出头,何其艰难！——家臣就家臣,能做宋国太宰之家臣,毕竟得了进取之阶,以便跻身诸侯,别图后计！我将即日起身,同萧兄共赴宋国！"

"如此甚好！"萧大兴大喜,转眼又忧虑道,"只是管兄新婚燕尔,只怕老夫人与夫人不允啊。"

管仲道:"数年之前,天降初雪,母亲却督促我迎风冒雪出游列国,学不成不得返归！此景历历在目,仿佛如昨。我有此贤母,也必有此贤妇,可以放心远去——萧兄稍待,我去去就来。"管仲说着,转身入内去了。

"拜老夫人！"萧大兴听管仲如此说,对管母大生敬仰之意,当下竟对着堂上空行一揖,虽然管母并不在那里。

管母正与乐姜、扶苏子之妻坐在灶边整理野菜，管仲进来拜告母亲，言明赴宋之意。乐姜一听就愣住了。管母却大悦，道："我儿自去，勿以家中为念。"扶苏子妻见管母如此说，便去准备干粮、行囊等物了。

这边乐姜"哇"的一声扑到管母怀中大哭，任凭管母怎么劝慰，都是无补。待乐姜美美哭了一阵，抽泣之声越来越低，此时管仲方才起身，轻轻走来，扶起乐姜微微坐定，而后躬身拱手，重重施一礼。这个突兀之礼令乐姜忽然就愣住了！管仲对乐姜道："方才萧大兴也颇有疑虑，问道你我新婚，恐怕家人皆不许我远赴宋国。我答'数年之前，天降初雪，母亲却督促我迎风冒雪出游列国，学不成不得返归！此景历历在目，仿佛如昨。我有此贤母，也必有此贤妇'。"

乐姜霎时被噎到，止住哭泣，望向管母；但见管母饱含慈笑，一言不发也正瞧着自己。乐姜呆了半晌道："母亲如此，我当学母。妾知我夫乃顶天立地的大丈夫，非那些凡夫俗子。你去你去，你且宽心远去！射一只斑斓大虎，挣一个济世功名！我在家等你！——莫要让我在家空……等空……"乐姜说着就又落下泪来。管仲点头，又作一揖。

安抚好娇妻，管仲再次辞母，又别了扶苏子夫妇，而后携了弓箭行囊，与萧大兴携手出门，一路谈笑，直向宋国奔来。

宋都商丘城中，萧大兴先安排管仲与自己下榻一处，好生休养一天。到了第二日，萧大兴面见公子御说，欲讨得公子御说的一封举荐之书。公子御说礼贤下士，乐于成人之美，本对萧大兴就信任有加，况且太宰华督正在多方招募家臣，此顺水人情，如何不允？于是取出一片竹简，执笔书道："管仲博学多才，太宰择而用之。公子御说。"萧大兴得了荐书称谢退去，又将诸事安排妥当。

第三日，管仲怀揣荐书，大步来到太宰府。不想华督大人并不在此，却在公子学府。管仲心中暗叹："莫不是老子一座豪宅，儿子又设一座府邸？"后来门人引路，管仲随行转入另一处府中，穿过几重门，走过几道弯，又顺着一条石子小路，来到一处大院落，见有三个少年于庭中射箭。门人道："我去禀告太宰大人。"转身离去。管仲道："有劳。"就立在原地等候。

许久不见人来,管仲百无聊赖,趋前观看射箭。原来是府中几个公子哥儿在学射。地上大小弓箭放了好几把,箭垛远远近近立了三五个,公子们要么拉不开弓,要么射不远箭,更别提一箭中的了！管仲看得不由好笑起来。这时,其中一个公子气急败坏,索性把手中之弓远远抛起。长弓落地,正巧砸在管仲脚前。

管仲捡起弓,笑道:"善射者必善养于弓。公子可知弓吗?"

"你是何人?"那公子怨气未消。

"一个知弓之人。"

"你既知弓,且说说如何才是知弓?"

管仲道:"弓者,兵戎利器,不可小觑。《周礼》有制:天子之弓,合九而成规。诸侯之弓,合七而成规。大夫之弓,合五而成规。士之弓,合三而成规。弓长六尺有六寸,谓之上制,上士服之;弓长六尺有三寸,谓之中制,中士服之;弓长六尺,谓之下制,下士服之。此乃弓之礼制。

"若论用弓之道,公子可知:覆之而角至者谓之句弓,覆之而干至者谓之侯弓,覆之而筋至者谓之深弓。句弓宜近射,侯弓宜远射,而深弓宜强射,其射既远又深。我看公子刚才以句弓而做远射,可谓不得用弓之法,无异于玄龟追兔,如何可能射中呢? ——公子勿急,且看我们来一个狮子扑兔!"

那少年正听得入迷,却见管仲走来,先从地上另选一弓,后又扶住少年手臂,挽弓上箭。"凝神屏息,心箭合一。定！射！"在管仲手把手辅助下,那公子顷刻间飞出一箭,霍地一下,正中箭的！从旁的几个少年也高兴得个个欢呼跳跃。

"好弓！好箭！好论道！"身后忽有人拊掌道,随之便有几声大笑传来。少年们即时收起手脚,个个低头沉默,仿佛不敢大声呼气一般。管仲转身望去,见来人魁梧健壮,衣裳华丽,一副卿大夫模样,身边两侧各有两名美女簇拥,个个绝色,艳若桃李。再往后,便是引管仲前来的门人。

管仲一看就明了,料定此人必是名震宋国的太宰华督,于是躬身施礼。那人道:"我就是华督,你便是公子御说推荐的管仲吗?"

管仲应道:"颍上野人管仲,有眼无珠,不晓得是太宰大人。大人勿怪！有荐书在此。"说罢将怀中竹简递将上来。

华督接了,瞟一眼荐书上的字,就又将荐书还给管仲,道:"管先生之才,适才业已领教。如此人才，华督求之不得！何必再劳烦公子御说呢？我这三个儿子生性愚钝，正缺一个管教的人，我欲拜管先生为其师父，早晚教以读书习射，不知先生意下如何？"

管仲忙施一礼："太宰错爱，管仲敢不竭心尽力！《周礼》有云：'养国子以道，乃教之六艺：一曰五礼，二曰六乐，三曰五射，四曰五驭，五曰六书，六曰九数。'六艺之学，管仲自信得心应手，无所不通，当不负太宰大人重托！"

所谓"六艺"：第一五礼，即吉礼、凶礼、军礼、宾礼、嘉礼，为礼仪、德育之学，简称"礼"。第二六乐，系音乐教育，指《云门大卷》《咸池》《大韶》《大夏》《大濩》《大武》六套乐舞，简称"乐"。第三五射，指白矢、参连、剡注、襄尺、井仪，为军事射箭技术，简称"射"。第四五驭，指鸣和鸾、逐水曲、过君表、舞交衢、逐禽左，为驾驭马车战车的技术，简称"驭"（后世也作"御"）。第五六书，指象形、指事、会意、形声、转注、假借，是为文字和书法，简称"书"。第六九数，即九章算术，是计算、数学的技术，简称"数"。礼、乐、射、驭、书、数六艺，为当时学生需要掌握的六种技术、才能，也是有周一代政府主导的官学教育体系。

"甚好！"华督一边笑着，一边环视四周。眼前偌大的一座府邸，似乎令华督想起了什么，眼神中无意间透出一种凄凉感。华督忽然叹一口气，毫不避讳，伸臂将左右两个美女揽在怀中，那两个娇娃顿时羞得面红，其中一个还娇喘了一下。华督道："此座宅院闲置许久，我已把它改作公子学府，管先生到来，正可谓物尽其用了。"

"此座宅院闲置许久"，华督虽然随口一说，却饱含深意。管仲自踏进此处大门以来，总觉得好像哪里不对，但又说不明白，此刻观华督神色，难不成这里原本住着他心爱的女人？但是为什么不住太宰府呢？太宰府和这所大宅，到底有什么关系呢？管仲一时好奇不已，当下道："太宰一片良苦用心，可敬可叹！只是如此一所大宅，作太宰府也足矣，未免大材小用了。呵呵……"

华督并不搭话，放开怀中女子，拉长着脸，空空踱了几步。管仲以为自己言语有失，正自恐慌，却见华督忽然转头，冲三位公子吼道："如今为汝等请得管先生做师父，汝等务必严听教诲，六艺功课一朝一夕不得耽搁！再有刁蛮偷懒，小心大棒伺候！"

"诺！诺！"几位公子争先恐后，慌忙应道，如同老鼠见猫一般。管仲不由哑然失笑，心想一国太宰，却是如此一位严苛之父！

"甚好！"华督挺着隆起的肚腹，将衣袖笼于背后，又道，"厚赏管先生——请传授功课吧，我告辞了。"说完嘿嘿一笑，转头就张开双臂，做拥抱状。四个美人知趣，扭动着细软的腰肢，纷纷跑过来，两个钻于怀中，两个在背后假装推搡着。华督柔声淫笑道："刚才冷了美人了！快随我去那龙凤呈祥之所！"四个美女应声媚笑，搀扶着华督，袅袅娜娜出门而去。

管仲低着头，翻着眼，立在一旁，作揖相送。"诸公子还在，身为尊父却淫荡放纵，旁若无人！好潇洒的贵卿大夫！堂堂宋国太宰，不期如此好色！"管仲思忖，忍不住暗暗叹一口气。

话说管仲倒也深得华督重用，除了教导诸公子学业，也时常参与宋国政务。管仲处处留心，宋国山川地理、风俗人情、朝野动静、诸侯邦交，以至于太宰府内金鼎玉器、各色人物等等，无不兴趣浓烈，如火如荼。也时常与萧大兴聚首，畅谈天下大势。两人都是布衣寒门，有幸攀上高枝，成为公卿大夫的家臣，自然十分珍惜机会，勤勉做事，忠心侍主，战战兢兢，唯恐出错。

然而管仲天生一双慧眼，好为古今发愁！了解愈深，愈为宋国担忧。却说西周早期，周成王本着"兴灭国，继绝世"的传统，在公元前1114年，封商纣王的庶兄微子启于商朝的旧都商丘，国号宋，并特准其可以用天子之礼供奉商朝宗祀，这便是宋国的由来。宋国乃殷商遗脉，周室给予了极大的优待，位列当时"三恪"之一，地位特殊而崇高。然而宋国地处平原大野，虽为膏腴之地，却是一马平川，无险可守，东西南北被鲁、齐、郑、卫、楚、晋等强国环伺，处境堪忧。且宋人自立国以来，常有内乱，内耗不休。单说当下宋国：二十年前，宋穆公卒。穆公不立自己的儿子公子冯，而偏立侄子与夷为君，是为宋殇公。公子冯由此出居郑国。宋殇公继位后，大司马孔父嘉与华督共同辅政，但两人素来不和，常有嫌隙。积怨日久，其发必速。却说孔父嘉任大司马十年之间，发动大小战争十又一次，令宋国朝野不堪其苦。华督以此为缘由，使用阴谋挑起民怨，于十年之前夜袭大司马府，将孔父嘉满门灭绝！之后宋殇公闻之大怒，要杀华督，岂料华督先发制人，杀了宋殇公。华督从郑国迎回公子冯即位，是为今日之宋庄公。可叹庄公连年漂泊在外，国内毫无根基可依，国政只好尽托于树大根深的华督。华督由此官至太宰，权倾朝野，一人之下，万人之上，当今宋国可谓无人与之匹敌！宋国政局至此又一巨变！而当年的孔父嘉灭门血案，是这次巨变的导火索，十年之间，扑朔迷离。有说孔父嘉罪有应得的，有说华督阴鸷毒辣的；有为孔父嘉鸣冤的，也有为华督盛赞的。可谓众说纷纭，莫衷一是。

管仲每每思虑至此，常怀隐忧。岂止一个宋国如此，天下列国比比皆是！周天子乱了，诸侯国乱了，公卿大夫乱了，人命如草芥，兵戈若家常，今朝你杀我，明日我伐你，烈火熊熊，战车呼啸，整个世界仿佛一匹脱缰的烈马，不管前方是悬崖还是江湖，只一个劲儿地往死里狂奔！如何才能制止它？谁人才能制止它？何时才能制止它？……

春风和煦，杨柳如烟，花团锦簇，蝶舞翩翩，又是一年一度清明节。依照往年惯例，众人都外出踏青去了。管仲不喜热闹，便独自待在公子学府之内，捧起竹简读起书来。那卷《司马兵法》，令管仲忘乎所以。

不期已至晌午，管仲略感困倦，见窗外春光明媚，绿意盎然，于是起身出来走走。这所宅院奇大无比，重门叠户，屋宇俨然，回廊曲径，暗通其间，观其阵容，似为哪家卿大夫之居所。今日奇静，空无一人，不知何处黄鹂啼鸣，宛若少女咯咯笑声。管仲信步闲游，走哪儿算哪儿，也不知穿过几门几户，见豪宅绮丽，如游梦中。正醉心徜徉，忽然闻得前面似有隐隐哭声。管仲惊诧，加紧步伐，见石块铺就的路旁，满树红艳艳的桃花掩映着一扇虚掩的木门，哭声正从此门内传出。管仲立足，从门缝中窥去，见院内各色奇葩娇艳欲滴，五颜六色，千娇百媚，宛如花海，像是妇人居所，而且明显有人精心打理过！"这到底是什么地方？"管仲纳闷不已。又望去，正中堂前设一香案，置有铜鼎、铜簋、竹笾、木豆，虽然盛着各色美食，但似乎是祭奠之物。旁边还有一只酒缶，幽幽酒香早已飘出门外，引得管仲嘴馋。再望去，管仲不由大惊失色！一人正伏于案上独自伤心呜咽！那人非是旁人，正是太宰华督！

只听得华督痛哭道："夫人啊，我来祭你呀！朝朝暮暮，岁岁年年，我思念夫人甚苦！十年前今日，也是清明时节，不期与夫人邂逅于宋城郊野。那一刻，夫人揭开车幔，正被我华督窥见容颜！……手如柔荑，肤如凝脂，领如蝤蛴，齿如瓠犀，螓首蛾眉，巧笑倩兮，美目盼兮！……华督一见，魂飞魄散，以为天生尤物，美艳仙姬！此情此景，十年如一，犹在眼前！……呜呜呜呜，身为一国太宰，何期与夫人如此无缘！我甘愿为夫人冲冠一怒，妄动干戈，以至于杀人如麻，血染江山！……然而……然而！待我弃甲抛戈，迎接夫人之时，夫人却已自缢，气绝身亡！华督为着夫人一人，未得一夕鱼水之欢，徒造万劫不复之怨！值得吗？……夫人啊！你可知道华督之心吗？"

华督仰天号啕大哭，越哭越凶，接着道："十年之间，我年年清明到这里祭奠，以了你我相逢之缘！……夫人啊，享我祭肉，享我祭酒！今特有一事容禀：七日之后，华督将娶车大夫之女为侧室。为何要娶此女入室呢！——只因，只因……此女容貌与夫人有三分相像！此女眉宇传情，与夫人颇为神似！然而，此女比之夫人，犹若江水比汪洋，寒鸦比鸾凤！可怜华督公卿之贵，倾慕夫人之心却永不能偿！嗟乎悲夫！呜呜呜呜……"

管仲在外听得一清二楚。初时为华督"魂飞魄散、天生尤物"之语窃笑，及听得"杀人如麻，血染江山"，不由毛骨悚然！后又得知华督之哭，为一个心爱女人，却也是真性情所为，当下不免动了恻隐之心。"不想好色华督，还会如此痴情！"管仲暗想，看来这所宅院当是华督心爱女人曾经居住之所，不知此女姓氏，芳龄几何，有何来历，何以令堂堂太宰求之而不得，实在令人费解！更有兵戈杀伐之语，暗藏玄机，蹊跷异常！不知其中有何故事。

"太宰节哀！"管仲轻轻推门而入，作揖道。华督猛一惊，以袖拭泪，立即转过身来，匆忙间就换了一副面孔，斥道："你为何会来到这里？"言未尽，就又咆哮大吼："大胆！一个家臣，竟敢窃听我哭祭美人，还不退下！退下！退下——"

管仲本想宽慰华督几句，见华督此状，也不好多言，只作揖退出。心想自己无意间撞到了人家的伤心事，虽被呵斥，倒也可以理解。于是，侧起耳朵，继续听那黄鹂脆鸣，又曲曲折折出得这所府院，要赶到街上继续游走，去欣赏外边清明节的风景。

出得大门，管仲随口吟诵几句小诗，怡然自得，偶一回首，不经意间，蓦然望见街道对面的墙角，有两人正对着这所府门跪拜于地。这可真是稀奇事情！"莫不是在拜太宰大人？既是前来礼拜，为何不入府中？又为何远远地望门而拜？"管仲纳闷不已，于是佯装闲游，走近处斜眼观望，却是一老一少，只是从未见过。

老翁穿着一身破旧的缁衣跪在蒲席上，年逾七旬，须发尽白，形体清癯，眼窝深陷，但是腰板笔直，身姿端正，显然是虔诚之拜，暗藏深意！身旁是一个十余岁的男孩儿，一身白衣，形体瘦弱，稚嫩的小脸红里透黑，似乎经历了不少风霜，乌溜溜的眼睛里透出几丝可爱、几丝惊惶来。这是从哪里来的两个人？管仲愈发觉得蹊跷，又联想到刚才遇到的华督之事，心中不由暗忖道："今天实是一个古怪的日子！太宰藏于府中哭祭美人，现在又撞到陌生人躲在府外望门而拜！真是怪上加怪！"管仲唏嘘不已。忽又想到清明时节众人皆去省亲扫墓，而自己幼年丧父，父亲亡在他乡，数年来从不知晓葬身何处，不觉悲从中来。

却说日落西山，倦鸟归林，外出的人们也已陆陆续续回来了。管仲特别看了一眼，见那望门而拜的一老一少也起身离去。但是第二日依旧如此，第三日还是照旧，又是日出而来，日落而去，望门而拜，整整一天。

第四日晨后，管仲出门，见两人又至。当天黄昏，管仲返归，见两人尚在。管仲不由动了恻隐之心，上前道："老人家，你可是有什么难处？晚辈可以效力。"不想老翁却是十分恼怒，啐了一口，冷冷道："谁要你管！"说罢扯起孩子就走。那阵势，仿佛管仲与他们有仇似的！望着两人消失的背影，管仲呆呆无语。

第五日那两人照例又来。却说华督几日后要迎娶车大夫之女，太宰府上下均在筹备婚礼，人来车往，各有所事，忙得一塌糊涂，哪里有人注意到公子学府门外的一老一少！唯有管仲另眼相待。这日午时，管仲送一些吃食给那两人，是两个粟米团和两个果子，悄悄走近，放下即走，也不讲一句话。走得老远，管仲躲在一株大槐树后面，远远望见老翁与孩子终究还是吃了起来。于是日落时管仲又来，这次带了半缶热乎的羹汤，依旧放下就走，并不说话。

粟团也吃了，羹汤也喝了，看来老翁已无生厌之心，管仲心中略安。第六日黄昏，窥得两人离去，管仲悄悄尾随，想一探究竟，随身从华督府中携了一陶缶糙酒和几块干肉。

那两人径直西去，转而向北，转头又东，然后踅入一条荒僻的小胡同，看来路径十分熟悉。只是老翁仿佛十分疲惫，那小孩也是无精打采，昏昏欲睡。待到夜幕笼罩，华灯初上，两人推开一扇虚掩的柴门，入得一处破宅。管仲一路蹑手蹑脚跟来，偷偷向宅中望去：但见庭院中到处野草，隐着一条几乎被淹没的小径，最里面是一间草堂，四处透风，门窗不存，地上满是狼藉，不知这里曾是哪户人家，明显荒废许久。

堂内光线暗淡，两人在残破的火塘边坐下来，老翁生了火，支起一具被熏得乌黑的陶罐煮水。身边孩童早已困倦难耐，嚷着要睡觉，便和衣卧倒在火塘边的枯草上。老翁道："公子睡吧。"将一件衣服盖在男孩身上，又将枯草往他身边挤了挤，然后向火塘里添了几根木枝，看着几缕白烟袅袅升起，静等水沸。

老翁唤道"公子"，令管仲大吃一惊——如此落魄的小孩子，乞丐一般，却被恭敬称以"公子"，看来其人来历不凡。"这两个人到底什么来头？清明时节来这里究竟做什么？"管仲满腹疑虑，于是重重咳嗽几声，就走进来，朗声道："老人家辛苦啦！恕晚辈唐突，特来献酒。"

"又是你！"老翁吃了一惊，起身要站起，然而腰板挺到一半儿，就又坐下来，满脸的惊讶瞬间又复归平静。看来老翁是接纳了管仲的善意，当下一挥手，做迎接状，道："你这后生倒是个善心的人，既已来，请入座。"

管仲走到火塘边，席地而坐。将酒与干肉摆好，借用火边两只粗旧陶碗，斟满，敬老者道："晚辈毫无恶意，只是敬老人家而已！请！"

老翁也毫不推却，接过酒碗一饮而尽，顿感气血舒畅。堂内幽暗，老翁借着火光，将管仲上下打量一番，淡淡道："看你相貌堂堂，仪表不俗，请问你姓名？也是宋国人吗？"

"不，我乃郑国人，颍上管仲。"

一听是"郑国人"，老翁忽然眼睛放出光来，顿时来了精神，道："原来不是宋国人！好！我老汉要跟你这外乡人再喝一碗！"

管仲一愣，这酒喝得真是稀奇！身在宋国，自然以宋国人为上，可这老人家似乎十分厌恶宋人！真是怪事！忍不住笑道："好好好！为老人家这句不是宋人，我们再喝！"两人当下举碗对饮。老翁叹一声"好酒"，又抓起肉来就吃，虽然牙口不好，但是嚼得津津有味，脸上也多了笑容。

管仲见老翁吃得那么尽兴，也十分开怀，将干肉向老翁那边推了推，又举缶添酒。管仲微笑，独自饮了一口。

管仲问道："老人家也不是宋国人吧？"

不承想老翁仰起头来哈哈大笑："我祖上九世皆是宋人！此间破败草堂，便是我祖祖辈辈居住之所！"言罢又一声长叹，陡然间眼睛中就透出泪光来，大笑之后是大凄凉。

管仲一下就蒙了！原来这里就是老翁的家啊！这个家为什么如此荒凉？老翁九世宋人为什么又厌恶宋人？这老人身上究竟发生了什么古怪的事情？

火塘一片通红，反而衬得破屋中更加黑暗，陶罐中的白烟如云雾一般升腾，渐有煮水之声越来越响，仿佛哭诉着一段陈年往事。老者被酒气熏红了脸膛，正色问管仲道："你在这宋国官拜何职？"

"何谈官职,不过太宰华督的家臣,教诸公子读书习射。"

老翁陷入深思,自己摸着碗喝了一大口,又问道:"你既是郑国人,可曾听闻郑人中有一段叫作'暗箭难防'的故事吗?"

管仲答道:"'暗箭难防'乃我郑国纯孝君子颍考叔生前的一段悲怆憾事,天下谁人不知!时周桓王八年,郑庄公伐许。两军交战,攻城正酣,颍考叔身为主帅,手执郑伯大旗,身先士卒,左冲右突,率先登上许国城楼!当此赢得伐许首功之际,不想副帅公孙子都心怀嫉妒,暗下毒手,却于城下发一冷箭,射中颍考叔后心,令其当即坠城身亡!颍考叔死前留有遗言,便是'暗箭难防'这四个字!之后公孙子都被颍考叔索魂,自裁于军中。郑庄公得知真相后,痛惜不已,特命于颍水之滨建颍考叔庙,以慰忠魂。此庙即在吾乡,管仲常去祭奠。"

"哈哈哈哈!暗箭难防!暗箭难防!岂颍考叔一人乎!"老者声音凄厉,分不清是笑是哭?管仲不由一怔!只见老翁满脸都是怒气,似要爆发喷射的火山,问道,"你既是当今太宰华督门下的家臣,可知道十年前大司马孔父嘉门下,有一个家臣,名叫赤痴的吗?"

一听到"大司马孔父嘉"这几个字,管仲大惊失色!提到孔父嘉,便是提到那桩灭门惨案!来宋国的这些日子,关于孔父嘉血案,管仲早有耳闻,虽已过去十年,然而至今血腥犹在!只是其中迷雾重重,疑点颇多,管仲也觉得必有蹊跷。眼前老翁竟然提起此事,显然是知道什么,管仲拱手道:"管仲入宋尚未一年,赤痴之说,实是不知。"

"我就是那赤痴!"老者举碗尽饮,怒不可遏,"你只知道,郑国有射杀一人的暗箭,却不知宋国更有射杀满门的暗箭——那血腥的暗箭不是别人,正是当今蛇蝎太宰华督!中箭者正是当年的大司马孔父嘉!"

"啊——"管仲不由惊叫道。

岁月如火,愈燃愈烈,往事幕幕,如水涌来,赤痴气炸一般,不吐不快,慨然道:"十年已过,物是人非!血海深仇,何处诉说!当年孔父嘉满门被华督诛杀,其祸实则起自那年的清明节。那日,孔父嘉夫人魏氏外出踏青,于宋城郊外被贼人华督窥得容颜,魏夫人美艳绝伦,惹得华督垂涎三尺,誓要杀孔父嘉而夺其妻。华督惯于阴谋算计,遂筹得一策:孔父嘉任大司马十年间曾有大小战事十一次,宋人颇受兵戈之苦——然而好战者乃国君宋殇公,非是大司马孔父嘉!孔父嘉乃仁善君子,我自知之!华督小人,于是派遣心腹于国中散布流言,只说战事全由孔父嘉唆使,使得国人被蒙蔽,尽皆归罪于孔。

"周桓王十年那夜,月黑风高,贼人得志!借孔父嘉检阅兵马之际,华督又使心腹于军中扬言大司马要起兵伐郑,宋国百姓将再受战乱之苦云云,军中一片哗然。华督火上浇油,推波助澜,终于激得军心生变!众人推荐华督为首,要杀孔父嘉!说什么为国除贼,为民除害!华督那贼阴谋得逞,自有主张,也不禀报国君,当夜,亲率众军士及心腹将孔府团团围住!

"贼人多智,防不胜防!华督先将众人隐匿,自叩府门,言其拜见大司马有国事相商。可怜孔父嘉乃一个仁人君子,见有国事相商,还急急忙忙整理衣冠出迎,孰料大门一开,喊杀声来,孔父嘉被华督一剑刺死!众军士虎狼一般,如水涌入。华督一声令下,孔府上下惨遭灭门!军士们逢人便杀,一片血海!当此大乱之际,那贼人华督却意不在此,引心腹急忙侵入内室,抢了魏夫人便登车离去!魏夫人美艳倾城,更兼品行高洁,岂肯受辱于此等杀夫乱国的阴毒之贼!她于车中解下束带,系于喉间而自缢,华督徒载一具尸首,行至华门时发现为时已晚,一切无补!据说此贼还为夫人哭祭一夜,如此恬不知耻,世所罕闻!

"阴谋已然得逞,华督一不做二不休,又杀掉宋殇公,改立公子冯为君!华督从此摇身一变,反而化作宋国第一炙手可热的人物,至今仍为众人膜拜!而关于魏夫人之秘闻,华督严令封锁,滴水不漏!世人哪里知道,华督杀孔父嘉杀宋殇公,实则只为魏夫人一女子而已!哈哈哈哈,可叹可笑,可恨可悲!当今世人只知道华督当年乃是为国除贼,岂不知贼喊捉贼!所谓除贼之人正是天下大贼!"

陶罐中水已煮沸,咕咕嘟嘟响个不停,白烟弥漫,火塘通红,周围热气流动,一片暖融融。管仲却听得一头冷汗。赤痴又道:"华督贼子寡廉鲜耻,无脸无皮!你可知道,你日日夜夜出入的所谓诸公子学堂的所在,正是当年孔父嘉之大司马府!而且我又听说,华督年年清明时节,总在这司马府中,他当年掠走魏夫人的那所内宅,祭奠魏夫人!哼哼,他祭奠谁家女人!杀人之命,灭人之门,霸人之妻,夺人之地,今又假惺惺祭一女人!天下厚颜无耻之徒,有过于堂堂太宰华督者乎?"赤痴一吐胸中块垒,当下大感快慰,端起酒碗大饮,长嘘一口恶气!

管仲如梦初醒,原来几日前他所窥见的华督哭女,其所哭者乃是被他屠杀的孔父嘉之妻魏夫人!当时满腹不解,诸多疑问至此方才水落石出。这其中竟又隐藏着一段惨烈的宋国秘史,骇人听闻!管仲如鲠在喉,心中不住为孔父嘉鸣冤,又为自己辅佐华督羞愧不已,当下问道:"非是老先生指点,管仲误以为自己辅佐好人!华门家臣,我深以为耻!只是我有一事不明,老先生一连五日皆于门外望孔父嘉府而拜,不知何故?"

赤痴望一眼管仲,又以手指向火塘边正自沉睡的男孩,道:"全是为他。此子名叫木金父,是孔父嘉唯一幸免于难留下来的孤子。灭门之夜,我侥幸与这孩子在后园中玩耍,听得家人惨遭屠戮,我便抱了这孩子从后门逃出。我们一路逃到鲁国,躲藏至今十载有余。天幸有眼,华督怎么也料不到孔门尚存一脉!然而,我已老朽,最近一年疾病缠身,恐不久将辞人世。孩子渐已成人,我死之前需要带着孩子认一下故土故居,明白家族身世,血海深仇!我愿带着孩子面朝孔父嘉府叩拜七日,也算是清明时节祭奠他的父母了……"赤痴说着就哽咽起来,老泪横流。时周桓王十年,公元前710年,宋国华督欲霸占魏氏而杀其夫大司马孔父嘉,血洗孔门。孔父嘉仅存一子木金父,家臣抱之逃往鲁国。从此,自木金父始,皆称孔氏,定居鲁国;又一二百年间有孔子仲尼,乃是木金父六世之孙。

"不可!"管仲当下大惊,道,"你们已经在华督府外祭拜五日,心意已尽,不可再做逗留!华督这几日要娶车氏之女为妾,上下众人忙于婚事,不曾注意你们两个。倘若腾出手来,稍有不慎,必遭杀身之祸!华督阴险毒辣,若知木金父尚在世间,必除之而后快!孩子还小,老先生亦不可以家世干系、血海深仇教导于他,恐他溺于仇恨之中不可自拔,白白送了性命!孔门仅存这一点血脉,当善自珍重,以图长远!"

管仲之言如醍醐灌顶,令赤痴打一个冷战,如梦方醒,当下抛了酒碗,行了一揖道:"若非管子,老朽真要醉糊涂了!事不宜迟,我们明日便回鲁国。你这后生谋虑深远,老朽佩服!是呀,这孩子不能再活在仇恨里!老朽我平生只有一愿:只盼望此子平平安安,将来可以光大门楣!"

管仲道:"善!老人家善始善终,忠贞无二,管仲敬佩不已!"当下两人又谈论一些孔父嘉与华督之间的恩怨往事,至戌时方才分别而去。

管仲回到公子学府,一想到这里本是孔父嘉大司马府,就觉得坐卧不宁,当晚思潮翻滚,彻夜不寐。天刚微微亮,便点上灯火,更衣起床。管仲袖中备了一些钱财,手中攥了半囊干粮,出得大门,见雾气升腾,白烟飘浮,若隐若现,仿佛换了一个世界。好在只是轻雾,道路依稀可辨。管仲摸着晨曦,行色匆匆,又来到赤痴那所荒僻败落的老宅。

两人相见，互相作揖，赤痴更不多言，带着木金父就要离去。赤痴满目凄凉，对着自家早已千疮百孔的草堂行揖，哽咽道："别了吾家，别了吾土，别了吾国！"管仲劝道："自有后来人！不可迟疑，我们快走！"于是三人急忙上路，不久便赶到商丘城的北门。此时城门初开，三人和着一拨早耕的农夫出得城来。

天已大亮，翠鸟啼鸣，薄雾微微飘荡，远赴鲁国的大道宁静无人，唯见三五株低垂的柳树似在为人饯行。管仲将钱财和干粮交与赤痴，又摸着木金父的脑袋，嘱咐道："鲁国乃周公封国，礼仪繁盛，望你勤习周礼，做个堂堂正正的仁人君子！"木金父嘻嘻笑道："我听大哥哥的话，你以后要来看我！"赤痴也道："但愿老夫生前还有机会与你重逢于鲁国！"管仲道："相逢有期，千万珍重！"

城门之前，管仲与赤痴彼此拱手揖别。望着他们一老一少的背影隐没于薄雾之中，仿佛就此从人间消失一样，管仲连连摇头，叹道："人世如飘蓬，半分不由我！天下动荡不息，芸芸众生奈何！"

赤痴与木金父远去，管仲归得府来。一入大门，便恍然觉得到处浓烟烈火，有阵阵厮杀之声，那熟悉的门前、房后、廊下、堂中，似乎无论哪里都躺着横尸。如此冤魂云集之地，岂是安身立命之所？管仲五味杂陈，焦虑难安，自入房中，关闭门户，面壁思索起来。管仲又怒又怨，又自觉蒙羞，想抛弃华督离开这里，觉得对不住举荐自己的朋友萧大兴，又为个人晦暗的前途感到迷茫和担忧！一时千头万绪，其乱如麻，索性仰卧榻上，以袖掩面，闭目封耳，任凭思潮翻涌。须臾，管仲取出藏于榻下的公子御说的荐书。一块手掌大小的竹简，略显磨损，上面两行篆书小字"管仲博学多才，太宰择而用之。公子御说"，历历在目。管仲不由哂笑，取来笔墨，在此荐书的背面，运笔犹若狂风骤雨、虎啸龙吟，纵情写下"桃花国贼，耻与为伍！颍上管仲"十二个字。

书罢，管仲长舒一口气，将这帧双面有字的竹简弃于堂中，而后整好衣冠，出得门来，仰天大笑，拂袖而去。

明天即华督纳车氏之女为侧室的喜日，所以此刻府中上下人人忙碌难安。大家见管仲一路大笑潇洒走去，问道："管先生今天为何如此得意？"管仲笑而不答，只顾向前直走。宋都风光恍如一梦，如风飘散，半梦半醒之间，管仲一口气奔出了西门，蓦然回首，仰望城楼，管仲冷冷道："大丈夫有所为有所不为！"就离宋返郑去了。

　　翌日，华督欢欢喜喜娶妾，好不奢靡，好不热闹，好不威风！直欲压倒国君礼仪！商丘城内大小官员，豪富权贵无不前来道喜，华督乐得合不拢嘴。婚仪当晚，众人欢宴，只是唯独不见了管仲，大家忙着求醉，一时倒也无人问起。

　　春宵苦短，旭日初升，华督与新人起床更衣。颠鸾倒凤，一夜风流，华督温柔乡得意，喜上眉梢。侍者进上粟米粥，并有几样精致菜品。华督揽着车氏入席，准备进食。华督捧粟米粥饮食，忽然若有所思，对车氏道："我与夫人结百年之好，诸位家臣出力不少，我当重赏！来人哪，华府上下大小家臣，统统赏赐一钟粟米！"身旁有人得令而出。

　　华督与车氏继续调笑，互相喂粥，恩爱缠绵。早饭尚未食完，忽见一个心腹家臣，名叫鸷子的，入内禀道："诸位家臣皆已赐粟一钟，唯独不见了公子师父管仲。我四处寻遍，却在管仲房里发现了这个。"鸷子说着，捧出一片竹简。

　　华督接过来瞧了，十分眼熟，道："这不是公子御说推举管仲的荐书吗，怎么了？"说罢笑着喂车氏吃梅子。

　　"太宰大人，背面……背面！"鸷子轻轻提醒道。华督翻转竹简，"桃花国贼，耻与为伍"八个字赫然入目。华督顿时双眉紧锁，霍地一下将粟粥打翻在地，唬得身旁众侍从个个惊颤不已。车氏娇滴滴哆道："大人新婚，何必发怒？什么鬼东西惹得您不高兴，容妾一观。"

　　华督霎时转怒为笑，煞是和颜悦色，戏谑道："我的美人要看，有何不可？"说罢只将竹简正面文字挥出，远远地与车氏看，并逐字念道："管仲博学多才，太宰择而用之，公子御说。"车氏笑道："哦，原来是公子御说举荐的人！岂止一个管仲，华门上下皆需仰赖太宰庇护，哪一个敢惹大人动怒！"华督正色道："然也。一桩小事，何足挂齿！美人先回内寝，我稍后便来。"

　　车氏诺诺退去。华督将竹简递与鸷子，脱口道："烧掉。"鸷子乃华督最为信任的家臣之首，对华督言行也最心领神会。鸷子一边将竹简扔于铜炉中，一边道："管仲必是弃华府而去！小小布衣，出言不逊，胆敢以桃花贼人侮辱大人，其罪当诛！待我追去，提了管仲人头回禀！"

　　华督只慢慢踱步，心中咀嚼着"桃花国贼"四个字，猛一下想到清明那日，自己于原孔父嘉府中哭祭魏夫人,曾被管仲无意中窥见,恍然大悟! 定是自己当年夺魏夫人而杀孔父嘉的丑事被管仲彻底知晓,管仲因此而离去! 当年血案早已过去十年,不想今日被自己一个家臣所不齿! 华督越想越气,不由得心中又生出恶念:堂堂宋国大司马都被我玩弄于股掌之间,身首异处,满门诛杀! 十年之间宋国朝野,哪个敢妄言一二! 一个布衣管仲,又何足道哉! 你自找死,便怪不得我了!

华督冷笑,对家臣鸷子道:"杀了他,如此蝼蚁一般的小人物,还不值得大动干戈! 杀人有斩首流血之法,亦有不动刀兵之法。管仲既然骂我是贼,哼哼,那我就要管仲把这个贼字刻在自己额头之上! 传令,宋国太宰华督婚仪之际,其门下家臣管仲贼性不改,窃得太宰府中一钟粟而逃去。华督仁厚,以德报怨,非但不予计较,反而借此机缘,特赐府中大小家臣每人一钟粟米! 管仲勿急,勿怕,勿逃,可速返华府领粟。呵呵呵呵……"

鸷子一听,直呼"高妙"! 又道,"太宰刚刚赐粟,片刻间又借粟幻化出一篇绝妙文章! 可谓变化多端,鬼神莫测!"

两人暗暗得意。之后华督使人于管仲所居门室之前,陈设满满一钟好粟,粟中插一条竹简,上写"粟米小贼,何须逃跑! 太宰赐粟,岂用盗乎?"十六个大字。此举晴天霹雳,一时太宰府中人人哗然。华督又使心腹如鸷子等人,于商丘城中散布流言,大肆宣扬管仲盗粟逃离之事。又使人以利为诱饵,调教街巷中许多孩童,使其传唱"粟米小贼,何须逃跑! 太宰赐粟,岂用盗乎?"的童谣——手法如旧,犹若十年之前阴杀孔父嘉之时。可叹彼时大司马,此刻小管仲,皆为同一小小鬼蜮技法搞得一败涂地! 不日间消息疯传,一传十,十传百,百传千千万,于是,"管仲偷粟""粟米小贼"不胫而走,以致无中生有,弄假成真了。

却说管仲自以为做了件生平快事,依旧一身青衣,背负长弓,足踏大地,目游太空,徒步风行于茫茫大野之间。

这日将出宋境,晌午时分,赶到小河岸边一个村庄,见村头槐树下正有几人聚会说笑。一人道:"听说那家臣名叫管仲,据说是个有本事的,谁承想竟然是个贼! 偷了太宰婚礼中的一钟粟米就逃走了! 实在是辜负了华太宰的一番信任!"一人又道:"要我说还是咱们宋国太宰宅心仁厚,不但没有治管仲之罪,反而大发慈悲,一并赏了所有家臣一钟粟!"又有一人道:"可惜管仲已经逃出华府,不知他现在是否知晓太宰赐粟之事?唉,我要是管仲,活活羞死!"管仲闻言大惊,又一片茫然,不知此事如何空穴来风。

管仲料想村民皆不认得自己,于是上前作揖道:"几位大哥有礼!不知你们所讲的是何故事,如此有趣?"有人还揖,邀管仲同坐,众人便将商丘城里近日关于"粟米小贼"的传闻,兴高采烈侃侃道来。管仲听得坐不住,耳根一阵阵发热。待传闻讲完,管仲道一句"外乡人赶路要紧,就此告辞"便匆匆起身离开了。

管仲一路狂奔,似乎要耗尽平生力气!春光明媚,万物竞发,正是姹紫嫣红、百花怒放时节,管仲却恍觉眼前一片暗淡,似穿行于雪夜林海、崎岖山路,周遭有血腥之气阵阵袭来。也不知跑了多久,忽然一个跟头摔倒在地,背上箭囊中有一支箭飞落出来。管仲虽然趴着,但被摔得回过神来,见身边是亮堂堂一片野地,碧草如锦,野花盛开,不远处挺拔着两株新嫩的大柳。管仲趴地,伸出左手捡起那支箭道:"箭哪,好箭!管仲射箭十余年,今日方知,世间最厉害的箭,乃是无影无形之箭!——华督之箭矣!可叹我别母抛妻,远赴他国,唯求学有所用,以酬抱负!岂料一夜之间竟然博得了一个贼子的名号!悠悠苍天,我今有何面目回见家乡父老!"言罢,紧闭双目,将脸死死贴在冰凉的地上,以右手作拳头不住砸头,两行泪珠倾泻而下。

须臾,管仲抬起头,睁开眼,将刚才掉在眼前的那支箭牢牢握住,臂膀发力,嘎嘣一响,狠狠折断,管仲眼中射出火焰,咬牙道:"华督之箭,十倍报之!不雪宋耻,誓不为人!"

陡然间车轮声逼近,有声音大呼"管兄",管仲拭去泪痕,起了身,回头一望,见是萧大兴驾着一辆马车已到眼前。萧大兴跳下车来,执管仲之手,两人席地而坐。萧大兴道:"管兄之事我已尽知。那华督责问公子御说,公子御说又责问于我!我言管兄乃淑人君子,绝非盗贼之辈,其中必有隐情!敢问管兄,到底发生了什么事情?"

管仲微微一笑:"萧兄知我。"于是将华督清明节哭祭魏夫人,赤痴草堂陈述孔父嘉被灭门诛杀等事一一道来。萧大兴大惊道:"不想十年前大司马被杀竟有如此重大隐情!可叹他忠君事主,勤勉国事,最终却落了个含恨冤死!华督国贼,阴险无耻之小人!当为天下人共讨之!共伐之!"

管仲道:"我亦被冤!贼人聪明,竟使用如此下流的计策!我身虽在,其人已亡!萧兄既知实情,当为管仲洗个清白!"

"我亦不能,管兄勿怪。"萧大兴道。

"何故?"管仲一怔。

"无他。位高言重,人微言轻,世人只信公卿贵族之假,不信我辈布衣之真!"萧大兴一声长叹,又道,"宋国已无管兄用武之地,宜速去。大丈夫不争一时之名节,来日方长!这些钱财管兄带着,这辆马车也赠予管兄。"

"不必了!"管仲断然拒绝,眼睛中射出精光,道,"布衣布衣!可恨可叹的布衣!既如此,我去了。临行有一言相赠:宋国地处平野,国无险阻,人无豪强,既非龙潭,亦非虎穴,四战之地,徒劳无益!此国非我辈久居之所,宜早谋退路,愿萧兄好自为之。"

萧大兴称谢,接着道:"你我布衣之人,能博个功名出身,已经万分不容易!论到可挑可选,恐非你我所属!只愿无愧我心,岂能尽如人意!"

管仲哈哈大笑,乐道:"萧大兴何必如此伤感!管仲自信,天不负我! ——萧兄珍重,就此别过,后会有期!"言罢整整背上弓箭,行揖作别。萧大兴也恭恭敬敬还揖,道:"管兄也好自为之。"

管仲又昂然道:"适才萧兄言及,宋国已无管仲用武之地!哼哼,管仲与萧兄于此宋境郊野,行揖为证:他年得志之日,宋国必是管仲第一用武之地!我们走着瞧!哈哈哈哈!"管仲仰天一笑,甩着大袖,头也不回,吟唱着他与萧大兴共同喜欢的《缁衣》歌,大踏步向前方走去……

第六章　卫国鼋宴

管仲一身青衣，背负长弓，晃晃悠悠行至箭台。平坦如腹的荒野，一列高高隆起的土岗树木交杂，密密麻麻，青翠欲滴，恍如翠屏，四周空寂无人，唯余颍水之声哗哗传来。管仲望向箭台，心想十几年前天降瑞雪，自己与鲍叔牙不期在此邂逅，虽未谋面，心神相通；生死存亡之际，自己于风雪中连发三箭，吓得贼兵鼠窜，救了鲍氏！彼时意气飞扬，何其威风！不承想今日归故土，神射管子业已变作粟米小贼！倘若箭台有知，必笑煞死人。

管仲无奈，踏着箭台脚下的一条荒径，只悠悠向前，无颜归家，便漫无目的，信步闲游，不想一晃就来到了颍考叔庙。管仲对着庙门笑笑，转头而返，走到颍二酒家门前驻足，那店中糙酒勾起了心中某种安慰的力量，令人欲罢不能，管仲于是入得店来，择西北僻角之席坐定。

店家颍二笑盈盈过来道："管先生有些日子不见了！您远道而来？一个人？要饭？要酒？还是按老规矩……"颍二酒家对管仲印象深刻，知道管仲每次来，必是"一缸糙酒，一碗青豆"，所谓"老规矩"便是指这个。

管仲微微笑道："两缸糙酒，一碗青豆。"店家一愣，笑道："两缸酒？我莫不是听错了？管先生，往常你与鲍叔牙同来，每每也总是一缸酒而已！我看今天酒来半缸吧，再来碗青豆，再来些腊肉，再来些薇菜，再……"

"休得多言！只两缸酒！一碗豆！"管仲抬头，目光如电，令人不寒而栗。颍二满脸堆笑，戛然而止，一时无言，便诺诺退去。片刻间，酒来豆来。

管仲默默垂头，慢慢倒酒，缓缓而饮，悠悠地一碗又一碗，如饮白水一般。看似意态悠闲，实则呆若木鸡。颍二躲于后侧窥视良久，暗自叹道："如此失魂落魄，管先生必是大受挫折！这是要借酒消愁哦！"随后又吩咐送上一碗酸梅汤。颍二很清楚，管仲喜欢的自家饮物，除了糙酒，还有这酸梅汤。

两缸酒喝得一干二净。管仲付了酒钱，挽弓挎箭，起身便走，却觉飘飘悠悠，足底生云。未及门外，颍二跑上来扶住，笑道："管先生醉了！不如先歇在我家，醒了酒再走不迟。"

管仲哈哈大笑，如玉的面庞上浮起红晕，更加英气逼人："两缸酒岂能醉我？天下皆醉，唯我独醒！呵呵呵呵……颍二家的，多谢！谢你那好酒，还有……还有那酸梅汤……谢了……"言罢晃晃悠悠而去。

颍二抢一步，赶过来搀住管仲，道："你去哪里，我扶你去。"管仲挣脱他的手道："大丈夫自立自强！何用搀扶！你自去，快走快走……我从他国返回故乡，岂能不拜颍考叔啊……哦，可敬可叹的颍大夫啊，拜……呵呵……"说完一路笑着，跟跟跄跄向颍考叔庙行去。

庙门虚掩，管仲推门而入，穿过大院，入得堂中，见一条陈列着祭品的乌木香案虽然清冷，却也收拾得干净，上面颍考叔神位孤孤单单，似乎专等人来。管仲醉眼蒙眬，整好衣冠，对着颍考叔神位恭敬行揖施礼，道："颍大夫啊，管仲前来拜你！没有祭肉，没有祭酒，我以我心祭你！管仲心苦，天大地大，无处可说，特来寻你倾诉——当年颍大夫受了公孙子都一箭，今日我管仲也受了那华督一箭！公孙之箭，金铜有形，破空飞来，穿尔之心；华督之箭，无影无踪，恍如恶鬼，夺我魂灵！你我都中箭了！……只是，只是颍大夫死了，管仲侥幸还活着！哈哈哈哈，我与君同病相怜，岂能不诉衷肠！……'瞻彼日月，悠悠我思，道之云远，曷云能来？'哈哈哈哈……天下之间，千箭万箭多矣，大丈夫何惧之有！管仲不自量力，甘愿亲冒矢雨，披荆斩棘，博一下天清地明，国泰民安，虽九死而无怨！无怨……"

管仲一边说着，一边狂笑，禁不住手舞足蹈，一个趔趄，就栽倒在地。管仲摸着起身，"哎哟"一声，继续道："……若不幸而死，死！当如颍大夫！若幸而得生，生！当如郑庄公！颍大夫，你说是不是啊……嘿嘿，罢了，你总是不理我，总是一言不发……罢了，罢了……"管仲说着，摘下弓箭放在一边，双脚点地，跃上香案，一番南拳北腿，左抛右蹬，将案上祭物"咣当咣当"打落下来，横七竖八散了一地。管仲仰头横卧案上，如睡玉榻，吐气喃喃道："好一张床榻！颍大夫，梦中来会……"说着眼皮一沉，须臾间酣然入梦。

睡梦正香，忽然就被什么东西重重抽打在腿上，管仲痛而惊起，却见鲍叔牙正扬着一枝柳条，破口大骂道："好你个粟米贼！真真有出息的小贼！让你睡，我让你睡！我打死你！——果然是盖世才华，不同凡响！不足一年，就从宋国挣了一个盗贼的爵位！"鲍叔牙举起枝条又要打，却见管仲一言不发，一动不动，双目炯炯如同两团烈火瞪着自己，仿佛含冤说道："你也相信我是贼人？"管仲石人一般，反而令鲍叔牙呆住了。

原来鲍叔牙几日后要与鲍仲牙、鲍季牙赴南阳贩卖熟牛皮，临行前来颍二酒家为鲍太公买酒。实在巧了，颍二向他喋喋不休地讲了刚才管仲怎样怎样，加上"粟米小贼"的流言早被华督等人有意传到郑国，鲍叔牙当下是又怒又气，二话不说，径直入颍考叔庙寻来。

管仲热泪盈眶，微微笑着："鲍兄也以为管仲是贼？"听管仲如此说，鲍叔牙就恍然后悔起来，将扬起的枝条恶狠狠摔在地上，叹气道："我岂会相信自己若兄若弟的朋友……是，是贼！……粟米小贼，闹得满城风雨！仿佛嘲讽的就是我老鲍，我都觉得处处被人唾弃！我恨不得将那些饶舌之人砍个一干二净！兄弟呀……"鲍叔牙说着，就翻上香案，与管仲在案上屈膝坐下，如坐草堂。两人也顾不得礼敬亡者，将庙中颍考叔神位抛在一边。鲍叔牙急急道："兄弟，到底是怎么回事，你快说！"

管仲苦笑，道"鲍兄容禀"，便将宋国之行一五一十和盘托出，讲到华督杀孔父嘉，栽赃粟贼之名时，言辞激烈如猛火，不平之气如涨潮，气得鲍叔牙也是咬牙切齿，不住拍案道："阴险毒辣之辈，背后暗算之人，我最是不能相容，兄弟你走得好！此等贼人，如何与他为伍！"

管仲道："走得好？走上绝路了！——我本想一走了之，岂料华督奸诈使坏，恶人聪明！这粟米小贼的名号我恐怕是要背一辈子了！"

鲍叔牙哈哈一笑："你的名号还不止于此呢。岂不闻南国之行，楚巫预言管仲为令尹之虎、霸王之辅吗?"

管仲摇头叹气,道:"楚巫虚无缥缈之说,鲍兄你也信! 然而,可叹这小贼之名,普天之下,除了你鲍兄不信,怕是无人不信了!"

鲍叔牙正色道:"自上古以来,历经夏、商以至周朝,巫官皆是国家重器! 历代君王无不借此以断吉凶、卜祸福、定江山、安社稷! 如何不信! 兄弟勿忧,往者终将去矣,苍天自会还你清白。兄弟啊……不可借酒浇愁,自暴自弃,先随我回颍上,看望管母,别作后议。"

"不可!"

"为什么?"鲍叔牙啧啧笑道,"不看母亲,也不看看你那望眼欲穿的小娇妻?"

管仲道:"鲍兄休要取笑,大丈夫一事无成,有何面目见家室亲人? 宋国之行,得不偿失,也辜负了朋友萧大兴举荐之情,可谓伤人伤己。管仲自谓满腹锦绣,不信天下诸侯无有用我之人! 我意就此告别,我将一路北上,随遇而安,终会逢得际遇。待我建功立业,衣锦还乡不迟!"

鲍叔牙叹道:"兄弟鸿鹄之志,我自钦佩。既然执意如此,我也就不再多言。只是管母日渐老迈,为人子者,还宜早日返归。"

管仲最是孝字当头,当下伤感不已,默默无语,取出袖中钱袋,将身边仅剩的一点钱递与鲍叔牙,道:"管仲在外,钟鸣鼎食近在咫尺,富贵不远矣。可怜老母及家人日日清寒,衣食不周,这些钱烦劳鲍兄转送,略尽我心。"管仲又对母行礼道:"母亲且宽等一些时日,仲儿不出数年,必来接母亲赴王城,住豪室,食甘味,衣锦裘,出则车马,入则仆众,以享母子之情,人伦之贵!"

鲍叔牙道:"善! 我将与老夫人共候佳音。"两人就此作别。鲍叔牙顺路即到管家村探望管母,两日后又赶赴南阳而去。管仲则背负弓箭,大步流星,一路向北而行。

管仲游学一般,漫无目的,离了郑国,沿着官道继续前行,就来到了卫国境内。

卫国也是当时的大诸侯国,卫在黄河、淇水之间,国都朝歌。朝歌本是殷商故都,武王伐纣灭商之后,纣王之子武庚与旧商遗民仍居于此。时隔不久,发生了武庚叛乱,继之周公平叛后,周文王嫡九子康叔封被封于此地而立国,国号曰卫,取拱卫周室之意。故卫国乃周之嫡系、姬姓侯国,康叔封乃卫国之鼻祖,有卫康叔之称。自卫康叔以降,传至今日卫宣公,已历十五君,凡三百余年。在这期间,卫国始终以姬姓大国身份多次左右天下大势。

却说管仲入卫已三个多月,四处云游,一无所获。这日百无聊赖,于淇水之畔击掌作节,独自吟唱《缁衣》歌。初秋时节,河水丰沛,野草正肥,岸边一片树林更是十分茂盛。管仲步入林中,见古树横生,藤萝倒挂,低矮的灌木丛中,一条小路若隐若现。抬头望去,天空被密密麻麻的枝叶遮掩大半,有几片红黄相间的叶子微微摇荡,在阳光下闪耀着金色光芒。管仲忍不住赞道:"淇水茂林! 好一派卫国风光!"

正沉醉间,忽闻林外一声雁鸣甚急,那大雁似是受了什么惊吓,在挣扎着狂飞。管仲正自得意,却被这惊飞的大雁勾起了箭瘾,于是探囊取箭,搭上弓弦,望着枝叶云间的雁影,凭着自身经验,须臾,只听"嗖"一声响,那箭如风如电,破林穿云而去,又一声哀鸣,大雁应声落地。

落雁之处隐隐有喝彩声传来,只是被浓密的树木阻挡,只闻其声,不见其人。侧耳听去,像是几个少年之声,似有女人盈盈笑声,又似有众人杂乱喊声。似乎树林的那一边,正有许许多多人。

管仲正纳闷间,忽见迎面树丛中有两人一前一后奔过来,都是身穿甲衣,手操长戈,乃是武士。一人先至,十七八岁年纪,望着管仲手中的弓,傲慢问道:"喂,你可是那射雁之人?"

管仲答是。那人又问姓名,管仲自答。那人道:"好箭法! 我家公子欲见射雁之人,你快随我来!"

后面的武士也赶了过来,年岁稍长,五旬上下,见了管仲先恭恭敬敬行一揖礼,笑着道:"这个年轻后生好生无礼! 管子见笑了。"说着瞪了那人一眼,又对管仲赔笑道:"我家公子礼贤下士,特差我二人来请,管子请随我来。"

管仲回礼,问道:"只是不知,你家公子是何人?"

"乃公子朔也。卫侯与宣姜夫人生有二子,长公子名寿,次公子名朔。今日寿、朔兄弟二人于此林间安置私宴,专请母夫人共赏秋林美景。席间见一大雁翻飞,趁着酒兴,宣姜夫人要观二公子射技。不想,寿公子一射,不中;朔公子又射,又不中! 眼看那大雁受惊急飞,欲要逃遁而去,正焦急间,不想那雁却被高人一箭射下。公子朔尤为惊喜,特差我等来寻,请到席间一见!"

管仲暗喜,自己一路北上,正为寻找机缘,可以效力诸侯,不想此刻,机会终于来了！于是道:"有劳。"便尾随二武士款款而行。

出得树丛不远,有一块被黄色锦缎圈置的洁净空地。走得近了,见众侍簇拥之中,置有三席三几,一应器物陈设,华美绝伦。依着礼制,管仲猜三席居中者,必是宣姜夫人,左边当为长公子寿,右边当为次公子朔。

不多时,觥筹交错之间,闻听宣姜夫人笑道:"我儿且看,那射雁之人请到了。"管仲忙躬身拱手,深行一揖道:"颍上野人管仲,拜见夫人,拜见二公子！"

"免礼！此为林边私宴,无须拘礼。"宣姜道。管仲抬头望去,不由大吃一惊！但见宣姜蛾眉凤眼,杏脸桃腮,肌肤细柔胜雪,体态圆润丰腴,恍若梦中人飘然映入眼帘！虽已中年,但芳华不减,浑身上下透着一股天生妩媚,氤氲不散,如熟透的肥杏,如风中的嫩柳,如湖面的烟霞,最是撩人魂魄,欲罢不能,虽妙龄少女也远远不及！管仲心中暗道:天下竟有如此美艳妇人！宋国华督为之断头流血、舍身忘命的魏夫人,虽阴阳不能相见,想来也不过如此这般！

管仲正出神间,公子寿道:"原来是管子。管子神射,令我等仰慕不已！赐酒,请饮一爵！"公子寿,天性和善,重孝重义,在卫国是个出了名的谦谦君子。

有仆从捧一爵酒过来,"且慢！"不料被公子朔喝住。管仲微微一惊,见公子朔亲自端起一觚酒,目不转睛盯着自己,徐徐走来道:"高人饮酒,岂用小爵,当以大觚畅饮！只是,可惜本公子未曾亲眼看见,或许……那射雁者另有他人。"

管仲望一望,见公子朔只是一个身穿白衣的小少年,面皮细嫩,不见一丝风霜,好似少女容颜惹人爱怜,只不过满脸狡黠,一半笑,一半刁,隐隐藏着无限城府,又不像是一个小少年！

公子朔年仅十五岁。

面对古灵精怪的公子朔,管仲颇觉几分可爱,便答道:"我乃布衣野人,非是什么高人！自当以小爵饮酒,岂敢以大觚相饮？公子朔怀疑大雁非我所射,而公子寿却信射雁人乃我！所以故,公子朔之觚酒我不敢饮,而公子寿之爵酒我当快哉饮去！"言罢,从仆从手中一把将爵夺来,高举过头,一饮而尽,连连叹道:"好酒！好酒！"

公子朔窘得面红耳赤,欲言无语。公子寿面带笑容,微微点头赞许。而宣姜夫人实在恼不过,拍案喝道:"好大胆的野人！竟敢如此欺负我儿！"宣姜一怒,众人惊惧。

管仲毫不畏缩,轻转身,向宣姜夫人云淡风轻一笑,施揖道:"夫人息怒! 若夫人心生不快,实乃我野人之罪! 承蒙错爱,赐酒一爵,管仲感激不已! 夫人家宴未免冷清,管仲愿献一箭,以助酒兴,未知夫人可否?"

如此一说,宣姜夫人"咯咯"笑了。美人生笑,仿佛遍地花开,众人也随之舒缓下来。宣姜夫人道:"你这个人倒是有趣得很! 那就辛苦你了! 不知管子要献上什么箭?"

"这箭嘛……"管仲略顿一顿,转向公子朔道,"请公子朔以箭赐题,管仲即以箭答题! 可好?"

"妙! 甚是妙啊!"公子寿抢先应道,宣姜夫人又是开怀一笑。只见公子朔依旧半红着脸,也笑道:"好,极好,管子之才,朔甚是钦佩! 我手中瓿酒,早已等待管子有些不耐烦了! 这箭题嘛……"

公子朔四处望去,只见脚下一片平野,不远处秋林如画,只是地上少狐兔,天上无鹰雁,真不知这箭应向何处射去。

正求之不得,忽见身后闪出一个黑衣人,乃是公子朔新近招募的门客。此人复姓公孙,单名一个黑字,本是宋国人,生得虎背熊腰,力大如牛,善于搏命斗狠,射得一手好箭,使得一柄好刀,因此为公子朔所赏识,遂纳于府中,做了护卫家臣。公孙黑面黑如炭,左脸隆起一道刀疤,故又有"刀疤黑"之称。当下公孙黑凑过来,悄悄道:"公子向何处寻去? 我来为公子做箭垛!"

公子朔疑道:"你……你这是要做什么?"

公孙黑回道:"此人狂妄自大,目中无人,胆敢对公子无礼,正是要虎口拔牙,我刀疤黑岂能饶他! 公子只管放心。"

公孙黑对管仲喊道:"那管仲! 听好! 我乃公孙黑,人称刀疤黑的便是! 奉公子之命来做射题——小射无趣,你我赌箭一局,如何?"

管仲道:"如何赌箭,愿闻其详。"

公孙黑道:"以百步为限,你射我三箭,我射你三箭,但是! 被射者却要双脚勿动,射箭者可以任凭本领! 如此赌法而已。赢者尽饮公子瓿中之酒,输者赔了性命无悔无怨! 如何? 敢吗?"

话未落音,公子寿急止道:"不可! 席间比射,不过助助雅兴而已,岂可以性命做赌,生死相搏？一旦失手，一命呜呼！寿也将痛不欲生！"

谁知公子朔满脸堆笑，道："龙争虎斗，风云变色！既有赌命之豪志，必有求胜之良策，兄长勿忧！朔再加一条赌注，我将以五匹帛、十钟粟厚赏赢者！管子，可否？"

公子寿一味替他人着急，仿佛自己即是赌局中人，望一眼母亲，却见宣姜不动声色。公子寿心中哀道："弟弟这是要拿性命惩罚轻狂的管仲啊，这可如何是好？"

慌急无奈之间，却见管仲低声应道："管仲不敢。"此言一出，公子寿仿佛得救一般，喘了一口大气。

公孙黑狂笑："如此没胆魄——小白脸儿你放心，爷爷定会手下留情，不会要了你命！"

管仲嘴角暗笑，淡淡道："刀疤黑你误会了，我是怕我要了你命，大家岂非一团难堪！也白白毁了你刀疤黑一世英名！"公孙黑笑声戛然而止，自觉受了羞辱，不禁怒火攻心，吼道："好一个狂妄的外乡人！无礼卫公子在前，戏弄黑某人在后！废话少说，来来来！弓箭伺候！"

公子朔霎时看得兴起，竟然生出一种无名的兴奋和快感，厉声问道："管子这可是答应了？如果答应，本公子为证：双方自愿，死而无怨……"

不想管仲哈哈大笑，应一声好，道："初来卫国，无以为乐，巧遇机缘，且陪黑兄玩上一玩！"

公孙黑早已提了弓箭在手，不屑道："远来是客，我让你先射！"

管仲脱口道："主客有轻重之分，请你先射！"

管仲举重若轻，神态潇洒，若无其事一般，公孙黑却被三言两语激得怒不可遏，咬牙吼道："先射就先射！来来来——赌箭有约：被射者双脚不能动，动了也就是输了！"

"我若动了分毫，便不是管仲！"

"君子一言，驷马难追！"

"一言九鼎，死而不悔！"

两人一番慷慨，行至射场。一东一西，彼此相距百余步。

公孙黑挽弓搭上一支箭，朝管仲脑门恶狠狠射来。眼看箭到，管仲一个屈身仰头，那箭便从头顶凌空飞落，众人惊得一片唏嘘！虽说躲过，却分明感到那箭劲力十足，是要专取人命的！刀疤黑果然面黑心狠，管仲也不由额头冒汗。

刀疤黑得意道："管仲，你躲什么？不是说纹丝不动的嘛！"

管仲呵呵笑道："黑兄所言赌约，字字分明——双脚勿动！你看我脚下有一丝动象吗？"

果然是双脚扎地，稳如磐石！刀疤黑心中暗叹："如此狡猾，这次定要一箭夺命！"于是抽取第二支箭，直指管仲左心，挽弓如月，嗖地发出！不想管仲却拱手待射，仿佛行揖一般，待到箭来，左手朝外轻轻一拨，那箭早落在地上草中。管仲依旧拱手，笑嘻嘻作揖道："黑兄射艺精湛，天下无双，只是慢了三分而已，可惜啊，可惜！"

有几个女仆随之发出悦耳的笑声，公子寿也忍不住拊掌叫好！公子朔更是看得明白，心中暗忖道："输赢已见分晓！此管仲有大才，我当纳于麾下，日后必有重用……"

公孙黑愈加恼怒，瞬间乱了方寸，眼前的管仲仿佛影子，看得真真切切，可就是抓他不着！公孙黑强装镇静，定睛看准管仲咽喉，取第三支箭搭上弓弦，暗暗叫道："一箭封喉，中！"那箭端端正正，如劲风一般飞去。

刀疤黑之射，箭箭精准，只是今日找错了对手。这边管仲稳如磐石，眼看箭来，忽然大喝一声，张开大口……众人尚未弄个明白，却见管仲已经用嘴叼住了箭镞，稳稳立着！管仲手执箭羽，从口中拔出那箭，冷冷笑道："三箭已毕，可喜管仲依旧活生生站着！现在轮到我的箭局了，黑兄，你受死吧！"管仲说着，就要挽弓搭箭。

"怕死的不是好汉！"公孙黑挺身向前迈一大步，用拳头拍着胸脯道，"来！朝这儿射！"嘴上如此说，心中却暗有所想，"你双脚不动，我难道不会也不动？！你可以躲我三箭，我难道不能也躲你三箭？！如此则胜负难分，日后寻找机会与你再斗！"

一声弦响，只说箭来，公孙黑依着感觉急忙向右躲闪，双脚却不敢动。躲了半天，却始终不见有箭飞过。原来管仲略施小计，只是挽弓虚射，并不曾真正放箭。公孙黑一时出丑，引得宣姜夫人、公子寿、公子朔以及席中女仆一起大笑起来。管仲却不笑，轻声淡淡道："黑兄好躲！只可惜又快了三分，可惜，可惜，啧啧……"

"谁要躲！老子只是肩头痒得慌！"

"公孙黑，看箭！"管仲声色俱厉，大声喝道。但见管仲分明挽弓上箭，直指公孙黑前心。公孙黑心虚气喘，惴惴难安，慌乱中勉强镇定，专候箭来。弓弦急响，公孙黑倏地向左闪身，以为躲过，不想管仲故技重演，又是一番虚射。乘公孙黑闪身之际，管仲猛然搭箭,一支实实在在的长箭猝不及防,破空发出! 公孙黑再也躲闪不及,只觉面部如刀划过,一时疼痛难忍。待到回过神来,用手一摸,血肉模糊!——管仲百发百中,只是心善,令那支箭未射要害,在他的右脸上留下一道血痕,教训教训他而已。公孙黑左脸本有一道刀疤,如今加上右脸箭痕,可谓左右配对,举世无双! 一张黑脸仿佛长了两条长长的猫须。

管仲弃弓于地,冷冷道:"三射已经完毕。得罪了!"

"妙! 妙! 绝妙!"公子朔喜上眉梢,不住击掌。宣姜夫人也是喜不自胜,唤道赐酒赐席。公子朔捧着那满满一觚酒,恭敬送到管仲面前:"胜负已分,余兴犹在! 请管子满饮此酒!"

管仲接酒,举觚痛饮,甚是豪迈。公子寿也趋前赞叹,又吩咐从人照顾公孙黑,为其医治脸伤,又道:"公孙黑呀,你还要感谢管子手下留情啊!"

待管仲饮尽,公子朔整理衣冠,恭恭敬敬行一大礼,唬得管仲急忙还礼道:"公子乃当今卫侯之子,管仲不过草莽野人,为何如此谦恭?"

公子朔道:"朔虽年幼,但最是渴慕英雄。方才朔与门下颇有不敬,大失礼仪,不过是想一睹先生神技,别无他意! 先生德才兼备,神射无双! 朔真心拜服。如蒙不弃,请常住我府中,朔将恭敬行礼,日夜受教,荣幸之至! 此乃朔一片真心,先生务必应允!"说罢又行揖。

此话管仲正求之不得。数月漂泊,正为寻觅明主,博个出身。当下躬身道:"公子如此礼贤下士,令我辈野民感佩不已! 管仲愿为公子一仆,效犬马之劳。"

"唉——"公子寿不由哀叹。公子寿敦厚本分,与野心勃勃的弟弟朔不同,从无招贤纳士之想,只是今日见了管仲,颇感投缘,本想留在身边,不想却被弟弟抢了先。此中微妙神情,刚好又被公子朔斜眼窥见。

公子朔大喜,正要扶住管仲入席,不想公孙黑冲过来,捂着脸,大声嚷道:"不可! 公子万万不可收留此人做家臣! 公子只知道此人善射,却不知此人也善盗! 这管仲便是那声名远播的华督门客、粟米小贼!"

众人顿时愕然。管仲暗自叫苦不迭,恍觉日月无光,天地失色。公子朔依旧浅浅地笑,问所以然。这公孙黑乃宋人,数月前本国太宰华督府上的一段趣闻,岂能不知! 当下一五一十,讲解管仲在宋国如何如何变成偷盗粟米的小贼,免不得横添恶语,以泄胸中私愤。

公孙黑滔滔不绝讲完,本以为就此置管仲于绝地。岂料公子朔仰天一笑,慨然道:"此必是宋国华督太宰嫉贤妒能,污蔑好人! 本公子惜才如命,自有慧眼,岂能听你这蠢货迂腐之见! 罢了! 从今日起,管仲即我心腹门人,胆敢再言'粟米小贼'者,杀无赦!"说罢拉住管仲即入席饮酒去了。

这一席话如雷贯耳,句句入管仲肺腑。管仲欣慰之情难以言表,以为知音难遇,终逢明主! 心中又是温暖,又是感恩,又夹杂着些许酸楚。"公子朔虽然还是一个十几岁的孩子,已然颇具王者气象,他日或可为一方雄主!"管仲暗暗想着,不禁多敬了几爵酒。

"可喜我儿又得一干才! 美哉,今日之宴!"宣姜开怀,笑声盈盈不绝。

唯有公子寿面有遗憾之色。公子朔看在眼里,敬母亲后,又携一爵酒坐于兄长席侧,悄悄坏笑道:"我知道哥哥也看上了管仲,只是出手太慢! 嘿嘿……哥哥勿忧,父亲就要把卫国江山传给哥哥了,哥哥何惜一个管仲呢……"

秋风偶起,天色忽凉。又饮了半响,众人撤席,管仲便随公子朔入府,从此成为公子朔门下一个颇得重视的家臣。

此后管仲竭力辅佐,尽心办事,因才华卓著,作为突出,深得公子朔信赖。而公子朔也的确有过人的天资,年纪虽幼,胆略非常,平日里出手阔绰,礼贤下士,挥金如土,爱才如命;凡有财物,多是慷慨赏赐家臣门客。管仲入府以来,受赏赐者尤多,府内上下对管仲也是恭敬有加,唯有公孙黑一人,心怀芥蒂,常有不和。

有一家臣,唤作瓠青,受公子朔之命,亲自押送一箱礼物,内有满满的钱帛和酒肉,并几件女用玉饰,送往颍上管仲家中。公子朔意在收买管仲之心,瓠青自然懂得如何卖人情。瓠青到了管家村,三步一停,故意打听管仲之家,频频宣扬卫国公子探视管母的消息。一时间乡村鼎沸,满城风雨。众乡亲中有赞誉的,有不屑的,也有挖苦的! 他们不解:管仲从不耕田务农,只是长年累月在外闲游,一时间名曰神射管子,一时间变成亏本商旅,一时间传为霸主之辅,一时间变作粟米小贼,如今又改作卫侯公子的座上客,真真假假,变幻莫测,实在如谜一般。乐姜喜出望外,认为丈夫必然是建功立业了,不住向瓠青询问管仲何时归来。管母则三分是喜,七分是忧——管母认为卫公子之礼实乃太过,其中暗藏隐忧,于是吩咐将礼品中一半的酒肉饮食送与村中乡亲父老,另一半转赠鲍家,那几件玉饰则留给乐姜。乐姜遵命,又偷偷将一件冬衣塞与瓠青,托他带给管仲。

瓠青回到卫国复命,公子朔大喜,赐他一缶美酒,两束牛脩。瓠青专访管仲,奉上乐姜之冬衣,又专拣好言好语描述颍上之行。管仲闻言大惊,叹道:"公子朔如此厚待于我,何以为报!"自此,对公子朔更是感激涕零,唯命是从。

不知不觉之间,管仲已被公子朔纳入棋局。公子朔年纪虽幼,而其心志深不可测。却说其父卫宣公好淫,早早种下了一段孽缘。卫宣公做公子之时,便与其父卫庄公之姜夷姜私通,后生下一子,取名急子,藏养在民间。后宣公即位为君,将原配邢妃抛掷脑后,专宠夷姜。不日,卫宣公立急子为世子,准备日后将卫国江山传与急子。

时光荏苒,十六年后,急子长大成人,正当婚配。卫宣公闻得齐国僖公有妙龄女儿,于是为之下聘。不想此女倾国美色,竟令卫宣公垂涎不已,只是为着父子名分,难以为情。淫欲炽盛,色胆包天,经过一番谋划,卫宣公遂定下一计:先于淇水之上构筑一台,多建宫室,华美异常,取名叫作新台。继之以国家公事,调急子去了宋国,乘此间隙,卫宣公迎接齐女至新台,自己入了洞房。此齐女便是宣姜。

先收父姜夷姜,又纳儿媳宣姜,一时间卫宣公以国君之尊,行禽兽之举,淫秽远播,人所不齿!时人专作《新台》之诗,以讥讽宣公之乱:"新台有泚,河水弥弥。燕婉之求,蘧篨不鲜。新台有洒,河水浼浼。燕婉之求,蘧篨不殄。鱼网之设,鸿则离之。燕婉之求,得此戚施。"

急子自宋返归,不得不以庶母之礼谒见宣姜。此后宣公沉迷宣姜美色,日日夜夜淫乐于新台。一住三年,连生两子:长公子曰寿,次公子名朔。夷姜失宠,独居深宫,自叹命苦,日日以泪洗面,将全部希望都寄托在儿子急子身上。而宣公爱屋及乌,竟又许诺将卫国君位传与公子寿。如此日久年深,寿、朔兄弟恩宠愈隆,反似多余了世子急子一人。

世事难料,境况急转——急子宽厚敦厚,公子寿又天性仁慈,两人性情相投,毫无嫌隙,反倒像是嫡亲兄弟。而公子朔与公子寿虽是一母同胞,却正邪迥异,有天壤之别。公子朔明里取宠父母,尊敬兄长,礼贤下人,颇有名士之风;暗地里却时常挑唆母亲宣姜,打压世子,必欲废掉急子而后快。又私造密室,蓄养死士,得公孙黑等亡命之徒三十余人，或明或暗藏于府中，以备不时之用。公子朔之谋，是要联合母亲先废急子，继之再除掉长兄公子寿，然后自己夺位，继位为君，将卫国江山据为己有。

话说男人之争，向来都是女人之患！宣姜来是儿妇，却作父妾，初时羞辱难当，日久即被宣公之宠暗暗化去。但每遇急子之时，终觉有碍。眼看宣公日渐衰老，子嗣早已成人，宣姜不得不为日后着想。自古道"母以子贵"，卫国江山，宣公先立急子为世子在前，又口头许诺传位寿子在后。二公子国位之争，日后必有一番恶战！兼有公子朔在耳边不断挑唆，宣姜索性横下心来，与朔一道合谋，于宣公耳畔，每每进急子的谗言，想方设法废掉急子，立自己的孩子为世子。这其中也有不少朝中大夫为宣姜和公子朔拉拢利用，急子愈加孤立。一来二去，诋毁日多，渐成事实，又有枕边美色循循善诱，宣公早已颠之倒之，坚信急子是如何如何不肖，暗地里起了废立之心。

这日夜里，管仲于室内伏榻读书，忘乎所以。品得妙处，便取酒豪饮，不知不觉间饮了一缶佳酿。夜色渐深，睡意全无，管仲便出来闲走。不经意间也不知来到哪处小巷，忽觉有黑影倏忽闪过。

管仲微惊，循着黑影悄悄尾随。夜近三更，月明如昼，管仲看得真切：黑影共是三人，领路的分明是公孙黑。三人如阴风一般穿堂过户，来到花园深处一间内堂。公孙黑并不叩门，轻轻学三声猫叫，于是又有两个黑衣人开门出迎。彼此互不言语，只点头致意，便入了那门，谨慎万分。看得他们一并进去，管仲从树影中抽出身来，蹑手蹑脚来到门前——恍觉内里火光闪耀，有数人晃动。正欲贴身从门缝中望去，却听得胸前有铜铃作响，深夜里刺耳异常。"糟糕！"管仲不由心中叫苦。原来那铜铃是专防外人的，内部知情之人总是先打开机关，撤去铃铛之后再入门，管仲如何得知？

门缝中见公孙黑径直走过来！管仲灵机一动，佯装醉态，扯起嗓门道："开门开门！庖子出来！快与我拿酒来！"

公孙黑开了半扇门，身子如一面黑墙挪出。管仲看得真，扑上去，对着公孙黑鼻孔哈一口酒气，又半倚在他身上，醉笑道："庖子，你可出来了！我要喝酒！快拿酒……明儿赏你。"

幸亏管仲出来时曾喝了一缶酒！

公孙黑蒙了，头往后一躲，扇扇酒味道："原来是管仲哦！我说管仲，你看我是谁？"

管仲故意挤挤眼睛,瞧了又瞧,仿佛细审半晌:"你嘛……不就是张庖子嘛! 这地方不就是府上灶厨嘛! 休要逗我,逗我……虽然夜黑如炭,我也……认得……"

公孙黑哈哈一笑,确信管仲是真醉,乐道:"对对,我是张庖子,管仲你岂会不认得! 少了我,你哪里寻酒喝——来呀,拿一缸酒来!"

门后有人递酒出来,公孙黑接住,重重塞于管仲怀中:"一缸够吗? 还要不要取些青豆来?"

管仲接了酒退后,打了一个嗝,道:"不够! 再来十缸我也不嫌多! 但今夜只能一缸了,怕……怕公子朔骂我是个酒鬼。呵呵……豆却不要了。谢了。走了……"

公孙黑笑道:"走好,不送了。"

管仲也不转身,故意如同螃蟹横行一般退去,又假装一脚踩深,一脚踩浅,醉醺醺道:"不送,不送,你看……天一会儿就黑了,你睡去吧。"

看着管仲消失于树影丛中,公孙黑"扑哧"一笑,自言自语道:"什么管仲! 不过一个酒鬼!"于是掩身进门去了。

管仲出得树丛,夺步而行,急急忙忙穿过两个院落,惊魂方定。皓月当空,洒下满满一地白霜,有一树桑树的影子微微摇动。管仲望月叹道:"公子朔府,高深莫测! 不知是善是恶。"当夜,辗转反侧,一宿难眠。

却说公孙黑掩门入内,绕过几棵柳树,从堂中穿入后房,又转过两道曲廊,于尽头处却推墙而入。原来是一道暗门,直通地下密室。公孙黑循着台阶下来,密室内四方敞亮,几如一间大大的厅堂,两边壁上另有暗门,只是空寂无人。灯火闪耀之中,忽有一名少年,从屏风后走出来问道:"外面发生了什么事情?"正是公子朔。

公孙黑作揖道:"公子容禀。却是管仲喝得烂醉,误闯到这里找张庖子讨酒喝,被我将计就计,糊弄过去了。公子放心!"

公子朔道:"此人精细,不可大意。不过这里的事情他终究要知道的! 管仲我另有用处。"

"不知公子如何计较?"

"来。"公子朔一挥手,两人行至案边,席地而坐,影长如魅。公子朔道:"眼下形势顺风顺水。卫侯已经信我母子之言,滋生了废世子之心。藤蔓早已枯竭,只待连根拔起。

本公子要登上国君之位，必须除掉我的两个哥哥：世子急子，兄长寿子。这急子嘛，早已如行尸走肉，只待一个斩首的由头，此事交由你做。公子寿比较棘手，他是我一母同胞，又深得父亲恩宠，必须雷霆手段，暗中挽弓，一箭封喉！而射向寿的这支箭哪里去找，我思谋良久而不得，天幸管仲来也！正当其用！你二人要精诚合作，助本公子除掉急子、寿子。坐了江山，我之富贵与你二人共享！"

公孙黑道："小人忠心耿耿，定不负主公所托！近日又觅得秦国刺客两人，眼下我已经聚集死士三十三人，专候主公调用——但我有一言献于主公：管仲此人恐怕不似我等，未必肯为主公效命。愿主公三思。"

公子朔仰头大笑："不肯为我效命？哈哈哈哈，凡天下人，富贵压肩，谁不低头！你有所不知，我已经派瓠青亲送一箱金帛至管仲颖上老家，把管仲感动得定要粉身碎骨相报不可！此人底细我已尽知。布衣之辈想要出头，谈何容易！遇到本公子便是遇到神仙！金帛赏于内，官爵赐于外，不怕管仲不低头！也是上天助我，我正思得一计，可将一支暗箭日日夜夜瞄在公子寿身边。"当下低声得意道，"我那寿哥哥诚实木讷，从不懂得招贤纳士，可偏偏对管仲有意。如今管仲之心已为我收买，我将管仲再转赠于寿，你说，如此一来，取寿之命，岂不是探囊取物一般？"

公孙黑大惊道："公子高明！黑某钦佩不已！待我一刀取了急子首级，管仲一箭射了寿子后心，这卫国江山便是我们的了！"说罢肆意狂笑起来。一转眼，见公子朔冷冰冰盯着自己，不由发怵，忙转为谨慎恐惧之态——公孙黑陡然意识到方才说的"这卫国江山"只是公子的，不是我们的！当下小心赔笑道："小的该死！这卫国江山只是公子的！小人愿为公子效犬马之劳！"

公子朔也立时暖洋洋笑，道："卿可放心。我做一国诸侯，必先厚赏有功之臣，自有公卿大夫之爵专候你等！然而当下谋事，务必千万小心！"公孙黑称诺。

两人又一同进入另一间暗室，见了几个暗藏的刺客死士，又密谋了一些军国之事，而后作别。已到四更时分了。

次日午后，公子朔传管仲。管仲应召入堂，见公子朔笑盈盈接了自己，执手入席便坐。管仲满脸狐疑。公子朔道："我与管子将分矣！我有一桩心愿，管子务必成全。我那兄长公子寿是一个仁人君子，国人称贤，父亲百年之后，必传位于我兄长。然而我兄仁心太过,谋略不足,需得一位高才辅助,我为我兄留意许久,一直不得其人。今得管子,是天助我兄矣!我当送管子入佐兄长,管子万勿推却!"

管仲心中不住嘀咕,问道:"可是管仲疏于政务,有错在前,惹得公子心生厌恶?"

公子朔大笑:"非也非也!管子若有失误,我岂敢再推荐于寿。我观察良久,唯管子之才可以辅佐我兄长!请勿见疑。"

管仲暗想——此事疑点颇多,公子朔此举怕是暗藏玄机。又想到昨夜之事,总觉公子朔府中别有异样,吉凶难料,不如暂归于寿,可以两面周旋,再做计较。当下道:"只是公子待管某甚厚,恩同再造,我尚未报答一二,如何心安?"

公子朔道:"不过一些待贤之礼,万万千千还嫌不够,管子不必挂在心上。助我兄长即是助我!朔拜托了。"

管仲道:"如此,唯公子之命是从!"

公子朔大喜道:"今日良辰,我即送管子见我兄长。正好另有一桩美事,一并敬上……"

话说五日后为世子诞辰,公子朔正为此事冥思苦想,发愁不已。恰好朔府中两个门客于黄河之中捕得一只大鼋,重有两百余斤,世所罕见,因献于朔。公子朔见大鼋忽生一计,喜不自胜,厚赏门客不提。

午后微渴,公子寿独卧于堂中饮酸梅汤。有人报公子朔到,寿起身相迎。公子朔哼着小调,蹦蹦跳跳入得堂来,欢得仿佛一只白兔,身后随着管仲。公子寿忍俊不禁,想着弟弟年已十五,怎么还是一个兔小孩儿!于是问道:"弟弟如此兴高采烈,不知所为何事?"

公子朔道:"哥哥在上,弟弟来送二喜。其一,我看哥哥身边缺个帮手,特送一个人来。此人有经天纬地之才,兴邦强国之术,手握神箭射天下,腹藏良谋定乾坤!不知哥哥肯要吗?"

公子寿应道:"你取笑我。兄弟求贤若渴,才俊归之,奇才异士都被兄弟搜罗尽了!我身边如何会有这种人来……"

公子朔回望管仲,道:"此人已来——管仲是也!"

公子寿一时惊呆。管仲趋步行揖,问公子寿安。公子朔大笑道:"哥哥心思我岂会不知！那日淇水林间饮宴，赌箭之时，哥哥已对管仲情有独钟，只是，哥哥你呀，没有我这兔小孩儿跑得快罢了！其实，我不过是替兄长审查人才而已！"公子朔一顿，正色道："管子德才无双，当世奇才，应是一个可以托付之人！哥哥即将继承卫国江山，正需要这样的人！"

公子寿一时惊慌无措："岂忍夺人之爱啊！唉，我思慕管仲久矣！那就感谢弟弟一番美意了！容日后再报。不过……"公子寿压低声音道："兄弟莫要乱讲！急子——世子！继承国君之位者，乃世子急子也！急子亦是你我兄长，你如此说，岂不要坏了我们兄弟之情！——难怪你与急子虽是手足，却水火不容，我看，你当谢罪才是！"

公子朔嘻嘻一笑，一副天真无邪之状："是是是，谢哥哥教诲！哥哥知我——这第二桩事，我便是向世子谢罪来了，但要烦劳哥哥，请随我到庭中一观。"

公子朔拉住哥哥出得堂来，公子寿立马惊呆了——但见六个仆人簇拥着一辆大车，车板上七八条绳索，捆缚着奇大一鼋。那鼋足有两米多长，背上可驮三四个汉子，四爪伏地，头大如牛，通体一片黝黑，鼋甲乌油油发亮，引得人人都想摸上一摸，坐上一坐。

如此庞然大物，公子寿平生未见。问道："朔弟，你这是？"

公子朔道："此乃黄河巨鼋，也不知道在大河之中游走了几百年，不想昨日被我的门人捉到。世子诞辰在即，我与世子素有不和，正想借此机会献鼋，调解一下。但我若亲自献鼋，恐怕世子见疑，反而弄巧成拙。所以，将此大鼋奉上，请哥哥于那日专为世子设一鼋宴，以为寿诞之贺！岂不美哉！"

公子寿大喜道："想不到弟弟如此之贤！此番美意，敢不承欢！此事包在我身上。那日，必有美味鼋鼎与世子贺诞！可邀请众兄弟、诸位公子一同前来！"

公子朔接道："兄长到底是兄长，一派仁者之风！兄弟之情，寿于巨鼋！依我看，世子寿宴可命名为鼋情宴！"

庭中众人皆称妙。管仲对公子寿作揖道："公子兄弟之心，仁爱之情，管仲心悦诚服。自今日始，我当竭力效命于公子。这鼋宴寿诞，请公子吩咐管仲就是。"公子寿应一声"好"。

公子朔道："管子做事，哥哥尽管放心。今日两件美事皆已完毕，弟就此告辞。"当下两兄弟施揖作别。

公子寿得了管仲大喜，又置酒与管仲海阔天空纵论，仿佛故人重逢一般，甚是亲密，至夜深方才散去。

第五日，世子诞辰。在公子寿与管仲暗暗操办之下，众人受邀而至，有卫侯膝下大小公子共十一人，其他如公子师父、公子辅臣以及国中大夫等又有二十余人。大堂内，急子居中。众人分列两侧，前后尾随，鱼贯而入。行至席位，每人身边同时来了两个仆人：一个头顶铜盘跪下，另一个举起铜匜向盘中浇水，哗哗的清流中，众人伸出双手于盘上净手，之后再以白巾擦干，各个落座入席。一时间几十道清水汩汩流出，落在铜盘上发出一阵阵悦耳动听的声响，在高堂内回旋飘荡，蔚为壮观！此为沃盥之礼，以铜盘铜匜配合而行，为周时之人在祭祀、进食等活动之前的净手之礼。

每席置有五鼎、四簋、两竹笾、两木豆，内盛牛肉、羊肉、野鸡肉、兔子肉、腌韭菜、腌蔓菁，又佐以芥子酱、鹿肉酱。铜罍中盛的是卫侯专赐的尚元酒。肉菜置于外侧，蘸酱放在内里，食物在左，酒爵在右。而鼎簋中的熟肉，也是带骨的在左，纯肉的在右，不敢有一丝错乱。其间各种规矩，井井有条，布设得十分妥帖，很合周公礼制。

宴席一开，左有乐工两人击钟鼓，右有乐工两人弄琴瑟，又有乐工两人轻声吟唱《南有嘉鱼》，道：

> 南有嘉鱼，烝然罩罩。君子有酒，嘉宾式燕以乐。
> 南有嘉鱼，烝然汕汕。君子有酒，嘉宾式燕以衎。
> 南有樛木，甘瓠累之。君子有酒，嘉宾式燕绥之。
> 翩翩者雊，烝然来思。君子有酒，嘉宾式燕又思。

管仲不能入席，只静静立于旁边一侧，眼观六路，耳听八方。管仲受公子寿之托，精心操办如此，看着席间其乐融融，其心甚慰。待酒至半酣，庖厨刚好将黄河大鼋调味烹熟，管仲命传鼋鼎。

于是每席增设鼋羹一鼎，铜匕一柄。公子寿道："弟朔捕得黄河巨鼋，重二百斤，世所罕见！今特置鼋鼎以贺世子华诞，以飨众家兄弟！兄弟之情，寿于巨鼋。此所谓今日之宴，乃鼋情宴也！世子请！兄弟们请！"众人以铜匕从鼎中取肉而食，果然鲜美异常，平日里哪有这种口福？皆赞为世间美味。众人皆乐，唯有急子一听说这鼋乃是公子朔所献,脸上起了难堪之色。

鼋鼎的香味如清风拂来,沁人心脾。管仲举目望去:此宴真乃卫国群公子宴也! 其中有世子急子、公子黔牟,此二兄弟为卫宣公与夷姜所生;有公子寿、公子朔,此二兄弟为卫宣公与宣姜所生;有公子硕,庶出,为卫宣公与华姬所生;又有卫宣公与其他姬妾所生之旁出公子六人,计有十一公子。又有两席特殊贵客:右公子职与左公子泄。却说急子立为世子后,卫宣公即择右公子职专辅太子,以成股肱之臣。待到宣姜得宠,生了公子寿与朔后,卫宣公又想传位于公子寿,便又择左公子泄以辅佐之。右公子职年龄稍长,刚正不阿,疾恶如仇,常常言语如刀剑,一心一意维护世子尊严。而左公子泄正当盛年,言语温和,与人为善,但是成熟老辣,精于谋略,为着公子寿也是殚精竭虑。职、泄各为其主,彼此不容,然而皆属正直忠臣。

急子早过而立之年,身材颀长,清秀瘦弱,颔下留着短须,目光里温柔得仿佛要掉下水来。但见急子托着一只空爵,憨笑道:"我已三十有六,文不能安邦,武不能定国,窃居世子之位,枉负六尺之躯! 唯有父母兄弟之情令我挂怀,我愿老死情中……"

公子朔抢道:"世子诞辰,何以言死? 世子忠孝仁慈,国中孰人不知! 父侯已经将卫国江山托付于世子,国人皆盼着一个仁君呢! 世子珍重! 我敬世子一爵仁义之酒!"

右公子职正色言道:"公子朔言之有理。世子乃真诚真爱,非是那假仁假义之徒! 诸位公子、大夫,为公子朔仁义之酒,当共饮一爵!"右公子职说着,举起爵来,环视席间,见公子朔冷冷抛下酒爵不语,众人也无一附和,于是自己哈哈大笑起来,也不屑地放下了铜爵。

公子寿强笑道:"兄弟们岂能不饮! 莫要辜负了父侯赏赐的尚元酒! 若非世子之诞,父侯是不会轻易赐这酒的!"

左公子泄微微一笑,附道:"南有嘉鱼,烝然罩罩。君子有酒,嘉宾式燕以乐! ——美哉! 尚元之饮! 美哉,今日之饮!"公子寿与左公子泄互相唱和,打破了席间尴尬,众人也举起爵来。

公子黔牟更是大笑几声,道:"诸公不知,昔日我娶周室之女时,天子也曾赐我尚元酒! 今日之饮,我恍觉自己莫非新郎乎! 哈哈哈哈……"众人起哄,随之一阵大笑。公子黔牟乃周室之婿,三年前娶了天子之女为妻。

只有公子硕只低着头吃，旁若无人。公子硕一身肥膘，满脸堆肉，一边吃，一边自言自语道："酒有什么好，我只喜欢这肉！飞的鸡子、跑的兔子、卧棚之肥牛、翻浪之鲜鱼，皆美味也……"说罢捞出一大块肥腻的羊肉，蘸了芥子酱，塞入口中大嚼起来，满嘴满手都是油污。

…………

觥筹交错之间，杀气隐隐。管仲远远望见，鼋鼎刚上不久，公子朔便上前贴在急子身边，附耳密说些什么，而急子面色一阵红一阵白，须臾气恼，猛然将手中铜匕投入鼋鼎之中，溅得肉汁四溢。公子朔似乎也气急败坏，起身转向公子寿行一揖，便急匆匆逃席离去。公子寿面色尴尬，转而又笑脸与人举爵。当时钟乐之声不绝于耳，众人也正醉心品味鼋羹，谁人也无暇于彼，唯管仲躲在席后看得真真切切。

不晓得到底发生了什么，管仲茫然。

公子朔离席，疾步赶至新台母亲寝宫。时宣姜正于铜镜之前梳妆，而卫宣公于内榻午睡未醒。公子朔哭哭啼啼撞破宫门，惊得宣姜急忙迎出来。

公子朔一见宣姜，泪如雨下，伏地抱着母亲一腿，大声呜咽道："母亲！母亲救我！孩儿再无颜面生于世间了！"宣姜惊问其故，公子朔继续哭道，"今日是急子诞辰。孩儿一番好意，家中门客献得黄河大鼋，我不敢独享，与寿哥哥一道专设鼋鼎美味，以贺急子寿诞。席间急子饮得半醉，竟连呼孩儿为儿子！孩儿羞辱难当，上前理论。急子说道：'你母亲本是我的妻室，我自然也要唤你一声儿子！'待我再要争辩，急子手挥铜匕，竟要刺杀于我！还扬言说：'不孝儿！看老子教训儿子！'亏得寿哥哥拦住，我才从席间逃命回来。母亲！孩儿不活了！呜呜呜呜……"说罢挣脱宣姜，要以头撞向堂中圆柱。宣姜一把拦住，忍不住凤眼噙泪，睫毛挂珠，低声道："想不到我儿无端受我连累！急子啊急子，你如此无情，休怪宣姜无义！"

公子朔大哭，以泪洗面："母亲还讲什么情义！父亲活日，你我母子尚有恩宠。然而父亲年事已高，时日无多。急子为长，我等为弟，将来传位，免不得长幼秩序。何况急子已经居世子之位多年！还有急子之母夷姜，被母亲夺宠数十年，心中必有天大怨恨！异日若急子做了卫侯，夷姜被封为国母，我们母子岂非死无葬身之地！母亲，再不出手，人为刀俎,我将为鱼肉矣!"

宣姜闻言大惊,一时失色。公子朔又拽其衣袂道:"孩儿今日受辱,母亲要面禀父侯,请父侯为孩儿主持公道!"言罢又伏地痛哭。

宣姜信服,好言相慰,劝了公子朔暂忍,回府不提。

宣姜蛾眉紧蹙,闭目沉思许久,专候宣公醒来。不一会儿里面数声咳嗽,宣公起身要蜜水。宣姜急忙捧水以进,未待宣公饮毕,宣姜便珠泪滚滚而下。宣公大惊道:"美人如何落泪?"宣姜慌忙起身跪拜,伏榻哭道:"请卫侯与贱妾做主!"于是将公子朔方才所言席间之事和盘托出,又自附一言,道:"那急子无礼太甚! 有禽兽之念。他对我儿朔说:'你母亲本我旧妻,只不过暂为父亲借用而已! 百年之后,你母亲并卫国江山,将一并归还于我!'还有夷姜,教子寡廉鲜耻。急子还说道:'我母夷姜也要我一定纳了宣姜。为什么呢? 因我母亲被卫侯以父妾之身纳之,异日我继位为君,如何不可再纳母妃为妾!'夷姜这是要……"

宣公再也听不下去,霍地将掌中水盏砸翻在地,咆哮道:"急子逆子! 逆子……我要废了你!"

宣姜吓得浑身战栗,假慈悲道:"夫君息怒! 身子要紧。世子也是一时酒后狂言,可以原谅。只要夷姜夫人悉心调教,定无大碍……"

宣姜施展柔媚功夫,使得宣公之心平复一二。然而一股无名之火乱窜,始终如坐针毡。宣公着礼服,入堂中正坐,宣急子觐见。时兄弟鼌情之宴方散不久,急子应召而来。宣公以宣姜之说问之,急子只是垂泪,并不辩解,末了叹道:"鼌情宴,实为冤情宴也! 天地为证,我并无此说!"又召公子寿问之,寿道:"席间只见两个人贴身细语,所说何言,众人不知。"

一时扑朔迷离,真假难辨,不知谁人所说属实。然而宣公内心深处,即使急子被冤,他也相信这是真的! 此中奥妙,早被公子朔窥破,所以只在席间轻轻松松几句闲言碎语,便成功栽赃嫁祸,手到擒来。

却说宣公又疑又恼,坐卧不宁,无奈之下,又传夷姜。夷姜久居冷宫十几年,闻内侍传召,以为喜从天降,一番梳洗,欣欣然前来。谁知一入新台,便被宣公劈头训斥,尽是冤枉恶语,却又不知从何而来! 夷姜满腹怨恨,又不知向何处诉说! 只是感觉宣公此举意在绝情绝义。

夷姜心灰意冷,回宫呆坐。半晌,见铜镜中容颜憔悴,若风中枯叶。夷姜独自叹道:"我本父妾,却做儿妻! 辗转漂泊至今已经三十余年! 我累了。毕生孽缘,今日也该有个了断……天地因果,夷姜无怨!"言罢,于梁间悬一白绫,自缢而亡。可怜十年冷落,一朝召幸,反而取了卿卿性命!

悲夫……

第七章　二子乘舟

卫国朝歌，一时鼎沸。夷姜身死，其势如满地白薪，一触火星，爆出烈焰，转眼间大火就铺天盖地，无可遏制。

卫宣公懊悔不已，双手捶胸，但立时又转悔为恨——担心急子怨他逼死其母，有什么过激之举，此后父子关系将吉凶难测了！仿佛一夜之间，急子变得如鲠在喉，令宣公寝食难安，必要除之而后快。然而，急子只是暗里啼哭，不敢言，不敢怒，不敢怨，大事在即，犹若妇人。朝中文武多有吊丧，褒贬不一，流言蜚语，沸沸扬扬。宣姜惊惧惶恐，躲在深宫，谎称患病，足不出户，但于夜间宣公枕席之侧，更加污蔑急子，誓要连急子也灭了方才心安。

夷姜之死，令国中众人皆感棘手，个个谨慎之态溢于言表。满国阴云中，唯有一人热血沸腾，捋袖出手，跃跃欲试，急切之情难以阻遏！——正是公子朔。

公子朔喜道："机会来了！"

是日早朝，大司马禀道："齐国僖公欲征伐纪国，想请卫国出兵相助，灭纪之日，同分疆土。"卫宣公一时犹豫不决，只道当下卫国正逢夷姜之丧，兵戎之事，暂不适宜。

公子朔早探得明白，待散朝后，便直入宣公内宫，说是有国家大事要禀。内侍传报，公子朔小心入内，见宣公于玉几之前端坐，正阅一堆书简。

公子朔恭敬道："拜见父侯！请父侯摒去左右，孩儿有机密国事，刻不容缓。"

宣公依旧低头阅简，并不言语。右手轻轻一挥，左右尽退。公子朔道："大事不好！世子急子要杀父侯！——急子痛恨父侯逼死了生母夷姜，于夷姜灵前发下重誓，必要手刃父侯！此一幕被世子家仆南壁子目睹，南壁子以国家大义相劝，急子非但不听，反而将其毒打半死，扔在城外河边。孩儿出城游猎，不想救了南壁子，是以知之。事关父侯与卫国大计，孩儿片刻不敢耽搁，特来相告。"

卫宣公大惊失色，将手中书简弃于案上，道："果有此事？急子，焉敢弑君？"

公子朔道："千真万确，父亲勿疑！有南壁子为证。父侯乃一国之君，当以江山社稷为重，切不可因不肖之子而铸成大错……"

卫宣公冷色问道："你兄长此举，你如何看？"

公子朔对答如流："自古道，君君臣臣，父父子子，君可以令臣死，父可以令子亡，岂有逆反之理？世子哥哥乃是死罪！"公子朔又低声道："儿臣还有一言，今日不得不说，父侯勿怪——父侯一生，终有新台之丑……新台乃父侯与急子之间一团血腥烈火，时日越久，烈火越发不可收拾……被火燃者，父乎？子乎？……"

"新台"二字令卫宣公顿时一头冷汗。公子朔之言，正戳中了宣公毕生痛处！身为父亲，却夺了儿子之妻，如此丑行与罪恶，宣公岂能不知？然而宣姜绝色，实在令人痴迷，即便死于美人脚下也是无憾，何况什么父子反目！这一枚难言的毒刺扎宣公已经十几年了，父子早已不是父子了！他早就视急子为眼中钉、肉中刺，又如何再禁得住公子朔母子二人日夜撺掇，火上浇油？当下心头又起恶念，冷笑道："天幸我尚有寿、朔二子，这卫国江山，日后便是你们兄弟的了。"卫宣公离席起身，拂袖于后，背着脸于堂中缓缓踱步，一边走一边道："急子！急子，急子……"只一个劲儿地念叨个不停。看似无奈念叨，实则是下死令，只是不愿明言罢了。

公子朔狡黠聪慧，早已心领神会，朝宣公背影道："朔愿为父侯分忧！齐卫乃盟国，今齐侯伐纪，征兵于卫，父侯理当应允。当遣一人为使，到齐国约定伐师之期。只是……眼下卫国与齐国之间的道路颇不太平，据说盗贼横行，常有杀人越货……为国使者，也有可能路遇贼人，身首异处，再也回不来了……派何人为使？请父侯……斟酌！"

宣公依旧背着身，冷冰冰道："齐国的事，准了！使齐事关重大，非其人不得其用，朔儿，你举荐个人来。"

"急子乃卫国储君，非他不可！"

"准！"宣公恶狠狠应道。但见他回转身来，满目凶光，瞪着公子朔。

公子朔淡定无畏，静静地拱手道："谨遵君令。"宣公沉默，听得公子朔奉命，便踩着碎步，入内去了，身影转至屏风之后，隔屏又传来阴森森一句话："此事交由你办！提急子人头来见！"

那话透着刺骨的寒气，令人不寒而栗。公子朔愣了半晌才醒过神来，对着屏风行揖，又道："朔，得令！"而宣公早已退去许久了。

次日早朝，文武齐聚，宣公纵论朝政，决议助齐伐纪，并命急子为使，令其明日启程入齐，商议具体战事。宣公又当着满朝文武，授之以白旄。急子诺诺领命，跪接白旄。白旄乃是商周时期的一种军旗，用以号令三军，乃是军权之象征，只因这种旗帜专以白色牦牛尾为饰，故有白旄之称。

左公子泄一心向着公子寿，想到齐国乃公子母舅之国，出使齐国乃结以外援的良机，对公子寿日后前程大大有益，当下谏道："世子乃国之储君，未可轻动。不如遣公子寿使齐，更为妥帖。"

宣公喝道："寡人言出必行！岂可更改！不得再有妄议！"

朝会未散，公子朔便已得到急子入齐的消息，于是召心腹瓠青、公孙黑二人于密室商议。公子朔道："大事已定。急子出使，必走黄河水道，于莘野渡口登陆，然后进入齐境。故莘野乃急子必经之要地！公孙黑率众死士即刻起程，先行赶到莘野设伏，记住：手执白旄者乃急子也，你等要取了急子首级并白旄前来复命！定有重赏！"

公孙黑道："养兵千日，正为今日！"拱手领命而去。

公子朔又对瓠青道："管仲这支箭也该射出去了！你火速去见管仲，亲传本公子之令，就说……就说急子死后，公子寿对卫侯心怀怨恨，有弑君谋反之举。特令管仲暗中监视，搜罗铁证！"又在瓠青耳边特别嘱咐了几句。瓠青赞道："公子高明！"也拱手领命而去。

二人离去，公子朔于暗室内施展双臂，似要将大好河山揽入怀中。"借母亲之忌除掉夷姜，彰父亲之丑除掉急子，然后再借急子之死除掉公子寿，计谋连连，环环相扣，如此这卫国江山,舍我其谁! 我真乃乱世奇才,卫之枭雄!"公子朔止不住高声自夸,得意忘形! 暗无天日的密室中散发出一阵阵诡异而狂放的少年的笑声……

管仲受公子寿差遣,正有世子府的公务要外出。掩了门,正欲走,却被不知从哪里冒出来的瓠青"呵呵呵呵"拍了肩膀,当下不容分说,管仲被半搂半抱又推回了房中。

瓠青神神秘秘掩好门,四下一瞅,见房中确实再无他人,笑道:"今有一套荣华富贵,送上管子之门,不知肯要否?"

管仲一怔,满脸疑云,并不搭话。

瓠青逼问道:"怎么——不要,还是不敢要?"

管仲哈哈一笑:"大丈夫立世,岂会与富贵有仇! 瓠兄请讲。"

两人遂于案前对席而坐。

瓠青猛一下变了脸色,冷傲道:"管仲听命! 传公子朔之令:世子急子死后,公子寿对卫侯心怀怨恨,有弑君谋反之举,特令管仲暗中监视,搜罗铁证!"

此话令人毛骨悚然! 管仲顿感事关重大,其中必有蹊跷! 当下忽然一笑,装作儿戏一般,摇头试探道:"瓠兄笑谈,可谓地动山摇! 世子康健如神仙一般,如何就讲急子死后? 又如何生出公子寿要谋反? 天大的荒谬! 哈哈哈哈,瓠兄戏言……风马牛不相及!"

瓠青拍案喝道:"管仲! 休要放肆! 你是个聪明人,公子朔厚赏栽培,之所以送你到公子寿身边,正为眼下取公子寿项上人头! ——公子朔器重于你,正要与你谋一件大事,特差我实言相告:明日急子使齐,莘野之地,公孙黑率众多甲士执戈以待,红油木匣专盛急子之首,此所谓'急子死后'。公孙黑除了急子,下一步便是要你管仲制造谋反罪证,再除掉公子寿,此所谓'公子寿要谋反'。二人皆死,继之便是公子朔继位为君,你我皆为开国元勋! 公子朔运筹帷幄,步步为营,神机妙算一般! 我来时,公子朔言道,'管仲这支箭也该射出去了,下面就看管仲的了!'"当下,瓠青将公子朔之谋一五一十和盘托出。

管仲大惊失色! 公子朔城府如此之深,手段如此之狠,心肠如此之毒,为了谋得国君之位,竟不惜要杀掉自己的两个哥哥! 这哪里是一个十五岁的少年手笔! 此公子,乃疯魔!

管仲初到卫国,本以为公子朔礼贤下士,可为一代明主,哪知乃是以财货收买人心,打着君子旗号做着奸贼勾当! 此刻管仲不由想到,前时公子朔派瓠青到颍上家中送金银,当时把自己感动得要死,原来这一切都是为了今日今时! 公子朔骗了自己! 而自己在浑然不觉间,已经助纣为虐,步步沦陷,险些铸成千古大错。

管仲背脊发凉,气愤难抑,正色斥道:"好一个阴险公子! 国君之位,国之重宝,民之所托,岂可轻传! 或传于长,或传于贤,古有定制! 公子朔为一己私利,不惜牺牲同胞性命! 如此阴毒之辈,一旦得国,岂不要祸乱江山社稷! 公子朔,乃乱臣贼子也! ——天幸瓠青及时相告,令管仲迷途方醒! 管仲决不与乱贼为伍,请勿多言!"

瓠青断然想不到管仲会如此说,当下又是惊诧,又是羞愧,又是恼怒,猛然拍案斥道:"你一个外乡野人,布衣草民,因公子朔之厚恩,侥幸在卫国谋得一席之位,你也配议论公子短长! 管仲你听着,你眼下有两条路可走:其一,尊公子之令而行,建功立业取富贵;其二,非公子之友,便是公子之敌! 公子可谋世子之命,可谋国君之位,你一个小小管仲,蝼蚁一般的小命,又何足道哉! 我劝你想想清楚——你已入局,富贵贫贱,生死荣枯,全在你一念之间!"

管仲一脸正气,神色逼人,慢慢贴近瓠青面前,一字一句道:"宁为玉碎,不为瓦全!"

瓠青怒而起身,冷笑道:"不识时务! 你会后悔的。"当下嗤之以鼻,言尽于此,摔门离去。

瓠青驾起马车,如一袭北风,倏而就吹到公子朔面前。适才管仲言论,瓠青直言禀告。公子朔听后出奇冷静,阴笑一下,道:"好一个狂妄布衣,众皆为我所用,偏偏这个管仲不给脸面! 如此,休怪我翻脸。"

瓠青又道:"公子谋划内情,管仲全知,只怕会坏了公子计划……"

公子朔一脸阴沉,道:"不怕。管仲乃是我暗藏在寿哥哥身边的一支冷箭,他自没脸向寿哥哥报知内情。即使他讲,我那满肚子妇人之仁的寿哥哥,又如何肯信? 管仲两难之间,我已抢先得手! 一个外邦门客,能翻起什么浪来!"公子朔说着,忽然又想到了什么,"当此非常之时,万事务须谨慎! 快随我来。"公子朔领着瓠青,幽灵一般钻入密室中去了。

这边,管仲忧心如焚,三步并作两步,十步化作五步,衣袂生风,步履如梭,就到了公子寿堂中。公子寿从未见管仲如此急迫，问道："可是从世子哥哥府上归来？ 世子可有急事？"

管仲施揖，秉道："非常之变，急如烽火！ 请公子撤去左右。"仆人应声而退。刹那间，管仲忽然想道：公子朔经营的急子之祸，自己被卷入的公子寿之局，这两桩大事如果一并提起，只怕公子寿半信半疑，方寸更乱！ 稍有犹豫，便会错失良机，悔之晚矣！ 不如隐去后者，先救急子，再做计较。当下道："世子命悬一线，危在旦夕！ 明日世子启程入齐，行至莘野，早有公子朔埋伏的死士恭候，必要斩杀世子之头！"当下拣要紧的细说，又提到在公子朔门下那夜，误撞公孙黑，谎称醉酒以脱身等事，惊得公子寿失魂落魄，哑口无言。

公子寿叹道："我相信管子是真言！ 以往，朔与母妃每每谗言于世子哥哥，时时逼着我取世子而代之，朔又屡屡招贤纳士，其中深意，我又何尝不知！ 只是不愿意相信罢了！ 唉……急子哥哥的祸事终究还是来了！ 只是……只是兄弟相争，手足相残，我还是不相信这是真的……"言罢泪下。

管仲道："公子仁心，真乃君子！ 但自平王东迁以来，天下大乱，宗族内斗屡见不鲜，王权之争也是血泪斑斑！ ——此万急时刻，非落泪之时！ 明日卯时，世子发舟，恐怕将是一去再不能复返！ 公子当快下决断！"

经此提醒，公子寿慌忙拭泪："我心中已然一团乱麻，急子哥哥宽厚严谨，从未失德，不应遭此无妄之灾，请管子赐我救人之策。"

管仲道："我朝先祖古公亶父迁民于岐下，始有周业。古公亶父生子三人：长子太伯，次子虞仲，幼子季历，三子皆是人杰，而以幼子季历最贤。晚年时，古公亶父欲传位于季历，而不是太伯以及虞仲，可谓传贤不传长。两位兄长太伯、虞仲为避免兄弟相争，借口外出，结伴避乱，远走于东南。后来，季历顺利继位，成为一代贤君。季历之后，其子昌继位，便是我大周文王！ 而当年远走他乡的太伯、虞仲兄弟也于江南开创了吴国，真可谓兄弟让贤，千古美谈！ ——所以，管仲以为：与其坐以待毙，不如溜之大吉！ 世子明日启行，勿要顺水东下入齐，可掉转船头，逆水西上以至于周。卫国与周室素来交好，犬戎大闹镐京之时，卫也是勤王救驾的一方诸侯，居功甚伟，更何况卫国公子黔牟又是今日周王之婿！ 世子如果入周，必可保平安无恙。先保我身，别图后计！"

公子寿恍然大悟道："对对，当劝急子哥哥远奔周室，正好借入齐之机以逃脱！ 事不宜迟,我当速见急子哥哥。"言未毕,起身便走。一时太急,左脚立足未稳,险些摔倒。管仲扶住公子寿臂膀,叮嘱道:"此事务必妥善而行! 当下乃卫国二公子竞技——朔公子正缜密算计要杀人,寿公子需风雨不露可救命! 公子,你可明白?"

"多谢管子提醒,我当机密行事。"公子寿道,慌慌张张就出门去了。

望着公子寿踉跄而去的背影,管仲默默自叹:"公子寿仁则太过,智则不足。公子朔才智双全,然而其心太过阴险狠毒! 宣姜夫人绝色佳人,如何生出正邪迥异的一对奇葩兄弟! 真是旷古奇闻啊……"

公子寿片刻也不得喘息,径直向世子府奔来。跑到半路,忽然想道:"不行,管仲也是一己之言,我应该更相信自己的兄弟才对,应当先找朔弟问个明白。"于是转道去寻公子朔。到了公子朔府,却发现这个弟弟升天遁地一般,踪影全无,府上也是更无一人知晓,公子寿连连叹息不已。

公子寿又转道新台,想找母夫人问个明白。时宣姜正于铜镜前梳头,闻公子寿质问,先是一惊,继之只淡淡一笑,仿佛殷红的桃花风中轻轻颤了一下,道:"此事是也。莘野定计乃你们父侯宣公的主意,君要臣死,臣岂能不死? 如此甚好,急子去了,我的寿儿才可以顺利继位! 卫侯也是用心良苦,也是为我母子消除后患……我儿……我儿当严守机密,切勿泄露……"公子寿无论如何想不到母亲大人会有如此一说,霎时惊得面色煞白,目瞪口呆,恍觉置身冰窖,通体寒透一般,情知父亲、母亲与弟弟做局已定,再劝谏也是毫无意义,当下只黯然嗫嚅了一句:"虎毒不食子啊!"便冷冷地蹿出宫门,撒开双腿,疯一般朝世子府上飞奔而去。

宣姜一时无奈,失魂落魄呆坐半晌。

世子府中,急子与几个仆人忙作一团,正在准备出使齐国的行装,见公子寿破门而入,便要行揖问好,不料却被公子寿不由分说,一把拖到了内堂深处。公子寿惊道:"大事不好!"便火急火燎道出了莘野之凶。公子寿又道:"莘野断不可去! 哥哥明日假装入齐,登舟后可反向而行,西走洛邑周室,暂避一时。哥哥切莫迟疑!"谁知急子闻言,竟然面如死灰,纹丝不动。

公子寿迷茫:"怎么,世子哥哥不信我?"急子一声长叹,缓缓道:"父侯与朔废我之心由来已久,唯寿弟对我情同手足,始终不渝! 兄弟之言,我岂有不信之理? ——我信!
但,我只去莘野。从父之命,即是孝子;弃父之命,便是逆子。急子视忠孝为根本,断不
做逆子之辈。卫国乃我生身之国,母亲又刚刚入土,魂魄尚不得安宁,我岂忍弃之。急
子宁在母国求死,绝不于异国贪生! 弟之好意,急子拜谢!"言罢恭恭敬敬对公子寿行了
一礼。公子寿一脸茫然。

把公子寿冷弃,急子出了内堂,缓缓而行,神色漠然,步履从容,视死如归一般。见
到刚才忙碌的仆从,急子又缓缓命道:"一行人整装完毕,今夜于河畔舟中下榻,明日早
发!"催令急急,好似担心抵达莘野太晚!

公子寿悻悻告辞,出得府来,一副失魂落魄的模样。仿佛急子已死,遍地哀号,公子
寿禁不住泪珠滚滚淌下。"此万急时到,非落泪之时!"忽然管仲之语在耳边响起。公子
寿顿住,执袖拭去泪痕,止住哀伤。谁想一个善念,遂使心中生出一个计策来。公子
寿心中暗自道:"急子哥哥仁人,我必救之,我当如此这般……"回去后独自安排调拨已定。
就连管仲也以为急子是西走周室,当下心中略安。

寒鸟哀鸣,夜色如烟。河面上浮起一轮冷月,亮如霜雪。渡口树影婆娑,几株百年
大柳底下,若隐若现藏着两只行船。其一为急子行舟,携有白旄、国书等使团用物及随
从七八人,黄昏早到。其一为公子寿别置小船,载有美酒佳肴,另有管仲和一仆人。公
子寿设宴,特为急子饯行,并令管仲作陪。

公子寿移舟,跳上急子船头,又命仆人将酒菜搬入急子舱中。船舱颇大,灯火明亮,
左边舱壁上悬挂着卫侯亲赐的白旄,白旄下面横卧着急子的贴身佩剑。三人围酒而坐,
急子入上席,公子寿居左席,管仲坐右席。屏去仆从,再无旁人。

公子寿先为急子斟酒,道:"特备小宴,为兄长饯行。"

急子道:"君命在身。不敢饮,恐误了行期。"

公子寿道:"离别之酒,兄长也不饮吗?"话未出口,鼻翼颤动,早有泪珠滚下,落于爵
中。

话有弦外之音,急子如何不知! 当下双手持爵就要饮,公子寿拉住,哭道:"酒已
污!"

急子笑道："兄如爵中酒,弟如爵中泪! 我正要饮下我弟之深情!"说罢,举爵一饮而尽。

管仲百感交集,从公子寿手中接过酒器,继续为席间添酒。公子寿拭泪,亦笑道："兄长多饮几爵。"于是又饮。

急子道："我敬弟弟古道热肠,但愿你我来生还可以做嫡亲兄弟,至亲手足!"

公子寿接道："我亦愿如此。只是别再生于这富贵王侯之家! 我愿与我兄荷锄耕田,逍遥山野!"于是又饮。

公子寿又道："今日之饮,兄弟永别! 为我殷殷之情,兄长自当多饮几爵!"

急子道："敢不尽量!"于是又饮。

管仲惊诧,暗暗从中窥得事情有变,但见公子寿一个劲儿地朝自己使眼色,便低头不语,只顾频频添酒。

两人愈饮愈酣。公子寿心中有数,暗暗留量。而急子情不能自已,举酒便是鲸吞。饮至半夜,急子早烂醉如泥,仰卧席上,鼾声骤起,睡态如婴孩一般甜美。

见急子沉沉睡去,管仲方启口问道："席间疑虑颇多,早已急不可待。敢问公子,可是事情有变? 可是世子不愿入周?"

公子寿整整衣冠,面向管仲郑重施礼。管仲惊讶万分,慌忙还礼。

公子寿道："管子请受我一拜,我有大事相托。日间入府苦苦劝谏,而世子哥哥宁从君令以死,不愿逆父之命以生,此真仁人也! 倘若急子哥哥死于途中盗贼,父侯立我为嗣,我又有何面目面对卫国臣民! 子不可以无父,弟不可以无兄! 我愿代急子哥哥先赴莘野,替兄以死,如此则我兄必然可以获免。父侯也是血肉之躯,闻我之死必有醒悟,则急子哥哥可以照常继位,一场祸事消于无形! 但愿父慈子孝,兄悌弟睦,家国两便。如此,公子寿一躯之死,足矣!"

"公子万万不可……"管仲无论如何也料不到公子寿竟要代兄而亡! 管仲以为人生可贵,生命至高,不到山穷水尽,最后绝境,都不值得轻言生死,以命相抗。当下正要劝阻,却被公子寿死死挡住,"管子之意,我心中尽知,请勿多言。且听我说:这里有两份简书,一并交与你。一份是我与兄长的诀别遗言,一份是我向世子哥哥举荐管子的荐书。

我死之后,世子见到这两份木简,定会重用于你。管子有姜尚之才,伊尹之术,不可屈居于我那个阴险的朔弟门下,正当辅助世子君临天下,以安卫国社稷。如此,我死也值得了。"

管仲双手颤抖,接过木简。灯火闪耀,字迹清晰可见。一支简上写着"弟已代行,兄宜速避。来生相约,再续前缘",另一简上写道"管仲大才,荐于兄以成大业"。

公子寿又嘱咐道:"我们兄弟间的曲折恩怨,管子可找朝中右公子职、左公子泄相助,以达于父侯,愿父亲可以偿我所愿。还有,汝等要尽心辅佐世子登基,且勿令公子朔继位!朔,卫国心腹之患!然而朔也是我的兄弟,还是你的故主,还望管子悉心调教,以使朔改弦易辙,做个正人君子。"

管仲听得落泪,心中一片酸楚,哽咽道:"公子之托,管仲敢不尽心竭力!呜呼!卫国何国?——一公子何其仁,一公子仁上仁……"

公子寿会心一笑:"让管子见笑了。诸事已毕,我与管子讲几件趣事可好?"当下论及孩童时期,急子与寿、朔三兄弟之间嬉戏玩乐之事,彼时天真无邪,血浓于水,阳光是明媚的,日子是梦一般的,何其令人神往!公子寿笑容可掬,细数往事仿佛如昨。管仲也听得破涕而笑。

酒香灯影中,白旄铜剑下,早已醉卧于船舱中的急子越睡越甜,脸上浮起的笑意犹若三月春风里的童年。

晨曦初露,水面泛起亮光,岸边的柳树上,三五只白鸟争鸣几声,就前后相随飞走了。公子寿凝视一眼熟睡中的急子,从船舱壁上取下白旄,大声道:"时辰已到,就此别过!"言罢,起身出舱,几个箭步就跳上自己带来的船只,又将白旄系于船头杆上,眼看着那白旄在晨风中抖了又抖,像雏鸟的翅膀跃跃欲试却又总舒张不开。公子寿一挥手,便命两个仆人发舟。

管仲追出舱去,见公子寿昂然立于对面那只船头,微弱的晨光中,背影黝黑如同一尊石头。仆人已打起竹篙。管仲伏于甲板上,双目垂泪,恭恭敬敬三揖三拜,高声道:"仁者天下无畏,春秋大义灿然!管仲送别公子!公子一路走好!"

公子寿笑,并不回头,只呆呆凝望着前方那两岸野树,一片水光。须臾间,船儿驮着公子寿,伴随着响亮的水声,一摇一摆地向东方红霞中驶去了。

急子好酒,酒量也大,醒酒也早。阵阵鸟鸣声中,急子睁开惺忪睡眼,半起身,抬头望,见舱外红日蒸腾,河面如火,有一个黑影正背对自己端坐船头,那人正是管仲。急子伸一下懒腰坐起,唤道:"来人来人! 昨夜这酒好沉。"

管仲应声入内,舱尾立时也进来两个仆人。"管子还在啊! 定是寿弟不放心于我……"急子一边说着,一边朝船舱壁上瞅去,突然发现壁上只有一柄悬着的佩剑,唯独少了卫侯亲赐的白旄。急子大惊失色道:"白旄……白旄! 白旄哪里去了?"

慌得两个仆人躬身就去寻找。这当儿,管仲"扑通"一声跪于急子面前,将一片木简高高捧过头顶,红着眼睛道:"世子请看!"

急子接过,见是公子寿手书,"弟已代行,兄宜速避。来生相约,再续前缘"。急子惊得面色煞白,呆了半晌,怒斥管仲道:"我弟必是盗了我的白旄奔赴莘野而去! 我弟为何要代我前行! 莘野吉凶难测,乃虎穴狼窝,我之罪孽为何要我弟代偿? 你身为我弟家臣,为何不阻拦住他? ——哎呀,昨夜寿弟舟中设宴,原来并非送我,却是自己为自己饯行! 我好糊涂! 糊涂啊……"急子连连以手击案,怒吼道:"来人来人! 快快发舟! 发舟!"

又有两个仆人慌忙进来。只见管仲拽住急子衣襟,厉声劝道:"不可! 世子万万不可! 公子寿天色未亮,即已动身,此时怕是已到莘野,若有灾祸,恐怕一切已晚。世子不可再行险地,否则悔之晚矣! 如此公子寿一番良苦用心,岂不付之东流! 世子啊,卫国有二贤公子,一公子已去,难道另一公子也不得保全吗?"管仲字字铿锵,掷地有声,眼里满是泪花,直直地盯着急子。

岂料急子是个犟牛秉性,当下大怒道:"我主意已定,必要追上我弟! 你是何人,胆敢阻拦于我?"

管仲见急子如此说,当下不由暗暗叹道,"又是一个拘泥小节、不惜性命的!"当下掏出另一片简书,递与急子道:"管仲何人,世子再看。"

急子接过,"管仲大才,荐于兄以成大业"。一溜公子寿的亲笔字迹映入眼帘。须臾间什么都明白了,急子道:"既是寿弟举荐,我自然不会怠慢。既入我门下,自当听命于我。管子啊,莘野之地我自熟悉,此时发舟,火速追赶,一切还来得及。否则我弟必被贼人误杀! 倘若我弟因我而死,急子断不再苟活于人间!"

"世子！世子何其太仁！"管仲急火攻心，正色道，"世子这是执意要去送死吗？世子与公子寿前后争死，莫非是要将卫国江山拱手让与朔这个阴毒少年吗？兄弟个人之仁，不过小仁；国家万民之仁，方是大仁！愿世子以大局为重，忍一时之艰难，谋长远之大业！切勿再赴莘野犯险！若世子执意要去……"管仲眼明手快，唰一下拔出舱壁上的宝剑，自横于肩上，凛然道："请先斩下管仲之头！管仲若不能劝谏世子，有负公子寿重托，与死何异！"

急子一愣，正视管仲良久，频频点头，脸上露出万千感慨之色。急子静静道："得管子如此，我们兄弟足矣！管子言之有理，莘野不去了，我们即刻返回朝歌，别图后计。"一边说，一边从管子肩上轻轻拿下佩剑，缓缓插入鞘中。急子又扶管仲起身，管仲心中渐安。

忽然，急子猛一下换了一副面孔，喝道："来人！将管仲绑了，死死缚在渡口柳树下！"管仲大惊。当下不容分说，四个粗壮的仆役一拥而上，五花大绑将管仲捆个结实，就要推出船舱去。管仲连连叫喊，大呼："世子不可再错！不可再赴莘野，不可……"尚未喊完，就被人拿来一团葛布将嘴堵上。

急子拍了拍管仲的臂膀，微微笑道："好管仲，得罪了，容来生再谢罪。为救我弟，命何所惜！"又朝水面一挥衣袖，大喝一声道："开船！"

管仲被推到岸边，牢牢捆在一株大柳树下，手不得动，口不能言，眼睁睁地看着急子率领众人，驾舟离去。人已逝，水空流，管仲心中无奈苦笑道："入卫不过半年，无奈卷入旋涡之中。先辅公子朔，公子朔送走我！又辅公子寿，公子寿弃了我！再辅世子急子，急子也撇下我独自寻死去了！哈哈哈哈，一个一个都不要我了……"忍不住闭目摇头，连连哀叹，两行热泪涔涔而下。

急子忧心如焚，频频催促，众仆敢不卖力，于是舟行如箭，比往常速度快了一倍。谁也未料到，急子快舟竟与公子寿小船前后相差无几抵达莘野之渡。急子伫立船头，急欲登岸，早望见渡口一片繁茂的芦苇荡中，泊着一只小舟——正是昨夜公子寿自带的那只船！"是寿弟的船！"急子喜出望外。

逼近渡口，却见那只船上空空荡荡，并无一人，连同白旄也是影踪全无。急子心中暗叫"糟糕",急忙跳上岸来,鞋子早被河水浸个湿透。众人也随之登岸。

不想未出十步远,左右芦苇丛中忽然跳出二十几个武士,个个黑衣蒙面,手执刀箭长戈,杀气腾腾,如狼似虎,将之团团围住。为首一人仰头大笑,狂妄得意之状溢于言表——即使不蒙面,急子也认不得他,正是公子朔暗暗蓄养的死士头领公孙黑。

原来公孙黑按照公子朔谋划,率众死士率先到达莘野渡口,隐藏于岸边的芦苇丛中。那片芦苇广大茂盛,正是藏身之所,只是视野不甚清楚。却说公子寿先到,他执意要替兄而死,于是特意手执白旄,昂首挺胸率先弃舟登岸,走在前头。公孙黑与死士们依照"执白旄者即是世子急子"的嘱托,对准耀眼的白旄便是乱箭齐发。一阵矢雨后,可怜公子寿万箭穿心,伏地而亡,那两个仆人也一并被射死。公孙黑走近,却发现执旄而死者,并非急子,却是公子寿!那公子寿浑身是箭,伏尸荒草之中,而嘴角依然含笑。公孙黑惊诧不已,不由叹道:"不好,杀错人了!"

已然杀错,一切无可补救,公孙黑索性砍下公子寿头颅,盛于木匣之中,准备回去向公子朔交差。又将白旄偃旗收好,此为领赏信物,自然是万分重视。众人将那两个仆人弃尸河中,又将公子寿无首之尸拖于芦苇丛中隐蔽——毕竟是卫侯之子,众死士还是觉得应该留下尸首。"反正急子与公子寿都是主家要铲除的,虽然杀错,但毕竟除掉一人,终究大功一件!"公孙黑如此一想,眼角尽是得意之色。安排妥当,正要率众撤离,忽见河面又有一只大船飞一般驶过来,太过突然,似有不妙,公孙黑一声令下,众死士又迅速潜入芦苇荡中,以观动静。

船泊了岸,有人急不可待,踏水走了上来。这次公孙黑双手拨开芦苇枝叶,睁大眼睛看得真真切切——急子来了!真是如梦一般!这种幸事哪里去找?公孙黑欣喜若狂,简直不敢相信自己的眼睛!公孙黑打一个亮哨,众死士如凶神恶煞般从芦苇丛中冲出来,将急子及其随行仆从等人围住。

这次公孙黑将自己的蒙面巾往下拽得老低,用饥渴的眼神将急子从头到脚看得真真切切,分分明明——果然,眼前人物正是卫国世子急子!公孙黑忍不住狂笑起来,挥舞着手中的短刀得意道:"天助我也!老天是要黑某一日之间连立两功啊,躲都躲不掉!哈哈哈哈!"话锋一转,又阴森森、冷冰冰说道:"今奉卫侯密令,专取急子首级!公子,请吧。"

急子一脸漠然,仿佛生死与己无关:"我头在此,壮士勿急。死前我有两个心愿,还望成全。其一，我有罪于父，父侯要杀者，急子一人耳！这些仆人均是无辜，望壮士怜悯，放条生路。其二，我弟公子寿，现在何处？请来一见，死而无憾。"

公孙黑一挥手，死士们让出一条路来，那七八个仆人早已惊惧难安，慌忙间逃命去了。公孙黑又一挥手，一名黑衣人捧着一个红木匣子置于急子脚前，公孙黑道："公子寿在此，世子请看。"

急子跪在木匣跟前，双目垂泪，心如刀绞，颤颤巍巍揭开盖子，一颗血淋淋的人头陡然间就扑入眼帘。鬓发凌乱，嘴角含笑，血迹斑斑而依旧未干，口中似乎一如昨夜席间轻唤着"急子哥哥，急子哥哥……"。急子毫无惧怕，心中只觉得寿弟犹生，只是藏于匣中而已。急子探出双手，为其理了理乱发，慈笑道："好弟弟，昨晚你设宴为兄饯行，可惜现在我无酒敬你上路……弟弟已经替兄而死，兄岂忍让弟一人独行！好弟弟，你阴魂不远，哥哥追你也快……"于是将木匣盖好，以之为枕，挺身仰卧，对天一阵微笑，缓缓道："壮士误杀公子寿，必是死罪，可速斩我头，献于卫侯以赎误杀之罪。急子虽死，犹可救人一命，不亦仁乎……寿弟，寿弟，我的好兄弟……"言罢闭目，引颈待戮。

公孙黑冷冷一笑，手起刀落，人头滚地三尺远，在一块青石边止住。死士们雷动狂笑，同贺"大功告成"，将急子之头盛于另一个木匣之中，又将急子之尸拖于公子寿尸处，折些芦秆草草覆盖。公孙黑得意扬扬，呼哨连连，众人也随之起哄，响亮的口哨声越传越远，惊得芦苇荡中无数野鸟群飞而去。

公孙黑带上两个木匣，一面白旄，将藏于暗处的车马牵出，率众死士从陆路乘车返回，找公子朔领赏去了。

得知公孙黑阴差阳错竟然连杀二公子，公子朔大感意外，又喜又怕。喜的是两大劲敌已除，王位自然非我莫属，正可谓求之不得！怕的是一日间卫国连死二公子，朝野震荡，必有重裁，不知前途吉凶若何。

公子朔厚待莘野众人，当下又将府中私蓄死士共三十余人悉数遣出城去，另择地方秘密安置，独留公孙黑一人在身边听用。

却说管仲被缚在树上半日，偶遇一对渔夫兄弟驾船捕鱼，管仲摇头踢腿，用被堵住的嘴巴阿阿呐喊，这才被来人解救了下来。管仲许以重金，乘渔夫之船火速追到莘野。可惜一切皆晚，唯见一片芦苇荡风中作响，两只船儿或隐或现。

　　循着斑斑血迹,管仲于岸边芦苇丛中找到两具无首之尸。虽然血腥,然而又是何等熟悉! 管仲对之三拜,泪流不止,默然再无一言。两个渔夫过来帮忙,三人将二公子尸首略作整理,抱上渔船,乘水路返归,登岸后改换马车,向朝歌城中赶来。

　　管仲领着二公子尸首,垂头丧气,如行荒野,于朝歌城中缓缓地穿街过巷。路过公子寿府,暂不敢入,直向世子府赶来。毕竟急子为世子,寿为公子,礼仪秩序有别。临近府邸,管仲忽然想到公子寿最后叮嘱"可找朝中右公子职、左公子泄相助"之语,便吩咐随行的渔夫兄弟分别到职、泄二家报丧,同入世子府吊唁。

　　众人悲哭声中,将急子与寿迎入堂中,清洗整洁,以上等素锦覆盖其上。右公子职捶胸落泪,左公子泄连连叩首,府中众人也是哭得一塌糊涂。管仲又三拜,伏地哀伤。

　　过了一会儿,管仲起身劝住右公子职、左公子泄,三人同入一旁耳室中坐定。右公子职泪痕未干,问道:"城中早有传言,二公子俱在莘野遭遇盗贼而亡,是真是假?"左公子泄愤愤接道:"快快讲来,二公子为何如此惨死?"

　　管仲一拍案,怒道:"什么遭遇盗贼而亡,分明是蓄意谋杀! 杀二公子者,乃是公子朔也!"

　　职、泄大惊。管仲雄谈,言语间尽是激愤之色,将这两天亲历之巨变,莘野惨剧之来龙去脉,以及诸公子间之生死恩怨和盘托出,讲个一清二楚。

　　待管仲言罢,右公子职一个劲儿地苦笑不止,仿佛浑身被恶魔撕咬一般,令旁听者毛骨悚然。右公子职盯着左公子泄,冷冷道:"此间有两人最为可笑! 卫侯传位之心左摇右摆,出尔反尔,前后不一,令我辅世子急子,令泄兄辅公子寿。十余年来,你我各归其主,彼此争斗不休。可叹如今……如今,我辅的世子没了,你辅的寿公子没了,螳螂捕蝉,黄雀在后,你我十余年心血付诸东流,倒是成全了深深隐匿其后的公子朔! 右公子职啊,可笑! 左公子泄啊,可悲! 你我二人乃卫国旷古绝今之笑柄,哈哈哈哈……"

　　左公子泄面如土灰,对右公子职拱手作揖道:"以往对职兄多有冒犯,泄今告罪。苍天弄人,你我误会了十余年。职兄之敌,非公子寿;泄身之敌,也非世子,你我共同的对手,实乃公子朔一人! 这子朔少儿,邪恶横生,年十五岁而暗地蓄养死士,阴谋诛杀兄长,可谓心狠手辣,阴鸷非常,实为目下国家首患! 我们都小瞧他了!"右公子职点头,重重还一揖。自此,原本势如水火的左、右二公子化敌为友,将矛头共同转向了公子朔。

管仲道:"左公子言之有理。公子寿慷慨赴死,下为兄弟深情,上为国家大义。公子寿临终嘱我,可找朝中右公子职、左公子泄相助,诚为慧眼! 世子与公子寿俱已逝去,徒悲无益。当下第一急务,便是上禀卫侯,将公子朔阴藏死士、莘野杀兄之事公诸天下,断了公子朔谋逆夺嫡之路! 若公子朔继位,卫将从此乱象丛生,国无宁日! 二公子泉下有知,不知当作何想?"

右公子职道:"管子之言是也。我当即刻入宫,禀告卫侯,废公子朔,立新世子。只是卫侯一味偏爱宣姜,而公子寿与公子朔又都是宣姜所生,即使公子寿已死,卫侯恐怕也是意属公子朔,我们需要再推荐一个世子的人选方可。"

左公子泄微一沉吟,道:"我与你同去。卫侯群公子中,我观黔牟宅心仁厚,可担大业,且黔牟又为周王之婿,名正言顺,可以举为世子。我们再联络朝中诸大夫,共同推举黔牟,如此大事可成。"

当下计议已定。管仲似乎又想到了什么,接道:"公子朔年少阴狠,早在府中私造密室,暗藏死士,其祸心昭然若揭。死士中有一人唤叫公孙黑,脸上有刀疤,又叫作刀疤黑,我认得。莘野杀二公子之人,必是公孙黑! 若卫侯下旨,必要在公子朔府中拘得此人为证!"

左公子职道:"然也。只是不知密室藏于何处? 此亦是铁证。"

管仲道:"这个不难,我曾在公子朔府上出入多时,密室所在,我自知之。"

却说右公子职、左公子泄入宫觐见,卫宣公却称病不出,拒不见人。一连三日,皆是如此,大小朝事也一概免去。原来公子朔待公孙黑归来,早将莘野之事禀告宣公与母夫人宣姜。宣姜虽痛失公子寿,但庆幸终于拔了急子这颗眼中之钉,当下心乱如麻。而卫宣公十分溺爱公子寿,闻公子寿竟与急子相伴死去,如雷轰顶! 此时又猛然觉得平常无论如何痛恨急子,终究此子还是自己青春年少时与夷姜相爱所生,血浓于水。一日之间连丧两子,况且是以子杀子,宣公刹那间悲痛交加,又悔又恨,忽然猛咳出一口浓血,便染上了重病,卧床难起。睡梦中总觉得夷姜白衣披发,伸手来抓。又恍见急子、寿子二人之头相携一般绕殿而飞,又哭又笑,搅得惊魂难安,如鬼在边。宣公病体愈加沉重,日日夜夜都要卧于宣姜怀中,方可安稳一二。

公子朔朝中耳目眼线极多,职、泄二公子要上禀卫侯之事早已获知。兵来将挡,水来土屯,公子朔一面与母合谋,要母亲时刻怂恿宣公传位于自己,一面又令瓠青召公孙黑来密室中赴宴,说是庆功之宴。公孙黑丝毫不疑,入席即大笑饮酒,连饮了三大爵!公孙黑哪里料到酒中下有剧毒,当下小腹中刀绞一般,痛不可挡,方知兔死狗烹,中了圈套。末了,公孙黑拼命将铜爵向公子朔砸去,可惜身已不稳,力也不足,只能空自望着公子朔笑靥如花,好一个白衣翩翩美少年!公孙黑捂着肚子叹道:"刀疤黑一生杀人为业,岂料最终却被一个十五岁娃娃所杀!"然后七窍流血,毒发身亡。公子朔又将密室陈设焕然一新,广置竹简木椟,改为书馆,且门洞大开,一反常态,密室改作明室,偏偏邀人来访。

却说一日之间国君两子皆亡,朝野上下人心浮动,各种异说沸沸扬扬。卫宣公已经多日不朝,文武百官愈加迷惑不解,右公子职与左公子泄更是如同热锅上的蚂蚁一般,众皆束手无策。

这日清晨,卯时已过,一切如旧。管仲自言道:"需得逼得卫侯听政才好……"于是独自一人驰往卫宫,于宫门之外伏地大哭,声震四方。管仲一边痛哭,一边连连喊道:"二子被杀!卫侯申冤!二子被杀!卫侯申冤哪!"管仲情真意切,哭得连守门武士也掉下泪来。

早有人把消息报与宣公。宣公大怒道:"管仲!非官非爵之辈,一个身份卑贱的布衣之徒,胆敢狂呼宫门?哪里轮得上他为卫国公子申冤!来人,传寡人口谕——布衣狂徒,乱棒打走!"

内侍携两武士出得宫门。内侍见了管仲便冷冷道:"国君口谕:布衣狂徒,乱棒打走!"说罢一转身,两武士执棒便打将过来。管仲忍痛又喊,喊了几喊,终究抵挡不住,只得且喊且退。

"住手!"忽然有人大喝一声。管仲从地上翻转身,见是右公子职与左公子泄领着一群大夫前来。

左公子泄搀扶起管仲。右公子职道:"管子并非卫国朝官,面君多有不宜,权且退下休养。你心中之事,也是我们之事,我们来办!"管仲业已站立不稳,勉强行了一礼。早有仆人扶之退去。

右公子职率众大步踱至宫门，心有灵犀，似有号令，个个席地行礼，齐唤："国君！国君！"内侍惊慌而出，右公子职大声道："右公子职、左公子泄与朝中众文武恭请君上临朝听政！"唬得内侍手足无措，一溜烟入内禀报去了。

得知消息，卫宣公自语道："职、泄何必逼宫！事情总要有个了断，我正欲与诸卿一见。"当下命临朝议政。朝中大小官员无一缺席，另宣膝下诸子如公子朔、公子黔牟、公子硕等一并入朝。如此仪重，显然与立嗣息息相关。

卫宣公形容枯槁，气色甚是不佳，轻泣两声道："寡人一日之间连丧两子，忧心太过，以至于方寸大乱，望众卿见谅。"又道，"莘野盗贼猖獗，黑手竟然触到了卫国公子头上，实是可恨！寡人已命全力剿除。"

"国君！二公子岂是死于盗贼之手！乃是被人密谋杀害！杀二公子者，乃是公子朔也！"右公子职慷慨激昂，当下便原原本本讲述公子朔如何处心积虑诋毁急子，又如何阴蓄死士，谋划作乱，又如何莘野设伏，急子与寿子又如何死于非命等事，听得众人风云变色，满朝默然，众皆大骇。

而公子朔却静如止水，不慌不乱。待右公子职讲完，公子朔淡淡一笑，禀道："儿臣冤枉！右公子职本是世子之辅，今世子死去，所以职忧伤故主不已，而胡乱揣测儿臣。父侯明鉴。"

左公子泄道："公子朔包藏祸心，由来已久。朔早在府中私筑密室，蓄养死士。莘野所谓盗贼，实乃公子朔阴藏的亡命之徒，其中为首者，唤名公孙黑。此事管仲目睹，言之凿凿。"

卫宣公闻言道："私养死士，罪无可赦，朔儿你有何话可说？"

公子朔厉声应道："断无此事！左公子泄及什么管仲所说密室、死士，不知所云！儿臣清白之身，何故受此污蔑之语！父侯尽可搜查我府，若果其有之，朔甘当死罪！"

宣公允诺，当下派甲兵包围朔府，详加搜查。朝中众人静等，职、泄二人更是惴惴难安。须臾，有武官来报："公子朔府并无密室，只有后园廊下凿有地室，四壁堆满竹木简书，为修习之所。且门户洞开，府中人等出出入入，悉如平常。至于死士，如公孙黑等，更是半个也无。"

职、泄大惊失色，公子朔满面冷笑。

右公子职又禀道："有门客管仲，曾在朔府当差多日。此即人证，国君可召来问之。"

　　一提管仲,宣公立时火冒三丈:"哪个管仲!卫国朝堂,什么时候要召这种蝼蚁般的小人问话?寡人刚刚将此人大棒打出,难道还要我再以车马迎入吗?"

　　公子朔听宣公如此说,慌忙接道:"管仲此人,我不认得,我府邸从未有过此人。"

　　右公子职被诘,只好退而不语。

　　左公子泄道:"公子朔谋划周密,非一日之功。那园中藏书之所,想来必是密室改造而成;门下死士恐怕也皆已转移在外。捕得朔府心腹,详加盘问,必可水落石出!请国君……"

　　"你们这是要我再亡一子吗?"宣公不等左公子泄讲完,便捶胸顿足,号啕大哭,顷刻间泪如雨下,"不要再查了……急子与寿子死于盗贼便罢了,非要再查公子朔一个死罪,叫寡人三子并亡……三个儿子都死了,你们……你们才安心吗?呜呜呜呜……"

　　此语一出,吓得左公子泄慌忙伏拜于地:"臣岂敢,臣死罪……"

　　宣公仿佛没有听见,只是忍不住依旧放声大哭起来。老来丧子,其悲可怜!满堂众臣一片悲凉,右公子职与左公子泄也是面面相觑,再难启齿。

　　而公子朔面上假装悲伤,心中却是万分得意。公子朔抓住了卫宣公的死穴——即是宣公霸占了儿媳这桩心病。千古丑闻,人人知之,人人不敢言之!唯公子朔巧妙用之,假借宣公之手杀掉了急子,顺手也结果了寿子。莘野之祸,主谋者实乃宣公与朔父子两人!这一层朝野上下包括管仲在内谁也别想拿到证据!然而,这一层诸多有识之士也是心知肚明,只不过强装糊涂罢了。

　　满朝文武纷纷劝宣公节哀。宣公以袖拭面,喘了几口气,强打起精神,颤巍巍道:"世子急子已亡,国不可一日无嗣。寡人今日于朝堂之上……立……立公子朔为世子!寡人命不久矣,不日将长眠于宗庙,望众卿好生辅佐朔儿,振兴卫国社稷,光大……光大先祖荣耀……"宣公说完,便觉支撑不住,挥手示意退朝。百官躬身行礼。宣公在左右搀扶之下,呻吟不绝,口中喃喃唤着:"急儿,寿儿……寿儿,急儿……"便晃晃悠悠退入内宫去了。

　　立嗣消息霎时传遍卫国。管仲正趴在卧榻上医治背上棒伤,惊得一个猛子坐起,攥着拳头怒道:"终于让公子朔得逞了!宣公啊宣公,你筑台纳媳无耻于前,传位不肖失政于后,你枉为国君啊!卫国从此将分崩离析,大乱难平!"

数日之后晨晓时分，一阵怪风卷入寝宫，灯火皆灭。卫宣公又梦见夷姜、急子、公子寿三人齐来索命，惊得满床汗透，大呼一声："宣姜误我！宣姜误我！宣姜误我……"便浑身僵硬，气绝撒手而去！一代淫君寿终。时周桓王二十年，公元前700年，卫世子急子与公子寿一前一后死于莘野，卫宣公继之也病死，年仅十五岁的公子朔继位为君，是为卫惠公。

惠公继位之后，接连安插亲信，排除异己。首先将右公子职、左公子泄罢官，急子、公子寿原班人马也是或罢或免，大多弃之不用，卫国朝野上下敢怒而不敢言。诸多兄弟中，公子硕悲愤难抑，气恼不过，外出奔走齐国去了。

这些被贬人员虽然一时失势，但悄无声息之间形成了一股潜在暗流，皆欲诛灭惠公，为急子、公子寿报仇，只是未得其便，不得不隐忍罢了。

夜未央，一灯如豆，光滑的土壁上，两个身影不住晃动。右公子职正与管仲伏于几上感慨时局，议论一些江山兴废之事。忽见左公子泄破门而入，大呼："不好，宫里传来消息，昏君就要对管子下毒手了！事不宜迟，管子当火速出城，远离卫国！"

管仲一声长叹，想到自己这些年每每谋事，总是无疾而终，逃字作结，似乎苍天总是与自己对着干似的，不觉浑身上下一片悲凉。管仲眉头紧锁，苦笑道："我以公心骂朔为阴毒不仁之辈，彼以私欲视我为忘恩负义之徒，如今他君临天下，重权在握，岂能容我？"

右公子职道："大丈夫不争一时意气，来日方长。管子宜速去！"

管仲叹道："实是不甘心！然而，绝不枉死在这等小人之手！"当下收拾弓箭行囊等物，右公子职又赠送了一些盘缠。之后由左公子泄驱车送出城外，又走了三十里路管仲方才下车。夜色朦胧如烟，彼此情深意切，一株大槐树下，左公子泄道一声"千万珍重"，管仲接一句"后会有期"，两人躬身行揖，就此作别。

徒步没走多远，偶遇几户农舍，管仲胡乱借宿一晚，天明方又启程。走着走着，忽然想到此去前方三十里外，有一片茂林，便是急子、公子寿二公子坟墓的所在。毕竟有过一番主仆情义，加上此次离开卫国，不知何时再来，管仲越想越凄凉，于是便一路前去拜祭，也算是与故人辞行。

这里位于朝歌城之东南方向，地势起伏连绵如同山坡一般，老树丛生，野草疯长，遮天蔽日,漫无人烟,恍觉有虎豹豺狼暗暗潜藏。

管仲穿过密林,踏着若隐若现的荒径,来到其中新起的两座大冢前,这便是二位公子栖身之地。

两冢并立于平地之上,坟前依旧有一些零散的祭奠器物,周遭新生的野草十分鲜嫩,背后绕藤的老树异常茂盛。管仲红着眼眶,从背后箭囊中抽出六支箭,急子坟前插三支,公子寿坟前插三支,没有祭酒也没有祭肉,权且以箭祭奠二位公子吧。先拜急子,然后又拜公子寿。管仲立于公子寿碑前叹道:"管仲特来祭拜公子,管仲无能,有负于公子性命之托,既没能劝住急子前去莘野送死,又不能止住公子朔终究窃得权柄……此局博弈,二位公子身首异处,右公子职、左公子泄及诸多旧臣罢官赋闲,而管仲也落得个仓皇逃命! 我们死的死,躲的躲,逃的逃,唯有公子朔一人权倾天下,大获全胜! 哈哈哈哈……"管仲一阵冷笑,接着又道:"果然是乱世小人得志吗? 天道何在? 人心何在? 正义何在? 管仲不服! 不服啊——呵呵,我一个布衣小人,无荫无蔽,无官无爵,空怀壮志,四海飘零,不服又能怎样呢?"

管仲掬起一抔抔黄土,趋身朝坟头上添加。正徒自感伤间,忽然觉得有马蹄声远远传来。回头一望,见树木掩映之中,有一队战车正朝这里飞奔而来。管仲大惊,料想必是杀手追赶而来。原来卫惠公料定管仲逃出朝歌后,必来此地祭拜,早在林间暗布眼线,专候人来。管仲一到坟前,消息立时传入宫去,一批武士便疯一般赶来。

"必是昏君派来取我性命的,我管仲何惧!"管仲抖了抖手中的长弓,对林中一声长啸,撒腿向前就飞跑起来。身后那些紧追的武士一时间炸了锅,齐声吆喝道:"管仲休走! 快拿命来!"

管仲暗笑,心想二位公子死得冤屈,葬得凄凉,正好用这些助纣为虐的甲兵为其陪葬。管仲一边奔跑一边高呼,故意引得他们来追。此处地形有利,道路曲折,草木稠密,便于隐藏。管仲徒步一人足可以纵横自如,而对方驾着战车,多有拥堵,反而不利驱驰。管仲一边跑一边回头望,终于看个清楚:敌方共计四辆兵车、十二武士,除了驾车的驭人外,个个背负弓箭,手执长戈。正思量间,耳边风声忽响,管仲不由侧身一闪,刚刚躲过一箭。身后武士们狂笑欢呼:"放箭! 放箭! 射死他!"

"让你们开开眼界,见识见识我手中的管子箭!"管仲止于一株枯树背后,右俯身发一箭,左转身又发一箭,便有两人先后惨叫,从车上坠落草间,皆中心脏。这一下令狂放的武士们个个惊骇不已,纷纷发箭,拼命来追。管仲以树木为屏障,左躲右闪,如同敏捷的猿猴在林间前后跳跃,时隐时现,那些箭悉数落空。武士们只觉得道路狭仄难行,树木又总是遮挡视线,而管仲却是如鱼得水,神出鬼没一般。再一番较量,又有三人丧命。

管仲跑来跑去,始终在坟墓附近兜圈子,绕得那些武士晕头转向,个个叫苦不迭。而管仲则细心留意地形,何处高岗,何处深沟,大树小树,道路曲直,全部了然于胸。几圈下来,管仲移形换位,神鬼莫测,愈战愈勇,那些追兵则处处失利,斗志早丧。

待他们行至一块开阔地,却忽然发现管仲没了踪影,正恍惚间,几支利箭迎面飞来,又有三人应声翻落于车下。"见鬼! 此处有鬼!"其中一个武士大声喊道,竟然狠狠地将铜戈抛掉,又从车上跳下,躲在一边,惊惧之心溢于言表。另外几人也慌忙跳车,各自躲起。其中一个头领模样的人轻声命道:"此地道路复杂,不利行车,我们徒步捉拿管仲!"

十二追兵已亡八人,管仲心中窃喜。管仲藏在 ·丛灌木背后,不料一摸箭囊,空空如也!"糟糕!"管仲不由叫出声来。刹那间,那个头领也同时发现了这一幕。"管仲无箭了,在那边! 杀——"但见他一挥手,那四人便发起狠来朝管仲这边扑过去。

"得想个办法,不然必丧于敌手!"管仲心中暗忖,举目四望。

前面道路一个急转,转过则陡然化作一条羊肠小道直上高坡,那里右首是高岗,左侧则是一条深沟,如此地形管仲记得真切。管仲加步狂奔,急急绕过转角,然后一个急翻身便向左边沟中滚去。管仲滚落沟底,顺势躲进茂密的灌木丛中蜷缩起身体,屏息静气。后面四个追兵过了拐角,又匆匆追至坡顶,发现并无人迹,管仲早已踪影全无。

头领道:"管仲无箭,必是在这附近藏了起来。我们沿路搜寻,必可寻得!"其余附和。于是四人原路返回,用长戈戳戳这里,划划那里,四处搜查。

管仲躲在沟底草木丛中,听得几人一点一点逼近,兵戈拨草之声仿佛如雷震耳,令人不住发汗。管仲极力压住心跳,纹丝不动。当此非常时刻,谁想偏偏来了一条青花蛇! 那蛇细长如绳,于草叶间游来,昂起蛇头,对着管仲右腿,直吐长芯。管仲瞪着那蛇,缓缓挪动右腿试图躲避,青花蛇呼一下扑来,向管仲腿上猛地咬了下去,如同利刃穿骨。管仲咬牙强忍，额头满是冷汗，不敢有丝毫动作。

这当儿，管仲翻眼，听得头顶搜查之人似乎要走，却不曾走。须臾间，那蛇松口，大约是从未享受如此待遇，光滑的蛇身一个盘卷，抖抖精神，竟又向腿上扎下一口，管仲皱皱眉，咬咬牙，眼睛发黑，却不由自主露出半个傻笑来。

听得敌人的脚步声业已走远，管仲猛地起身，拽起蛇头就要捏个粉碎，又随手抄起一块黑石，要将这蛇砸成烂泥！但忽然间心生一念，指掌间便有了松动。管仲自笑道："青蛇啊青蛇，想来你也是谋生艰难，我与这条畜类何必过不去！人间毒蛇，管仲势必搏杀！至于草间小虫，权且饶你，快快逃命去吧！"说罢，将青蛇轻轻扬起，随意一抛。那蛇落于草间，翻滚几下，一晃就不见了。

腿部隐隐作痛，管仲撕下一条衣襟，将之包裹缚好，而后忍痛爬上沟来，依着来路，悄悄寻到急子与公子寿的坟边。坟前插的六支箭还在！管仲大喜过望，拔箭入囊，便躲于坟后静等起来。

大约过了半个时辰，那四人果然寻到这里。坟前是一片空地，那四人又都是虎背熊腰，身躯高大，恰同箭垛一般。管仲于急子坟后连发两箭，有两人应声倒地，而后一个虎跃，藏于公子寿坟后再发两箭，一人惨叫中箭，一人胡乱躲开后，拔腿就跑。管仲追出来，挽弓再发一箭，那人哀号一声，后心中箭，倒在一条葛藤上，挣扎几下就不动了。

四人已亡，而管仲手中尚有余箭一支。

收拾完毕，管仲对着二位公子的坟头再揖再别。荒林中，两座高矗的黄土坟冢分外入眼，仿佛两兄弟避身尘外，携手无言。又见三个武士横尸碑前，血迹未干。管仲不由想到诀别之夜，急子、公子寿与自己舟中饮宴之景。彼时情深义重，铭心刻骨，如今早已人鬼殊途，茫茫一空！一种凄凉之感扑面而来，令人寒透，管仲不住摇头，不忍再看。

管仲黯然离去。荒林漠漠，鸟雀无声，管仲忘乎所以，信步而行，只朝着前方有路的方向悠悠走去。日落西山，晚霞殷红，更衬得林中沉闷异常，管仲走着走着，忽然放出一阵哭声，哭了又笑，笑了又哭，末了时断时续、高声缓缓吟道：

二子乘舟,泛泛其景。愿言思子,中心养养!

二子乘舟,泛泛其逝。愿言思子,不瑕有害!

天色暗了下来……

第八章　临阵退缩

天下之大,哪里才是我的去处!

别了二位公子,出得荒林,管仲沿着大路向南行去。平野空寂,斜阳如火,几只倦鸟远远地掠地而飞,不住哀鸣。天地悠悠,一片清冷,似乎没有半点人间烟火!管仲一人独行,说不尽的孤单落寞。想到一年之前,受萧大兴相助,本欲到宋国谋个出身,不想最终却落了一个"贼子"的名声!辗转来到卫国,淇水之林偶遇卫侯公子,以为如鱼得水,可以展翅高翔,谁承想却是飞蛾扑火——先投公子朔,公子朔竟要杀我;又投公子寿,公子寿却弃我而死掉了;再投世子急子,急子也弃我而升天了!天!……天莫不是要捉弄我?管仲越想越悲,欲哭无泪。想到自幼胸怀大志,满腹经纶,自诩为盖世之才,如今已到而立之年却始终毫无建树,行商贩货差点将鲍叔牙家资败尽,从仕两次均以狼狈逃命而终,十年之间,于郑国、齐国、鲁国、楚国、随国、宋国、卫国之地,辗转漂泊,如风飘白絮,如水逐青萍,空耗岁月,到底碌碌无为,一事无成!真要羞死!真要闷死!真要气死!真不知何时才能吐气扬眉。……不敢再想,管仲一时心痛难挨,不由得捂住胸口。

心痛未已,身痛又来。一时走得急,加上胸中满是郁气,竟忘了右腿上还有蛇伤,这会儿发作得厉害。管仲踉跄一阵儿,再也坚持不住,扶着道边的柳树坐下,撕开伤口,凝神一看——那块肌肤已是乌黑,又散发着怪味。"糟糕,有毒。"原来是被毒蛇所咬!好在那是条小蛇,毒性不烈,所以过了一个时辰毒性才发。

管仲暗自叫苦，此时最好马上就医，然而逃亡途中，哪里可得医者？此处荒野，不见人烟，除了我自己还是我自己！管仲四处张望，见前面不远处有一片洼地，林木茂盛，隐隐透出流水之声。

管仲忍着疼痛，振作精神，一步一步赶到洼地，然后又穿过几棵挂满藤条的老树，不由眼前一亮，果然是一条蜿蜒流淌的小河。趁着黄昏余光，管仲俯身从河中将水袋装满，又就近采摘了一捧蒿草，用水淘洗干净，然后捡些枯木，折些树枝，于河边燃起一堆火来。

火焰升腾，夜幕降临。管仲坐在火堆前，拔出腰间短剑慢慢烧热，看着火候已到，对着伤口上的黑肉，猛一下就扎下去！疼痛难忍，管仲不由得一声惨叫，这才想到应该咬着东西才是。管仲顺手抓起身边的蒿草，嘴里塞得满满的，用牙咬实，就又开始用剑挖肉。一寸一寸，一分一分，眼睁睁看着自己的血肉被手中的利刃从腿骨上挖出！待最后一块黑肉挑出，管仲觉得虚脱一般，剑从手中滑落，人也晃了一下险些倒下。管仲用手撑一撑草地，瞪着眼珠子又直直坐起。一边大口咀嚼着蒿草，只可惜唾液太少，一边打开水袋，用清水一遍一遍清洗伤口。每洗一下，便如同又割一下。待到洗净，蒿草也已嚼烂，吐出敷在伤口，铺得平平展展，又撕下几条衣襟，里里外外分三层包扎妥帖。这种黄河流域随处可见的蒿草，有清热解毒、止血凉血的功效。管仲博学，这种草药之方早已烂熟于胸。

诸事完毕，管仲只觉得眼前一黑，再也坚持不住，伏在火堆边上就什么也不知道了。

次日拂晓，清脆的鸟鸣和着潺潺的流水声唤醒了管仲。昏睡了一夜，腿伤果然好了许多，身上也似乎生出力气来。火堆早已熄灭，黑色余烬的边上，放着昨夜用剩的一把蒿草。那蒿草被露珠浸了一夜，愈发显得绿莹莹的，闪着清光。管仲起身，望着蒿草笑道："蒿兄，有劳你了，感激不尽。"又望见河水翻卷着细浪，缓缓淌去。"此地还在卫国，恐怕昏君的杀手还会再来，我当快快离去！——去哪里呢？家是不能回的！——鲍叔牙！唯鲍兄那里是我去处！"管仲想着，不敢逗留，到河边捧水洗脸，又简单整理一下破烂衣衫，就匆匆上路了。腿伤依旧隐隐作痛，但咬咬牙忍着，还是可以正常行走的。

颍地鲍家。鲍氏兄弟刚刚从宋国行商归来，在庭中与家人谈笑风生，正要开始食用豆饭，忽然听得门外有人高喊："开门！开门！"声音甚急，但明明有气无力。鲍季牙应声而去,却被鲍叔牙一把拦住,道:"四弟,我去。"

家门打开,管鲍重逢。鲍叔牙见是管仲,大喜过望,满面春风乐道:"哎呀兄弟,怎么是你? 你不是去卫国了吗?"

管仲斜着身子靠着,虽然面无血色,却依旧难抑笑容:"他乡千万好,不如故土有鲍兄! ——天幸鲍兄正在家中!"

鲍叔牙大笑道:"君走之时我未走,君来之时我刚来! 世间默契,无过于你和我! 呵呵呵呵……"

管仲嘴角满是笑意,却渐渐睁不开眼睛,又一句"鲍兄",身子一软,便倒在地上。连日逃亡,又带着腿伤,早已筋疲力尽,只是不得不硬撑而已,如今见了鲍叔牙,心神一松,便倒下了。

鲍叔牙只顾高兴,这时才发现管仲带伤,慌忙扑过去扶住管仲,又喊来鲍仲牙、鲍季牙帮忙,将管仲抬入自己的寝室。

见到鲍叔牙,管仲一直悬着的心方才放下,于是安心昏睡了两天一夜。醒后食用了一些粟米粥,到庭中又望了一会儿太阳,就又睡去。如此调养了三五日。其间鲍叔牙寻医问药,悉心照料,管仲慢慢恢复了元气。

这日午后,喝完半碗药汤,管仲自觉康健如初,忽然来了兴致,找鲍叔牙来畅谈。管仲直起腰,半坐于榻上。鲍叔牙索性盘腿坐在管仲身边,一张口就滔滔不绝:"兄弟呀,这几日可把我憋坏了。你得静养身体,本不敢打扰,然而你在我身边,我就忍不住要扰一扰! 这一年,你在哪里? 到底发生了什么事? 谁欺负你了? 你这腿伤怎么回事? ——唉,好在已经处理过了,这伤没什么大事。"

管仲听得暖意融融,正想说自己在卫国的遭遇,可话到嘴边却又无从张口,只喃喃道:"卫国空跑一年,一无所获,不小心还被毒蛇咬了。不说也罢。"

鲍叔牙道:"不说也罢,不说也罢。那你听我说。兄弟啊,你走这一年来,我们郑国天翻地覆,接连发生了许多惊天动地的大事情! 我一桩一桩说给你听。这第一桩,国君郑庄公逝世了!"

"什么……郑庄公!"管仲大惊。虽然始终未能谋面,但在管仲心中,郑庄公是东周列国冠绝当时的第一雄主,今骤然归去,如星陨落,令管仲有英雄同悲之感。

"可不是嘛，听国人相传，最近两年，庄公身体每况愈下，至去年夏天便撒手西去了。"鲍叔牙继续道，"郑庄公生子十一人，正所谓虎父无犬子，诸公子个个皆非等闲之辈，其中子忽、子突、子亹、子仪四位公子更是才智不凡，不同凡响。尤以二公子子突更显雄强，其志不可量也。传言子突最具庄公风范，庄公临终也有传位子突之念，无奈长子子忽早已被立为世子，国人信从，君位当传嫡长。知子莫若父，为防止兄弟间因为君位而争斗，庄公生前早将子突外遣，安置在宋国，死后即传位给世子子忽。"

时周桓王十九年，公元前701年，郑庄公病逝，长子子忽继位，即郑昭公。

"然而，目下郑国国君并非郑昭公，却是郑厉公！厉公者，公子子突也！这就是郑国的第二桩大事了。却说子突生母雍妃，名曰雍姞，乃宋国赫赫有名的雍氏之女。郑庄公安置子突的宋国，乃子突母舅之国。天下之事往往山穷水尽，柳暗花明，却说宋庄公偏爱雍氏，爱屋及乌，欲要助雍氏外甥子突复国夺位，便招太宰华督商议……"一提到"华督"，管仲立时想到当年在宋国就是被此人算计，而被污蔑为贼子，陡然间一脸阴沉。

只听鲍叔牙又道："恰好我郑国卿大夫祭仲出使来到宋国。华督献计说：祭仲乃郑国第一权臣，郑庄公之后，操郑国权柄者，必是祭仲。可以助子突复国者，也必是祭仲！于是借祭仲入宋，华督与宋国南宫长万将军暗设伏兵，将祭仲秘密拘押，囚于内府，要祭仲回国举事，废掉昭公而改立子突为君。兵戈架于项上，性命只在须臾，不容祭仲不从。次日，宋庄公、祭仲、子突三人歃血定盟：外仰宋国，内赖祭仲，共同成就废忽立突之事。功成之后，子突继位为君，国政尽委祭仲，同时为了酬谢宋国，宋庄公索要郑国三座城池，并白璧百双，黄金万镒，每年输谷三万钟，这些条件，子突也一一应允。后来，祭仲回国后发动政变，因其势力强盛，满朝文武无不畏惧，不费吹灰之力，便废了昭公，改立子突为君。可怜昭公继位不足三月，王位还没有坐热，就被自家兄弟阴谋篡了江山，一个人孤零零出奔卫国去了。"

"乱臣贼子！"管仲拍案道，"当今天下，乱臣贼子何其多！宋国华督，诬我为贼的华督，是一个真真正正的国贼！贪恋魏夫人美色，为一女子而妄动干戈，杀孔父嘉，杀宋殇公，把个宋国搅得一锅粥！自己乱也就罢了，如今又将贼乱引至我郑国！华督之罪，当万死而不赦！废嫡立庶之举，乃祸门洞开之道，从此郑国将无宁日！庄公开创的宏图霸业将付之东流，郑国国势必会由强转弱！凡此种种，皆从今日之郑厉公始！"言罢，管仲忽然觉得郑厉公与卫惠公十分相像。两人均以庶子身份，非常手段，一前一后抢了嫡长兄的君位！这个郑厉公，会不会也是卫惠公那种阴险毒辣的角色？

郑厉公子突，虽是郑庄公的二公子，然而自幼抱负不凡，其才其智胜于兄长子忽十倍，常有窃据大位、继承庄公霸业之志。庄公聪明绝顶，岂能不知，所以将其外遣宋国，也是为了避免二子将来手足相残。可惜事情终究还是发生了。子突能够顺利继位为君，外盟靠的是宋国，内援方面，祭仲功不可没。然而子突心中最厌祭仲。其中恩怨由来已久，两人皆是郑国第一流的聪明才俊，彼此难免不容，日子久了，就渐渐地心生芥蒂。有一次，偶遇周朝太卜为子突卜卦，言道："子突一生犯二，成也是二，败也是二。"并留下八个字的谶语："二仲二克，二起二落。"天机不可尽言，子突迷茫不解。因为谶语中有"仲""克"二字，子突一直以为是祭仲冲克自己，于是更加反感。不承想，今日却得祭仲相助而执掌国柄，真是天意不可测。

鲍叔牙听了管仲之言，赞道："兄弟高见。传言郑庄公死前曾叹道：郑国自此多事矣！不想未出三月，便已应验。却说厉公子突继位以来，因为有重臣祭仲辅佐，仿佛国人均已信服。然而……昭公出奔卫国，子亶出奔蔡国，子仪出奔陈国，诸公子心怀不平，暂且潜伏一方，以后变局恐怕依然难以预料！"

鲍叔牙又道："一波未平，一波又起。厉公刚刚继位，就发生了郑国的第三桩大事情。说来十分有趣！当时宋国胁迫祭仲时曾有约定：待子突回国继位为君，郑国将割让三座城池给宋国，并奉上白璧百双，黄金万镒，每年输谷三万钟，以为酬谢之礼。子突夺权心切，当时也果断答应。不想，郑厉公当上国君不出三天，就收到了宋庄公的国书：一是祝贺厉公当国，二是索要三城及黄金、白璧和粟谷。这个宋庄公，也太心急了吧！养一头肥猪还需要一年呢！"

管仲忍不住哈哈大笑："天下奇闻！一国之君如此贪财，与市井走卒何异？当今窃据高位者，非是豺狼，即蠢猪耳！哈哈哈哈……"

鲍叔牙也放声大笑，又道："厉公初掌郑国，如何肯割让城池？宋国索要之物，如果悉数奉上，郑国国库岂不空虚！厉公勃然大怒。祭仲鉴于厉公初立，人心未定，于是献上虚与周旋之策。遣使先贡上白璧三十双，黄金三千镒，又贡上粟谷两万钟，聊表谢意。谁知宋庄公并不满意，非要交割三城。至此，祭仲又献策求助于齐国与鲁国。郑齐鲁一向是盟国，祭仲希望齐侯、鲁侯出面调停，以息事宁人。

郑使来到齐国。齐僖公以郑国废嫡立庶败坏纲纪为由，拒绝援手。郑使又来到鲁国,鲁桓公倒是愿意慷慨相助。不久,鲁桓公与宋庄公于扶钟之地相会,只是可惜了鲁桓公的一番热情,无论他如何为郑求情,始终遭到宋庄公冷冷拒绝。宋庄公誓要郑国土地,不得三城,绝不罢手! 鲁桓公颜面扫地,悻悻而归。此乃一月之前事情。不知此事下面将如何收场。唉,倘若郑庄公还在人间,宋国焉敢如此放肆……"

"不好!"管仲打断鲍叔牙,紧锁眉头道,"事情大大不妙,郑国恐有战事发生!"

鲍叔牙一愣,也变得异常紧张起来,他素知管仲深谋远虑,见微知著,言必有中。当下问道:"何以见得?"

管仲答道:"金玉谷物不足挂齿。土地城池,国之本也,岂可轻易拱手让人! 厉公在宋一时应允,乃为形势所迫;如今做了一国之君,必有悔意。这位厉公,最具乃父雄强之风,岂会懦弱从事? 而宋庄公贪得无厌,步步紧逼,今又扫掉鲁国颜面,是自绝于诸侯。时不我待,阴阳逆转,天下人必讨宋而不怨郑,战事一触即发!"

管仲又叹道:"狼烟风起,生灵涂炭! 王侯公卿只图一己私利,如何管得了芸芸众生! 宋国如华督者,如宋庄公者;郑国如祭仲者,如郑厉公者;卫国如宣姜夫人者,如卫惠公者,比比皆是! 实在令我辈痛心!"言罢,以手轻抚腿伤。

鲍叔牙见管仲显然是想到了卫国往事,于是追问道:"宣姜夫人如何? 卫惠公如何? 兄弟在卫国可是遇到了伤心事……"

管仲苦笑道:"伤心事? 鲍兄不知,我险些命丧卫国。"鲍叔牙惊慌失色。管仲于是侃侃而谈:如何于淇水岸边偶遇卫国公子,如何成为公子朔家臣,如何又辅佐公子寿,如何又来到世子急子身边,以及卫宣公如何霸占儿媳,宣姜如何美艳又如何自私,公子朔如何招募死士如何夺权,公子寿如何大义赴死,世子急子如何争死,自己如何被追杀,如何逃亡,如何解蛇毒等事,一一道来,听得鲍叔牙惊心动魄,面如土色。

鲍叔牙平生刚直,最是敬重守节死义之士,有感于急子、公子寿前后亡于莘野,当下赞道:"公子寿替兄而死,急子为弟而亡,此二位公子乃卫国贵胄,如此重情重义,真乃贤者之风!"

门外有一人也叫出好来。管仲与鲍叔牙一回头,见是鲍仲牙托着一只竹笾走了进来,边走边赞道:"好个卫国公子啊!"竹笾里面盛了满满一堆的梨子,正要拿进来与管仲吃,听得两人讲到卫国故事精彩处,于是就忍不住停下脚步听了几耳朵。

谁知管仲却义正词严道:"非也! 急子乃卫国世子,子寿亦是储君人选,所谓在其位则谋其政，当以国家社稷为第一要务；然而，二公子不思社稷安危，家国兴盛，反而因为一时意气而枉送性命，此乃因小失大，愚蠢之举。人之所贵在我有命，我命不存，一切枉然！岂可不惜命？急子、子寿不过匹夫之仁，非是大丈夫所为！更非贤者！"

此语一出，鲍仲牙再也听不下去。自从管鲍合伙行商以来，他对管仲早有成见，尤其南国黄吕之行，管仲将鲍家钱财赔个精光之后，更是有断交之念，只不过碍于鲍叔牙的脸面，勉强忍住罢了。鲍仲牙尤其看不过管仲终日碌碌无为，无一事可圈可点，却又总是口出狂言，动不动就以大丈夫自居，俨然一副王侯面孔。当下昂首慷慨道："大丈夫，大丈夫……大丈夫！天底下只有管仲一个大丈夫！急子、子寿出身侯门，甘愿为兄弟情义抛弃富贵，抛舍权柄，抛舍性命，如此大义之人，天底下还有哪个可比？此真乃第一大丈夫！当然了，还是比不过管仲的！管仲何等高明：南阳贩枣被人辱，齐国贩布一场空，南方贩金险丧命，个个一顶一的好！不久，南下宋国，博了个贼子的名号；又不久，北上卫国，又被一条毒蛇咬了！——这就是管仲自诩的大丈夫！呵呵呵呵……"

鲍叔牙厉声道："兄长，不可胡言！管仲乃我朋友，正在我家中……"

"不！就让我也狂言一回——此非大丈夫，我看应是败丈夫！行商有三败，从仕又二败，名曰五败丈夫！呵呵，五败丈夫，五败丈夫……"鲍仲牙气不过，竹筒倒豆子一口气将胸中怨气倾泻尽，然后将梨子重重摔在榻上，头也不回就走了。

鲍仲牙竭力挖苦管仲，言语未免过于刻薄。后来，管仲常被人戏称为"败丈夫"，由今日之"五败丈夫"直到"九败丈夫"，便是由此发端的。

鲍叔牙气得忍不住，一时又无语，就要举起盛梨子的竹笾摔掉，却被管仲一把夺住，拉扯着按坐到榻上。管仲取一只梨子咬了一口，笑嘻嘻冲着门外道："甜！多谢仲牙兄赠梨！"

管仲谈笑风生，视方才仲牙之辱如同若无其事一般，嚼了几口梨子，续着原题道："如何不是贤者？鲍兄不知：卫公子朔继位为君之后，大肆排除异己。原班老臣皆被罢免，其中重要人物右公子职、左公子泄赋闲躲避，而公子硕气愤不过，也外出奔走齐国。此一幕，与今天我郑国昭公奔卫，子亹奔蔡，子仪奔陈，如出一辙。诸公子之争才刚刚开始，卫国与郑国骨肉拼杀之惨剧，不久之后将是你方唱罢我登场，一幕更比一幕强！我的鼻子，早已嗅到血腥之气了。"

鲍叔牙惊诧，半晌一声长叹道："周以礼治天下，这个天下怎么就到了今天这个地步！似这种骨肉相残的公卿,要他何用?"

两人陷入沉默。管仲呆呆出神,半晌应道:"时势巨变。今时之势,仿佛江河决堤,洪流肆虐,人与鱼鳖共遭殃。束水复原已无可能,当顺应其势,聚集人心,因势利导,重新布局天下之道!此等历史重任,非大匠巨子不能为之!"

…………

几天后,管仲生龙活虎,康健如初。一想到前途命运,便又犯愁。鲍叔牙劝他回家看看母亲妻子,管仲直摇头。如此落魄回乡,有何脸面面对桑梓父老?鲍兄虽好,而鲍家终非长留之地。为着养伤,管仲不得已暂时于此栖身。鲍家三兄弟,鲍叔牙待管仲情同手足,始终如一,不过鲍仲牙、鲍季牙多有不容,常有奚落。何况鲍氏常年游走行商,不多时又不知要走去哪里。

这日,见鲍家兄弟出了门,管仲更感到心中烦闷,便辞了鲍公,独自一人出游。

晴空万里,天地常新,走出来,管仲只觉得长舒胸中一口闷气。信步闲游,不觉间来到颍考叔庙,管仲三拜三揖。出了庙,又来到颍二酒家,掌柜的笑吟吟迎道:"管先生,有一年没见着你了呢……怎么样,老规矩?两缸糙酒一碗青豆?"

管仲不语,只微笑点头。

临窗一席,管仲坐定。窗外一片晴空中,独见一条游丝般的云絮悠悠飘浮,如一条大白蛇长卧于荒泽之中。管仲举起酒缸豪饮一半,又拈了两颗青豆细细嚼起,却不知其中滋味。管仲不语,想东想西,想南想北,想荒野独步,想钟鸣鼎食,想白旄佩剑,想一城繁华,想战车万里……也不知想了多少时辰。

半梦半醒之间,肩头被人用拳一击。管仲回头,见鲍叔牙一边侧身入席,一边乐道:"我就知道你在这里!呵呵,又是两缸酒一碗豆!——店家,再上一碗鱼脍,一缸糙酒,一豆芥酱。"

管仲道:"我敬鲍兄。"两人对饮。

鱼脍、糙酒、芥酱端来,鲍叔牙用芥酱蘸了鱼,连吃几大口,道:"兄弟只要来到颍二酒家,必是饮闷酒。我知兄弟素有大志,只不过当下时运不济。经商不成,可以从仕;从仕不成,可以从军嘛!大丈夫闷得什么!——兄弟,我正为'从军'二字而来!我从新郑归来,见城中张贴征兵告示,国君正在扩充军队,兄弟为何不去一试?凭兄弟的射术,做一个车左绰绰有余！日后建立军功,自然有一个好前程！"

管仲惊道:"征兵？不好……莫非郑国与宋国要开战了？"

鲍叔牙道:"也许应了兄弟几天前的预言。我是最厌恶战争的,可是这列国天下,哪一天没有战事！郑、宋开战就开战,乱世出英雄,正好给我兄弟一个机会。"

"鲍兄取笑了。"管仲道,"但从军,正合我意！射术何足道哉,管仲也曾熟读兵书,希望可以派上用场。"管仲正为下一步犯愁,不想鲍叔牙却送来了方向,可谓正中下怀。

鲍叔牙道:"我老鲍一直对军营神往不已,恨不能与你同去！怎奈我人在商道,身不由己。这几日仲牙、季牙正商议前往齐国走一趟,看来你我兄弟又要作别了。"

"但愿有朝一日,你我兄弟可以并肩作战,驰骋万里！"管仲道,"管仲养伤,全赖鲍兄照料。鲍兄情义,他日容报。你我共饮此酒,各奔前程！"

两人痛饮,至黄昏时方回。

次日天明,早饭后,管仲整理行装,辞别鲍家,奔新郑而来。

因为宋庄公贪赂,郑宋矛盾愈演愈烈,大有一触即发之势,郑厉公不得不扩军备战。新郑军营外来了许多应征之人,有不少是居住在城外的野民。此次扩军事发突然,入伍审查十分简捷,只经过简单的登记与询问,管仲便顺利入伍。只是并非做了操戈的武士,而是被分配做了负责养马的圉人。管仲无奈,只摇头苦笑。

偌大的兵营里,管仲随着圉师穿过一重重营帐,来到了后方的马厩,被指派负责一匹驽马。不几日,又新来圉人二三十人。圉师每日分早晚两次授课,召集大家传授养马之术,管仲心灵手巧,一言过耳即得精髓。不久,圉师指派管仲负责两匹驽马,又过不久,改换负责两匹良马。未出三个月,管仲就由圉人升为圉师。管仲养马,神养一般,再瘦弱的马匹到了管仲手里一定膘肥体壮,惹得营中众人啧啧称赞。

除了养马,管仲无师自通,竟然自己琢磨出了一套医马之术,而且屡试不爽,连军营里专门负责医马之事的巫马也羡慕不已,赞管仲是个"马儿通"！此事引起了一个人的注意,此人名叫朱毅,担任校人。校人,周朝时期军营中专门负责马匹的官员。圉人、圉师、廋人、牧师、巫马、趣马等均属其下属。

军营东南二里,有一处巽湖,水草丰美,是牧马的好去处。这日午后,管仲坐在巽湖岸边一块石头上,正看着一群白马吃草。湖光映射着马儿油亮的鬃毛,仿佛一片雪光。

"管圉师,管圉师! 校人有请,快快回营!"有人匆忙来报。管仲见了那人,询问几句,就脚底生风,火速返回营中。

校人帐前,木桩上拴着一匹不住喷鼻子的枣红马,有巫马、下士、医者等七八人围绕着朱毅,正在焦躁争论。见管仲到来,朱毅抢前一步,焦急道:"管圉师,救命!"管仲惊诧不已。朱毅急急道来。原来军中师帅的驾车马匹生了一种怪病,送到朱毅这里已经医治了五天,始终不见一点好转。那师帅脾气暴躁,又视宝马如同性命一般,当下发出狠话,限三日内医好那马,如若不然,立斩朱毅之头。众人均束手无策,情急之下,朱毅忽然想到了"马儿通"管仲,于是病急乱投医,见了管仲可不如同见了救星一般!

"原来如此。朱校人不必焦急!"管仲一边说,一边围着那匹枣红马上下打量。朱毅道:"此马毫发无伤,就是不食料,每日里只喝一槽底的水,自然马蹄乏力,如何快跑? 哪里上得了沙场? 有时候还会狂躁,仿佛被乱鞭子抽得疯了一般。营中巫马使尽浑身解数,草药也用了不少,可这马就是始终不吃草料,急死我了!"

管仲摸一摸马腹,感到烫手,问道:"马儿狂躁之时,是不是正午时?"

"对对,连续几天都是午时躁动!"身边两名巫马抢着答道。

管仲笑道:"午时者,火也。如此,我有一法,无须草药,只要借用军中寻常一物,便可以医好这马。"

"军中何物?"朱毅问。

"一支箭。"

"你要箭做什么?"朱毅惊诧。

管仲道:"天下万物,不过五行。马者,五行属火,乃是火畜。马之体内阳气高亢,气血燥热,所以可驰骋千里,至死方休。此马外看无伤,然而马眼发红,通体发热,此必是体内燥火太过,热毒攻身,以至食欲消退,机体失常。此时再用寻常药物喂马,逼马食料,无异于火上浇油! 取一支利箭,刺破马蹄放出血来,使马体内的燥火宣泄出去,则马病不治自愈。"

"什么? 放血! 从没有听过如此医法! 一匹病了的马,如果再失血,这不是找死吗?"

"管仲只是圉人,只可以养马,医马之说,全是胡言!"

"师帅下的是死令！如此放血,一旦马死,校人是要殉马的！不可不可！"

众人一时慌乱无措。管仲冷冷地一言不发,全然不理,只对着朱毅施了一揖。

朱毅也是六神无主,不知所措。然而除了管仲之法,谁人还有医马之术？当下一咬牙,狠下心来道:"我信管仲！取箭来！"

管仲得令。待箭取来,刺破那马的右前蹄,又轻轻揉搓,马血便如硕大的汗珠砸了下来。用陶豆接住马血,足足接了满满一豆,管仲叫停,敷了一点止血草,用白布包好。管仲拍拍双手道:"不出三日,此马必好。"

朱毅看得胸中怦怦乱跳,仿佛放的是自己的血。众人个个目瞪口呆,一片茫然,又将信将疑,都替朱毅捏了一把汗。

奇哉怪也！谁也不曾想到,仅仅过了一天,那马就如同往常一样食料了,而且午时也不狂躁了。朱毅大喜。三日期满,马儿健硕如初。朱毅不但捡回了一条命,还得到了师帅大人诸多赏赐。朱毅叹道:"管仲有神术,我当重谢！"

朱毅专邀管仲一人到自己帐中,入席坐定,痛饮一爵。朱毅道:"此一爵酒,感谢管圉师救命之恩！"

管仲道:"雕虫小技,校人不必放在心上。其实我只是从家藏书简中读到过一段马论,有感而发,临时决策,却从来不曾用过。我也为大人的头颅担心不已哪！"

两人都忍不住大笑起来。朱毅道:"我早看出管子非等闲之辈,才学见识过人一筹,整个郑军中也是罕有的！管子啊,你怎么来这里养起马来？"

此话问到了管仲的痛处。一时伤痛太多,不知从何说起。两人又饮一爵,管仲叹息道:"无他。听说新郑正在招兵,我素有驰骋疆场之念,于是便来应征。管仲自信箭术可以百步穿杨,本以为到了军中可以登上兵车,做一个主射的车左,以后好跟随大军纵横捭阖！不承想被发到这里做了一个圉人。呵呵呵呵！"说完苦笑。

朱毅大惊:"原来如此！如此人杰岂可碌碌于马厩之中！此事全包在我身上！"管仲抬起头来,眼中放光。只听朱毅又道:"管子不知,你所医枣红马的主人师帅大人麾下共有五旅兵马,将近三千人,皆是郑国精锐之师。五大旅帅中,有一人名叫朱赫,正是我的同胞兄长。十年前,我们兄弟同到军中,我心软,看不得打打杀杀,只好养马。倒是我那兄长,勇猛好战,屡立军功,从小卒升到伍长,又升到司马,又升到卒长,如今终于做了师帅大人帐下的旅帅了！——此事我来周旋,可保管子到旅帅帐下做个武士,以后有的是建功立业的机会!"

管仲大喜道:"求之不得！感谢校人美意,容我日后报答!"

朱毅笑道:"你我之间说什么谢字！救命之恩该怎么谢啊?!"

两人大笑,开怀畅饮。管仲又询问了一些军容军纪、近年战况,朱毅一一道来,管仲牢记于心。

三日后,朱毅领着管仲前往朱赫的大营。果如朱毅所说,真乃郑国精锐之师！但见营盘有章有节,军容严肃规整,校场上操练的武士左手持盾,右手操戈,进退有序,个个勇猛,喊杀之声震人胆魄,黄色的烟尘里,管仲一边走一边看个不停。朱毅问道:"如此威武,我大哥带兵,厉害吧?"

管仲答道:"颇合兵法。但还不够。"

朱毅一怔,只笑笑,也不再说。

守卫传报,两人入了大帐。管仲望见后帐摆满弓箭盾戈,有一人端坐于黑几之前,身穿甲衣,手握宝剑,粗眉大眼,面黑如炭,目光中似乎藏着冷电,令人不寒而栗。此人必是朱毅的兄长朱赫了。管仲心中暗道:"朱毅文相,朱赫武相,一母同胞,怎有如此天壤之别?"

两人拱手行揖。朱毅道:"兄长,这就是弟弟举荐的管仲,现为我营中围师。兄长,管仲……"

朱赫伸手拦住,扯高嗓门道:"军中只有武士,没有兄弟！什么都不用说了。这个人留下,自即日起,便是我帐下一名武卒——听说你很有两下子,只是可惜啊,呵呵,和我兄弟一样,白面书生,太俊俏了……"

朱毅急道:"旅帅大人,管仲善于骑射,有百步穿杨的绝技,倘若担任车左,更能为军中效力。"

朱赫火道:"车左乃军中要职,非武士出身不可！管仲野人,初来乍到,岂能坏我军纪？休要再啰唆!"

朱毅又要求情,只见管仲咳了一声,示意打住,向前迈一步道:"管仲谨遵旅帅之命。"

朱赫威风凛凛道："将你划拨在丙字卒中,找卒长报到去吧。国有国法,军有军规,愿你好自为之! 午后校场练兵,休要耽误!"

于是便如此安置下来。朱毅悻悻的,心中不快。管仲却乐道："旅帅治军严明,是个不可多得的将才! 管仲乃野人一个,自然应从武士做起,旅帅当年不也是武士吗? 校人勿忧。"两人就此作别。管仲由此开始了军旅生涯。

执盾操戈,校场操练,每日里汗流浃背,腰酸腿痛。管仲毫无怨言,比一般士卒更加刻苦,深得卒长嘉许。

练兵间隙,管仲常常对着兵车发呆,观察良久后在一块四方白布上画了一幅《兵车图》:车轴、车轮、车辕、车厢、车饰以及马匹配置,无不精细入微,仿佛是一幅兵车制作样稿。又画了幅《一乘图》:居中有兵车一辆,配有战马四匹。车上有甲士三人,御者居中,一边是车左射箭,一边是车右挥戈。兵车左右设步卒七十二人,车后又有二十五人。这幅一车四马一百卒的兵马图样,正是春秋时代一乘兵车的标准配置。彼时以车战为主,乘者,辆也,国家军事实力的强弱,均以车乘数目的多少来衡量。所谓千乘之国,便是兵马众多的大诸侯国。

再后来,管仲又画了一幅《鱼丽阵图》。十几年前缟葛之战时,郑庄公击败周桓王所使用的鱼丽之阵,始终是管仲心中的一团迷雾。此次练兵休息期间,管仲处处向老兵请教,终于弄得一清二楚,并将这种布兵阵法画出了图形。图成,管仲不由赞叹:"鱼丽之阵精妙绝伦,郑庄公不愧一代枭雄!"

军营里出了一个爱画图的怪人,众人皆视为异类,议论渐多。有赞的,有贬的,也有骂吃饱撑着的,此事慢慢传入了朱赫的耳朵。而管仲依旧我行我素,丝毫不为外界所动。

这日操练盾牌阵结束,其他兵士都躲进帐篷中睡觉,唯见管仲洗洗热汗,躲在树下一辆破车前,靠着硕大的车轮,掏出怀中的《鱼丽阵图》揣摩起来。不想朱赫带着两名随从出来视察军营,无意间走到这里,而管仲浑然不觉。朱赫诧异,高声叫道:"管仲!"

管仲惊醒,惊慌失措,慌忙起身,手中攥紧那图施礼道:"管仲拜见旅帅。"

朱赫哈哈大笑,上下打量管仲,道:"听说你是一个爱画图的兵,先后画了三幅图,都是什么?"

管仲答道："《兵车图》《一乘图》《鱼丽阵图》。"

"拿来我看！"管仲于是从怀中掏出那三幅图，毕恭毕敬交给朱赫。

朱赫托在手中，轻瞟了几眼，又翻着白眼瞪向管仲，将三幅图霍一下就扔出去，厉声喝道："胡闹！白面书生就是白面书生，净画这种东西有个狗屁用？本帅告诉你：战场可不是画出来的，战场是打出来的！当兵的就一个字：杀！——杀杀！"说完嗤之以鼻，扬长而去。

管仲抬起头来，捡起三幅图于怀中揣好，将双袖笼于背后。有马鸣声传来，面前一溜战车呼啸而过，扬起长长的黄烟。管仲无奈地闭上双眼，摇了摇头，暗暗叹道："匹夫之勇，何足道哉……"

风云突变。几日后郑国兵马频繁调动，其中朱赫部骤然开拔到武父之地，管仲自然随行。朱毅带着手下马医也一同前来。

原来为着宋庄公贪图郑国金玉及城池之事，鲁桓公数次奔走调停。初时鲁桓公与宋庄公在扶钟相会，宋庄公不允，必要郑国割让三城。不久鲁桓公又邀宋庄公于谷丘之地相会，赠宋庄公白璧二十双，黄金两千镒并商彝一件，力劝宋庄公不要再做三城之想，宋庄公收了财物，半允半答，让鲁桓公等候回音。然而一去三月，音信全无。不得已，鲁桓公三邀宋庄公再次于虚龟之地相会，以定郑事。到期之日，宋庄公不至，只是派遣使臣传言道："寡人与郑君自有约定，鲁侯无须插手。"至此，鲁桓公勃然大怒道："匹夫欺人太甚！如此贪而无信，何以为君？"当下掉转车辕，至新郑与郑厉公商议伐宋。两君对宋庄公皆是忍无可忍，一拍即合！郑国与鲁国连兵一处，人马于武父之地集结。朱赫因为勇猛善战，被郑厉公擢升为伐宋大将。郑鲁联军士气极高，兵戈所指，势如破竹，未出几日，便已打到宋之睢阳。

睢阳城下，旌旗蔽日，杀气腾腾。郑鲁联军威武雄壮，左中右三军成"品"字形列阵。朱赫部居于左军，管仲也是一身甲衣，手执长戈，与所有武士一道，列队待命。

须臾，管仲望见郑厉公、鲁桓公并立于绣盖之下，各自驱车出列。郑厉公对着城头高声喊道："请宋公答话！"

城头甲兵林立，旌旗中闪出一个魁伟将军，正是宋国第一勇将南宫长万。管仲并不认得南宫将军，但左有太宰华督，右有公子御说，却也都是故人。尤其公子御说身后，更有一故友,乃萧大兴!管仲于城下一眼便望见,心中欢欣不已。而萧大兴无论如何也不知道,城下敌营中杵着一个小卒,名叫管仲!宋庄公此时方知贪心招来横祸,羞愧难当,于是托病不出,将一切大事托付于华督与公子御说。

只见南宫长万应道:"子突,你赖宋公之助,方可以成为一方诸侯。今不思报恩,反而兴兵来犯母舅之国,你有何面目见宋公?"

鲁桓公哈哈大笑:"无颜见天下人者,正是贪而无信的宋公小子!匹夫何足道哉!"

南宫长万大恼:"胆敢欺我宋国无人!我当斩之!来人,备马!"

身后一将应声而出:"主将岂可轻动!看我一战挫其锋芒!"

南宫长万回首,见是麾下先锋猛获,当下令其出城迎敌。猛获率部众飞马出城,手握钢矛,嗷嗷挑衅。这边,郑将朱赫挥舞长刀,跃马出战。大战三十回合,猛获不愧是南宫旗下猛将,朱赫力不能敌。猛获求胜心切,撇了朱赫,竟直奔绣盖下郑厉公、鲁桓公而来。联军大惊,鲁将秦子、梁子从右军奔出,郑将檀伯从左军奔出,会合朱赫,一齐杀去。猛获以一敌四,愈战愈勇,好一番厮杀!管仲看得浑身冒汗!尘土飞扬之间,渐渐迷了人眼。猛获到底力不能支,不知何时被梁子一箭射中右臂,丢了兵器,滚落马下。朱赫一刀架于猛获胸前,猛获被俘。城上南宫长万惊呼:"不好!"华督便急忙传令鸣金收兵。然而为时已晚,猛获带去的兵车甲士,刹那间被斩杀殆尽,只有四五十个步卒逃回城中。

郑鲁联军欢呼不已,当下囚了猛获,收兵回营。

是夜,灯火如昼,睢阳宫中一片沉闷。宋庄公召集一班文武,商议对策。

南宫长万起身离席,嗷嗷火道:"猛获无能,挫我军锐气!明日待我南宫出战,定取他十颗人头回来!"

华督道:"能克郑、鲁者,非南宫将军不可!"

公子御说一声嗟叹,半晌不语。宋庄公观状,问道:"御说何故长叹?"

公子御说于席间行揖道:"御说愿向国君进一言:我宋国助子突为郑君,自是有功,然而贪要郑国三座城池并金玉财物,实乃太过。此为其一。其二,鲁国先后三次调和郑宋,其礼足矣;我宋国三次拒绝鲁好,其礼亏矣!宋国理屈有二,天下讨宋,师出有名,其中胜败不言自明。为今之计,不宜再战,应当遣使讲和,将郑国之赂就此作罢,则郑宋交兵自然平息。两国恢复旧好,彼此皆有受益。"

南宫长万道:"公子如何长郑人威风! 兵临城下而讲和,懦夫!"

宋庄公也道:"讲和——晚了! 被人家打了再讲和,寡人是需要拿黄金来讲的! 郑国已经进贡的金子,难道要我再送回去! 何况猛获将军还在郑国手里,这得要寡人出多少黄金哪!"

群臣附和,一片嘈杂。公子御说道:"战事不断,黄金终会得而复失!"

争论间,忽然,公子御说身后站立一人禀道:"猛获将军,宋之猛将,岂可不救! 国君勿忧,臣有两全之策。"

宋庄公问道:"此是何人?"

公子御说答道:"此人名叫萧大兴,胆略无双,才智绝伦,现为我府中家臣之首。"

宋庄公道:"赐席。愿听君策。"

萧大兴道:"臣有以战求和之策。郑俘我宋将,我也当俘郑一将。今日一战,郑、鲁得胜则必生骄心;明日可遣一将营前搦战,诈败佯输,引诱敌军至城下。我军可在西门设伏,如此前后夹击,必获全胜。此战务必生擒一员郑将,意在以俘换俘。如此,再遣一使臣入郑谈判,重修旧好,郑宋风波可以平息,猛获将军也可以平安回营。"

萧大兴之策颇合宋庄公心意,众人也多赞同。宋庄公当下道:"就依此计而行。"当下点派将领,安排西门设伏诸事。至深夜,方才撤席散去。

次日辰时,郑、鲁诸将齐聚中军大帐,郑厉公正欲下令攻打睢阳。正计议间,营前忽然来了宋军一队人马,仅有兵车三十乘,为首一将高声喊道:"我乃宋国大将南宫牛,快快还我猛获将军! 如若不然,踏碎营寨,片甲不留!"

南宫牛正是南宫长万之子。如果捉住南宫牛,则等于擒了南宫长万,宋军不攻自破。郑鲁军威正盛,诸将立功心切。郑将檀伯请命,便一马当先,出战南宫牛。各路人马列阵待命。却说郑国精锐之师悉数到齐,其中尤以朱赫部最为耀眼。朱赫当下对部众厉声训道:"今日定要攻克睢阳! 阵前用命,无所畏惧! 有不服军令者、临阵退缩者、贪生脱逃者,定斩不赦!"听得管仲等耳中嗡嗡作响。他第一次身临攻城之战,也是第一次听到朱赫关于"三不则斩"的军令。

不几回合,南宫牛佯装战败,拨转马车就逃。檀伯大叫"活捉南宫牛",率众就紧追上去。朱赫见状,请求攻城。郑厉公立时发令。朱赫一挥手,所部便如猛虎一般向前奔去。不久与檀伯合兵一处，追到睢城西门。只见城门紧闭，南宫牛已逃入城中，而城头并无太多守兵。

"攻城！"随着朱赫一声号令，郑兵抬着云梯，疯了一般向城头攻去。城上乱箭如雨，又有檑木、滚石倾泻而下。管仲随在兵阵里，缩在盾牌后，眼睁睁看着身边一个又一个兄弟瞬间倒下。一箭穿心的，骨头断裂的，肩头淋血的，脑浆迸裂的，个个尚未走到城边，便已命丧黄泉。哀号惨叫之声汇成一片，令人心惊胆战，步步惊魂。

"大丈夫岂可如此枉死！"管仲冷冷叹一声，就把心一横，"啊呀"一声，假装中箭倒下，就向后边滚去。众人如水一般前涌，管仲却躲在水下慢慢向后爬去。不巧，朱赫立在战车上奋力喊杀，正好将这一幕看在眼里，只是不知那人是谁，朱赫是个刚猛的师帅，一向治军严谨，所率部众哪个会是贪生怕死之辈？当下怒不可遏，破口大骂："混账！该死的懦夫，出来出来！出来——"

然而杀声震天，管仲根本听不见。管仲倒着爬到一辆残破的车边，见是宋军之车，车轮脱落，御者伏在车辕上已经死掉，到处都是湿湿的血迹。离前阵已远，这里相对安全，管仲于是扶着车轮站起身来。这一下不当紧，一刹那间，被朱赫看得清清楚楚，明明白白，只见朱赫大声喝道："管仲！管仲！"但是管仲依旧听不见。

管仲回望，见郑军架起云梯，刚刚爬到城墙的一半。忽然，不知何处一声炮响，但见城头升起一面"宋"字大旗，无数手执弓箭的宋兵猛一下就冒了出来。管仲情知不对，当下大骇。左边一通鼓响，华督率一队战车从西门之左杀来；右边又一通鼓响，南宫长万率无数人马从西门之右杀来。两拨人马埋伏许久，只等郑军攻城一半，城头升旗鸣炮为号，便从左右夹击杀来。管仲登时醒悟了，当下竟不由自主喃喃自语道："兵法三官。一曰鼓。鼓所以任也，所以起也，所以进也。二曰金。金所以坐也，所以退也，所以免也。三曰旗。旗所以立兵也，所以利兵也，所以偃兵也。"

郑军中了埋伏，三路夹攻之下，被杀得血流成河。朱赫也乱了阵脚，退也不是，进也不成，只顾着胡乱拼杀。南宫长万一入战阵，直逼檀伯而来。檀伯岂是南宫长万对手，十几个回合，便被南宫长万手到擒来，捆绑了押回后军。两军殊死搏斗之际，杀声惊天动地之间，管仲斜倚破车，呆呆不动，仿佛在战局之外，又仿佛在战局之内，又仿佛自己正在指挥战局，宋国、郑国、鲁国三国之军似乎无不得令听调，战场如棋，挥洒自如。管仲喃喃自语道："径乎不知，发乎不意。径乎不知，故莫之能御也；发乎不意，故莫之能应也。"

大战正酣，又见鲁将公子溺、秦子、梁子率领鲁军赶来助战。原来郑厉公担忧宋军埋伏，特请鲁国之军赶来接应，还好来得及时。郑军来了援兵，精神倍增，疯狂反扑，迅速扭转了战局。双方均杀红了眼。睢阳城下，尸横遍野，血流漂杵！管仲观状，闭目摇头，喃喃自语道："定一至，行二要，纵三权，施四教，发五机，设六行，论七数，守八应，审九器，章十号，故能全胜大胜……"

正沉醉间，不知何处掷来一条铜戈，砸在管仲脚下。管仲如梦方醒，发觉喊杀声渐弱，双方正在暗自退缩，眼看战事即将结束。管仲捡起那条铜戈，胡乱挥舞几下，找到人多的地方挤进去，归队。

须臾，双方罢兵。宋军撤回睢城，郑鲁联军也返回营中。此战两败俱伤，郑鲁联军折损一半，而宋军则十损六七。

郑鲁营中，陡然增了无数伤员，呻吟声此起彼伏。管仲刚将一名伤兵扶了进来，正在水盆里清洗掌中血迹，但见朱毅慌忙进得帐来。朱毅道："今日之战死伤众多，天幸管子安然无恙！我一直担心再也见不到我的马儿通了，呵呵！"

管仲莞尔一笑，就要与朱毅坐了说话。谁知，数名甲士破帐而入，一人道："奉朱赫将令，擒拿管仲。拿下！"话音刚落，两条大汉如狼似虎，不容分说就将管仲五花大绑，捆了个结实。管仲连连叫道："我犯了何罪，为何绑我？"

朱毅一脸茫然，悄悄问原因。那人道："管仲临阵退缩，依律当斩！"

朱毅大惊失色。管仲也一下子冷了下来。

众人押着管仲回去复命。朱毅蹑手蹑脚，尾随而来。

入了帅帐，但见朱赫一脸铁青，目光如电，阴冷地望着管仲一步一步走来。朱赫淡淡道："今日睢阳大战，两兵交接之际，管仲得令却不前，贪生而后撤，私藏阵后，冷眼旁观。此乃不遵将令，临阵退缩。管仲，你有何话可说？"

管仲垂头，低声应道："无话可说。"

"倒是敢作敢当！"朱赫微微一笑，忽一下就咆哮起来，"管仲！你可知道你犯了死罪！我朱赫素来勇猛，所部人马也都是郑国一等一的勇士！怎么就出了你这样的孬种懦夫！攻城之际，我号令在前：不服军令者斩！临阵退缩者斩！贪生脱逃者斩！你耳朵聋了吗？如此狂妄自大，目无军纪，我若不杀你，何以服众！来人，推出去——斩！"

"将军！"管仲伏地求道，"管仲初来军营，初听军令，初次随征，我……"朱赫伸手按下，不容管仲开脱，道："我朱赫最是听不得书生口舌，既已认罪，无须多言！推出去！"

"将军开恩！"帐外一人哭着跑进来，朱赫回头，见是兄弟朱毅。朱毅伏地哭拜："管仲之罪固然该杀。但念他是初犯，情有可原。知兵者非杀，知兵者主善。昔日大周武王起兵伐纣，攻克朝歌。商纣无道，自是当灭，然而纣王之兄微子素有仁德，神人共知，武王非但不杀微子，反而于商丘封地为微子建国，是为今日之宋国。周朝天下，宋国可以以天子之礼供奉商朝宗祀，武王何其善也！将军，管仲非是藐视军纪，实乃无心为之。管仲多才，刻苦勤勉，担任圉人之时多有功劳，件件登记在簿。何况……"朱毅说着，眼泪汪汪，"何况管仲也曾救人性命！那人非他，乃兄弟朱毅也！兄长，念在管仲有此微功，愿兄长心发一善，从轻发落……"

朱毅情真意切。朱赫虽然是个粗鲁武人，但肝肠柔软，最是看重兄弟情义。朱毅之语令朱赫动了恻隐之心。

左右将领深知朱赫、朱毅兄弟情重，平常也多得朱毅关照车马，也不约而同为管仲求情道："朱校人言之有理，请将军从宽发落！"

朱赫沉默半晌，厉声道："管仲罪不容诛，念在养马有功，众人求情，免去一死。但我朱赫帐下没有这等懦夫！来人，乱棍打出军营，永不再用！"

帐外甲兵得令，两支木棒就打向管仲，逼得管仲步步退出。朱毅噙着泪花，百感交集，暗暗尾随管仲出了帐去。

又有人传报，令朱赫速到郑厉公帐中议事。原来，宋国派萧大兴为使，入郑营讲和。双方军力均已耗损严重，宋国也不再索要郑国三城及其他财赂，郑国也达到了战争目的，虽然彼此暗怀鬼胎，仇怨已结，但是碍于眼前处境，只有双方互让一步，彼此才会受益无穷，于是一拍即合。又约定明日午时，将檀伯、猛获两人互换，而后罢兵休战，再结盟好。郑厉公允诺。

三日后，郑鲁联军撤出宋境。睢阳之战，于宋而言，萧大兴立了首功，宋庄公因此封萧大兴为大夫，驻萧邑。萧大兴由此发迹，此为后话。

却说管仲被一阵乱棒打出辕门，蓬头乱发，缩着身子，遍体伤痛，躺在地上。行棒甲士一顿冷嘲热讽,扬长而去。朱毅追了出来,情知管仲被逐出军营,于是叫人备了包裹,带了些吃用之物、路费盘缠等。

朱毅扶起管仲,略略整理。管仲只笑而不语。朱毅茫然道:"管仲入伍,勤勉异常。数月心血,不就是为了沙场之上建立功勋吗?然而睢阳城下,机会唾手可得,正是英雄大显身手之时,管仲为什么临阵退缩了呢?"

管仲端正衣冠,淡淡回道:"管仲之心,竖子不懂。"而后向朱毅拱手行了一揖,顺势接了包裹就走,显得毫不客气,也十分决绝。朱毅猝不及防,胡乱还了一揖,心中暗忖道:"你就这么走了?没有什么对我说的……"当下对着管仲背影大声道:"我们以后还会相见吗?"

管仲再不言语,头也不回,大步流星径直向前,看那精气神,哪里像是带着棒伤之人!

孰不知,管仲咬牙忍着。

荒原莽野,空空荡荡,一条古道起起伏伏向前伸展,天地交接的一线,飞着一只哀鸿。数声凄厉叫声,飞鸿远去,于是连哀鸣之声也听不到了。荒荒油云,寥寥长风,蓦然间,管仲眼角淌下两颗泪珠。

燕雀安知鸿鹄之志!

天下之大,哪里是我的去处……

第九章　休妻葬母

　　离了军营,管仲悻悻的,不知下一步当向何处走去。天高地远,形单影只,只一路向西,见路就行,迷迷糊糊也不知走了几天几夜。

　　这日晌午,来到宋郑边境,管仲深感乏力,于是躲在道旁一株古树底下闭目发呆,昏昏欲睡。"管圉师! 管圉师——"身后传来呼唤。管仲回头,见一个年轻后生驾着两匹马的兵车奔来。显然是郑国军营中人,管仲不由惊得站起了身。

　　来人勒住车马,尘烟滚滚扑来。管仲用手扇了扇。那人一下车来就冲管仲行揖,恭敬之心溢于言表。原来是军中的一个圉人,还算熟稔,当时深得管仲传授养马之道。那圉人道:"管圉师,别来无恙!"

　　"我早已不是军中之人,哪里来的什么圉师!"

　　"不! 在我心中,您依然是我敬仰之人! ——我此次前来,是受了朱毅校人之命,送来一简家书。此家书已到营中数日,因为睢阳战事吃紧,一直没有转给您。朱校人派在下昨天来追,不想今日就赶上了。"说罢,捧上一条封着干泥的竹简。

　　管仲施礼,上前接过。除了封泥,见竹简上刻着简简单单两行篆字:"母病速归。鲍叔牙。"管仲蹙眉道:"有劳兄弟! 家书抵万金,请代我谢过朱校人。容日后相叙! 就此别过!"说罢就要上路。

　　"我们以后还会再见面吗?"圉人慌忙问道。

管仲回首，对着围人只淡淡一笑，就急急忙忙奔家去了。

颍上管家村。"一别三年，我回来了！"看着家门口熟悉的大桑树又茂盛了许多，摇着几茎青草的黄墙依旧残破如故，管仲心中暖暖的。

推开掉皮的木门，但见一溜土墙圈起的小院，几间茅屋矮矮，只是更显破败。庭中那架葫芦老藤，枝繁叶茂，绿意盈盈，仿佛疯长一般。院子里荒草横生，只留了几条脚步常走的小径。荒芜如此，又出奇的静，似乎很久无人居住了。

管仲心中顿时一片凄凉，又满是疑惑。走了几步，管仲恐慌起来。"母亲！母亲！"管仲大呼，朝母亲房中跑去。

"仲儿！仲儿！是仲儿回来了！"天幸母亲回应了！管仲顾不得脱履就抢入房内，但见母亲满头银发，老态龙钟，仰卧在榻，起身不得。管仲一下子跪倒在地，唤着"母亲"一步一步跪爬过来。

母子重逢，皆是热泪。

管母呜呜大哭："仲儿啊……仲儿，我以为再也见不到儿了……"

管仲俯身榻侧，连连叩首，额头砸得咚咚作响，哭道："母亲这是怎么了？——不孝子管仲来晚了！"

管母挂着老泪笑道："不晚，不晚！我这把老骨头没什么，就是老了……老了啊——"管母说着就又落泪，"这半年常常头晕乏力，挺不起腰，走不得路，更煮不了饭，更不能想到我的仲儿……唉，苦了你媳妇了，享福人家的小姐，怎么吃得了我们这份苦！"

管仲愈加心酸："扶苏子呢？他们夫妻两个呢？"

管母叹道："老了！都老了啊！扶苏子一年前得了肺病，不忍心再待在我们这里。他本是陈国人，于是老两口就辞了我，回陈国了。不想，没过三个月，他们的儿子就来报丧，扶苏子走了……这扶苏子啊，是为我们家累死的！当年你父亲为齐国大夫时，曾救了快要饿死的扶苏子，从那以后，扶苏子夫妇为我们家做仆人三十多年，始终不离不弃！可谓鞠躬尽瘁，至死方休啊……"

艰难岁月，最显气节。管仲心中，扶苏子始终是一个至亲之人，有恩之人，可惜此情未报一二，扶苏子便已撒手人寰！管仲愈发感到自己无能！当下连连叹气："扶苏子啊，我管氏对不住你,对不住你啊……"

"死管仲回来了,对不对得住我啊!"管仲正哀伤不已,却见妻子乐姜笑盈盈进来。分别数载,夫妻重逢,自是百感交集。管仲、乐姜彼此行礼。乐姜浑身上下透着欢欣,笑靥如花道:"丈夫在外谋取大事,如今归家省亲,可给我捎来了什么好东西吗?"

管仲臊得脸红,伸开空空两手,尴尬苦笑,无奈地对着乐姜又行了一个揖礼。乐姜面生愠色,半嗔道:"死管仲,不争气!哎呀——"乐姜看见管仲蓬头垢面,衣衫又脏又破,心疼不已:"我的丈夫本是一个英俊公子,怎么脏成这个样子!快去洗洗。"

管母也露出笑容道:"快去!快去。"管仲见乐姜只问自己,不问母亲,心生不快。当下一时无奈,也不好多说什么,回望了一眼母亲,就被乐姜拽出去了。

乐姜给管仲洗脸梳头,换了衣服,管仲便恢复了"青衣神箭"的神采,乐姜咯咯咯地笑个不停。夫妻两人共同煮饭,灶塘火起,陶釜中飘来了瓠叶的清香。

管仲给老母喂了瓠叶羹。饭毕,见乐姜收拾了出去,管母一把拉住管仲悄悄问道:"仲儿,这回回来,在家住几天?"

管仲一怔,想到自己十几年来东奔西跑,上下求索,始终功不成名不就。如今老母年迈病重,正是尽孝之时,岂可再出远门?当下郑重回道:"母亲放心,仲儿不走了。外面事情很多,而母亲只有一个!"

管母笑道:"真不走了?那就好。我说仲儿……"管母压低声音道:"乐姜这孩子整日里郁郁寡欢的。也难怪,一来乐姜从小富足,过不了我们的苦日子是难免的。二来整日里对着我这个病恹恹的老太婆,又总见不到你,心里能不郁闷吗?这三来嘛,乐姜膝下也没个一男半女的,唉!女人只要有了孩子,什么烦心事都没有了!仲儿,你明白吗?——得赶紧要个孩子!"

管仲点头。母亲虽然笑谈,但管仲听得句句扎心。自己常年在外奔波,自然有对不住乐姜之处,然而乐姜又让母亲受了多少委屈,恐怕只可意会,不能言传了。

此后管仲静下心来,守着管家村自家老宅度日。清除了荒草,打扫了庭院,收拾了茅屋,家也更像个家了。乐姜手懒,只笑着看管仲做活。管仲又是耕田,又是砍柴,又是打猎,家中虽然依旧拮据,但可以衣食无忧。管母在儿子的悉心照料之下渐渐好转,慢慢地可以在庭中小走几步了。

管仲也尽心关照乐姜,夫妻好不容易有了一段缠绵的时光。不过虽说夜夜恩爱,可乐姜就是怀不上孩子。乐姜时不时抚摸自己的肚子，三个月了，平平；六个月了，依旧平平；十个月了，平平如故。

渐渐地，乐姜忍不住就闹，大小姐脾气与日俱增，惹得管仲越来越不耐烦。乐姜出身富商之家，当年为管仲才华所折服，甘于下嫁。然而管家的贫困生活使乐姜越来越厌恶，她慢慢地变得愈发懒惰，无理取闹，常常言语刻薄，出口伤人。管仲回来这段日子，才逐渐看明白了乐姜的本性。管仲孝母，得来一碗肉羹不容易，总让母亲先喝，但也每每惹得乐姜哭闹一场。乐姜觉得，管仲心中不是天下诸侯，就是病榻老母，从来没有自己，所以常为自己抱不平。有一次鲍叔牙来访，管鲍纵论列国战事，不想被乐姜哭哭啼啼搅了局，乐姜道："就是这些没用的乱七八糟的国家大事误了我丈夫，整日里做白日梦！谁再说梦话，请出家门！"又有一日农忙后，管仲缩在内室读书。不料乐姜横冲直入，夺了书简就扔出门去，说什么读书无用，耕田打猎才是正道。气得管仲掀翻了木案，吼道："我杀了你！"乐姜拔腿就跑。管仲也就只吼了这么一回，一般都是和风细雨的。为着照顾一世辛苦的老母，避免夫妻伤和气，管仲忍了一切。

管母又老又病，想看看山野风光而苦于腿脚不便，管仲于是想给母亲一辆载车。家中一贫如洗，马车根本不敢想，牛车也是困难重重。管仲于是上山伐木，倾一月之功，依着在军营时所绘制的《兵车图》，自己动手造出了车板、车辕、车轮、车毂、车辐，又托鲍叔牙寻来铜钉等物，几番忙活，一辆女用厢车便赫然立于庭中。

车已做好，就缺脚力了，接下来需要重金买牛来拉。管仲一得闲暇就上山打猎，得了野物拿到集市去卖，待到积少成多，就可以买下一头牛了。孰料刚刚累积了一点钱财，竟被乐姜一股脑拿走，换成了丝帛、簪子、玉饰等女用之物。管仲怒火中烧，忍无可忍，夺了乐姜手中的丝帛，一把火烧了个干净。夫妻两人矛盾骤发，闹了个鸡犬不宁。管仲毫不退让，乐姜号啕大哭，把剩下的簪子玉饰摔了一地，跑回娘家了。

管母暗暗流泪，劝管仲把乐姜追回来。管仲却固执己见，置之不理。过了五日，乐姜被弟弟从颍邑送回。原来乐姜父亲训斥了乐姜，要乐姜以夫为纲，以和为贵，回家好好生活。于是小庭院中，葫芦藤下，管仲、乐姜破涕为笑，日子就又淡淡地过了下去。

一年光阴倏忽而逝，郑国与宋国再起风云。周桓王二十一年，公元前699年，宋国联合齐国、卫国、燕国，郑国联合鲁国、纪国，七国兵车大战于野。血流成河，尸积如山，最终以郑、鲁、纪方险胜而终。却说郑国虽胜,然而国力大大削弱。春秋初期,郑国是第一强国。郑庄公时代,宋、陈、许、卫、戴、曹、鲁、齐包括周天子国无不俯首,郑国何其辉煌!郑人一时雄强!沐浴国威,多少郑国人发财发福,赢得了锦绣前程。鲍叔牙家即是如此。然而郑庄公死后,短短数年,内有厉公之乱,外有诸侯交兵,国家气运仿佛江水东逝,日落西山,越来越显得不堪。户口耗减,赋税加重,商道堵塞,民生凋敝,百姓谋生愈加艰难。鲍家的生意同样越来越难做,鲍叔牙数次喊着要弃商从军,想靠着自己的拳头打出一个太平天下。

管家门口桑树下,停了一辆马车。有一人"霍"一下跳了下来,喊着"管仲管仲"就破门而入。正是鲍叔牙。

管仲正与乐姜在院中擦拭新做的木车,见鲍叔牙急急而来,管仲起身行揖,两人就于葫芦架下席地而坐。乐姜此次不敢多言,行一礼,就回屋去了。

鲍叔牙道:"我受二哥仲牙、四弟季牙之托,来请兄弟出山,走一趟买卖。"

"什么?"管仲不相信自己的耳朵,"仲牙、季牙请我做买卖……"管仲疑惑不解。因为当年管鲍行商,管仲每每出得少拿得多,南方黄吕那次又将鲍家的本金赔尽,所以仲牙、季牙对管仲成见极深,颇有恨意,时常讽刺挖苦,"败丈夫"的名号就是拜鲍仲牙所赐!他们二人怎么可能想到与管仲一起做买卖呢?

鲍叔牙大笑,而后正色道:"是的!兄弟不知,如今郑国连年打仗,民生艰难,商道阻遏,可害苦了我们这些行商的人。鲍家连连亏损!兄弟们怎么能不急啊?正忧虑间,天赐良机——新郑城中张贴告示,国家愿以两倍的行价收购粮食,而今年陈国麦谷丰收,货源充足,行价也最低。我们如果到陈国收粮,再卖与郑国,可得三四倍之利!如此利国利民利己的买卖,岂不是天赐良机?"

鲍叔牙又道:"不过,眼下局势动荡,吉凶难料。听说宋国新败,并不甘心,有报仇雪恨之念,宋、郑再度开战也未可知。陈国贩粮,如果不去,无异于坐以待毙;如果去了,则是险中以求富贵。兄弟们酝酿许久,还是决定要去!要去,还要管仲同去——这种涉险应变之事,非管仲不可!哈哈哈哈!所以,仲牙、季牙也赞同。盈利分成之事一如往昔,管子想拿多少就拿多少,仲牙、季牙也无意见。兄弟,意下如何?"

"干!"管仲不假思索,爽朗应道。待在家中这一年太憋屈了,尤其妻子乐姜仿佛是扯不断的乱麻一般,管仲恨不能插翅飞走。同时为老母亲的车买牛的钱,管仲一直头疼不已。现在财路自己找上门来，管仲岂有不应之理？

鲍叔牙大喜，伸出右拳击了管仲肩膀："好兄弟！"当下两人开始斟酌具体事宜，决定两日后出发。

乐姜在内堂听得明白，满脸不高兴。但想着管仲此次出行时间不长，还能发一笔横财，自己可以置办两身新衣，就又喜上眉梢，可想到管母还要自己照料，难免辛苦，好生厌烦，就又不乐，一时间喜来忧去，忧去喜来，心中飘忽不定。不过最终还是同意了管仲远行。

两日后，鲍叔牙兄弟三人并三个伙计，驾着两辆马车来到管家村。管仲依旧一身青衣，背了弓箭，辞了母亲，又辞妻子。老桑树下，管仲叮咛道："我少则一月，多则两月必回。母亲多病，全赖照料，妻务必小心周全。管仲拜托了！"说罢对乐姜重重行了一揖。乐姜又要哭哭啼啼，管仲一把拦住道："丈夫远行，一笑千金！"逗得乐姜哧哧笑出声来。管仲得意长啸，吟一句"瞻彼日月，悠悠我思！道之云远，曷云能来"，就一跃而起，跳上前车。鲍叔牙拨转马头，一声叱马，众人就结伴向东而去了。

历二十日，管鲍在陈国买得时下新收的小麦两大车，载着无尽的喜悦，返归郑国。路上偶遇同样往郑国贩粮的许国商人漆白子，有一车三人，又有鲁国商人高武子，有三车九人。同为乱世中艰难谋生的乡野贱民，大家一见如故，彼此亲人一般，于是结成商队，共六车十九人，浩浩荡荡向新郑进发。

几日后抵达郑国边境，众人欢欣雀跃。只有管仲心事重重，总觉得哪里不对，但一时又说不出来。

又过了一日，连连遇到传递军机信息的郑国兵士，风烟滚滚，来去穿梭一般。管仲借兵士休息之机，献上果品酒水，打探详情，那兵士道："宋国纠集了齐、蔡、卫、陈四国又来伐我，有兵车六百多乘，来势甚猛。你们这些商人要快车快马，火速进入新郑城中，免得遭受兵戈之苦。"

众人闻讯大惊。早早预料的担忧还是来了，鲍叔牙骂道："又打又打！国君们今天你打过来，明天我打过去，哪管我们百姓死活！"前年和去年，郑宋各有一战，看来今年依旧要开战。郑、宋原本是睦邻盟友，谁知郑庄公死后，两国竟闹得如此水火不容！管仲叹道："天下大乱之势只会愈演愈烈！新郑之所以重金收购粮食，乃备战的军粮！——国家大事，我辈难以企及。当下急务，是要快速赶赴新郑城中，如果被困在两军交兵的沙场,只怕要人财两空!"

大家听得惶恐,鲍仲牙道:"兄弟这番话我深表赞同! 我们需要快快快! 再快! 否则这一个月就白辛苦了!"鲍叔牙、鲍季牙也连连点头。漆白子与高武子一前一后吆喝起来:"大伙加把劲,马儿要喂好! 白天跑,夜里也不许停! 进了新郑,得了平安,大家吃好喝好睡好!"

一行人昼夜不歇,拼命赶路,总担心一觉醒来就被宋兵追上,仿佛宋国发兵就是为了他们几个商人似的。

然而,商车岂能与战车比快! 宋庄公统率宋、齐、蔡、卫、陈五国联军以迅雷不及掩耳之势火速奔来,誓要荡平郑国。奇怪的是入了郑境,却没有遇到丝毫抵挡,大军势如破竹,如入无人之境! 真是不知所以。

再有半日路程就可抵达新郑,将从东门入城,管鲍等人心中稍安。只是眼见大道上行人穿梭,步履匆匆,似乎都在逃命一般,不觉忧从中来。正观望间,迎面走来一个赤着臂膀、抱着孩子的农夫自言自语道:"城门紧闭,国君下令禁城,看来又要打仗了!"这一说不打紧,听得管仲等人心中霎时冰冷。鲍仲牙哆嗦着嘴唇道:"禁城! 这,这……这怎么可能? 这……这不是要我们的命吗!"

众皆愕然。管仲道:"无论如何,已到国都城下,自家门口,大家不用担心! ——你们继续赶路,我先到城门看个究竟。"

鲍叔牙道:"兄弟,你带着大家继续走,我去探消息。"话音刚落,只见鲁商高武子喊着"鲍叔牙"道:"我与你同去! 我这里还有一辆轻松的货车。"

管仲点头。高武子驾着马车,载着鲍叔牙就出发了。那是一辆仅仅装了几张牛皮的轻车,自然跑得快。管仲则带着大家继续赶路,车上装的都是粮食等沉重商货,吱吱呀呀的,想快也快不了。

一个时辰后,鲍叔牙和高武子返回。鲍叔牙神色慌张道:"大事不妙! ——果然是城门紧闭! 城上遍插旌旗,守城军士个个执戈操矛,严阵以待,看样子要与城池共存亡。只是国君下令,禁止一切出入! 闭城坚守——闭! 城! 坚守!"鲍叔牙扯着嗓门故意高喊着最后四个字,气得立在车上连连顿足。

"这可如何是好?"高武子直摇头。众人一片慌乱。通向新郑东门的大路只此一条,眼下向前无法进城,后退尽是他国敌兵,卡在半腰,进退两难。有人竟呜咽道:"多少天不敢合眼,眼看就要进城了,却是如此这般,唉……"

鲍仲牙道:"管仲,进也不是,退也不是,这可怎么办?——我知道,前后夹击之际,左右为难之间,你是最有办法的了……"难得鲍仲牙对管仲也褒扬一回。

管仲略一沉吟,低声答道:"大家勿急。既然前也不能,后也不能,那我们就找个中间躲起来。这条大路还有一个好去处——东门郊野,有郑国先祖墓地,郑武公、郑庄公都长眠于此,所以那里有一座祭祀专用的太宫。这条大道也是去郑国太宫的必经之路!我们先躲到那里暂避锋芒,待战事结束之后再做计较。"

鲍仲牙、鲍季牙还有漆白子、高武子连连称好。于是众人拨转车辕,转向郊野,不一会儿就赶到了太宫。

东门外二十多里处,有一片绿野平川,重重松柏包裹之中,但见一座宫殿拔地而起,巍峨雄伟,气象不凡。这便是郑国太宫,为郑国国君祭祀祖宗的家庙。

管鲍一行逃难般拥来,宫门守卫见状,横戈拦住,大声喝道:"此处乃国家祭祀圣地,闲杂人等快快离开!"鲍叔牙挺胸向前,也喝道:"前面城门不开,后面敌兵压境,除了拜祖宗求保佑,还能到哪里去呢?"

正喧闹间,只见宫门开启,昂然迈出一人。那人浑身甲衣,腰悬铜剑,八尺长短身材,三十四五年纪,紫面短髭,相貌凛凛,道:"我是太宫守将伯义士。你们是什么人?到太宫做什么?"

管仲急上前施礼,回道:"我们是结伴前往新郑贩粮的商人。只因郑宋交兵,城中闭门坚守,我等被卡在半道,进退两难。不得已前来太宫避难,情知冒犯,但也是万不得已,还望守宫大人垂怜!"

伯义士上下打量管仲,又看看眼前这五六辆装得满满的粮车、十几号疲惫不堪的商旅,又问道:"你是谁?他们又是谁?"

管仲道:"我乃郑国治下颍人管仲,这几位是我的兄弟:鲍仲牙、鲍叔牙、鲍季牙。这位是蔡国商人漆白子,那位是鲁国商人高武子。"

伯义士道:"城门失火,殃及池鱼。都是天底下无辜的百姓子民,你们进来吧。"

众人大喜。郊外太宫虽然壮丽,但不甚大,除了仆人杂役,只有守军三十余人。管仲等进了太宫，安置好车马，先后备了些粮食、干肉、果脯等献给伯义士及守宫军士，一时间其乐融融。

　　岂料弹指之间，宫门外道路上，已经有一排又一排、罗列整齐的兵车战马滚滚开来，行军声音震颤大地，令众人不由生出一身冷汗。显然是宋国等五国联军开到了！鲍仲牙心有余悸，透着门缝偷窥良久，不由叹道："幸亏及时赶进太宫！幸亏管仲足智多谋……"

　　鲍叔牙哈哈笑道："管仲岂是'败丈夫'？"鲍仲牙最是厌烦管仲，"败丈夫"这个令管仲蒙羞的绰号，便是从鲍仲牙这里发端的，鲍仲牙还总结了管仲平生五件败事，称之为"五败丈夫"。慢慢地这个名号也越传越广，管仲始终置之不理；鲍叔牙心中却为此事一直愤愤不平，只是拿自己这个亲哥哥没办法，当下虽然笑谈，实则在痛斥仲牙。但见鲍仲牙顿时羞得面红耳赤。

　　宋国等五国联军兵临城下，离新郑二十里安营扎寨，共分五大营盘。而太宫门外不远也盘踞着一营人马，从旗号看，为宋国军队。

　　商、周时期祭祀为当时天下第一等的大事，在当时人们心目中占据着神圣而崇高的地位，古有"灭国不绝祀"之说，所以宋国营盘虽然扎在太宫门外，但因为这里是郑国祭祀重地，故而宋人也无骚扰之举。

　　却说睢阳战后，宋国又败于郑。宋庄公恼羞成怒，纠结了齐、蔡、卫、陈四国兵马前来复仇。面对来势汹汹的五国联军，郑厉公欲战，而卿大夫祭仲却拒战主防。郑厉公毕竟根基不牢，军政大权实则决于祭仲一人。于是新郑城门紧闭，拒不出战。不论五国如何挑衅，郑军始终坚守不出。一连三日，不见成效。这下更惹恼了宋庄公！请来齐、蔡、卫、陈，宋国不知花费了多少金珠玉帛，如今汹汹而来却不得报仇，坐而空等，宋庄公恶气之上再添赌气，赌气之上复生恶气！岂肯罢休？于是宋庄公下令五国兵马肆意劫掠郑国东郊，任凭军士扫荡平民，这下好惨！一霎时东门之外虎狼成群，到处烧杀抢夺，百姓惨遭蹂躏，以致十室九空。

　　风云突变！每日里太宫守卫及管鲍商旅等人挤在宫门边偷窥，窥得个个失魂落魄，胆寒不已。东郊之劫的惨状透过太宫的门缝不断传来，伯义士大惊道："太宫危在旦夕！如果太宫被贼人劫掠，伯义士有何面目再立于天地之间！"当下召集太宫守卫及众商旅道："东门之祸正在眼前,太宫也将不保! 如果太宫被攻破,先祖英灵受辱,郑国将颜面扫地! 这太宫也将片瓦不存,诸位商家的财货必被洗劫一空! ——当此危难关头,哪位愿意持我符节,入城搬取救兵! 我们举火为号,内外夹攻,将五国贼兵杀个片甲不留! 上为国家社稷尽忠,下为个人家私谋福,不知众位意下如何?"

众人听得大骇,商旅们更为自己的货物担忧。只见有一白发老兵站出来微笑道:"昔日武王伐纣灭商,曾封纣王的庶兄微子于商丘立国,这便是后来的宋国。当今大周天下,只有宋国可以以天子之礼继续祭祀商之先祖。所以,关于宗祀之礼,这天下没有比宋人更懂得珍惜的了! 我不相信宋人会打破别人家祭祀祖宗的太宫,这太荒谬了! ——大人不必担忧!"

人群中不断有人发出"是,是"的附和,众人心中渐缓。伯义士道:"身为太宫守卫,岂能不心怀忧虑? 一切不可大意!"

"非也!"人群中,只见管仲高声道,"太宫之危迫在眉睫! 彼一时也,此一时也。文、武、周公之时,国家太平昌盛,人心向善,朴素无华,故而可以刀枪入库,马放南山,然而,自平王东迁以来,天下诸侯并起,王纲失序,礼坏乐崩,败坏纲纪之事数不胜数,罄竹难书!"管仲略一顿,指着宫门又道:"且看眼前东门之祸——宋庄公如此无道! 无道之人无所不敢,如何敢保证宋庄公不来侵扰太宫? 如今国家之难与我等个人之灾混而合一,不分彼此,大家当风雨同舟,患难与共,不可以春秋大梦自欺欺人! ——如蒙大人不弃,管仲愿持符节入城!"

伯义士赞道:"壮哉管仲! 太宫安危,伯义士拜托了!"说罢对管仲行揖。

管仲还揖。

鲍叔牙道:"我与兄弟同去。"管仲道:"鲍兄放心,我并无凶险。这里更需要人手,紧要时候,鲍兄可以助伯义士大人一臂之力!"

鲍仲牙喃喃道:"管仲! 你可一定要搬来救兵啊!"

管仲笑而不答。

当下伯义士遣散众人,与管仲到堂中计议,决定明晨四更时分,管仲趁着夜色悄悄潜入城中,找到祭仲府上请求发兵,待到郑兵杀出城来,伯义士率三十守军便从这里放火焚烧宋营,前后夹击,共破敌兵。

　　次日刚过四更天，大地依旧黑幕笼罩，满天星斗，不见一丝月光。管仲侧身，悄悄溜出宫门，趁着人们熟睡之际，蜻蜓点水一般，一路飞奔而去。

　　待到晨曦微露，赶到东门之下。城楼上一排火把，几名守卫左右巡视不休。管仲搭弓发出一箭，射在城楼廊柱之上。一名守卫惊恐，见箭矢之后裹着一圈葛布。于是立马拔箭，取下葛布观看。火焰摇曳之下，几个小字赫然入目："郑人管仲，持太宫守将符节，有要务求见祭仲大夫。"又回望城下，见一人背着长弓，右手高举符节，立在微弱的晨光中。

　　守卫退去，不一会儿引来值日旅帅。旅帅对着管仲做一个符节的手势，便有一人用绳索系下来一只竹筐，管仲将符节放于竹筐，绳索又"噜噜噜"向城头拉去。旅帅验了符节，冲管仲一点头。俄而城门开了一条小缝，管仲如鱼一般滑入。见了旅帅，接了符节，彼此又言语几句，管仲就向城中奔去。

　　赶到祭仲府上，天已大亮。管仲急急敲门，府人出来说祭大夫有要事早早入宫去了，要管仲静等。

　　一等等到正午，不见人影。管仲焦躁难耐，再次敲门请求，孰料遭到一番训斥，又被骂："乡野贱人，不知礼仪！"管仲也不往心里去，索性满城去找，然而海里捞针，如何能找到？空跑到天黑，只好又来到祭仲府前。一问，得知祭仲已然回府，只是心情很坏，醉得不省人事，外人一律拒见。管仲无奈，哭笑不得，于是托起符节，跪在府前，不见祭仲，绝不起身。

　　整整跪了一夜，浑身散架一般。天放亮，府人出来，见了管仲便搀扶起来，只道"稍等"。须臾，祭仲请见。管仲整整衣冠，昂首挺胸而入。

　　二仲相逢。祭仲看了符节，道："你是什么人？手持符节，见我何事？"

　　管仲慷慨陈词，禀明来意。不想一说到"发兵"，祭仲勃然大怒："混账！一个卑贱野人，怎么妄言国家军机！闭城坚守，此乃国君制定的御敌方略，岂可轻易更改！国家大事，进退攻守，非草莽之辈可知，不得再言！"管仲哪里知道，闭城不战，并非郑厉公的主张，正是祭仲个人专权独断！

　　管仲大惊，呼道："祭大夫，不可！祭大夫不见，东门之外，虎狼横行，十室九空！国家如何面对我们的子民！"

　　祭仲冷冷笑道："十室九空！留得一室在，郑国还是郑国；倘若贸然兴兵，一战亡国，那这天下就永远没有郑国了！"

"太宫深陷虎穴之中，存亡不保！如不及时发兵救援，一旦太宫被贼兵劫掠，郑国与亡国何异？"

"大胆！如此狂妄！罪当斩首！从古至今，可以灭人之国，但不可以绝人之嗣！那宋国乃殷商之后，岂敢冒天下之大不韪！——你去吧，太宫必然无恙。胆敢再胡言乱语，定斩不赦！"

管仲正要争辩，忽然门外有一大夫兴冲冲闯进来，春风得意道："祭大夫！退兵了！退兵了啊！齐、卫、蔡、陈四国皆已退去，宋国也正在拔营……"

祭仲仰头大笑不止："还是退去了！宋公小儿奈我何，五国联兵，劳师动众，究竟占了多大便宜呢……呵呵呵呵，老夫坚守之策至今方见功效。快随我去见国君！"正要出门，扭头又看了一眼管仲，愈加得意道："虽然出言不逊，念你也是一片忠心。来啊，赏！去吧，去吧，回乡好好耕田去吧。"

管仲悻悻退出，有府人将祭仲赏赐的两条干肉塞进他手中。管仲走了两步，将干肉随手一甩，弃在街市一角。管仲心中忐忑不安，急忙忙向太宫跑去。

果然是退兵了，来时的军营消失得无影无踪。管仲又惊又喜，又疑又怕，急不可耐赶到了太宫。

推开半掩的宫门，管仲霎时惊得目瞪口呆：太宫主殿的屋檐尽被拆掉，化为一座无盖的空庙，残破不堪。殿前有几十具守宫的武士尸首，横七竖八倒在血泊里，看样子像是全数自杀，最前边的分明就是伯义士！几个仆役伏在那里呜呜咽咽痛哭不已。东边那一角，商人的车队被洗劫一空，有两辆马车被掀翻在地，鲁国、蔡国的朋友蹲在车边垂头不语，鲍仲牙、鲍季牙仰躺在地上，对天发呆。只有鲍叔牙站在殿前，脸色铁青，冷冷地望着自己归来。

管仲一时心如刀绞！

原来，管仲走后，宋庄公因为报复之心无从发泄，一时丧心病狂，便率领军队打破太宫宫门，将宫中人等悉数包围，以长戈短剑威逼在殿前角落。面对宋军，伯义士率领那三十几个守军英勇反抗，怎奈众寡悬殊太大，哪里抵抗得了！其中有一宋人被当场刺死。此举惹恼了宋军，要将他们统统杀掉，只见宋庄公摇摇头，阴笑道："这里是祭祀圣地，不是杀人的地方。哦！好壮观的一座太宫！仰赖祖宗庇佑，子突才当上了郑国国君吧——我现在拆了太宫的屋檐,拆了子突的庇佑,从此风躲不了,雨避不了! 看你郑子突还能不能坐稳江山!"言罢,手下兵士如群猫一般爬上大殿,恶狠狠地开始拆顶。

伯义士仰天叹道:"祖宗庙堂被毁,国家奇耻大辱! 伯义士腰悬利刃,无力杀贼,有何面目再苟活于世!"言罢,拔剑自刎。手下兵士也个个不甘受辱,纷纷抽出宝剑,全部自杀殉国! 一时热血喷涌,气贯长虹,尸如山倒,赤地殷红,共倒下壮士三十五人! 鲍叔牙忍不过,就要打向宋庄公,被身边鲍仲牙、鲍季牙和漆白子、高武子四人紧紧抱着拦住。宋庄公理也不理,只冷笑道:"把太宫的椽木全部拆下来,装车运回宋国,作为宋国卢门之椽! 郑国鼠辈,不敢交兵,那就只好受辱!"宋兵大笑不止。

拆了椽木装好车,又将商人的粮食财物全数洗劫,这才志得意满,扬长而去。一出宫门,宋庄公便高呼:"传令! 撤军! 回宋国造卢门! 哈哈哈哈……"

时周桓王二十二年,公元前698年,宋国攻破郑国太宫,取椽木以归。郑国蒙受从未有过的奇耻大辱!

一只白鹤从高空猛然一个俯冲,凄厉长鸣,不知何故,一头撞在大殿的东墙上,立时死掉了。众人受惊,回过神来,见管仲已然站在伯义士等人尸前。

一个正在哭泣的太宫仆役扑过来,捶打管仲道:"你怎么才回来? 你怎么一个人回来? 你搬的救兵呢? 是你! 是你害死了伯义士! 害死了这许多好男儿!"

"你去干吗了? 你怎么答应伯义士的?"

"言而无信! 无信无义!"

"没用的管仲!"

…………

无论大家怎么说,怎么骂,管仲始终木人一般,只呆呆不动。

鲍仲牙慢慢走过来,仿佛审视囚徒一般,啐道:"我还是瞎了眼! 怎么会拉上你来贩粮食! 管仲就没有成功过! 败丈夫! 五败丈夫! 六败丈夫! 七败丈夫……"

又有一个鲁国人跑过来,揪住管仲道:"这都怪你! 你要赔我们的损失!"

"够了!"鲍叔牙吼一声,众人都被震住,"杀人者,宋庄公也! 不发救兵者,郑厉公也! 你们还不明白吗? 其实管仲才是我们当中最痛的一个!"

众人被鲍叔牙喝散。大家简单收拾了一下,漆白子与高武子过来行了一揖,叹息着,带着蔡国和鲁国的同伴,各自回去了。鲍仲牙与鲍季牙招呼也不打,只留下一辆最破的车给鲍叔牙用,也走了。一月奔波一场空,所有人心里都是凄凉透顶。

剩下管仲和鲍叔牙,还有四五个仆役,在太宫西墙之外掘了一个深坑,将伯义士等三十五人葬在一起,立了一个大坟,又祭奠一番。

诸事安排停当,也该返家了。鲍叔牙赶出马车,载了管仲,车出宫门行不远,管仲从鲍叔牙手中抢过马鞭,勒住车马,回头凝望太宫门内残破的、缺了顶檐的殿堂。管仲呆呆出神。鲍叔牙也站起身望着。

鲍叔牙道:"这几年商道艰难,我越来越灰心。经过太宫之事,我算彻底明白了,天下动乱不止,哪有商业可做?自此,鲍叔牙将弃商从仕,从军,只有建功立业做大夫,才是出路!"

管仲道:"鲍兄言之有理。但请教鲍兄,管仲数年来,一直在谋求功业想做大夫,却屡屡以失败而告终,其中原因何在?我管仲莫非真是一个败丈夫?"

"每每尽心,屡屡失意!竹简做薪柴,美玉落泥沼,兄弟败在不得时运而已!"鲍叔牙一顿,又道,"想来兄弟必多有自省,你有什么想法?"

管仲答道:"管仲有三思:其一,当今天下纷扰不休,列国诸侯战乱不止,势如赛马,不进则退。管仲以为国之大计,仅仅富国强兵远远不够,必要争霸,普天之下,唯我独尊!其二,国欲霸,先自强。平王东迁以来,王纲失序,乱象丛生。君不君,臣不臣,父不父,子不子,礼义廉耻,丧失殆尽!内乱之国何以言强?公卿贵族有痹症,急待良医。管仲腹有改革强国之策,可以富民,可以强兵,可以壮诸侯,可以王天下!其三,管仲乃发号施令之相,非俯首听命之卒。不操权柄,不为管仲!管仲得用,百不失一!管仲要么得志横行于天下,要么失意枉死于市井,除此无他!"言罢又一声叹。长期以来压制于心中的无形块垒,今天一吐为快,霎时觉得舒坦了许多。

其他人听来,这一番话狂傲至极,仿佛疯语,但是唯有鲍叔牙信!鲍叔牙道:"弟之大才,愚兄不及!我愿助兄弟一臂之力,成就大业!此后兄弟去哪儿,我就去哪儿!——朋友者,若子若弟。从此以后,管鲍再不分离!"

这一番话,令管仲眼眶红润,热泪盈盈。十几年来,管仲每每遭遇坎坷与不公,总有鲍叔牙挺身而出,全力救助!鲍叔牙于管仲,仿佛护法神一般,管仲走南闯北,结交甚广,然而却是人海茫茫,茕茕孑立!管仲身边只有一个朋友而已——鲍叔牙。

管仲道："天幸管仲有鲍兄！"而后深深行一揖。鲍叔牙还揖。管仲过来驾车，鲍叔牙笑而让位。两人乐呵呵就返回颍地家乡去了。

却说太宫椽木被拆的消息传到新郑，郑厉公恼羞成怒，哀叹国之大耻，必要报仇。郑厉公把恨意集中在祭仲身上，以为是祭仲拒不应战之过，加上祭仲过于专权，郑厉公左右掣肘，于是郑厉公滋生了杀掉祭仲之心。只可惜谋事不成，反被祭仲先下手为强。不久郑厉公被祭仲废掉，出居到郑国边塞小城栎邑。祭仲又迎回避难于卫国的郑昭公，是为昭公复国。此为次年事情，即周桓王二十三年，公元前697年。

将近晌午，行至箭台，管鲍二人就此告别。鲍叔牙驾车返家，管仲则步行回到管家村。

本想新郑贩粮，挣一笔钱财，好给母亲买一头牛，套一辆车，让她老人家可以出来走走，谁知两国交兵，太宫生变，新郑之行徒劳无功，又被众人唾骂，管仲心中憋着一口无名怨气，连连哀叹自己是个倒霉鬼。谁承想，屋漏偏逢连阴雨，一入村口，见几株大槐树下，就有自己的邻家、善心的顾大婶一边抱着陶盆走来，一边喊道："管仲，你可回来了！再不回来，你母亲就要被乐姜虐死了……"管仲大惊失色，觉得心一下子被掏空了。

原来管仲走后，乐姜越发讨厌婆婆，乐姜又懒，以至于管母常常不得温饱。半个月前的深夜，管母口渴难耐，唤乐姜要水喝，乐姜只在自己榻上卧睡，不理。管母不得已起身，到火塘边取水。不想头晕目眩，一个趔趄栽倒在地，右腿摔折。管母痛不可当，声嘶力竭唤乐姜，依旧没有回应。直到第二天天已大亮，顾大婶到管家借锄头，才发现管母已经半死在火塘边，而乐姜依旧睡梦未醒。后来在顾大婶操持下，找了医者来，灌了汤药，打了夹板，半日后，管母总算捡回一条命。乐姜反骂管母不小心，只会给自己添苦，悉心照料更是无从谈起。

管仲当下拽住顾大婶，正要问个究竟，不想顾大婶竟然抽泣起来。这时又有几个村姑拥来，七嘴八舌，净说乐姜如何如何不是。管仲推开人群，疯一般向家中跑去。登门入户，穿庭过院，一声声"母亲"就"扑通"一下跪在管母榻前。管母蓬头乱发，面无血色，仰躺动弹不得，强装起笑意，气息微弱道："好仲儿！我的……仲儿，终于…终于回来了，回来了……"

乐姜听见动静，也跟着进来，一见管仲，浑身哆嗦，跪在管仲右侧，偷偷斜睨一眼，细声细语道："你回来了。母亲，母亲不小心摔倒，不怨我。"

"住口！不得再言！"管仲狠狠斥一句，吓得乐姜一个激灵，胡乱俯身拜在地上。

"仲儿，不怪……不要怪乐姜了！我老了……"管母叹息道。管仲起身，为母亲整理枕席，拽拽薄被，又为母亲捋一捋蓬乱的白发，笑着道："村口遇到顾大婶，我都知道了。母亲好生休息，我回来了，你会好的！"

管仲退后三步，对着病榻，恭恭敬敬俯身下拜，连施三礼。而后霍一下起身，拎起乐姜的后背就走。管仲身长八尺，乐姜小巧，如同拎着一只白鹅。

来到另一间茅屋，管仲把乐姜扔在草席上。乐姜情知不对，半伏在席上，哭着求情道："我知道，我错了，念在你我夫妻……"

"住口！不得再言！"管仲喝道，显然有意禁止乐姜讲话。管仲回身，从墙上抓过来早就做好的缰绳——本是为母亲驾车用的。

管仲回头，脸色铁青，透着让人恐惧的凶悍肃杀之气。乐姜从未见过管仲如此面目，仿佛不认识了。乐姜吓得半死，嗫嚅道："你……你干什么？"

管仲以缰绳做鞭子用。一鞭子就狠狠抽在乐姜左边席上，乐姜抱头大喊"救命"。"住口！不得再言！"一鞭子又打在乐姜右边。虽然管仲有意打在席上，但乐姜分明感到鞭鞭抽在自己身上！乐姜不敢再说一句，以袖覆脸，哆嗦着。

管仲继续朝席上左一鞭子，右一鞭子，边打边训斥道："第一打，打你乐姜不敬父母，有失孝道！第二打，打你乐姜不相丈夫，让我有失夫道！第三打，打你乐姜好恶逸劳，有失妇道……"乐姜不敢有丝毫动弹，缩着身子，只能"被打"，心中如同刀绞一般。

管仲打完，扔了缰绳，喘了口气，换了一腔口音，淡淡道："乐姜不顺父母，无子，多言。妇人七出，乐姜占三。管仲就此休妻！你走吧，你还年轻，日后还可以找个好人家。管仲无能，辜负错爱，你我就此恩断义绝！"管仲说完，心中忽然生出无限酸楚，眼中落下了两行清泪。管仲对乐姜又行一礼，就冷冷出门去了。

周朝时男子休妻有"七出"之说，即妇人有以下七种情况的，丈夫才可以休妻，称为"去"："妇有七出：不顺父母，去；无子，去；淫，去；妒，去；有恶疾，去；多言，去；盗窃，去。"管仲说"乐姜占三"即从此中来。

乐姜恍觉晴空霹雳！她无论如何也想不到，管仲会休了自己。乐姜满腹委屈，一时泣不成声，哭成泪人。待泪水哭尽，乐姜站起身来，最后回望一眼这间徒有四壁，数年间充塞着孤独、寂寞、凄凉，弥漫着对于管仲的无穷希望和无穷失望的茅屋，就失魂落魄地走了。

从此之后，乐姜与管仲再未相见。

　　得知乐姜被休，管母叹了半天气，也就不再说什么了。她深知儿子性情，便不再劝。管仲撸起衣袖，洒扫庭除，里里外外收拾停当。家中被乐姜糟蹋得的确不成样子。

　　火塘生起火来，管仲为母亲煮汤，一口一口喂母亲服下。此后的日子，管仲在母亲榻侧寸步不离，夜夜和衣而眠。洗衣煮饭，端屎端尿，管仲既当男人，又做女人，样样活计都干得来。村中人感慨不已，他们原来觉得管仲是个整年整年外跑的野人，浪子一般，如今忽然发现管仲孝母，村中无人可比，就好像是颍邑大夫、纯孝君子颍考叔重生似的。田间几个耕夫闲聊道："青衣神箭、赔本商贩、霸王之辅、华门粟贼、城下逃兵、败丈夫、孝儿子，这个管仲变化多端，如云如雾，令人眼花缭乱，看不清楚……"但仅凭今日孝道，管仲引得村人个个称赞不已，常有人给管家送些谷米果蔬，让管母调养身体。

　　然而管母饮食渐少，病体愈沉，有大限将至之感。这日，管母破天荒地喝了一大碗霍羹，还吃了半块饼。饭后，管母恍觉精神焕发，口齿也伶俐起来。管母唤仲儿，管仲跪于榻侧应道："仲儿在。"

　　管母轻抚儿子面颊，笑了笑，就忽又落泪："仲儿啊，我就要走了。我走，有三件事情放心不下……其一，我儿如今孤身一人，身边也没个女人照料，家徒四壁，孤孤凄凄，为娘我实在挂心！其二，我本生有两子，可惜你兄长在五岁时就死掉了。管家目下就你一个，可谓人丁单薄。不知我儿如我之时，榻前可有儿女捧热汤侍奉于侧……其三，其三……我儿素有大志，可叹至今怀才不遇。我儿必有鲲鹏展翅、四海翱翔的一天！这一天啊，我等了十年，十年啊……可惜，我已老去，到死了也看不见！"管母说完就闭上眼睛，任老泪横流。唬得管仲扑通跪地，连连叩首道："仲儿不孝！仲儿不孝！仲儿不孝！……"

　　次日四更时分，窗外一片漆黑，榻前一灯如豆。管仲正昏睡，忽然听到母亲大呼"仲儿仲儿"，管仲一骨碌爬起来，见母亲挺直腰身，伸长双手，眼睛似乎要瞪出来。昏暗的灯火之下，神态着实可怖！管仲抓住母亲双手，听母亲急急道："你父亲驾着马车来接我了！接我去他做大夫的齐国。他说你也要去齐国，齐国才是我儿的福地……他还让我给你再讲讲……讲讲我们颍人颍考叔的故事，记着……"管母用力抽出一口气，重重地说道:"明枪易躲,暗箭难防!"言罢气绝,撒手而终。

天亮后,村邻父老陆陆续续都来致祭。鲍叔牙也闻讯而来,头裹白布,身披麻衣,行的是孝子之礼。十几年来,鲍叔牙对管家关怀备至,凡有大事,鲍必到场,管母生前早视鲍叔牙如同儿子。所以鲍叔牙与管仲一样,同以孝子之礼葬管母。村人无不称善。

众人相助,将管母葬于村后山坡一株古松树下。新坟之前,供有三只粗碗,盛着粟米、白蒿、猪肉。管仲、鲍叔牙跪拜行礼,鲍叔牙忍不住哭道:"贤哉管母! 本是大夫之妻,家道变故,沦落到颍上山野,吃尽苦头! 在外耕田,在内炊煮,白日纺线,夜里织布,养子以食,教子以射,劝子以学,助子远游,含辛茹苦几十年,到死……到死也没有享过一天福啊! 呜呜呜呜!"鲍叔牙伏地大哭。这一番话切中了管母一生的辛酸,众人也情不能自已,纷纷跟着哭起来。

一时间,号啕一片。

管仲忽然哈哈大笑,笑声越来越高,一笑压住众哭。众人愕然,纷纷抬头,面面相觑。村人忽然发现,管母死后,管仲直到现在始终不曾哭过一声。是孝,是不孝? 奇哉怪也……

但见管仲狂笑完,对母坟行揖道:"母亲走时有三忧。母亲勿忧,母亲走好! 管仲今在母亲坟前起誓:其一,管仲必将母亲灵柩迁至国之大都,不令母亲在此孤独;其二,管仲誓娶公卿贵族之女,光耀管氏门庭;其三,管仲誓要匡天下、合诸侯,建不世之功业! 以慰母亲在天之灵! ——母亲静候,仲儿走了。"管仲说完,又行三拜,拉了鲍叔牙就走,仿佛周边父老根本不存在似的。

古松绿荫如盖,罩着新坟黄土。众人齐刷刷抬头,望着管鲍远去的身影,一个个怔怔愣住,说不出话来。呆了半晌,人群中不知是谁忽然笑道:"疯子! 管疯子又来了,又走了……"

第十章　洛水嵩山

管仲与鲍叔牙携手回到家中。残败而肃静的黄土小院，弥漫着治丧的哀气，唯见庭中一架葫芦枝繁叶茂，翠色欲滴，是这一片土气、暮气、死气中唯一的勃勃生机。葫芦架前铺着几张草席，两人脱履入席，相向而坐。

鲍叔牙深知管仲心思，张口问道："兄弟这就要走了吧？"

管仲道："老母毕生郁郁，含恨而终，管仲之罪也！管仲唯有奋发图强，方可赎罪于万一。如今有家无家，茕茕一人，了无牵挂，正好奔走天下，以图我志。"

"千锤百炼，玉汝于成。经历这许多曲折，今日管仲已非昔日之管仲，敢问兄弟之志？"

"出将入相，辅佐雄主，纵横捭阖，富国强兵，开创不世功勋，成就霸王之业！"管仲略一顿，又重重道，"大道修远，前途渺茫，我将上下而求索，九败而不悔，兢兢业业，至死方休！"

鲍叔牙击掌，大赞一声好："兄弟可记得那年孟夏，你我南下随国私贩黄吕，误打误撞被楚武王熊通扣于营中，当时楚巫曾有谶语：'虎令尹，霸王辅！'——哦，霸王之辅，这预言正应了兄弟今日志向！眼下时运不济，终有一日会鲲鹏展翼，九天翱翔！"

鲍叔牙如此一说，倒是勾起了管仲对往事的回忆。那是周桓王十四年事情，距今已经整整八年。当时管仲出主意到随国私贩黄吕，想要发一笔横财。鲍仲牙、鲍季牙均不赞同,只有鲍叔牙支持管仲。后来,管鲍带着两个伙计南下,顺利买了一车黄吕,谁想归途中行至青林山,遭遇楚国与随国即将爆发战事,被楚军扣于军营之中。其间楚巫道出"虎令尹,霸王辅"的谶语,说管仲与斗榖於菟将来一北一南为相,有南北称雄对峙之势。因为这个谶语,楚武王要杀管仲,后来得斗榖於菟暗中相救,才顺利逃回北方。这一趟,险些丧命不说,还把鲍家的十镒黄金赔个精光。此事历历在目,而八年光阴一晃而逝!八年来,中原各国你争我夺,烽火狼烟连绵不绝,尤以郑国与宋国好动刀兵,国乱最是不堪。而遥远的南方,楚国秣马厉兵,称雄之志始终如一,此举为乱纷纷的中国诸侯所远远不及。楚武王一番东征西讨,牢固确立了楚国江汉霸主的地位,而楚武王最终病逝于征战途中,真可谓壮哉丈夫,死得其所!楚武王死后,其子楚文王继位,将国都从丹阳迁至郢都,其志更是不可限量。八年之间,楚国风云何其壮观!——然而顾影自怜,我还是我!想到这里,管仲又忍不住叹气。

"兄弟下一步作何打算?想去哪里?"鲍叔牙又问。管仲心中一凛,从楚国大梦中退了出来。

"自平王东迁洛邑以来,郑国本是中原第一强国,然而郑庄公死后,郑国便迅速衰落。我纵观中原诸侯,如郑、宋、陈、蔡、卫、曹等国皆不足道哉!天下大乱,欲成霸业,自当首选大国。我当奔大国而去!"

"哦!兄弟要去哪一国?"

"或是北方晋国,或是南方楚国,或是西方秦国,或是东方齐国。兄弟我一时还没有想好。"

"这么说,兄弟暂时还不会走?——也好,老母新丧,兄弟一时悲痛难耐,正好调养些时日。"

"不!"管仲道,"赴霸业雄国之前,管仲还要去一个地方——当今洛邑周天子国。管仲虽有霸业之志,然而尚乏霸业之术。管仲心中尚有一个莫大的疑惑:当今大乱之世,周天子当居何位?礼何以然?霸何以然?礼以遇霸,霸以遇礼,又将如何?此疑惑不解,便难以主宰天下啊!"

鲍叔牙摇头道:"礼礼霸霸,这个问题太大!普天之下,怕是也只有你管仲一人在思索。我老鲍更是想不动的!——嘿嘿,只要你想就够了。我要与兄弟同去,我们由此出发,共同开创一个乱世伟业!"这些年,因为诸侯连年征战,生意越来越做不下去,鲍叔牙早想着与管仲一起投身济世之道了。听管仲说要去洛邑,当下正中下怀。自然,也是管鲍情深所致。

管仲又道:"洛邑为当今周王之城,也是周礼根本所在。我想游学洛邑,必可以解答心中疑惑。"鲍叔牙称好,当下吵着就要走走走。

"当家的——"随着一声长长的呼唤,管鲍二人不约而同抬头,见门前桑树下刹住一辆马车,霍地跳下一个人来,是鲍家伙计苌楚。

苌楚跑将进来,慌慌张张,讲话断断续续。原来鲍太公昨夜染上急症,折腾一夜,今天愈加沉重。鲍仲牙于是差苌楚火速请鲍叔牙回去。

鲍叔牙顿时沉下脸来,先前的喜悦一扫而光。管仲道:"父母在,不远游。天底下,没有比孝道更重要的事情了。鲍兄理应归家,病榻之侧,侍奉鲍公。游历洛邑之事,鲍兄先放一放吧。"

"也只好如此。"鲍叔牙悻悻说着,从袖中掏出一个黑色的葛布囊来,"这些钱财你先拿着,我让苌楚回家再与你取些过来。洛邑我去不了了,兄弟孤身一人,好自珍重!"

管仲也不客气,接过来拱手道:"谢过鲍兄!"

"兄弟大约何时回来?"

管仲道:"快则一年,慢则三年。归期不定。但管仲得偿所愿,必要回来与鲍兄相会。你我再度重逢之日,便是谋取霸业之时! ——鲍公也是我之太公,理当探视。但管仲重孝在身,不便入门,更怕冲撞了太公病情。鲍兄见谅!"

"那好,我等你。你我就此别过!"鲍叔牙此时十分挂念老父病情,急着回家探视,也就闭了话匣,回身就要上车。

"鲍兄且慢!"管仲叫道。鲍叔牙回头,见管仲快步踱至茅屋,抱了满满一怀抱竹简书册出来,"管仲家徒四壁,只有这些藏书是我家中至宝,内有《三坟》《五典》《八索》《九丘》等秘籍,今天一并送给鲍兄——茅屋中还有许多,书简好重,苌楚快来帮我,千万小心!"

鲍叔牙称谢。三人一起将管家藏书全部搬走,装了满满一大车。此后鲍叔牙苦心阅读钻研,眼界大开,才智猛长,兵法政道烂熟于胸,为以后带兵治国平天下打下了坚实的基础。此是后话,其中与这一车管家藏书关系重大。

管仲换上青衣,背上弓箭,蓦然回首,最后一望:到处脱皮的黄土泥墙,屋顶泛白的几丛茅草,门口高大的老桑树,院中碧绿的葫芦藤,乐姜曾经梳理青丝的小窗,自己亲手打造月余、现在孤零零弃在墙角、母亲到死也没有坐上的牛车……管仲百感交集,落下泪来。呆了半晌,擦干泪痕,就雄赳赳、气昂昂,一路向西,奔天下之中——洛邑王城去了。

洛邑始建于周公。周公,名旦,姬姓,是周文王姬昌的第四子,周武王姬发的亲弟弟。因其采邑在周,爵封上公,故称周公。周武王死后,年幼的周成王继位于都城镐京,周公辅政。不久,爆发了商纣儿子武庚联合管叔、蔡叔的叛乱,而这次叛乱平定之后,为了加强对东方的统治,周公便在今天中原腹地——天下之中,选中洛水之北、邙山之南,瀍河岸边的一块吉地,兴建了洛邑城。此后,西周便有了西都镐京、东都洛邑两个都城。镐京又称"宗周",洛邑又称"成周"。周公实为洛阳城的最早营建者!当年绝不曾想到,几百年后镐京被西北异族犬戎攻破,化为一片废墟。而这次巨变的直接后果,便是公元前770年,周成王迁都洛邑,由此也开启了春秋战国五百年乱局,史称东周。

周平王后,周桓王立。至公元前697年,即郑庄公死后四年,郑国祖庙被宋国攻破受辱后一年,周桓王也逝去,其子周庄王继位。至此,洛邑作为东周王城已经历时七十三年。管仲行至洛邑,恰值周庄王刚刚继位。新君初立,仿佛到处一片欣欣向荣!

游历一月有余,看不尽洛邑锦绣风光,天下王城,果然非同凡响!这日,都城郊野,管仲信步沿着洛水岸边,径直向东闲走。正是二三月间好时节,宽阔的洛水波平如镜,泛着夺目的清光,两岸一抹淡绿如烟,隐隐透着万紫千红。管仲喜不自胜,心中萌生出无限春情。

正陶醉间,忽闻高谈阔论之声远远传来。管仲望去,见前面不远处有一拨贵人聚会。待走得近了,瞧见此处水草鲜美,点点黄花,岸边向水中隆起一块天然四方、半人高的土台,台上一株粗糙古柳新发的嫩枝高高垂下,倒映水面,散发出青中泛黄的一团朦朦胧胧的亮!那亮,鲜艳夺目,却不刺眼,如光如色,非光非色,亦光亦色,不禁令人心旌摇荡!柳树下,数张灰色草席上,七八个锦衣光鲜的读书人屈膝危坐,簇拥着一个老者。老者面东望水,背对管仲,看不见面容,但观其头冠衣饰,显然是个显赫贵族。

一人道:"当今天下,怎一个乱字了得!看那郑国,初时郑武公镐京勤王有功,被天子封了卿士,赐了新郑之地。至郑庄公却不思报效,屡屡侵犯天子尊严,犯了不赦之罪!

庄公死后,郑国大乱,立了子忽被废,改立子突又被废,去年连宗庙的椽子都被人拆了去! 可见天理昭昭,乱人者终被人乱之!"

一人道:"宋国为中原大国,也是好战之国。宋殇公在位十年,发动战役十一次,至宋庄公继位,任由华督专政,连年对外用兵。前年与去年均与郑国发生战事,起因不过是因为宋庄公贪图郑国财赂而不得! 如此贪财好战,宋国离末日不远了!"

又有人道:"诸侯之乱有过于卫国的吗? 卫宣公在位时,先是私通父姜夷姜,后又强娶儿妇宣姜,所谓淫乱,淫必有乱! ——为着储君之争,先后枉死了公子寿和世子急子。周桓王二十年,卫宣公病死,公子朔继位为卫惠公。不想只过了四年,国内左公子泄、右公子职便起兵作乱,废了卫惠公,改立公子黔牟为君。可叹惠公小儿至今还流落在齐国,今年也还不过二十岁!"

又有人道:"华夏无义战,南蛮兴楚王。南方楚国,本是周封的一个子爵侯国,方圆不过五十里。几百年来,楚人好战,不断开疆。至楚武王时,灭权国,伐随国,辟地千里,僭越称王,俨然成为汉东霸主! 华夏之乱,荆楚却乘势而起! 早晚有一天,楚国必会挥师北上,与华夏诸侯一较雌雄!"

…………

忽然一人唉声叹气道:"可叹诸侯并起,王纲沦落! 如今我大周天子也要仰视诸侯颜色! 如今这天下,还有哪个把这洛邑王城放在心中!"

"海内动荡,人心不古,奈何奈何!"数人附和道。

一直沉默不语的那位尊贵老者开口道:"今周天子初登王位,欲要振兴纲纪,平复天下动乱,老夫请教诸位,有何良策?"

有人应道:"当今天下,礼坏乐崩,乱象频仍,个中原因,全是人们弃了周礼之故! 周要复兴,首先便要复兴周礼。"

又有人道:"想当年,就在这洛邑城中,周公开创了礼乐制度,颁行天下。上至天子,中至诸侯大夫,下至庶民,各行其礼,各安其序。经国家,定社稷,序民人,利后嗣,于是天下大治! 政治清明三百余年,岂用兵戈? ——兴周先兴礼,是也!"

又有人道:"当今天子,当仿效周公,重新编制周礼,号令天下奉行,则动乱自止,王室可兴……"

"哈哈哈哈! 大谬! 诸公所言大谬!"管仲再也忍不住,大步向前,朗朗笑道。众人回头,见是一个背着弓箭的青衣庶民,有一人就冷冷道:"我等洛水论道,岂容你这野人放肆!"

一声怪异的咳嗽传来,众人不约而同低头,是老者在故意干咳,显然德高望重,一言九鼎。老者不再沉默,侧首望着管仲微笑道:"此处洛水之野,并非朝堂。国人野人,皆是大周子民,有话尽可以道来!"

管仲指着眼前宽阔的洛水,慷慨道:"洛水汤汤,东奔入河,河洛交汇,直下汪洋!汤汤之水岂可倒流?即使河水可以倒流,即使周礼重新制定,请教诸公:周平王元年,天子弃镐京,迁洛邑,岐山千里沃野从此不归王畿所有,此事可以免乎?周桓王十年,宋国华督犯上作乱,杀孔父嘉,杀宋殇公,此事可以免乎?周桓王十三年,郑庄公于繻葛之战箭射周天子,此事可以免乎?周桓王十六年,楚熊通大会诸侯,独霸汉东,僭号称王,此事可以免乎?周桓王二十年,卫公子朔残杀两位哥哥,窃得卫国国君之位,此事可以免乎?周桓王二十二年,宋庄公贪财索贿而战,不惜发动五国兵车,打破郑国宗庙大门,此事可以免乎?"管仲咄咄逼人,所述皆是切中时弊要害的关键事件,众人一时哑口无言。人人心中相信,即使周公重生,这些动乱依旧难免,蓦然发现,天下之乱并非只是一个简单的周礼问题。

沉默半晌,有人勉强笑道:"这么说,如今天下之事只能听之任之,如这洛河之水,任其东去?"

管仲答道:"垒土以为堤,束水以为渠,兴农桑,安社稷,因势利导,为我所用。当今天下大变,强者自强,弱者自灭,必有霸道横生,切不可以复兴古礼为务……"

"大胆狂徒!"一人愤而起身,厉声喝道,"你敢藐视周礼!你可知,席间坐者是谁?"那人说完,右手恭敬指向老者。

长者为尊。管仲谦恭行一礼,道:"晚辈愚昧无知,前辈勿怪。"

"此人便是我等夫子、大周卿士,周公黑肩!"

一听到"周公黑肩"四字,管仲心中凛然一惊,他对周公世家早有耳闻。管仲深情望去,见那老者六十开外,一身黑袍,须发皆已斑白,但脸膛依旧红润,满脸堆着儒雅和慈爱。管仲躬身连行三揖,道:"颍上野人管仲,拜见周公!"

却说当年周公旦因为文治武功卓著,被封为公爵,又因为采邑在周,故称周公。周朝之爵位,有公、侯、伯、子、男五等,公列其首,高于诸侯,地位仅在周天子之下。周公之爵世代相传,至今日周黑肩,为九世周公。

当下周公黑肩莞尔一笑:"不必多礼。颍上人? 你是郑国人?"管仲应诺。周公黑肩又道:"你且说说,当今之势,如何振兴王纲,如何重现万国来朝的盛况?"

管仲道:"周公之礼兴盛三百余年,福泽寰宇。今人所谓礼坏乐崩,也不尽然,周礼也绝非一朝一夕就可以废掉的。当今乱世,不进则退,当以富国强兵为本。文礼退居其次,武略居于首位!"

周公黑肩的嘴角微微颤了一下,眼睛中忽然放出光来,暗含三分惊喜。管仲本以为自己这番评说会触怒周公,不想出乎意料。

座上一人怒不可遏道:"狂悖之言! 什么文礼武略! 我大周向以礼乐称颂,方以四海归心。失了周礼,便是失了国本,岂非乱上加乱,祸中取祸?"

管仲正要争辩,但见周公黑肩淡淡笑道:"说了这许多,大家必然口干舌燥。来啊,上酒! ——管仲,赐座!"

有两名侍者捧着两盘盛满美酒的铜爵一左一右上来,又有侍者添上一张蒲席。管仲行礼落座。微风徐来,波光粼粼。众人衣袖飘举,与周公黑肩共饮一爵。

周公黑肩望向管仲:"你一个郑国人,来洛邑做什么?"

管仲道:"不瞒大人,管仲心中,洛邑城中有二宝:其一是我大周先祖太庙,其二便是周公所创立的周礼。管仲游学洛邑,只有两个心愿:其一,拜谒太庙,瞻仰先祖英灵;其二,入王城守藏室深入学习周礼。"这些年来,管仲愈发变得心思缜密,城府渐深。管仲心中确实暗藏着两个愿望,这两个愿望是:一是入太庙,得睹禹贡九鼎神采;二是入周守藏室,遍阅天下藏书秘典。所谓"拜谒""习礼"只是托词而已。

周公黑肩哑然失笑:"方才讲到文礼退居其次,武略居于首位,怎么现在却要学习周礼了?"

管仲心中暗惊,电光一闪,立马转露笑容,淡淡禀道:"自然文礼居次,武略居首。管仲先次后主,循序渐进,此乃自然之道。"

周公黑肩眼中露出得意之色,赞道:"后生如此好学,社稷幸甚! 这两桩心愿,老夫一并帮你实现。"管仲闻言,心花怒放。

周公黑肩放下酒爵,与众人纵论了一番古今兴废之事,谈兴愈浓。日渐正午,水光耀眼。周公黑肩说许久未曾拜谒先祖,今天正好带着管仲太庙一行。众人散去,管仲有幸与周公黑肩同坐一车,返归洛邑城中。

洛邑天子之都,为当时天下最为繁华的大城。城池方圆九里,东西南北各开三门,共有十二城门。城内划分面积相等的九大区域,中心为天子宫殿,左边是宗庙,右边是社坛,前面是朝堂,后面是集市,所谓"方九里,旁三门,国中九经九纬,经涂九轨,左祖右社,面朝后市",足见周公旦当年营造洛邑之严谨规整。周公黑肩似乎很喜欢管仲,不断与他讲着一些洛邑往事,管仲默记于心。从南门入城,管仲望见城墙高耸入云霄,而开阔的城门足可以并行九辆马车,管仲心中暗暗叹道:"不愧是天下第一大城!"

入得城来,熙熙攘攘,秩序井然。管仲眼尖,发现守城兵士威武雄壮,法度森严,与其他地方俨然不同,于是忍不住扭头追着看。周公黑肩得意扬扬,左手扶车,右手捋须道:"这洛邑城中还有一宝,你可知道是谁?"

管仲道:"晚辈孤陋寡闻,请周公赐教。"

"便是王子城父。"

"王子城父?"管仲惊道。周公黑肩笑道:"观洛邑阵容,你就看出这守城的城父是非同一般的人物。先君周桓王膝下有二子:长子佗,即当今天子周庄王。次子克,便是王子城父。因克身为王子,又担任洛邑王城的城父,所以国人皆称其为王子城父。"当下又讲了一些王子城父的武功谋略,果然是才华卓绝,人中翘楚。管仲暗暗叹道:"只想着周室衰微,孰料还有如此人物!此番游学洛邑,不知是否有缘与王子一会?"

两人谈兴正浓,不觉时光匆匆,车已来到太庙。

周公黑肩携管仲拾级而上,迈入大门,踏着石铺的地面,穿过二门,眼前豁然一亮!只见后面是一溜黄色大殿,殿前四方四阔的明堂中,矗立着九只青铜大鼎!这些大鼎清一色的三足、鼓腹、无耳,体形硕大,镌满图纹,依着一居中央、八列四方的严谨方位如山一般矗立!阳光下金光灿灿,一片默默,却又分明虎蹲象步,霸气逼人,有目眩神驰之感!周公黑肩道:"这就是九鼎。"

昔日上古之时,大禹用九州之铜,铸成了象征天下九州的冀州鼎、兖州鼎、青州鼎、徐州鼎、扬州鼎、荆州鼎、豫州鼎、梁州鼎、雍州鼎,这便是禹贡九鼎。此后九鼎成为天命所归、王权至上的象征。九鼎铸成后,大禹放在都城宫门之外,供诸侯朝拜。后来商汤灭夏,九鼎迁到商都亳城,再后来商王迁都于殷,九鼎也迁移至殷。再后来周武王伐纣灭商,至周成王继位后,也即周公营造洛邑城后,九鼎迁至洛邑,安放在太庙之中,以至于今日。

管仲对着九鼎连拜三拜,禁不住绕鼎瞻仰一圈。望着鼎上镌刻的天下名山大川,九州珍禽异兽,管仲难耐胸中热血沸腾,只觉得一股热气直往上冲,似要在高山之巅,追日逐月一般!管仲慷慨道:"我之华夏,何其壮观!"

瞻完九鼎,径入大殿。大殿幽深纵广,只打进来门口半地阳光,里间却是幽暗,但是灯火通明。早见正中堂上摆着诸多先君灵位,气象无比庄严。周文王!周武王!赫然入目,仿佛天神即在眼前,令人肃然起敬!文王、武王之后,接着是周成王、周康王、周昭王、周穆王、周共王、周懿王、周孝王、周夷王、周厉王、周宣王,直到亡了西周的周幽王,之后便是周平王,然后是刚刚摆上去不足一年的周桓王。

周公黑肩与管仲行跪拜大礼。周公黑肩拜完,起身。而管仲却依旧伏身在地,额头贴地,双目紧闭,两只袖袍宽宽地盖在席上,姿态极其虔诚。周公黑肩不语,心中暗暗赞道:"贤。"管仲也不语,似在用身体感受先贤几百年的脉搏,心中暗暗道:"文王、武王开创大周以来,德治为先,广施仁政,天下清平,海内一家,彼时气象实令晚辈后生神往不已!然而三百年后,家国天下却被后世子孙搞得四分五裂,乱象丛生,乌烟瘴气!先祖地下有知,当做何想?请问列祖列宗,江山社稷走到今天,我辈当何去何从?"

…………

管仲好学,周公黑肩颇为欢喜,也遂了管仲的心愿,将其安置在周守藏室,可以遍阅典籍。守藏室,为周之国家藏书禁地,当时天下文化典籍集大成之所,但见一溜儿宫室,处处以书为墙,竹简木牍累积如山,可谓书山书海,壮观异常。

可以自由出入周守藏室,这种机会实在难得。管仲如鱼得水,不舍昼夜,废寝忘食,其勤奋刻苦之状非同一般。他本就博闻广见,到了守藏室中,因着一双天生慧眼,最是善于百里挑一,去粗取精。有的书简逐字逐句细阅,有的书简反反复复默背于心,有的书简只粗过眼目即可,有的书简却是视如敝屣,弃之一边,凡此种种,不一而足。

管仲安身于守藏室,物我两忘,不觉一年光阴倏忽而逝,又到了春风洛水时节。守藏室中已无可阅之书,然而管仲心中依旧天问无解。管仲惆怅不已!一年期间,除了读书,守藏室中也多有夫子开堂讲座,周公黑肩也讲过几次,只是开口闭口多是古训虚言,非那经世致用之策,管仲摇头,常常听了开头就退了出来。不时巡游洛邑,打探城中各种正史野史,趣闻逸事。这其中听得最多的就是王子城父,仿佛神人一般,据说当时周桓王差一点将王位传于城父,只是碍于嫡长子制,不得已传了长子即今天的周庄王。管仲叹道:"若能与王子城父促膝长谈,大慰平生。只可惜一个是野民,一个是王子,咫尺千里,终是无缘!"又听人议论道洛邑东南百里之外,有一座大山,名曰嵩山,山中有百岁隐士,胸有羽化飞仙之术,腹藏精妙治世之学,只是不肯轻易传授,尘外之人也是无缘一见。管仲暗暗道:"有志者,事竟成。只要山中真有其人,那就一定可以得偿所愿!"

一日,周公黑肩又到守藏室讲习周礼,众学子听得入神,唯见管仲呆呆出神。课后,周公黑肩唤住管仲,未待开口,只见管仲伏地就是一拜:"承蒙周公厚爱,管仲得以拜谒太庙,入守藏室,管仲感激涕零! 如今我洛邑游学心愿已了,然而管仲心中依旧有疑惑未解,相传嵩山之中有隐逸高学,管仲这就要到嵩山中求师访道,就此拜别周公!"

周公黑肩大惊失色道:"怎么,要走? 当今天子初立,国家正是用人之际,留在洛邑立一番功业,岂不是更好?"周公黑肩是桓王、成王两朝重臣,心中正在谋划一件大事,看管仲是个人才,也是极力栽培,希望为己所用,不想管仲这么快就要离去。

管仲总是怀才不遇,若是搁在以前,遇到这种周公挽留的机会,管仲势必满口应承,然而今非昔比,管仲愈发沉稳老辣,也在暗暗谋划自己心中大计。管仲当下道:"管仲志在于学,不在名利。周公海涵!"

周公黑肩吁了一口气,悠悠道:"有志于学也是好事,学成可以归来嘛! 不过嵩山隐士之说,只是传闻,未知真假。"

"无风不起浪,事出必有因。人间即有此说,山中也当有此事。即使一无所获,但求无愧我心。"

"那嵩山高远雄浑,山深林密,左如龙眠,右如凤舞,东西横卧百余里,有大大小小七八十座高峰,如此大海捞针,你到哪里寻找高隐?"

"志之所向,无所不可。区区一山,何足道哉!"

周公黑肩点了点头,像是想起了一件往事,半晌道:"如此,我助你一臂之力。嵩山少室峰顶,有一个天然石洞,洞中住着一个老隐士,他长我九岁,现在已七十开外了。因为洞口有松有泉,所以此人自称松泉子。松泉子所学包罗万象,如汪洋大海,高深莫测。十八年前我们在洛邑城中有过一面之缘,此人才高,但过于狂妄自负,我当时甚为讨厌,但是现在,现在又很是想念……"周公黑肩略顿,神飞当年,又叹道:"此人脾气古怪,看不上公卿大夫,更不愿传道授业。一身绝学,至今仅收了半个弟子,也不知道你有没有这个缘分……"

"半个弟子?"管仲大惑不解。

"是的,半个弟子。当年就在这守藏室前,诸多学子聚而论礼,松泉子捋袖赤脚,不请自入,大放厥词,辱骂周礼,惹得席中一个大夫拔剑要杀他,亏得另外一人善心袒护,才救了他命。救他之人当时十几岁,还是个孩子。松泉子为答谢救命之恩,问这孩子有何求。孩子答道兵法。于是松泉子将腹中所藏兵道择出精华,写了十支竹简相赠,后扬长而去。这孩子后来又寻到嵩山求教,松泉子避而不见。所以,只能算是半个弟子。"

"那这个孩子是谁? 现在何处?"

周公黑肩笑道:"待你学成归来,我再相告。你既有志于嵩山,就寻访松泉子吧。山上的事,就看你自身的造化了。"

管仲俯身再谢。松泉子如此奇异,引得管仲神往不已,恨不能踏上白云,一夜之间飞落在松泉洞口。

嵩山,古称外方,夏商时称嵩高,西周时称岳山,至东周时称为嵩山,《诗经》有云:"嵩高维岳,峻极于天。"又因其地处"天地之中"而被尊为中岳,与左岱(泰山)右华(华山)并列为当时华夏三大名山。

有了周公黑肩的指引,管仲便顺着山路一路向少室峰上攀登而去。时已入夏,管仲趱程赶路,大汗淋漓。初时尚能遇到些许茅屋和山民,行得越深,登得越高,渐渐步入荒境,但见群峰高耸,古木森森,人烟绝迹。道路也是隐于乱草之中,似有若无。又走了一阵,轰轰声如雷鸣传来。管仲顺着野径,转过山坳,眼前陡然一亮。一面山崖仿佛削平的石壁立在面前,正中一条瀑布飞雪溅玉,飘着白色水烟,缓缓落在脚下翡翠一般的石潭中。而回首身后,群峰小如蝼蚁。管仲止步,坐在瀑布前一块青石上,俯身饮一捧潭水,只觉凉沁心脾,热气顿时消了一半。

管仲望着崖上飞烟的流水,心中暗忖道:"按照山民指引,这必是上少室峰唯一的道路。松泉洞松泉洞,洞前泉水必与这瀑布一脉相通,我只需顺着这条水道,便可以找到松泉子。"

管仲大喜,于是顺着瀑布往上寻路。又过了一个时辰,只见山势渐平,显然已经渐至峰顶。宽如衣袖的溪水快活流淌,如鸣佩环。溪边绿树丛中,一条石径迤逦向前。管仲用衣襟揾去额头汗水,整整弓箭,踏着小石径走去。未及百步,只见路边左首凭空鼓出茅屋大小的一块巨石,似在挡人去路。管仲绕过巨石,偶一抬头,一孔石洞就映入眼帘。石洞贴在左首山凹,坐北朝南,洞口不大,略呈方形,一半砌了带窗的石墙遮挡,另外一半装着一扇木门。此刻那门敞开着,门边有生火煮饭熏染的黑烟,一道幽幽的光从洞内透出来。

正午的阳光洒得满满。洞前开阔好似明堂,是一块天然平地,中间摆着一张石桌、几个石凳,石桌上还有三五枚新鲜的野果。四周草木环抱,碧绿葱茏。洞口右首冒出汩汩清泉,望去仿佛是一口煮沸的石井,溢出的泉水顺着石势滚去,正是来路溪流的源头,而井泉边上孤零零矗着一株古松,粗壮茂盛,少说也长了七八百年。树身屈曲横卧,如一老翁凌空睡在井泉之上,神姿潇洒,意态悠然。

管仲得意不已。大步行至洞口,端正衣冠,躬身三拜,道:"颍上野人,拜见松泉子。"恍惚间,洞中有人影晃动。管仲又高声道:"管仲特来拜见松泉子!"

洞深幽幽,一人飘然而出。管仲抬头望去,见一老翁身材细高,须发胜雪,面目清癯,一身葛布灰衣,右手握着一支碧油油的竹杖,浑不似红尘中人。老翁瞟一眼管仲,张口笑道:"好英俊的后生,你如何知道我是松泉子? ——后生拜我? 呵呵……拜我,是拜我为师吗?"

松泉子年逾七旬,但言语中颇有戏谑之意。管仲怎么也想不到松泉子一开口,竟会直接发问。管仲恭敬道:"我正要拜先生为师,研学济世之道……"

"哎——"松泉子有意拐着弯,拉长音道,"我问有先有后,有一有二,年轻人如此性急,怎么不先答我首问——你如何知道我是松泉子?"

管仲勉强一笑:"我本颍上野人,曾在洛邑求学一年。听得周公黑肩论及先生博闻广见,学识渊博,为嵩山高隐大才。蒙周公指引,方才顺利来到少室峰下松泉洞前。"

"你是野人——不是大夫?"松泉子似乎喜出望外,走近两步,将管仲从上到下用眼光扫了一遍,颇似老翁瞧晚辈一般。

管仲颇觉好笑,当下道:"确是野人。管仲倒是想当大夫,只可惜没有这个本事。"

松泉子转身走到松树边,就着一块横卧的青石斜躺下,忽然变得冷冷的,仰首道:

"什么周公！当世哪里还有周公？黑肩既然叫你来，那你自然明白，我是从来不收弟子的！你又何必拜我？"

管仲转过身，对着松泉子再拜："管仲出身乡野，但素有匡扶天下之志。今时世界，乱象丛生，外有异族侵扰，内有诸夏相残，列国诸侯征战不休，礼义廉耻丧失殆尽，当此天下剧烈动荡之时，华夏民族危难存亡之际，我辈当挺身而出，勇猛担当！管仲虽有此心，却乏此术。特来拜山，请师父教我……"

松泉子淡淡道："小子说得仿佛周公一般！忧国者先忧民，你如此慷慨而来，只忧国难不忧师父吗？怎么连一份拜师礼也没有？"

此语一出，管仲暗自懊悔，怎么连如此基本礼仪也未想到，自怨不已，但转念一想，松泉子世外高人，岂会以俗世之礼为念？松泉子倘若果真贪图师礼，那也就不是管仲要辛苦寻访的高士了！——松泉子当真怪诞得很，适才索礼，似有答应入门之意，但似又拒人千里之外。管仲又行揖道："只顾走得匆忙，不曾备得俗世礼物。其实管仲此来，正有一件拜礼呈上。"

松泉子从石上慢慢起身，坐得又端正又懒散，满脸孩童顽相，捋着一缕白须，道："快快拿来我看。"

"一颗炽热的天下之心！"管仲答。

松泉子霍一下立起身，走几步，用竹杖"当当当"敲地，怒道："好小子！"忽然又转头哈哈大笑："天下之心我收了！只是这礼物轻如鹅毛，薄如冰片，淡如嚼蜡，实在不入我眼。你走吧，以五日为限，五日内在这嵩山之中为我再寻一份上好师礼，寻得来，我便收你。五日内寻不来，或寻来了我不喜欢，那便是你我无缘。你从哪里来，还回哪里去吧。"松泉子说完，甩着长袖，如一朵浮云似的隐入洞中去了。

管仲低头恭送，心中却窃喜。松泉子显然是应允了，所谓"五日为限"，不过是要考验一下自己。当下也不答话，只对着山洞连行三揖，就奔后山去了。

一晃四日已过。第五日晨起，松泉子便坐在松树下，听那泉水叮咚之声，直到漫山漆黑，不见管仲归来。第六日太阳射入洞口，松泉子又慌忙起身，在井泉边上踱来踱去，直到天黑，还不见管仲。松泉子暗道："此人绝不会半途而废，难道遇上了山中野兽？"黯然有悔意。

一连十日过去，始终不见管仲身影。松泉子坐在洞中连连叹气。松泉子绝非不愿收徒传业,只是未遇斯人罢了。学业智慧累积一生,正是炉火纯青的境界,加上年岁已高,时日渐少,找个传人便显得愈加迫切。不期洞前来了管仲,一番会晤,觉得管仲可教,正有授业之念,谁知管仲一去不返!如果真是因为寻找师礼而在深山中枉送了性命,那罪过可就大了。

第十一日午后,天气闷热,松泉子卧在树荫下石头上纳凉,山风徐来,白须飘飘。不一会儿,就蒙蒙眬眬地睡去。

懵懂混沌中被人唤醒,微一睁眼,恍见一只金斑猛虎卧在身边,松泉子"啊呀"一声吓个半死,连连后退,背上发出冷汗。"师父莫怕,是我呀!"松泉子定了定神,这才清楚看见——是管仲!原来是管仲跪在地上捧献一张鲜艳的虎皮。

管仲将虎皮高高捧起,笑眯眯道:"管仲特献上拜师之礼。"原来管仲去后,径往松泉洞后面山峰奔去。一连两天,直为拜礼发愁。第三天半夜,睡在松树上的管仲被远处传来的虎啸声惊醒。深山荒林,夜半受惊,却无端引来一场狂喜。管仲自忖道:"这拜师礼,一来要显示自己的虔诚之心,二来必是师父缺少的稀罕物件,三来又要显示自己身怀绝技,如果射一只猛虎,献上一张虎皮以为师父卧榻之用,岂不是三全其美?"

当下拿定主意,管仲按照虎啸传来的大致方位走去,然而越是人寻老虎,越是寻而不得。无奈管仲爬上一棵千年老树栖身,索性沉下心来,夜夜静等老虎出现。功夫不负有心人,足足等了七天七夜,终于射死了一只斑斓大虎。管仲剥了虎皮,洗干净,扛在肩头下山,赶到松泉洞时,已是第十一日正午。

松泉子也不说话,只是捋着颔下长须开怀大笑。管仲见状,兴冲冲地站起来,径直走入洞中。洞阔一丈,深约三丈,最里面石壁聚拢,天然形成一幅青龙直上图,妙不可言。外间有粗糙的石床、石凳,还有一条用树枝胡乱拼凑的木几,上面堆满整整齐齐的书简。洞口门边露天的地方,有石头砌成的火塘,旁边堆着木材、陶碗、陶鬲并一些山果。器物朴拙,然而整洁有序,仿佛刚刚收拾一般。管仲见石床上铺着厚厚的干草和一张破了几个窟窿的蒲席,当下就将虎皮铺在蒲席上边,用手铺得平平展展。

管仲立在洞口,躬身道:"师父请!"

松泉子笑吟吟走过来,看见虎皮一屁股坐上去,又伸手抚摸虎毛,满脸都是欢喜。松泉子道:"管仲,要做我弟子,尚有三个试题需要过关。"

管仲恭敬道:"师父请讲。"

松泉子静静道："老夫久居山野，不问世事。敢问管仲，今时世界，天有多高？地有大大？国有多少？"

管仲答："天有九重高，地有九重大，国有五大国，曰北方国，曰东方国，曰南方国，曰西方国，曰中央天子国。"

"天资聪慧。"松泉子心中暗暗道，又问，"你有何志向？"

管仲答："外抗夷敌，内安诸侯，强国争霸，一匡天下。"

"天下之志。"松泉子心中暗暗道，又问，"我这里有天道、君道、臣道、民道四种济世之术。天道主善，君道主势，臣道主官，民道主富。你愿意学习哪一种？"

管仲答："天道。"

"仁善之人。"松泉子心中暗暗道。

松泉子问完，沉默半晌，眼眶就红起来，饱含忧伤叹道："志不广者不收，才不具者不收，德不善者不收，为了一个传业弟子，老夫我等了整整二十年……"管仲大惊。天底下弟子找师父苦，岂不知师父寻弟子更苦！看来周公黑肩关于松泉子拒不收徒之说，是只知其表，不知其里罢了。当下赶紧双膝跪地，行拜师大礼。

松泉子端坐在虎皮席上，挺直腰板哈哈大笑："甚好！二十年心愿，今日终了！"松泉子扶起管仲，指着木几上的一堆书简道："这里有《松泉三十二册》，是我毕生心血，内含天文、地理、人道、礼乐、古史、秘闻、政道、兵道、商道、农道、手工道，家国兴废之理，人性养生之术，现在一并传授给你。你须潜心研读，融汇一心。学成之后，可以为己，可以为人，可以为家，可以为国，可以为天下！四海之内，普天之下，无所不可！"

…………

自翌日始，上半天松泉子于洞中开讲，下半天管仲于松下读书。日复一日，从未间断。渴饮山泉，饥餐野果，偶尔管仲也出去打猎，或下山找些粮食，倒也丰衣足食。师徒二人挥斥方遒，指点江山，情意融融，其乐无限，日子过得自足而悠然。山中无甲子，寒尽不知年，不知不觉之间，已过了两载春秋。

这日午夜，万籁俱寂，不闻一声鸟鸣。洞口火塘正燃，火光映着石壁，翻腾跳跃，犹如壮士舞剑。松泉子侧卧在虎皮榻上似已睡着，而管仲则难以入眠，独自一人立在泉边发呆。

一轮满月挂在枝头,洒一地如雪的清辉。夜色中嵩山似海,荒林里一灯如豆。管仲恍觉自己立在洞中,又仿佛站在月上,似我非我,非我似我,非空非有,亦空亦有……电光石火般,脑海中霍地蹦出四个字:"尊王图霸"。三年前,管仲游学洛邑,辞别鲍叔牙时言道:"管仲虽有霸业之志,然而尚乏霸业之术。管仲心中尚有一个莫大的疑惑:当今大乱之世,周天子当居何位? 礼何以然? 霸何以然? 礼以遇霸,霸以遇礼,又将如何? 此疑惑不解,便难以主宰天下!"从颍上到洛邑,从洛邑到嵩山,从周公黑肩到松泉子,从周守藏室藏书到《松泉三十二册》,历时三年,自己辛辛苦苦寻找的答案,不就是这四个字嘛!玉宇澄明之中,悄无声息之际,一只山鹰蹬开松枝,振动翅膀,随着一声长鸣,陡然向月亮冲飞而去。刹那间,情不自禁,管仲向着明晃晃的一丸冷月纵声大笑,只觉得通体舒泰,如浴温泉,如沐暖阳……

幽幽的古洞,松泉子躺在榻上,一动不动,闻管仲大笑,只睁了睁眼睛,就又闭上,喃喃道:"管仲学业已成,可以出山了。"

这一觉睡得好香,醒来时太阳正在爬山。管仲揉着惺忪的睡眼,就听到师父唤自己。松泉子站在洞前松树下,对管仲道:"我知你学业已成,今天可以下山了。"

管仲大惊,扑通就跪下,颤声道:"可是弟子犯了错误,师父要赶我走?"近半个月来,管仲自觉将《松泉三十二册》早已融会贯通,师父所讲也已心领神会,的确有下山之念。但松泉子如此一说,管仲猛一下还是十分难受。

松泉子哈哈大笑,扶起管仲道:"你是一个有大志、创大业的人,如今学业已成,自当下山建功立业,岂可在这深山老林里虚度光阴!"

"可是……"管仲嗫嚅道,一时不知说什么好。

"如此妇人之状,非松泉子弟子!"松泉子忽然斥道。

管仲又要开口,被松泉子打住:"好了。"松泉子又柔声道,"收拾一下,下山去吧。"而后一挥袍袖,扭转身去,望着雄阔的东方,但见云蒸霞蔚,氤氲缭绕,几点山峰如画。

"弟子遵命。就让弟子最后为师父猎几只野味,聊表寸心再走。"管仲躬身道。而后取了弓箭,就上后山去了。

将近晌午时分,管仲肩头搭着一只山鸡,左手挽弓,右手拎着两只野兔,下得山来。

将近洞口,却见师父坐在古松之下的石头上,一人背对着自己正向师父连连叩首,而另有两个身穿甲衣的武士远远地站在一边。管仲心中惊诧不已! 山居寂寞,渺无人烟,两年来洞中还是第一次来了外人。

管仲向松泉子走近,那两个武士忽然神色一紧,手中有意无意摸向剑柄。管仲斜睨冷笑,走到松泉子面前,执弓作揖道:"师父……"

这一声"师父",引得跪在地上那人扭头注视管仲,慢慢起得身来。管仲也向他瞧去。两人四目相对,你盯着我,我盯着你,如火缠绕在一起。管仲见那人年龄与自己相当,红颜白面,头束王冠,一双眼睛炯炯有神,但又透着三分憔悴,神清骨秀,器宇不凡,浑身上下一身白衣,略有污垢和破损,但衣质丝滑亮丽,乃上等锦衣。此人仿佛是从战乱中逃出来的公卿贵人。

松泉子淡淡一笑:"此是我半个弟子王子城父,此是我授业传人管仲。难得今日,你俩相见。"

管仲大惊。洛邑城中天人一般的王子城父,自己神交数年之久,始终不得一见,而今天仿佛从天而降,就落在自己眼前。而且周公黑肩所言松泉子的半个弟子,竟然是王子城父! 自己与王子,同出松泉子一门,岂非如梦如幻?

王子城父又惊又喜,对着管仲行了一揖:"管兄好福气! 子克梦寐以求可以成为松泉学子,无奈只有'半个'薄缘! 管兄羡煞子克!"

管仲还揖。但见王子城父脸上的喜色一闪而过,霎时间满是愁云,显然是遇到了极难之事。王子城父沮丧着脸,叫着"师父",带着哭腔道:"弟子如今成为谋国篡位的乱臣贼子! 这可如何是好?"

此语一出,恍如晴天霹雳,管仲心中怦怦乱跳,难道洛邑王城又发生了惊天动地的大事情?

王子城父正是从洛邑城中逃出来的。原来周桓王临终之时,招重臣周公黑肩道:"我生两子,长子佗,次子克。子佗过于柔弱,而子克智勇双全,最具王者气象。当今天下大乱,能够振兴周室的,必克非佗! 我愿将王位传于子克。"周公黑肩道:"不可! 依着礼制,天子传位,乃嫡长子制。废长立幼,深恐国人非议。"周桓王道:"如此,可传位于子佗。待子佗后,兄终弟及,令子克承续大统,复兴周室。我就将子克托付于周公了……"

周桓王逝后,子佗继位,为周庄王,周公黑肩辅政。其实周公黑肩也有立子克之意,只是碍于自己作为周公传人，是不可以越礼行事的。然而诸侯纷扰，王室日益衰微，洛邑只有推举一位雄主，方可以力挽狂澜！作为两朝重臣，几十年来目睹周室步步衰微，逐渐滑向深渊，周公黑肩忧心忡忡，夜不能寐！管仲游学洛邑之时，周公黑肩其实已经动了抛弃周礼之念。隐忍了三年多，周公黑肩终于决定冒天下之大不韪，废掉周庄公，而立子克为天子！周公黑肩与王子城父谋道："城父执掌洛邑兵权，都城守卫大军皆听从城父调遣，我乃先君临终托孤之臣，立克废佗名正言顺，你我齐心合力，大事必成，周室可兴！"而王子城父惧怕犯上作乱的贼名，始终犹豫难决。于是周公黑肩又游说其他大臣支持举事，希望促使王子城父下定决心。

不想当周公黑肩游说大夫辛伯时，辛伯假意应承，待周公走后，火速入宫报知周庄王。危急时刻，先下手为强！周庄王与辛伯连夜调兵，以迅雷不及掩耳之势包围了周公府，定以谋反大罪，诛杀了周公黑肩，其他余党一并被铲除。可怜周公黑肩守礼也不成，作乱也不成，犹豫徘徊之间就倒在了血泊之中，身死名裂！后来周庄王以黑肩弟弟黑背继承周公爵位，是为十世周公，此为后话。却说王子城父闻讯大惊，见大势已去，只带了三名心腹侍卫，驾一乘马车，趁着混乱逃出了洛邑，打算往燕国避难。只因一夜之间横遭剧变，王子城父方寸大乱，不知应当何去何从，于是途中转道嵩山，特请师父松泉子指点迷津。

时周庄王三年，公元前694年。史称子克之乱。

听王子城父讲完，松泉子莞尔一笑，满脸云淡风轻："子克不必烦恼。周公黑肩之计，乃是下策，即使侥幸成功，也为天下人所不齿，终非正道。如今你败落而逃，失了爵位，丢了英名，没了富贵，正所谓过去种种，一把火烧了个干净。绝处即是新生，子克一世功名自洛邑出逃，才刚刚开始！何忧之有？——当今天下，英雄用武之地比比皆是，而唯独洛邑不是！此气数也。子克离了洛邑，老夫正当为你贺喜！"

松泉子以手指着连绵的群峰，又道："嵩高维岳，峻极于天！你们看，这嵩山之中漫山遍野的花木野草！盛夏之时，枝繁叶茂，草木极旺，然而阳气已达极点，秋风萧瑟之气不久即来，严冬之时，冰天雪地，草木尽枯，然而阴气也走到尽头，不久春回大地，万物复苏。凡人为之忧处，我为之喜；凡人为之喜处，我为之忧。如此，我方不为人间忧喜所扰！"

王子城父闻言豁然开朗，眉宇间愁云一扫而光。只听管仲道："我以为周公黑肩实则为礼所误！请问师父，礼与霸，孰轻孰重？孰优孰劣？"

松泉子道："无轻重之分，无优劣之别。昔日周公制礼，周礼号令天下，莫敢不从。那时之礼便是文霸；如今各国混战不休，久后必有霸主出世，领袖天下，到那时，霸便是武礼。所以，是礼是霸，是霸是礼，皆因势而已，不可偏执一端。"

…………

松泉子教诲，两人铭记于心。不觉日已正午，腹中饥饿。烧了山鸡野兔，饮了松下甘泉，管仲与王子城父伏地叩首，拜辞师父。松泉子入洞，取出一册《天道》赠予管仲，取出一册《兵道》赠予王子城父。两人磕头再拜。松泉子道："去吧，去吧，望你二人同心同德，善始善终。"

管仲与王子城父携手下山，两名武士远远地跟随。途中管仲与王子城父无话不谈，互相倾慕，然而都有世事艰难、人生难遇的忧愁。行至嵩山脚下的溪水边，见有一条三岔路口，王子城父带来的马车和另一名武士就守在几株老槐树下。

王子城父道："子克已经无家无国，打算先去燕国避难，别图后计。不知管兄作何打算？"

管仲道："管仲孤身一人，四海为家，前途茫茫，不知何往。三年前曾与朋友相约于颍上聚会，我先去颍上会友，别图后计。"

山前溪畔，清风徐来。管仲青衣飒飒，王子白衣飘飘，两人躬身揖别，分道扬镳。一个学成出山，喜不起来；一个横遭变故，忧思难去！——不期而遇，旋即分手，一对失魂落魄、壮志难酬的同命之人，荒山野岭之中，各自恓恓惶惶，一个南归颍上，一个北走燕国去了。

第十一章　哥哥妹妹

管仲别了王子城父，从嵩山向南，一路返归家乡而去。走到半道，听到路人议论周庄王要将自己的妹妹王姬嫁与齐国国君襄公，而鲁国的和亲使臣已到洛邑。管仲心中不由一惊。为什么齐婚而有鲁使？原来依照周礼，诸侯娶天子姊妹，需要请一位与自己爵位对等的天子近臣为自己主婚，于是齐襄公便邀请和天子同姓的鲁桓公为自己周旋这桩婚事，这才有了鲁桓公派遣的使臣赍礼来到洛邑，先行沟通商议。周庄王对这桩婚事是早早有心了，鲁使到来，三言两语，一拍即合，只等依着礼制按期完婚即可。管仲闻言叹道："周桓王时，妄自与诸侯战，自取其辱。至周庄王继位，平了王子城父之乱，又拿自己妹妹与齐国联姻，其意不过自保王位而已！天子沦落至此，实在令人唏嘘！"转念一想，禁不住大笑起来，"天子眼光望向齐国，管仲也要对齐国青睐有加！"当下决定要到齐国大展宏图。

春秋初期，郑国率先崛起成为第一强国，至郑庄公死后，郑国旋即衰落，第一强国的名号便落在齐国头上。

三年已过，颍上故土依旧。管仲也不回家，匆忙备了一些祭品，直奔母亲坟上而去。

一路急赶，还算及时，今天正好是母亲忌日。村后山坡大松树下，母亲的坟墓孤零零的，望去满是凄凉。不过倒也整洁，似乎常有人来打理，坟头只有一茎野草异常茂盛。

管仲扑通一声跪下，摆上白蒿、黄粟、祭肉，就禁不住哽咽道："母亲，不孝儿……回来了……"往事一幕一幕涌上心头，道不尽的艰难和酸楚！管仲泣不成声。须臾，管仲泪眼模糊，放开歌喉，为母亲哭着唱道：

蓼蓼者莪，匪莪伊蒿。

哀哀父母，生我劬劳。

蓼蓼者莪，匪莪伊蔚。

哀哀父母，生我劳瘁。

瓶之罄矣，维罍之耻。

鲜民之生，不如死之久矣。

无父何怙，无母何恃。

出则衔恤，入则靡至。

父兮生我，母兮鞠我。

抚我畜我，长我育我。

顾我复我，出入腹我。

欲报之德，昊天罔极。

南山烈烈，飘风发发。

民莫不穀，我独何害。

南山律律，飘风弗弗。

民莫不穀，我独不卒。

…………

正哭唱间，身边不知何时多跪了一人，管仲浑然不觉。那人摆上几样吃食祭物，另有祭酒。管仲低低唱着，那人随之不住抽泣，待到唱完，两人灵犀同步，不约而同纵声号啕。管仲直将心中无限的悲伤与愧疚宣泄个一干二净。

管仲以袖拭眼，那人也以袖拭眼。四目相对，正是鲍叔牙！两人二话不说，霍地一下互相抱住，又彼此重重地捶击对方肩头，两人忍不住又放声大笑起来。

鲍叔牙道："三年之前，你我相约三年后颍上相聚，我料重逢之日，必是老母忌日，相聚之地,必在老母坟头。果不其然! 呵呵……"

管仲揖道:"生我者父母,知我者鲍兄! ——与鲍兄相约,岂能相负?"

两人会心一笑,转哀为喜,便在管母坟前,以天为庐,以地为席,攀谈起来。鲍叔牙道:"兄弟当年去洛邑游学,一别三载,不知这几年所学如何?"

管仲道:"先入洛邑周守藏室读书,又赴嵩山拜松泉子学艺,幸得霸道,不虚此行。"另将王子城父与周公黑肩等事和盘托出,听得鲍叔牙连连感叹。

管仲问道:"这三年来,鲍兄如何? 老太公身体可还安泰?"

鲍叔牙摇头道:"老父亲一年前逝去,未及半年,老母也走了。家中陡然空空的,剩下我弟兄三人相依为命。然而连年动乱,生意难以为继,日子越发艰难。我只等着兄弟回来,就要弃商从仕而去。"管仲听了,神色黯然。忽见鲍叔牙眼睛放出亮来,喜道:"只顾哀伤,险些忘了一件大事:一个月前,齐国大夫召忽派来信使,要寻访你到齐国做公子师父。因你家中已无人,信使四方打探,便找到了我。我回道,几日后即是管母忌日,管仲必回。请召大夫静候回音。"

管仲也是喜上眉梢,想到自己刚刚决定要去齐国,这召忽的传信就来了,又想到母亲临终遗言,"你父亲驾着马车来接我了,接我去他做大夫的齐国。他说你也要去齐国,齐国才是我儿的福地……"冥冥之中,莫非真有天意!

管仲笑道:"天意! 我赴齐国之心久矣。鲍兄,你我同去齐国,天下之势久必生变,春秋霸业必从齐始!"

鲍叔牙惊道:"兄弟如何这么说?"

管仲慷慨道:"弟立志辅佐雄主,成就王霸之业。齐国乃当今天下第一去处! 所以者何? 其一,齐国背山面海,土广人众,有千里沃野,千乘兵车,此为英雄用武之地,霸主横空出世之国。其二,齐国乃我朝元勋姜太公的封国。昔日周天子命姜太公曰,'东至海,西至河,南至穆陵,北至无棣,五侯九伯,实得征之'。获天子令尽可讨伐诸侯,普天之下,唯有齐之一国! 此乃霸主之先兆! 其三,当今天下纷纷扰扰,小国不足道,大国自不暇。北方晋乱,南方楚远,西方秦偏,中原郑衰,而东方齐国成为一方独强! 所以,齐国可以为霸!"却说姜太公受封齐国不久,周公旦辅政时期,发生了管蔡之乱和淮夷叛周,于是齐国受命平叛有功。有鉴于此,加之姜太公卓越的军事才能,周天子便颁布了"五侯九伯,实得征之"的召命,齐国由此成为周王室最重要的异姓诸侯国。

　　鲍叔牙道:"兄弟既有此志,不可耽误。我愿与兄弟一道,共赴齐国。"管仲大喜。当下两人决议立即入齐。管仲三拜母坟辞道:"母亲,仲儿志在齐国,今日一走,不知后事若何！管仲或是春风得意,成就万古功勋,或是失魂落魄,默默枉死他乡……但管仲此心如铁,矢志不渝,九败而不屈,九死而不悔！万一管仲不幸死在异乡,便不能再来看望母亲,母亲勿怪……"

　　管仲随着鲍叔牙来到鲍家,先去祭拜鲍公、鲍母,而后鲍叔牙又将家中大小事务悉数委托给仲牙、季牙打理,好一番叮嘱。诸事安顿停当,管鲍二人坐上一辆马车,由苌楚驾车,出门便奔齐国去了。

　　管鲍有说有笑,迤逦东行,数日后来到临淄。马车穿过城门,进入城中,一幅繁华的市井图跃入眼帘。临淄自开国建城以来,始终坚持姜太公"因其俗,简其礼,通商工之业,便渔盐之利"的国策,所以商业古来繁荣,临淄也成为当时天下名都。鲍叔牙感慨道:"临淄繁华,我国新郑不能比,真可谓天下第一城啊！"

　　管仲应道:"非也。当今天下第一城,非王城洛邑莫属！临淄虽好,犹有不足！"当下心中暗自道,"我若为临淄城主,必要使临淄繁华数倍于洛邑,二十年后,天下人心目中的第一城,当非洛邑,而归临淄。"于是讲起三年前游学时,目睹周公所造的洛邑王城的严肃规整与市井繁荣,鲍叔牙听得津津有味。

　　两人边走边聊。忽然前面人群慌乱,鸡飞狗跳,像是有一队车马要从对面冲驰而来。因为人生地不熟,苌楚赶紧吆喝着,将马车驱在路旁,贴着墙角让道。这时就见一群身穿墨衣的仆役,前呼后拥,簇着一辆双马驾驭的豪车威风凛凛呼啸而来。

　　车上立在盖下的主人是一个十三四岁的少年,身着白衣,面容白皙,稚嫩中透着几分英俊、几分顽劣,一副浪荡公子的模样,而车边的随从们个个牵着猎犬奔跑,犬声四起,嗷嗷沓至,令人不由生畏。一行人虽横冲直撞,但又颇显章法,似乎扰民之中又藏着几分爱民,不过街边偶尔也有商摊被人犬掀翻的。看到这儿,鲍叔牙勃然大怒,就要上去拦住了管教。

　　这时,又听得有仆役高声叫道:"公子出城打猎,闲杂人等快快让道！"更有趣的是,车上少年不断向路人抛撒东西,有大饼、干肉、果脯等,看着路人纷纷低头去捡,少年趾高气扬,得意扬扬大呼:"为本公子让道,赏！"神态潇洒而狂妄。而路人似乎不是首次受此搅扰,并不吃惊,而且还夹杂着些许快感,有人还故意迎上去再躲开来,仿佛有意请赏似的。一国都城之中，如此荒诞之景，殊为罕见！鲍叔牙忍不住眼中冒火，怒道："谁家小哥如此猖獗！真是浪荡公子，有辱家门，不成大器！"

管仲倒是嘴角含笑，喃喃自语："小小年纪，如此好游好猎，自当管束。然而纵马城中，呼啸生风，颇有雄豪气象，又懂得布施国民，与民共享，也是殊为难得。"当下管仲问及路人这位公子是谁，路人答："我们国君的爱弟，公子小白。"

鲍叔牙忽然想到召忽传管仲来临淄，正是做国君弟弟的师父，当下大惊道："兄弟，这个小白该不是你要教的公子吧？果如此，孺子难教！当真坏了！"

管仲笑而不语。苌楚拨转马头，继续上路。片刻工夫，来到召忽府前。两人尚未下车，就见召忽笑吟吟迎出门来。召忽见管鲍两人同来，更加欢喜，忍不住叫道："管兄！鲍兄！数年不见，别来无恙？"

管鲍慌忙下车，三人于马前作揖行礼。召忽满脸堆笑，左手拉一个，右手拉一个，无限欢喜，就进入府去。门外苌楚作别，自赶了马车返回郑国了。

穿过庭院，脱履入堂，召忽居中，管仲居左，鲍叔牙居右，分宾主坐定。此情此景，恍若一梦。记得十几年前，管鲍合伙行商来到临淄贩布时，曾到召忽府上匆匆一叙。彼时召忽曾想挽留两人待在临淄，被管鲍谢绝，而今天，两人又来，却是要长住齐国了。管鲍不约而同环视这间内堂，心中都感慨不已！

召忽道："先君齐僖公殁后，世子诸儿继位为襄公。却说先君共生三子二女：乃是今日齐侯、长子诸儿，次子纠，幼子小白。长女宣姜，次女文姜。诸儿、宣姜、文姜三人年龄相当，而公子纠与公子小白为先君晚年所生，年齿稚嫩，如今一个十四岁，一个十三岁。国君善待此二人如弟如子，呵护有加。玉不琢，不成器，人不学，不知义。建国君民，教学为先！襄公为两位幼弟前程考虑，于是召我为公子纠师父，召忽深感力不能胜，特向国君举荐管兄，你我共同辅佐公子纠。以兄之高才，加上召忽之苦力，定会不负君望！"

鲍叔牙先长叹一口气。他深深担忧管仲要教的是那个公子小白，原来非白是纠！且这位弟弟如此得国君疼爱，这下管仲有前程了！

管仲恭敬道："召兄美意，却之不恭，管仲只能认领了。"管仲一顿，漆黑眸子转了半圈，对召忽笑道，"公子纠我们已经见到了！进城不久，不期偶遇公子领着一群家仆，驾车弄犬，风风火火出城打猎而去……"管仲故意将出城打猎的公子小白说成是公子纠。

召忽哈哈一笑:"管兄弄错了。公子纠宅心仁厚,不好杀猎,平常只把自己关在堂中读书,足不出户。倒是幼公子小白,好酒、好宴、好猎、好友,诸好之中以游猎为最。你们入城所见,非公子纠,而是公子小白。"

管仲"哦"了一声,又道:"我观小白生性过于放荡,长此以往前景堪忧,最是需要师父加以约束,点拨既久,如切如磋,如琢如磨,方可成器。不知哪位师父教导小白?"

召忽道:"国君只令召忽为纠师父,小白师父尚属空缺。我也曾想到为小白寻找一位良师,可惜长期以来,一直不遇其人。"

管仲大笑道:"今日可谓双喜!召忽兄,公子小白的师父不用寻找,你眼前正有一人刚刚好,何须费神?"说罢拿眼睛瞟向鲍叔牙。

召忽大笑:"是的是的!管鲍并称,鲍兄之才不在管兄之下,鲍兄担任小白之师,可谓正逢其人!实在是意外之喜!"

不想鲍叔牙却是一脸阴沉,城中偶遇小白,便觉得此人是个浪荡公子,绝非大才。一直担忧管仲如果教他,无异于自毁前程,如今反要自己来教,如何乐意?当下道:"小白!哈哈哈哈,这个鲍某教不了……我看见不务正业、侵扰百姓的小哥儿,只会打个半死,教——这如何使得?"

管仲道:"鲍兄此言差矣。依我之见,公子小白绝非只是个浪荡子,此人性情豪爽,不拘小节,实有成大事的才具!"

召忽又道:"国人皆以为小白贪玩废学,我却不以为然。此子天资聪颖,结交广泛,嬉戏无常之中暗藏大志,今虽年幼,但已隐隐具有龙虎之象。"

鲍叔牙又叹道:"任他如龙如虎,还不是一个幼公子!自古长幼有序,这齐国江山无论如何也轮不到他的头上!"鲍叔牙说着露出一丝不易察觉的苦笑,戏谑道:"你们两个辅佐大公子,倒让我老鲍来辅佐幼公子!嘿嘿,哈哈……"

"鲍兄!"管仲郑重其事道,"当今天下礼坏乐崩,越轨之事数不胜数,江山传递更是乱象纷纭。看我郑国:郑庄公死后,君位传于长公子子忽,仅三个月后,江山易位,幼公子子突窃国为君;又不足四年,子突又被逐,而子忽得以复国。看那宋国:昔日宋宣公逝世,君位舍弃世子与夷而传于其弟宋穆公;及至穆公死后,原世子与夷又继位为君,是为宋殇公;此后宋国有华督之乱,华督杀宋殇公,改立宋穆公之子冯继位,是为今日之宋庄公。再看卫国:卫宣公烝其母妃,娶其儿媳,淫乱无常!烝其母妃生了公子急子,娶其儿媳生了公子寿、公子朔。急子作为嫡长子本已被立为世子,然而寿、急子相继被杀,卫国江山在宣公之后传于公子朔,是为卫惠公。而惠公执政仅四年便被驱逐,原宣公之庶子公子黔牟又继位为君,以至今日……列国诸侯纷乱如云,兄终弟及之事层出不穷。公子纠与小白,论名分乃是国君胞弟,论年齿又仿佛国君之子,所以……"管仲顿了一下,看一眼鲍叔牙,又瞧一眼召忽,双目放出冷光,掷地有声,字字锥心:"齐襄公后,齐国江山,非纠即白!我们各自辅佐一人,胜算方才圆满。我们三人相约:异日无论是公子纠继位,还是公子小白继位,我们皆要互相举荐,共谋齐国,成就大业!——如此可好?"

管仲一番话说得鲍叔牙如拨云见日,当下重重应道:"干!"召忽也是恍若一梦,叹道:"管子远谋,我辈不及。"三人如此约定而行。召忽命传酒来,三人举爵痛饮。

放下酒爵,召忽忍不住又望了望管仲,觉得管仲霸气外露,英气逼人,隐隐然有泰山压顶之势。流年似水,千锤百炼,十几年后,眼前故友成熟老辣,再也不是当年那个飘蓬于市井之间的青衣少年。

次日召忽领着管仲、鲍叔牙来到齐宫,欲要觐见齐襄公。内侍传报,三人立于宫门外等候。却说齐襄公正为迎娶周王姬的婚仪盘算,正在得意处,听内侍传报三人觐见是关于两位公子师父的小事,也不见人,就慷慨应允。于是,管仲顺利成为公子纠师父,鲍叔牙也顺利成为公子小白师父。管鲍入齐,旗开得胜。

三人大喜,正欲离宫而去,忽听得远远有人传报而来:"鲁桓公夫妇五日后入齐!"——原来,答应为齐襄公主婚的鲁桓公携着文姜夫人——即齐襄公之妹亲来临淄,确定迎娶王姬的具体婚仪。

"鲁桓公夫妇"这个"妇"字,召忽听得甚是刺耳,当下摇头叹道:"文姜夫人不该来啊!文姜夫人不该来啊……"

话中饱含弦外之音,管鲍迷茫,惊问其故。

召忽替人脸红,不敢言语。待入得府中,进入内堂,才为两人道来其中缘由。原来这是齐国的一段丑闻。却说当年齐僖公膝下有两女,长女曰宣姜,次女曰文姜,姊妹二人皆是绝色佳人,不世风流。尤其文姜,美艳绝伦之外,更兼博古通今,出口成文,实不负"文姜"之名。

待成年后,长女宣姜许配卫国,本是世子急子之妻,不承想当时国君卫宣公荒淫无道,为宣姜美色所迷,竟然强娶儿妇为妃。后来新台之上,宣姜生下公子寿、公子朔。那公子朔生性阴鸷,定计除了两位哥哥急子和寿,从而继位成为卫惠公。这一段孽缘卫国上下议论纷纷,朝野震动。右公子职、左公子泄暗中图谋,要为急子和寿复仇,而庶公子硕因不满惠公德行,连夜远走齐国。天有不测风云,四年后,趁着卫惠公外出征战,国内右公子职、左公子泄率众政变,废了卫惠公,改立公子黔牟为君。卫惠公不得已也逃来齐国,希望借助母舅之国的势力以复国。而此时,齐襄公继位刚刚两年,以国事未稳为由,暂未答应卫惠公之请。

公子黔牟继位之后,众人皆以为卫国之乱源自宣姜,必要杀之而后快!后因右公子职力谏,言及"宣姜乃齐襄公之妹,杀之必惹怒齐国,不如留之以结齐卫之好",于是宣姜方躲过一死,只是被迁到别宫去住。消息传到临淄,为了保存妹妹宣姜性命,也为了安抚卫国左、右公子势力,齐襄公想到了一个罕见罕闻的荒唐之策——要卫公子硕纳母妃宣姜为妻!于是齐国公孙无知带着国君的密令,与公子硕一道返卫。那公子硕念及父子人伦,如何肯与庶母苟合?公孙无知无奈,后来便定下宴饮之计,将公子硕灌得烂醉,乘着夜色送入宣姜内寝。也是宣姜过于娇媚,公子硕酒兴之下哪里把持得住,于是两人并榻同宿,醉中成就好事。次日醒后悔之已晚,索性将错就错,宣姜就此与公子硕结为夫妇。可怜宣姜倾国倾城之貌,本是儿妇却做父妾,做了父妾又做儿妻!乱世佳人,如之奈何!

说罢姐姐,再言妹妹。文姜之事更是离奇。文姜乃齐襄公的妹妹,小襄公两岁。齐襄公幼年时候,名唤诸儿,自小与文姜最是交好,两人时常你哥哥、我妹妹叫得甜美。初时因为年幼,齐僖公并不放在心上。哥哥妹妹,两小无猜,渐渐成年,暗生情愫,萌发出男女之爱来,以至无视人伦,做出苟且之事。一日文姜患病,诸儿以探病为名,闯入文姜寝榻,挨坐妹妹床头,遍体抚摸,探及腹下。不巧被齐僖公窗外撞见,始知两人行为越轨,有伤风败俗之事。齐僖公将两人喝散,不许两人私会再见。此后不久,齐僖公为诸儿娶宋女做内室,又将文姜嫁与鲁桓公为妻。

周桓王十一年,公元前709年,齐僖公送文姜至鲁成婚。临行之前,诸儿痛不欲生,文姜也是思兄若狂。诸儿暗中托宫女送一枝桃花给文姜,附有情诗道:"桃有华,灿灿其霞。当户不折,飘而为苴。吁嗟兮复吁嗟!"文姜何等聪慧,见其诗已解其意,当下回道:"桃有英,烨烨其灵。今兹不折,讵无来春?叮咛兮复叮咛!"——诗中"叮咛"哥哥今天折不到花,且等来春再折。诸儿得到妹妹如此回诗,万分欣喜!文姜到鲁,年逾不惑的鲁桓公见文姜青春妙龄，如花似玉，天女一般，禁不住神魂颠倒，十分疼爱文姜，也不计较婚前那些哥哥妹妹的流言往事。此后齐鲁亲密，不在话下。以时推之，文姜婚鲁至今，已经整整十五年了。

几年前，诸儿继位为齐襄公。君权在握，愈加怀念与文姜的这段情事。齐襄公要娶周王姬为国夫人，朝野均以为齐国得天子青睐，为社稷福缘，唯有襄公自知己意专在请鲁桓公主婚，请鲁桓公主婚又专在赚得文姜一并来到齐国，以解相思之苦。这一段良苦用心，他人如何知晓？

入齐之前，鲁国大臣也有劝阻，不让文姜随行。但鲁桓公溺爱文姜，心想不过回几天娘家而已，大不以为然，于是拒谏。这边齐襄公得知鲁桓公夫妇同来，高兴得坐卧难宁，寝食俱废！——齐襄公爱妹之心，何其太过？——此一桩十五年前旧事，当时齐国朝野如召忽等众人皆知。如今十五年已逝，物是人非，一切化为云烟，但召忽却隐隐约约总有不祥之感，于是连连感叹："文姜夫人不该来啊！文姜夫人不该来啊！"

…………

翌日，公子纠对管仲行拜师礼，管仲先教公子"射艺"，召忽继续教公子《诗经》。那厢，公子小白也对鲍叔牙行拜师礼，出乎意料，其礼甚恭，若谦谦学子。鲍叔牙喜出望外，先教之以《礼记》。如此，师徒几人倒也相处和睦，其乐融融。

却说鲁桓公夫妇驱车奔齐，前有仪仗开路，后有甲兵尾随，相簇相拥而来。鲁桓公已五十开外，因为操劳国事，更显苍老，而身边文姜夫人秀眉粉面，雍容华贵，双目中饱藏着一汪春水，容光焕发，美艳动人。虽然早已是公子同的母亲，但珠圆玉润，别有一番成熟风韵。这一日行车到洙水，齐鲁边界，文姜打开车帘远望，仿佛一眼就望见了魂牵梦绕的齐都临淄，文姜喃喃自语，就要掉下眼泪："十五年了，临淄城，文姜回来了！"

时暮春初夏，暖风拂面，洙水盈盈，两岸一抹浓荫。鲁国车队浩浩荡荡，逐水而行，须臾间，就望见齐国仪仗来接——当头一人霍一下跳下车来，不顾礼仪，笑盈盈就冲将过来，喜悦之情溢于言表。那人不是别人，正是齐襄公！

鲁桓公夫妇下车见礼。双方站定，齐襄公瞥一眼鲁桓公，只轻轻一揖，眼睛却扫落到文姜夫人身上，直勾勾盯住。齐襄公将文姜从头到脚细看一遍，但见文姜一身藕白色深衣，窈窕挺拔，眉目如画，衣袂临风飘飘，若洙水之神，貌美如故，只是比早年略微显胖一些。齐襄公柔柔唤一句:"妹妹!"

文姜也将齐襄公细审一遍。哥哥依旧,只是比之当年少了五分稚嫩,又多了五分威严。齐襄公身材较为矮胖,浓眉大眼,一脸冷峻,目光中常常射出凌厉杀气,令人不寒而栗。齐襄公向来少笑,唯独对自己喜欢的女人例外,而见到文姜,更是难得的满脸堆笑,当下直看得文姜面颊绯红,如少女般忸怩。文姜羞涩应道:"哥哥。"

十五年来首听"哥哥"之声,齐襄公顿时浑身酥软,颤了一下,似要倾倒。

鲁桓公笑道:"齐侯,难得你们兄妹情深,有时间叙旧。王姬之婚姻,事关国体,兹事体大,还是早早定下的好。"

这一下两人仿佛梦醒,回过神来。齐襄公道:"烦劳鲁侯不辞劳苦,诸儿感激不尽。请——"鲁桓公夫妇回身上车,齐襄公陪同,一行人继续东行。不一会儿,车马进入临淄城,暂安顿在齐宫中。

王姬之事,齐侯、鲁侯只言片语之间定乾坤,约定八月十五为婚期。其他具体事宜也一应安排妥当。大事已了,齐襄公大肆铺排酒宴,为鲁桓公洗尘。众人纷纷向主婚人敬酒,鲁桓公不亦乐乎。而文姜被接到宫中别处,只说是与旧日宫嫔相会,鲁桓公也不甚在意。觥筹交错之间,天色已暗,鲁桓公喝得酩酊大醉,被送回驿馆歇息,一沾卧榻,便不省人事,沉沉睡去。

送走鲁桓公,齐襄公一路碎步快跑,穿花过柳,来到当年文姜未出嫁时所住的女阁。此处已被襄公秘密戒严。却说襄公进入内堂,早见堂中玉几上摆着昔日文姜爱吃的饭食,并有一罍美酒,两只铜爵。透过内间若有若无的白色帷幔,依稀可见文姜正在榻侧对镜梳妆。

此情此景,恍若十五年前。

齐襄公只觉胸中怦怦乱跳,强忍着心动,唤了一声"妹妹"。文姜应声而出,面若红霞。襄公道:"难得我们兄妹重逢,哥哥特设家宴,请妹妹满饮几爵。"

文姜只"嗯"了一声,也不说话,就入席,两人心照不宣,只开怀饮酒。三爵已过,更觉春情荡漾。两人四目相对,默不作声。堂内悄无声息,似乎可以听到哥哥妹妹眉目传情的心跳声。襄公慢慢探过手去,一把摸住文姜软软的左手。文姜微微一退缩,就又忽然迎上来,紧紧扣住哥哥手心。

襄公心跳更加厉害,温柔道:"桃有英,烨烨其灵。今兹不折,讵无来春?叮咛兮复叮咛！——妹妹的叮咛，哥哥偷偷藏在心中十五年了……十五年相思，妹妹可知？"

文姜微微低头："桃有华，灿灿其霞。当户不折，飘而为苴。吁嗟兮复吁嗟！——十五年相思，何如……何如，今宵相逢……"文姜说完，更是娇羞无限。

襄公张大眼孔，满是烈火，微微唤道："妹妹！"

文姜抬头，深情望去，盈盈妙目，两湖春水，喃喃应道："哥哥！"

襄公再也忍不住，抱起文姜就向榻边走去。文姜娇喘不已，身子早已酥软如水，任由哥哥随心所为。一时狂风骤雨，极尽淋漓酣畅。

须臾，襄公移开赤裸的身子，睡在文姜身边。文姜面色滋润，艳如桃花，从锦衾中伸出雪白的右臂，整了整胸前的乱发，含情笑道："妹妹是鲁国夫人，哥哥是齐国国君，你我如此用情，只怕难免招惹是非……"

襄公转头看着文姜，一脸郑重道："诸儿何所惧！——哥哥妹妹之情，至死方休！"

此语一出，唬得文姜忙伸手堵住襄公的口，显得又惊又怕。襄公轻轻将文姜玉手拿开，满目深情又道："妹妹别怕，一切有哥哥。诸儿愿以　国江山，换得妹妹如花笑靥！"

文姜不由心醉，轻启樱唇，顺着刚才的话半嗔道："你我相逢，喜不自胜。哥哥如何出此不祥之语！"语气中虽有责备，然而心中却是甜如蜜，醉如酒，美如花，乐如狂，刹那间各种幸福一齐涌上来。文姜满足地闭眼，将绯红的面颊深深埋在襄公怀中，襄公更是将文姜紧紧拥住，恨不能当作一块冰化掉。两人缠绵悱恻，你侬我侬，情至深夜，相抱而眠，一直睡到第二天日上三竿，尚自未醒，早将鲁桓公撇在外面不管。

鲁桓公半夜口干舌燥，不断唤"文姜，水"。然而惺忪醉眼中，只见捧水的侍者，不见口中的文姜。挨到天色渐亮，酒已全醒，心中惴惴不安起来。鲁桓公披衣起身，于晨光中慢慢踱步，心想夫人昨夜与宫嫔相聚，难道女人家也全醉了？

待到太阳升得老高，依旧不见文姜，也不见齐侯，更是疑虑不已。鲁桓公差人到宫中打探，得报"夫人昨夜并未与宫中嫔妃相聚，只是与齐侯叙兄妹之情。甚晚，便留宿宫中"。鲁桓公问："齐侯有几个妃子？"答："齐侯只有一个侧室连妃，乃大夫连称之妹，听说向来失宠，齐侯不喜欢。"鲁桓公便不再问，只狠狠地一挥手，那人应诺退出。

鲁桓公怒火三丈，情知文姜与襄公必是十五年后旧情复燃，当下就要冲进齐宫，但转眼间又心生害怕，又想又怕之间正徘徊不已，忽听门外传报："国母从宫中回来了。"

见文姜入堂,鲁桓公怒气更盛,问道:"昨夜与何人饮酒?"

文姜答:"宫中连妃并几个女眷。"

问:"酒中滋味如何?"

答:"齐国陈酿,思乡之味,不觉多饮了几爵。"

问:"饮到了几时?"

答:"把酒言欢,不觉月上东墙,已是半夜。"

问:"好长的酒宴,你哥哥不曾来?"

答:"不曾来。"

问:"你们兄妹情深,你哥哥岂能不来相陪?"

答:"席饮过半,齐侯来劝酒一爵,便又离去。"

问:"酒席已散,你如何不出宫?"

答:"夜深不便,便留宿宫中。"

问:"你睡在何处?"

答:"君侯好生无聊!偌大的一个齐宫,难道还没有我一个昔日齐女的睡处?——我在西宫过宿,那里即是我当年闺阁之所。"

问:"你哥哥睡在何处?"

文姜登时脸红:"做妹妹的怎管哥哥的睡处?言之可笑!"

鲁桓公哈哈一笑,转脸冷冷道:"只怕做哥哥的倒要管妹妹的睡处!"

"这是什么话?何出……何出此言!……"文姜脸色一阵红来一阵白,渐渐语乱。

鲁桓公斥道:"你昨夜明明不曾与连妃饮酒!明明是你们兄妹共饮!你!……你旧情难忘……明明是你们兄妹同宿一处!寡人尽知,还敢瞒我!"

"你……你冤枉我……"文姜嘴上虽然抵赖,但心中也生出几分惭愧来,一时又不知该如何说起,情急之下,便呜呜咽咽地哭个不停,再不言语。

鲁桓公也不劝慰,只冷冷一句:"哭吧,看你还能为他哭多久!"转身走到窗前,无意间向外张望一眼,但见驿馆森森,甲兵重重。鲁桓公心中暗道:"虎落平阳,龙遭浅滩,此处不是计较恩怨的地方!当火速返归鲁国,再与诸儿淫贼理论……"

鲁桓公差人报与齐襄公,言明归国之意。

齐襄公得报大惊,情知事情不对。不一会儿驿馆又来密报,说鲁桓公与文姜夫人发生口角，文姜哭泣不止等语。齐襄公恍悟，定是昨夜秘事已被鲁桓公知晓，鲁桓公因之为难文姜。此种奸情，鲁侯日后必知，不想却如此之早！齐襄公心中汹涌澎湃，忐忑不已。想到自己与妹妹方得一宵春梦便要分手，实是不甘！而文姜一旦归鲁，此后必备受冷遇欺辱，于心何忍？鲁侯一国之君，面对如此难堪之事，岂能善罢甘休，齐鲁日后必有一战！——既如此，不如兵行险着，先发制人！为了文姜妹妹，诸儿索性赌一把，拼一局，博一场！虽死无怨！

齐襄公想着想着暗笑起来，于是遣使又入驿馆，应允鲁桓公回国之请，但相邀明日于城外牛首山一聚，无须携带夫人，专设宴为鲁桓公饯行。鲁桓公不知是计，归鲁国之心似箭，又见无须文姜在场，便爽快答应了齐侯之约。

那边，齐宫高高的台阶上，一人健步如飞。齐襄公屏退左右，召心腹猛士公子彭生来见，一番耳畔私语，公子彭生得令而退。

齐都之南，淄水东岸，有一座牛首山，天生的好风光！山脚清溪之畔，有一片茂盛的竹林，依山傍水，翠绿可人，正是野外宴饮的好去处。齐襄公早在竹林中设好酒宴，并令大夫连称、管至父等以及堂兄公孙无知等作陪，公子彭生专门负责接送鲁桓公。

却说鲁桓公早早坐着自己的马车，由鲁宫御者榛子驾驶，在公子彭生的陪同下赶到牛首山竹林。

水光山色虽然悦目，不及佳肴美馔爽口。齐襄公又安排歌舞雅乐助兴，并有诸多宫女添酒进食。双方各怀鬼胎，表面言欢而心中不和。齐襄公有意拖延，力劝鲁桓公多饮；鲁桓公志在离齐回鲁，加上心情郁闷又必须隐忍不发，所以胡乱就饮，想着早早结束酒宴就回。齐襄公劝道："鲁侯为寡人婚事辛苦，请满饮一爵。"鲁桓公道："谢齐侯。"连称、管至父、公孙无知也连连劝酒，多尽嬉戏溢美之词，鲁桓公也是劝了就饮，只淡淡回道："谢连大夫。""谢管大夫。""谢公子。"

鲁桓公心中郁闷寡欢，一直强压着，随着酒量增多，便渐渐按捺不住。又饮了几爵，不觉酩酊大醉。齐襄公连拍两下手，道："上临淄舞，为鲁侯助助酒兴！"

不想鲁桓公忽然大笑，醉醺醺道："齐侯……何用舞，我来，来……高歌一曲，以助酒兴！"

众人皆喝一声好。齐襄公笑道："妙妙！难得鲁侯如此雅兴。"

鲁桓公又笑,慢慢扶着木几,撑起身来,有些站立不稳。鲁桓公定了定神,大声唱道:"南山崔崔,雄狐绥绥。鲁道有荡,齐子由归。既曰归止,曷又怀止?——曰,哥哥爱妹妹!哈哈哈哈!"鲁桓公一气呵成,纵声大笑,声音响彻竹林。连称等不由变色,面面相觑。

此为《南山》歌,歌中之意专在讥讽这段哥哥妹妹的丑闻。其中"雄狐"暗指齐襄公,"齐子"乃指文姜。

齐襄公唰地一下怒而起身,与鲁桓公并立站着。齐襄公怒道:"鲁侯,你喝得太多了!"

"这首《南山》歌,可悦齐侯之耳啊?哼哼——"鲁桓公由笑转怒,有问罪之态。

齐襄公转怒为笑,呵呵道:"甚悦我耳!谢鲁侯美意,寡人领了。"而后,扭头望向公子彭生,冷冷道:"鲁侯饮宴甚是尽兴,彭生,送鲁侯回驿馆,路上好生照料!"

"诺!"公子彭生应道。

鲁桓公大醉,行走不得。公子彭生抱着鲁桓公登上车,与齐襄公对了一下眼色,就辞去。榛子依旧驾车,彭生搀扶着鲁桓公坐在车中,沿着山道下去。

鲁桓公醉意蒙眬,依旧哼着《南山》歌,傻笑不已。马车下了牛首山,沿着淄水行走。道路颇显颠簸,水边散布乱石。公子彭生前后张望,四下无人,知时机已到,左手搂定鲁桓公肩头,右手卡住其脖子用力一扭!却说公子彭生为齐国第一猛士,力大无穷,鲁桓公如何能受住这一扭,当下惨叫一声,登时毙命!彭生顺势将其甩下车来,假装叫道:"鲁侯当心——哎呀,鲁侯掉下车了!鲁侯掉下车了!"

榛子暗暗觉得车上不对,听彭生一喊,霎时勒住马,跳下来一看,见鲁桓公早已远远地横尸在水边石头上,头上满是鲜血。榛子疑惑不已。再一回头,见公子彭生静静地站在车上,一脸横肉,目光冷峻,俨然有威逼之态。

公子彭生跳下车,走过来道:"鲁侯大醉,不小心掉下车来丢了性命,实是不幸。我当急速禀报齐侯!"说罢转身就走了。

榛子跪在鲁桓公尸旁,拜了拜,呆了半晌,一番前思后想,忽然自言自语道:"齐侯私通国母文姜,为了一己私情,命这个彭生谋杀了国君!"

得报鲁桓公已死,齐襄公心中得意不已,脸上却装出一副悲痛欲绝的模样,大哭:

"天丧鲁侯,呜呼哀哉!"又命将鲁桓公厚殓,并使人到鲁国报丧。齐使与鲁侯的几个从人一起回到曲阜,其中就有榛子。

得知国君饮酒摔死在齐,鲁国一时朝野震惊。国中无君,群龙无首,公子同早已被立为世子,便义不容辞主持大局。

公子同召集文武重臣如申𫄧、颛孙生、公子溺、公子偃、师伯,庶兄公子庆父、庶弟公子牙、嫡亲弟弟季友等入朝商议。众人入席坐定,公子同抹着眼泪,脸上又是悲伤又是愤恨又是羞辱,冷笑道:"君父哪里是什么饮酒摔死的!——堂堂鲁国之君受邀至齐国饮宴,岂有喝死的道理!"而后喝一声:"榛子!"

榛子应声而出,哭着禀道:"是齐侯杀了国君!"而后将鲁桓公夫妇在齐之事和盘托出,讲到文姜夫人夜宿宫中,鲁桓公与文姜翻脸,公子彭生车上扭断鲁桓公脖颈事时,更是义愤填膺。

众人目瞪口呆,皆惊讶不已。一老臣忽道:"十五年前……"他本想说:"十五年前,文姜嫁入鲁国时,就有传言称其与兄诸儿有染,国君今日猝死,实是文姜淫荡惹下的祸根!"但公子同坐在堂中,他又登时觉得不妥。公子同乃鲁桓公与文姜所生的长子,早已立为世子,不日又将继位为君,他又如何敢说?当下改口道:"十五年前,就风言齐侯与妹有染。现在看来,当年传言不虚。都是齐侯荒淫无道,淫我国母,杀我国君,当起兵伐之!"

公子庆父拍案道:"如此淫乱无礼,羞为齐国之君!我愿请兵车三百乘,打入临淄,以雪鲁耻!"

众人附和,一时群情激愤。

公子同将眼睛转向申𫄧,问道:"申大夫以为如何?"申𫄧是鲁国博学之士,又是当朝元老。昔日文姜产下公子同,鲁桓公向申𫄧请教取名之道。申𫄧道:"名有五:有信,有义,有象,有假,有类。以名生为信,以德命为义,以类命为象,取于物为假,取于父为类。"鲁桓公听后大赞,因为新生儿与自己"同在今日"出生,于是采用申𫄧取名第五"类"法,赐孩子名为"同"。也因为这个缘故,公子同待申𫄧自是与国中其他大夫不同。却说申𫄧当下回应道:"国事有轻重缓急之别。先君逝世,自然体大,然而国中不可一日无君!我以为世子同当先迎回先君灵柩,待丧车到鲁,便行继位礼。其余之事,且待后图。"

公子庆父嗷嗷道："如何忍得了这口恶气！当先伐齐！"

申繻又转头向施伯问道："可否先伐齐？"

施伯乃是鲁国第一谋士，当下道："不可！先君猝死邻国，乃暧昧不明之罪，既是鲁羞，亦是齐丑，不可闻于诸侯，此其一。眼下大势，鲁弱而齐强，何况鲁国无君，人心浮动，贸然开战，谁胜谁负，可谓一目了然，此其二。当下之务，隐忍为上。可遣使入齐，一是迎接先君灵柩归鲁；二是只追究公子彭生失职之罪，齐侯必杀彭生以平鲁愤。如此，齐、鲁权且保住各自颜面，也给天下诸侯一个说辞。我鲁国立了新君，再做计较。唉！两害相权取其轻，此事断无万全之策！"

公子同称善，众人也多有附和。当下决议令大夫申繻为使入齐，处置此棘手之务。申繻得令，于次日便早早出发了。

赶到临淄，申繻入宫觐见齐襄公。脱履入堂，申繻见齐襄公正中坐定，旁边立着连称、管至父、公孙无知和公子彭生等人。申繻作为鲁国老臣，与齐国常有来往，所以都认得。一见申繻入见，齐襄公便掩面假装哭泣道："鲁侯啊，申大夫接你来了……寡人与王姬的婚仪全仗你主持，你怎么好事只做了一半就走了？寡人甚是伤心……"

申繻道："请问齐侯，我国国君是怎么死的？"

齐襄公泣道："鲁侯要回国，我便在牛首山竹林中设宴，专为鲁侯饯行。鲁侯一时高兴，多饮了几爵，不想，回驿馆的路上，就……就摔下车来死掉了！呜呜！"

申繻道："如齐侯所言，我国国君专为齐侯婚仪而来，既如此，齐侯是如何安置我国国君的？"

齐襄公道："驿馆优待，国礼侍奉。居住有甲兵把守，出入有大夫迎送。"

申繻哈哈大笑："如此说来，齐侯待我国国君甚厚？"神色中暗藏问罪之态。

齐襄公心虚，见申繻如此问，苦笑道："寡人惭愧！未曾照顾好鲁侯，寡人之罪也！"

"齐侯岂可言罪！"申繻声色俱厉，"但一国之君却因几爵送行酒就死在了齐国，敢问齐侯如何自处？齐侯如果没有一个圆满的交代，鲁国倾国臣民，必举兵攻入临淄，为国主报仇！天下诸侯也将悉数归怨于齐，齐国将自绝于天地之间矣！"

这一番话有理有节，在场诸人无不惊骇。齐襄公眼珠子溜溜一转，冷冷地望向公子彭生。齐襄公指着公子彭生喝道："都怪此人！鲁侯醉酒太过,我专派此人护送鲁侯回驿馆。不想此人玩忽职守,以使鲁侯暴薨！此人罪责难逃！今不杀之,何以向天下谢罪！——来人！将公子彭生推出斩首！"

公子彭生一脸懵懂,正要分辩,就见堂中冲进来几个凶悍的武士,挎剑操戈,架起自己就走。又见齐襄公非但没有救命之意,反而又一挥手,催令快快杀之！彭生方知上当,大呼道："无道昏君！是你先淫鲁国夫人,又杀鲁国国君,你罪在不赦！如今反而嫁祸于我！——彭生死后变成厉鬼,也要取你性命！"

齐襄公最怕的就是这几句话——这几句话喊出来,恨不得让所有的人都掩上耳朵！也是一时情急,齐襄公竟然自己用手先堵上自己双耳！此举一出,在场的宫女、侍者忍不住喷笑出声,就连公孙无知也忍不住失声发笑,后见齐襄公恶狠狠瞪自己一眼,赶忙止住。申缟心中暗暗叹道："齐侯如此乱伦荒淫,终襄公一世,齐国将永不得安宁！齐国之祸,为时不远⋯⋯"

斩了彭生,此事暂息。申缟于是禀明即日起扶鲁侯灵柩,并带文姜夫人返归。齐襄公一一应允。

待众人统统退去,齐襄公孤独一人忽然放声号啕大哭——独为文姜而哭！原来齐襄公杀鲁桓公,志在留妹妹于齐,好长相厮守。不想桓公死后,聪慧的文姜一眼就看到了个中隐秘。文姜见丈夫被哥哥所杀,心中对丈夫的愧疚猛涨,对哥哥的怨恨剧增。此后齐襄公一连三次到驿馆见文姜,都被严厉拒之门外。最后一次,文姜隔着木门只留了一句话,四个字："我恨哥哥。"襄公于是落泪辞出。如今,文姜又要随着申缟返归鲁国,自己一番苦心付之东流,更觉无限悲伤,于是止不住呜呜大哭,泪如泉涌⋯⋯

却说申缟带着鲁桓公的灵柩车队并文姜夫人,一路黯然行至禚地——乃齐鲁交界之处。文姜夫人唤道停车,并传申缟来见。申缟匆匆赶来,隔着车帘,听文姜夫人吩咐道："此地不是齐国,也不是鲁国！非齐非鲁,正是我的归处。尔等回国后,速立我儿公子同为君,并转达同儿:儿做儿的国君,母居母的禚地,切勿叨扰！若要我归国,除非我死后！"申缟再劝,而文姜执意不从。申缟无奈,独自扶着鲁桓公灵柩返回曲阜。

不久,在申缟、施伯等人的拥护下,公子同继位,是为鲁庄公,时周庄王四年,公元前693年。鲁庄公重孝,继位后定要接母亲回国都,谋士施伯劝道："于国君而言,文姜夫人有两难:论情则为生身之母,论义则有杀父之仇。文姜夫人若归曲阜反而徘徊难处,左右为难! 而独居禚地,正可以全鲁侯之孝!"鲁庄公恍然大悟。见施伯谋略过人,此后也开始大大重用。禚地之事便依施伯之计,听之任之,只是另筑馆舍供母亲居住,四时给养不绝。于是,天高地远,风轻云淡,文姜便在禚地安心定居了下来。

第十二章　齐国灭纪

打发走了鲁桓公的灵柩,齐襄公心中稍安,一想到妹妹文姜独居禚地,便又烦闷不已。文姜对襄公由爱生恨,心中发誓永不再相见,这可苦死了襄公。

襄公微服悄悄潜至禚地,依旧被文姜拒之门外,一连三日三夜,皆吃闭门羹。末了,襄公毫不气馁,反生壮志豪情,对着闭门道:"哥哥妹妹之情,至死方休!——这句齐宫秘语,妹妹可还记得——哥哥记得!哥哥说到做到!——我知道妹妹心中是害怕了。你我心有灵犀,本是郎情妾意,只是可惜错生了兄妹之身!错就错了,诸儿何所惧!为了妹妹,哥哥要打出一片乐土,剪除妹妹心中的恐惧,庇护妹妹足以开心快乐!妹妹你且等着!——哈哈哈哈,一国江山何足道哉!我之所作所为,只为我的妹妹!总有一天,妹妹会打开这扇门迎我!妹妹好生休养,我走了。"襄公说完,施揖而去。

文姜听得真切,心中波澜骤起,又不知何去何从。文姜连连叹息,待到打开房门,襄公早已远去,眼前绿野茫茫,草木摇荡,几只翠鸟自由翻飞翱翔……

齐襄公回到国中,急使人迎娶王姬入齐成婚,以便掩人耳目。然而纸终究包不住火,国人对襄公与妹妹乱伦、杀鲁桓公之事,议论纷纷,尽说齐侯无道。就连齐国卿大夫国子、高子私下也颇有微词。面对如此局面,襄公只冷冷一笑。谁也料想不到,几个月后,齐襄公又杀掉一个国君——郑君子亹!

　　却说齐襄公迎娶王姬期间，郑国再度内乱，江山易主。郑国有一权臣，名叫高渠弥。此人本是大夫出身，早在繻葛之战时，因为统军有功，协助郑庄公打败周王室，而被任命为卿。不过郑公子子忽厌恶他，曾劝阻庄公不要封他为卿，最终庄公未曾采纳，而子忽与高渠弥之间也由此结下梁子，后来仇隙愈深。郑庄公死后，子忽继位为君，是为郑昭公。不久，子突赶走昭公，自立为郑厉公。再后来，郑厉公又被国中重臣祭仲驱逐，郑国又迎来了昭公！昭公复国后，高渠弥忧心忡忡，生怕昭公因为早年嫌隙而对自己痛下杀手，私下里常常密谋要除掉昭公，只是忌惮祭仲专政而多谋，不得其便。偏偏这时，因为齐国婚娶王姬，郑国借机入齐道贺，以结齐郑之好。而入使齐国者，正是祭仲！天赐良机，趁着祭仲不在国中，高渠弥收买死士，于祭祀途中杀掉了郑昭公！对外只说昭公是被贼盗所杀。高渠弥又迎立公子子亹为君。

　　公子子亹君位尚未坐热，忽然就接到了齐襄公首止会盟的邀请国书。子亹以为齐国主动下交，是为郑国之福，喜出望外，便要带着高渠弥、祭仲同往。祭仲称病不出，子亹于是只带着高渠弥前往首止。大夫原繁曾私问祭仲其中缘故。祭仲道："齐乃大国，郑乃小国。以大结小，必有奸谋。子亹君臣赴会，岂不是要引颈就戮吗？"原繁不以为然，笑道："齐郑素来为盟好之国，齐襄公断不至此！都说祭仲足智多谋，言必有中，且看这次中也不中？"

　　乱世风云戏谈中！子亹与高渠弥来到会盟台，三爵酒尚未饮尽，便被齐襄公暗伏的武士擒住。齐襄公慷慨陈词，痛斥两人弑君篡位，谋杀郑昭公，当场将子亹乱刀砍死。高渠弥之罪尤重，齐襄公令行"五马分尸"之极刑。之后，齐襄公广布天下，言道："齐国已替郑国讨逆，铲除乱臣贼子。愿郑国改立新君，重续齐郑旧好。"消息传到新郑，原繁不禁叹道："祭仲谋略，料事如神！我辈不及！"一片欢呼声中，郑国又迎立公子子仪为君，重整朝纲。祭仲为上大夫，叔詹为中大夫，原繁为下大夫，国政仍旧委于祭仲。此后，郑国局势方才渐渐稳住。风云变幻之中，祭仲历郑庄公、郑昭公、郑厉公、昭公复国、郑子亹、郑子仪六世，始终风口弄潮，游刃自如，不愧为春秋第一权臣！时周庄王三年，公元前694年，郑子亹之死，距离鲁桓公之死，不过三月有余。

　　"齐襄公连杀二君！"这个消息如同熊熊烈火，霎时燃遍整个华夏。无论齐国在朝在野，还是郑、鲁、卫、宋等中原诸侯，都认定齐襄公非但与妹妹淫乱，而且是个残暴无道的昏君！齐襄公本意是要打着替郑国兴义举的幌子，从而遮掩自己与文姜妹妹的丑事，不想越描越黑，一发不可收拾！齐襄公暗暗忖道："事已至此，只有一不做二不休，索性兵锋所指，大动干戈，打出一个随心所欲、我行我素的世界来！"

这一日，公子纠和公子小白结伴出宫游玩，在临淄城中听到众人对兄长襄公议论纷纷，两人各自黯然神伤。公子纠道："兄长行为不检，你我当进宫劝谏，以尽臣子之责。"公子小白道："可先请教师父，再入宫进谏不迟。"公子纠道："弟弟言之有理，你我速回。"

公子小白见鲍叔牙，躬身行礼道："小白在城中听到流言，言及兄长齐侯荒淫无道，小白心中惴惴不安。特来请教师父。"齐襄公种种所为，鲍叔牙早已义愤填膺，当下道："国君者，国之表率。其身正，则国正；其身不正，则国倾，此乃为君之道。今齐之襄公淫乱自家妹妹于前，戕杀别国国君于后，丧心病狂，实乃太过！齐国将随之陷入险境。君有罪，臣代之；君有过，臣谏之。此乃为臣之道。公子身为国君胞弟，不可听之任之，理当入宫劝谏，以尽兄弟之心，臣子之责。"公子小白称善，当下辞鲍叔牙，直奔宫室而来。

齐襄公刚从朝殿归来，欲入寝宫休息，宫人慌忙出迎。齐襄公正要脱履入宫，却见公子小白急慌慌奔来。公子小白喘一口气，面带愤恨之色道："兄长可知临淄城中关于国君的言论吗？"

襄公不乐，冷冷道："不知。"说着竟忘了脱履，缓缓迈过门槛向内走去。公子小白脱了双履，尾随其后，谏道："城中风言风语，传国君杀鲁桓公、杀郑子亹，皆是因为嫁给鲁国的姐姐文姜。小白以为：国君者，国之表率。其身正，则国正；其身不正，则国倾！此乃为君之道。兄长乃齐国之主，当以江山社稷为重，不可再对文姜姐姐心存妄想，越陷越深……"

公子小白正要继续谏下去，不想劈头被一只重重的布履砸中！原来齐襄公听到小白言及"文姜"二字，便已火冒三丈，及至小白二论"文姜"，更是怒不可遏。可惜手边空无一物，情急之下，忽然发现自己依旧穿着履，于是二话不说，脱掉双履就一前一后狠狠地砸来。

公子小白大惊失色，见一履才击中脑袋，一履又朝胸膛飞来，猝不及防，被二履打个正着。公子小白佯装摔倒，且退且出，待到出了宫门，赤着脚就跑！身后，听得齐襄公骂道："没尊没卑的小子，文姜也是你可以妄加议论的？给老子讲什么为君之道。没大没小,我打死你个混账小子……"

却说公子纠见管仲,未及施礼便哭道:"临淄城中传言齐侯暴虐,杀鲁、郑二国国君,又说齐侯与妹妹淫乱,纠实感羞愧难当!我要入宫劝谏兄长,但碍于自家姊妹脸面,又不知从何说起,愿师父教我!"

"不可!"管仲一面扶住公子纠,一面劝道,"国君私通文姜,杀鲁桓公,诛郑子亹,其事一也。国君之过,实乃太过,早将一己之身推上火海,其结局不是国君灭火,就是火灭国君,旁人无可替代!公子此时前去劝谏,无异于火上浇油,徒劳无益。"

公子纠闻言大惊,半晌道:"为人臣者,岂可眼看君父置身火海而袖手旁观?即使国君杀我,我也要直言相谏!"管仲微微摇头叹道:"公子真乃宅心仁厚!既如此,我有一言,公子细听——公子面见国君,只说鲁桓公、郑子亹的流言,千万莫提文姜之事。只献策,莫劝谏!所献何策?只说齐国与纪国世仇,眼下正是伐纪良机,可起倾国之兵,东灭纪国,成就王霸之业。"

公子纠茫然不解,问道:"我是要谏兄长改过自新,而师父却要我劝兄长起兵,这是何意?岂非罪上加罪?"

管仲道:"无论公子说与不说,国君必会起兵伐纪!哥哥妹妹招惹的祸事,只有借助强大的兵威方可缓解一二,而纪国,必是国君下一个目标。公子如此进言,国君自然明白你是苦心劝谏,同时也必会对公子另眼相看。"公子纠称诺,揖礼而去。

齐襄公不在宫中,内侍说演射去了。公子纠不敢稍停,又匆匆赶到校场。齐襄公一轮箭尚未射完,听闻公子纠求见,心想:"必是和公子小白一样,进谏讨打来了。"

见公子纠到来,齐襄公双手捧着一支箭端详,头也不回,冷言冷语道:"纠有何事?可是和你那弟弟小白一样,要对寡人劝谏一番?"公子纠道:"臣弟非来劝谏,是来献策。"

齐襄公心中一凛,听得公子纠又道:"今齐国朝野议论纷纷,都说鲁桓公死得冤,郑子亹死得惨,对国君颇有微词。臣弟颇为兄长抱不平!弟有一策,可以平息朝野流言——昔日先祖齐僖公病终之际,留下遗言,要后世子孙誓灭纪国,报两百年来世仇。如今齐国兵精粮足,国势鼎盛,当不忘先祖遗训,出兵伐纪,成就旷古功勋!如此,齐国可以为霸,流言蜚语便自行消解。"

齐襄公心中大惊,不由回头盯着公子纠看。齐襄公心中的确有伐纪之念,但如此大计,除了与大夫连称、管至父二人私下商讨过,更无一人知晓,如今反被小小年纪的公子纠和盘托出,齐襄公惊骇之下,更是疑虑重重。齐襄公审视了半晌,猛一下喝道:"是何人教你如此这般说! 从实招来!"

公子纠早吓得一身冷汗,忙伏地禀道:"并无人教我这般说,只是……只不过,臣弟近来多得师父教诲,凡事多想了一些……"公子纠胡乱应承,浑身战栗,不敢抬头。不料齐襄公见状哈哈大笑起来,扶起公子纠,换了一副和蔼面孔道:"起来起来。说得好! 说得好! 想来师父也教得好! 宫中新宰了两只白鹿,鲜美异常,一会儿我差人送两鼎过去——寡人赏你和你师父的! 你去吧。"

公子纠这才定了定神,施揖道:"谢兄长赏赐,臣弟告退。"刚走两步,又听襄公追问道:"你师父,新来的夫子,叫……叫什么?"公子纠止步回道:"师父名叫管仲。"齐襄公"嗯"了一声,又一挥手,公子纠就大步辞去。

齐襄公深知两个弟弟深浅:公子纠忠厚仁慈而少谋,公子小白聪敏但玩物丧志,论才具见识,公子小白更胜一筹。连公子小白都未曾想到的事情,公子纠又怎么可能慧眼独具? 这背后必有高人指点,这个高人便是师父管仲! 望着公子纠远去的背影,齐襄公满心欢喜,自笑言道:"聪明的小白也犯糊涂,愚笨的纠也犯聪明……"

半月后,宫中果然传出伐纪的消息。齐襄公以大夫连称、管至父为将,统率六百乘兵车,不日即向纪国开拔。此次发兵,齐国精锐尽出,襄公扬言:"不灭纪国,誓不归家!"

管仲、召忽、公子纠三人正在堂中论兵道,忽见鲍叔牙带着公子小白如风飘来。鲍叔牙笑道:"管仲好眼光! 国君到底还是起兵伐纪了,老鲍佩服之至!"公子小白慌忙对管仲躬身行揖,道:"半个月前,我兄弟二人同向国君进谏,小白挨了顿打,哥哥受了顿赏,鲍师父说这都是管师父的见识! 今日小白专来请教:管师父何以料定齐国一定会伐纪?"

公子纠迎住鲍叔牙与小白,五人于堂中分宾主坐定,有仆人捧上五盏蜜水过来。管仲道:"齐侯继位以来,至今岁横生波澜。先是鲁桓公死在国中,后有郑子亶诛在首止,这两桩大事搅得天下震动,海内不宁。究其原因,皆因为文姜夫人而起。世事固然纷杂,而齐侯之过为首! 齐侯搅了天下,也将自己置身火海。如此窘境,除了妄动干戈,打出一个强权出来,还有什么好办法呢? 所以我料定齐侯必有动兵之念,然而兵锋指向何方? ——兵者,国之大事,师出有名! 有什么比讨伐世仇之国更为有利的吗? 齐纪结仇近两百年,其间交锋不计其数,早已是血海深仇,无可调和。齐纪生死决战,不过是迟早的事情! 只是眼下碰巧撞上了襄公,也是瓜熟蒂落之事。可叹纪国危矣!"

公子小白道:"原来如此,谢管师父教诲! 小白获益匪浅。"

召忽叹气道:"可怜兵戈一起,无数生灵涂炭,召忽最是于心不忍。"

管仲道:"召兄伤怀,亦可亦不可! 当今天下,早已是大争之世,不进则退,适者生存,切莫再以礼乐仁心自欺欺人。我辈唯有顺势而为,奋发图强而已!"管仲一顿,忽然又想到了什么,道:"伐纪,于齐国自身而言,却是一件顺天应人之举。两位公子潜心修学,逢此战事,正是学习国政兵道的良机,万万不可错过! 我意,我们五人同去阵前效力,不知诸君意下如何?"

公子纠、公子小白欢呼不已。鲍叔牙道:"甚好,老鲍一直想到两军阵前厮杀一番,终于等到机会了。"

召忽却依旧叹气道:"我看不得流血——你们自去好了。"

当下商议已定,报至襄公,也得允准。管、鲍、纠、白四人同到军中报到,大夫连称也做了妥善安排。身份如此贵重是决计不可以到阵前拼命的,连称令公子纠和管仲负责粮草运输,令公子小白和鲍叔牙负责后方巡逻事宜。

纪国,为姜姓诸侯国,本是齐东之大国。西周时期,东方有齐、鲁、纪三国并立,原本旗鼓相当,共立共存。至周夷王年间,因纪侯向天子进献谗言,导致夷王烹杀齐哀公,齐纪由此结仇。此后两百年间,齐国一直伺机吞并纪国。纪为自保,外结鲁国以抗齐,而鲁国也乐得援纪以弱齐。三国交锋,岁月连绵,攻守反复之间,纪国还是日渐衰微下去;东方之国只见齐鲁而不见有纪。后来周桓王二十一年,公元前 699 年,鲁国、纪国、郑国三国联手,大败齐国、宋国、卫国、燕国四国联军,此战中纪国借助外援,将齐僖公打了一个落花流水。次年即公元前 698 年,齐僖公郁郁而终,传位诸儿(齐襄公)时留下遗言:"能灭纪者,方为孝子;不报仇者,勿入吾庙!"此次伐纪,齐襄公正是以僖公遗训鼓舞三军,以至齐国上下同仇敌忾,热血沸腾。齐军浩浩荡荡向纪进发,军前迎风飘起一面黑色大旗,上绣四个殷红如血的大字:"灭纪报仇"。

齐襄公大军于鄗水西岸扎营。鄗水之东，便是鄗邑。彼时纪国国土已经十分狭隘，不过齐国十分之一。鄗邑左右有邢邑、郚邑，三座小城一字排开，共同拱卫国都纪城。三邑若失，则齐军便可长驱直入。早有消息报到纪城，朝野骇异。纪侯面对满席公卿大夫，拔出佩剑横于膝前，自摘冠冕道："生死时刻到了！鄗邑、邢邑、郚邑乃纪城最后屏障，三邑失守，则纪国必亡！寡人必自裁以谢罪！"国君如此说，满朝公卿无不惊骇失色。纪侯之弟纪季道："死战外敌，死保社稷！"众皆响应。

鄗水岸边有一座小土山，高十余丈。齐襄公携连称、管至父及诸大夫登上土山远眺，见河水平缓，对岸鄗城低矮如同脚下一阶。管至父指着道："国君请看，鄗水对岸即是鄗城，这边不远是邢邑，这边不远是郚邑。"齐襄公笑道："小小城邑，蝼蚁一般，如何抵挡寡人六百乘战车！寡人兵锋所指，势如破竹！"众皆大笑。齐襄公命道："传令！明日卯时，大军分三路进发。左军二百车包围邢邑，右军二百车包围郚邑，中军二百车包围鄗邑。三城同时攻打，寡人要在一日之间，连破纪国三邑！"

然而战事出乎意料，莫说一日攻克三邑，眼看十日已过，三邑依旧铜墙铁壁，反倒是齐军连遭败绩，战心愈下。齐襄公忧心如焚，众皆束手无策，都道："纪国作困兽之斗，勇猛异常，急切之间，难以克下。"

管仲与公子纠押运粮草，不敢有丝毫懈怠。这日，正在道旁清点粮车，却见鲍叔牙与公子小白巡视归来，四人于是相互施礼问讯。管仲道："鲍兄与公子又去巡视，可有什么异常吗？"

鲍叔牙笑道："后方能有什么异常，只是闲得慌！"鲍叔牙忽然又道："但有一样，伤兵越来越多，医人的营帐都要装不下了！这仗怎么打的，六百战车攻伐纪国三邑弹丸之地，秋风扫落叶一般，怎么可能屡战屡败，久攻不克？"

管仲也吃了一惊。连日来，他与公子纠忙于粮草事务，倒不曾关注前方战况。管仲问："国君如何攻城，如何用兵？"

公子小白道："报管师父，国君将六百兵车，平分为左中右三路，左路打邢邑，右路围郚邑，中军攻鄗邑。但十日已过，不曾攻下一地。"

管仲心中暗惊："国君太过贪功冒进！齐军本是强盛之师，偏偏要分兵攻城，岂非自取其辱！"但嘴上并没有实说，只道："两国交兵，如同龙争虎斗一般，最忌急躁。管仲相信最终齐国必胜。"

公子小白道："我也坚信齐国必胜！"鲍叔牙接着道："好好。你们运粮吧，我和公子还要到前边看看。"

四人拱手作别。望着鲍叔牙和小白远去，管仲若有所思。公子纠问道："管师父，可是想到了什么？"

管仲脸上掠过一丝惊喜，道："公子想不想与我一起到阵前城下视察一番？说不定还能观出一个破敌之策！"

"可是国君令我们督运粮草，岂可擅离职守？"

"粮草已经如数运到大营，至少可保三月无虞。借此良机，你我阵前一游，师父正好传授你攻城取胜之策。"管仲说着就拉起公子纠，也不管他愿意不愿意，驾了一辆运粮的役车就跑了。

抵达鄑邑阵前，管仲弃了车，带着公子纠只是踱步行走。齐兵见是公子与师父到来，也就不敢多管。管仲这边看看齐营，那边望望鄑城。天黑了也未曾离开，如此足足待了一天一夜，也看了一天一夜。

公子纠不解，只是跟着师父转悠。第二天两人又到郱邑，恰逢齐军攻城，两人远远观望。但见郱邑守军视死如归，士气高昂，城头广备檑木滚石，弓矢箭弩。喊杀声中，齐军一片又一片从城墙上滚落下来，城下早已血流成河，吓得公子纠直捂住眼睛。郱邑城下，两人守望了两天两夜，然后又赶到郚邑。三城之中，郚邑最为高大，守备也最为森严，管仲连连赞好。公子纠请教城池建制，管仲悉数道来。如此又观望了两天一夜。

夜幕又降，须臾间大地一片漆黑，唯见郚邑城头点点火光。管仲呆呆出神。公子纠问道："管师父向郚邑城上望什么？"管仲道："公子可看见今夜城上与昨夜城上有什么不同？"公子纠望了望，茫然道："并无不同。"管仲道："今夜城上守军比昨夜多了一倍，而火把多了两倍。郚邑城今夜必有异常，你我四处看看。"

两人悄悄出来，在城池周边查看，未发现什么特别，于是又向深处走去。星月无光，夜色幽暗，也不知走了多少路程，猛然发现前方火光闪耀，迎面来了一队人马。管仲心惊，公子纠少不更事，更是恐惧不已。两人止住脚步，躲在道边一株柳树的黑影里，不敢有丝毫走动。稍停片刻，发现却是纪国送粮的车队。管仲不由叫苦道："不好！撞上一队敌兵，难不成你我要羊入虎口！"谁知这当口，公子纠吓得再也忍不住，竟然喊道："救命啊救命啊！我不要死！呜呜……"管仲伸过手来就堵住公子纠嘴巴，然而已经晚了，纪兵早已发觉，有声音喊道"抓奸细"，一队步兵就虎狼一般扑来。

管仲一边骂道"你吼什么，没用的东西"，一边抓住公子纠拔腿就跑。身后火光越来越近，一支一支利箭"嗖嗖"飞来。公子纠方寸早乱，扯起嗓门又号："救命救命！我是公子纠！"管仲无奈，只有拉住他拼命狂奔。

身后的箭越来越近，管仲听风辨形，一一躲过。不想一个趔趄，公子纠栽倒在地。管仲急急扶住公子纠，却拽不起来。原来公子纠怕极了，这一摔倒，就直觉腿软，再也站不起来。一箭飞来，管仲用手拨开；又一箭忽至，擦过公子纠肩头射入地下。公子纠皮开肉破，渗出鲜血，一半疼一半怕，更是嗷嗷号啕。管仲大叫："你吼什么！"却见迎面又来一箭，直对公子纠心口！管仲惊骇，当下挺胸向前，替公子纠挡了那箭。公子纠这才清醒，红着眼叫了一声"管师父"，见那箭正中师父右肩。管仲"唰"一下拔出那箭，热血直流。管仲若无其事，丝毫不惧，道："公子快跑！"两人这才搀扶着站起身子，又向前跑去。管仲边跑边笑道："公子啊，师父已经想到了一个破敌良策，只可惜怕是只能讲给鬼听了，呵呵……"

正无奈间，忽然前方火光冲天，冲过来一辆兵车，为首一人高呼："公子勿惊！我来也！"原来是齐国猛将石之纷如。管仲大喜。当下，石之纷如率众救起管仲与公子纠，又迎头奔向纪兵。几番拼杀，石之纷如将纪兵全数斩杀，又得军粮三十余车，大胜而归。

国君大帐，灯火通明。齐襄公披着睡袍，半坐榻边，身边左右立着大夫连称和管至父。内侍传石之纷如入帐，齐襄公道："石之纷如救得公子脱难有功，又截获纪国军粮，赏！特赐白璧一双，黄金十镒。"石之纷如称谢退出。

又传公子纠和管仲入帐。两人身上的箭伤都已包扎，倒也没什么大碍。一见二人，齐襄公霍地站起，火冒三丈："公子纠！你不在后方督运粮草，跑到两军阵前转悠什么，很好玩吗？管仲，我将公子托付于你，你可对得起寡人这份信任？你不遵军令，私自外出，视军法如儿戏！视性命如儿戏！你……你，你险些丧了公子之命！寡人杀你一万次，也还是轻！来人，推出去，砍了！"

两名武士应声入帐。公子纠大惊失色，忙伏地求道："国君开恩！敌兵追杀之际，管师父曾经挺身而出，为臣弟挡了致命一箭！管师父于臣弟，也有救命之恩，国君，兄长！开恩啊！何况管师父视察敌城，也是为了思谋破敌之策！"

管仲躬身道:"管仲罪该万死。我因见国君久攻纪国不下,特带公子阵前视察。鄣邑、邢邑、郜邑三邑军情,我已了然于胸。今有三邑城防图一幅,献与国君。我有一计,如若依此计策,三邑指日可破,纪国如在囊中。"说着从袖中掏出一块青布,那是他数日观敌而绘制出的三邑城防地图。

管仲犯了襄公大忌。齐襄公目空一切,最不能容忍他人指手画脚,当下接过地图,随手一挥,扔入火盆,便有青色火焰腾空而起。齐襄公冷笑道:"颍上野人、七败八败丈夫!如此大名,管师父听说过吗?——哼哼,你是说寡人不如你,寡人应该拜你为师,对吗?——来呀,砍了这个巧言善辩的狂徒!"襄公所谓"颍上野人、七败八败丈夫",正是令管仲蒙羞的绰号。

管仲望着火焰,心灰意冷,轻轻摇头,再无言语。

连称道:"管仲虽有罪,但念他教导公子有功,可以宽宥。"

管至父也道:"对对。管仲与我同宗,我是了解的。世人皆言管仲是败丈夫,但我知道管仲做公子师父却是极好的!愿国君开恩。"

公子纠又哭道:"管师父若死,纠绝不独活!"

"够了!哭哭啼啼,没有王者之气!罚公子纠入太庙,面壁思过十日!"齐襄公厉声喝道,"管仲的罪,先记在簿上。将管仲杖击二十,罚做仆役,为太庙洒扫除尘一个月!你们明日立返临淄,不得再在军中逗留!待寡人破了纪国,班师回朝,再治管仲的罪!"

齐国太庙中,一溜笔直的土墙下,偶见几点细碎的绿叶黄花。管仲手执敝帚,有气无力,漫不经心,一下又一下扫着。有微微的烟尘不断荡起,远远望去,黄烟缥缈中,管仲若隐若现,如同神出鬼没一般。

打扫太庙,今天已经是第二十天了,再有十天,罚期才满!管仲心里暗暗算着日子呢!

寂静之中,传来几声咳嗽声。管仲一怔,觉得声音太过熟悉,急回头望,荡漾的尘烟中飘出来一个仰面大笑之人——鲍叔牙!管仲大喜过望,执帚作揖道:"管仲冷冷清清无人问津,正思念鲍兄,鲍兄便踏着黄云飞来了,哈哈哈哈!"

鲍叔牙大笑,并不还揖,抢步上前,一把夺去管仲手中敝帚,扔得老远:"扫什么扫!我来亲传国君令——赦管仲无罪!即日起重回书馆,传授公子学业,勿负寡人之望。"

管仲颇为吃惊,当下两人行至太庙廊下,席地而坐。鲍叔牙娓娓道来。原来管仲与公子纠被逐出军营,正要乘车返回临淄,鲍叔牙得信匆匆赶来一见。管仲道:"管仲罪该如此,不足挂怀,只恨腹藏良谋而不得用武之地。齐国伐纪不成,原因在于分兵。六百乘车一分为三,齐军由强转弱;而纪军由弱转强。困兽犹斗,何况亡国之人乎!纪人并不善战,只不过依托城池做生死一搏而已!所以克敌取胜之道,在于调纪人出城,聚而歼之。我观纪国三邑之中,鄑城最矮,防守最弱。可将齐国三军合一,围攻鄑城。一半要佯攻,一半要血战,攻而不克,伐而不亡。如此邢邑、郜邑必从左右赶来救援,若半道设伏,则邢邑、郜邑之兵尽灭,而取鄑城则如探囊取物一般。先灭两翼,后取中央,则三邑之地尽属齐国。夺了三邑,纪城便是孤城,可一鼓而下。"鲍叔牙称善。管仲悻悻,携公子纠登车,又叹气道:"天不予管仲!纪国一行,世人将称管仲作八败丈夫了!"

原来管仲一向孤傲,常惹得小人讥讽不断。那些人早从管仲的生平中拎出这些故事冷嘲热讽:南阳贩枣受辱,齐国贩布空回,南方贩金险丧命,入宋国得贼名,仕卫国被蛇咬,在郑国休妻丧母,还有睢阳城下临阵退缩,共七件笑谈,所以称管仲为七败管子、七败丈夫。如今加上纪国这事,可不是要被讽为八败丈夫嘛!

鲍叔牙一声哀叹,目送管仲和公子纠离去。几日后,因为三邑还是久攻不下,齐襄公咆哮不已,召群臣问计。时鲍叔牙上前,献"三军合一,围猎鄑城,攻而不克,伐而不亡。诱敌出城,先歼两翼,再取中央"之策。齐襄公大喜。

次日齐国三军合一,只打鄑城。未出十日,眼见鄑城将被攻破,邢邑、郜邑一左一右出城救援,相约在鄑城之下合围齐军。可惜,齐国早于半道之上设了伏击,邢邑之军被连称部截杀殆尽,郜邑之军被管至父部悉数消灭。邢邑、郜邑两座空城,被连称、管至父回师前后一举拿下。

邢邑、郜邑被攻破,鄑邑守军情知无望,残部五百余人聚集城头,饮了纪酒,唱着纪歌,全部自杀殉国!鲜血从城楼上顺着高墙流至城门之外,形成一片血塘,惊得齐军鸦雀无声,久久不敢入城。纪之悲壮,难以言表。

齐襄公取了三邑,入鄑城大设酒宴,封赏有功之臣。齐襄公先赏赐鲍叔牙,鲍叔牙辞道:"此计并非出自鲍某,实是管仲之谋。"齐襄公大惊,还是赏了鲍叔牙。至于管仲,则赦免其罪,但又视若无功。翌日,因为公子小白饮不了鄑水,近来又患了腹泻,身体愈来愈弱,于是鲍叔牙辞了齐襄公,携公子小白先返临淄了。

管仲听后叹道："灭纪不远矣！此后天下诸侯,将除纪名！"

鲍叔牙道："纪国仅剩国都一座孤城,依弟之见,纪侯下一步将如何护国?"

管仲道："鲍兄可记得十几年前,你我来齐国贩布,偶遇召忽兄? 当时召忽兄曾问齐国灭纪之策。十几年后,管仲依然坚持己见。纪国有危,必求救于鲁。齐要灭纪,必要将鲁国拒之局外。"

鲍叔牙点头道："想来纪侯早已寝食难安,求救的使者早已奔走在鲁国的大道上了。"

"诸侯总是拒我们于千里之外,你我又何必为诸侯之事而劳心费神! 走走走,鲍兄,当饮三十大爵!"管仲说着笑着,拥着鲍叔牙,离了太庙而去。

得了三邑,齐襄公无限开怀,休养了十余日,命大军继续东进,离纪城不足五十里安营扎寨。齐襄公也不攻城,只是等着纪侯来降。

这日午间,军中设宴,齐襄公与众人烤了一只野猪、一只肥羊、一筐鲜鱼,饮了纪国佳酿,就要入帐小睡片刻。有内侍捧来一封书简,齐襄公微醺着拆阅,不禁满脸堆笑,喜上眉梢,比之攻城略地更为得意! 齐襄公托着那信简,如同欣赏三月桃花丛中美艳绝色之女,口中喃喃自语道："哥哥要会妹妹去了！"

正是妹妹文姜的约会情书。文姜居禚地半年有余,齐襄公数次登门,欲近芳泽,都被文姜冷冷拒之门外,说是要"永不相见"。此时为何忽然来信又主动相约呢?

却说文姜独居禚地,本想静心,谁知其心越来越难以安宁。一日忽然想到自己的姐姐宣姜也避居在朝歌之野,想到姐妹同病相怜,忍不住就落下泪来。于是携两个贴心仆人,轻车简从,悄悄潜至卫国,去看望姐姐。

这是一处上等精致的院落。文姜下得车来,早见姐姐立在门口迎接。宣姜着一身藕白色深衣,乌亮的发髻上堆满金钗玉坠,体态丰腴,满脸挂着甜蜜蜜的笑容,透出一种成熟女人特有的幸福感,真如一株怒放的白牡丹,娇艳迷人! 相比之下,文姜似乎比姐姐更要挺拔秀媚一些,只是柳眉凤眼之间,隐隐藏着三分郁闷,三分憔悴,犹若风荡翠竹,雨落杏花,令人心生无限怜爱。

文姜倍感亲切,屈身行礼,唤道"姐姐"。宣姜迈了两步,屈身还了礼,叫了一声"妹妹"。这当儿，文姜才发觉宣姜身子笨笨的，肚子鼓鼓的。文姜赶忙扶住姐姐问道："几个月了？"

宣姜笑靥如花："五个月了。"

姐妹二人入得堂来坐定，宣姜身后支了一张靠儿，半倚着身子。姐妹又互望一眼，莞尔一笑。文姜觉得许久没有这般开心地笑了，当下道："姐姐，我想起小的时候，你，我，还有诸儿哥哥一起在临淄城中玩耍，蹴鞠，投壶，还有下棋，大多都是你输，有一次投壶，我却输了，气得我哭，姐姐和诸儿哥哥好一番哄。"

宣姜咯咯一笑："怎么不记得！姐姐哄不下你，还是诸儿哄得你笑。诸儿啊，自小与你最亲。"说完，似觉不妥，脸上掠过一丝尴尬，道："不说这个，你近来好吗？"

文姜陡增忧郁，先前的欢喜一扫而光，叹气道："姐妹之间有什么不能说的。当年君父膝下有二姜，美艳动天下。成年之后，姐姐嫁了卫国，妹妹嫁了鲁国。都说红颜祸水，唉，是说我们姐妹吗？姐姐到了卫国……唉……不说了，说说妹妹我吧，哥哥诸儿一直喜欢我，妹妹心中何尝没有哥哥！我随丈夫鲁侯回齐国，我们就又好上了……后来……"文姜哽咽，两颗泪珠就从眼眶涌了出来。

宣姜也是泪眼模糊，轻声道："妹妹的心苦，姐姐懂，我懂！"

文姜拭去眼泪，强装苦笑，道："只是……只是，诸儿已经不是当年的诸儿，诸儿做了齐侯，手握江山，好不霸道！竟然杀了我那夫君，要哥哥妹妹长相厮守！"文姜说到这里，忽然觉得浑身暖洋洋的，一丝甜笑从泪痕边上稍纵即逝，又道，"妹妹又恨又爱，时而羞愧，时而幸福，一会儿跌在冰窟里，一会儿又躺在花丛中……"

宣姜道："妹妹虽苦，好歹遇到的是哥哥！你说姐姐我呢……"宣姜闭上眼，摇了摇头，似乎往事不堪回首，须臾睁开杏眼道："我本是卫国世子之妻，却被公公抢了做了父姜，十几年后，却又与子辈再度做了夫妇！卫国人都说我是淫乱父子君臣的祸根，大乱卫国的妖姬！妹妹啊，是天下祸害了我们，还是我们祸害了天下！我们的苦，我们的难，谁人看得见！"宣姜说到了痛处，泫然欲泣，又道："还有我那可怜的孩子，公子寿死了，公子朔虽然做了国君，但没几年也被废了，至今流落在齐，有家无家，有国无国！我可怜的孩子啊，都是娘亲的错……"言罢，泪如雨下。

"姐姐，姐姐不可动了胎气！"文姜赶忙劝道。半晌，宣姜止住哀伤，抚了抚隆起的肚子，流露出母性的微笑。文姜望了望肚子，喃喃道："他……他对姐姐好吗？"

一提到"他",宣姜满脸笑容可掬:"好。他是公子硕,乃先夫卫宣公的庶子,他呀,没什么本事,就知道一心一意疼我。我呀,我什么都不想了,世人骂我淫妇就淫妇,我认命了!我只想守着他,守着孩子,守到头发白了,老了,死了。"那口吻云淡风轻,仿佛看透世事、隐居山野、一无所争的村妇。宣姜又望着文姜道:"妹妹,你我姐妹罪孽深重,不可再生非分之想。过去的就让它过去吧,姐姐劝你,也认命吧,什么都别再想,就在你那禚地闲云野鹤,了此余生吧。"

这话说得文姜心中七上八下,五味杂陈,正在忐忑不安之际,却见门外进来一人高声叫道:"夫人,夫人,我打了野鸡给你补身子。"来者正是公子硕。

公子硕见堂中又坐了一个大美人,就浑身不自在起来,拎鸡的右手前放也不是,后放也不是,彷徨无措间,又低下了头,身子还微微颤抖。宣姜却欢喜笑道:"丈夫回来了,这是我妹妹文姜。"

文姜打量过去,见公子硕挺胸凸肚,一身肥肉,细眼儿眯成一道缝,行为猥琐之状溢于言表。"姐姐绝色佳人,怎么会与这种人做了夫妇?"刹那间想到当时齐国为了笼络卫国,设计将公子硕灌醉后送上了姐姐的暖床!文姜忽然觉得万分恶心,就要呕吐。恍惚之间,哥哥齐襄公英姿勃发的面庞涌现脑海,那句"哥哥妹妹之情,至死方休!"的枕边豪言陡然又响在耳畔!文姜仿佛忽然梦醒:哥哥杀鲁桓公,杀郑子亹,发兵纪国,争霸诸侯,还不是为了心爱的妹妹吗?天下还有哪个男人敢于如此爱一个女人呢?哥哥英雄,生死不顾,妹妹还躲着怕什么呢?——文姜不由自主盯着公子硕陷入了沉思。公子硕更是难为情,忸怩着说了一句"你们姐妹说话",就退出去了,肥硕的身躯一晃一晃的。

公子硕走到庭中,这才敢抬头。凭窗望去,见宣姜艳若桃李,文姜貌美如仙,二姜并立一室,满室光华闪耀!实在令人神魂颠倒。怪不得卫宣公为了宣姜可以不顾廉耻,怪不得齐襄公为了文姜敢于杀人打仗!花下风流死,做鬼也无怨!公子硕幽幽叹道:"今日天掉艳福,可以一睹齐国二姜绝色!其中一个还是我的老婆,啧啧……"

见公子硕离去,宣姜道:"我和他已经有了一个孩子,取名齐子。这是第二个,名字早已想好,就叫作申。"

文姜似乎没有听见,公子硕猪一般的身躯依旧在她眼前晃荡。文姜若有所思,冷冷地说道:"姐姐可以认命,但妹妹不会认命!文姜绝不认命!"宣姜闻言吃惊,呆呆地望着妹妹……

翌日,文姜返回禚地。

此后文姜纵横捭阖,长袖善舞,暗中掌控鲁国朝政二三十年,其意义不同凡响。而宣姜此后则潜心为前半生之过忏悔,与世无争,了却了后半生。然而世事离奇,往往不争而善胜。宣姜与公子硕共生了五个孩子:三男二女。若干年后,除长公子齐子早夭之外,二公子申成为卫戴公,三公子毁成为卫文公;而长女做了宋桓公夫人,次女做了许穆公夫人。此为后话。

却说齐襄公接到文姜的信笺,上面只写着一首情诗:

> 有狐绥绥,在彼淇梁。心之忧矣,之子无裳。
> 有狐绥绥,在彼淇厉。心之忧矣,之子无带。
> 有狐绥绥,在彼淇侧。心之忧矣,之子无服。

文姜诗中以一只行走水边、孤独求偶的狐狸入题,由景而人,一唱三叹:我心忧矣,担心他没有裤子,没有腰带,没有衣裳! 其中文采风流,饱含求偶春情。齐襄公一阅便懂了妹妹心思,当下喜不自胜,遂将军中诸事交付大夫连称处理,自己带了两乘车马,载满酒食果品及女用饰物,浩浩荡荡奔禚地而去。

薄暮时分,赶到文姜之馆。大门洞开,早有侍女躬身相迎。想到早些时候,自己数次前来均被文姜拒之门外,如今终于得偿所愿! 齐襄公特意在门前顿了顿脚,得意扬扬一声淫笑,又对着侍女道:"赏!"而后大袖一挥,大踏步入门而去。

听到门外笑声,又听得庭中脚步声急急而来,文姜止不住心怦怦乱跳,不由自主道:"哥哥!"却见齐襄公早已映入眼帘。齐襄公一边上前一边喃喃吟道:"有狐绥绥,在彼淇梁。心之忧矣,之子无裳……之子无带……无裳,无带,无服……"文姜正呆而未醒,不料却被哥哥一把揽入怀中,腰间帛带被三下两下解开,衣裳也一件一件被剥落下来,隐隐露出缎子一般白腻的肌肤。文姜半推半就,满脸羞红,不由微喘,娇声荡漾,耳畔又响起"无裳、无带、无服"之声,更是被撩得浑身酥软如泥。左右两个侍女不由羞怯地低了头,匆忙掩门退去。齐襄公早就旁若无人,对着怀中雪白圆润的肩头深吻,拥着文姜又滑又软的腰肢就向寝榻挪去……

一连三日三夜，无限春情。此后，齐襄公再无犹豫掣肘之念，文姜也再无羞耻恐惧之心，哥哥妹妹公然于世，礼仪人伦弃如敝屣。国人色变，天下哗然。

却说周室王姬下嫁齐襄公后不久，便已听闻襄公淫妹乱伦之举，不禁黯然神伤。王姬是个贞洁娴静之女，不苟言笑，难以博得襄公宠幸。加上襄公之心，疯魔一般附在妹妹身上，早将王姬冷落不理。如今襄公与文姜肆无忌惮，出双入对，俨然一对夫妇。王姬又羞又恨，将一腔幽怨总是闷在腹中，不久而病。一日，王姬卧于病榻道："王兄将我嫁与齐侯，我以为嫁了天下第一如意郎君，谁想却逢此禽兽不如之辈！错嫁匪人，我之命也！"言罢郁郁而终。算来王姬入齐，前后尚不足一年之期。王姬之死，其他妃嫔如连妃等，由人及己，倍感伤怀，群起归怨于襄公，后宫登时躁动。而齐、鲁两国更是骂声一片，时人作《载驱》之诗，以讽刺其事：

> 载驱薄薄，簟茀朱鞹。鲁道有荡，齐子发夕。
> 四骊济济，垂辔沵沵。鲁道有荡，齐子岂弟。
> 汶水汤汤，行人彭彭。鲁道有荡，齐子翱翔。
> 汶水滔滔，行人儦儦。鲁道有荡，齐子游敖。

凡此种种，如风如火如箭，汹汹而来。而襄公淡然一笑，岿然不动，若无其事一般，依旧我行我素，与妹妹幽会非少反多。

温柔乡里良宵苦短，前线又有战报来催。齐襄公别了文姜，返回中军营帐。原来纪侯与其弟纪季，率国中之军来抗。襄公大喜，率军亲迎。只是强弱太过悬殊，未及几个交锋，纪军被杀得弃甲抛戈，人仰马翻。纪季护着纪侯，带着一干残兵败将逃往城中去了。

麾盖之下，管至父向立于车前的襄公禀道："纪兵大败，我愿率兵攻城，可一战而破纪国。"襄公道："非也！寡人要坐等纪国开城纳降——且让纪老头儿过几天惊心动魄的日子吧！"众人一哄而笑。其实襄公也是懒得取胜回国，驻兵于外，来去自由，正可与文姜时时欢会。连称又道："纪国之军几被灭尽，纪城也变成一座危城，眼下需防纪国向他国求救，万一身后有他国之军来攻，则我军腹背受敌！"襄公冷峻道："你说的是鲁国吧？

量我那乳臭未干的外甥还没有这个胆量！——传令天下诸侯，胆敢有救纪国者，寡人移兵先伐之！"连称等人得令退下，齐军也返回营中休整待命。

纪国与鲁世代联姻，早结数百年盟好。今时纪侯之妻，便是鲁女伯姬夫人。伯姬嫁纪时，有妹妹陪嫁做媵，是为叔姬夫人。纪侯令伯姬、叔姬联名作书，求救于鲁国。

鲁庄公接信，召集群臣商议，多有主张不救纪者。谋士施伯道："纪国与鲁，唇齿相依，唇亡则齿寒。齐国早有称霸之心，灭纪之后必伐鲁！所以故，鲁必发兵救纪，救纪便是强鲁而弱齐！愿国君勿疑。"大夫申繻也附议。鲁庄公年幼，最是信任申繻与施伯，当下便决议救纪。

鲁国发兵行至滑地，探子来报，说前方齐鲁交界之地，发现有一支齐国军队暗伏。原来齐襄公料定鲁国会救纪，早在半道上令高子、国子率领国中之军悄悄设伏，虚张声势。鲁庄公得报，惊恐难安，踌躇难决，暂令鲁军驻扎滑地待命。正犹豫间，又接到母亲文姜来书，见竹简上母亲手书四个小字："弃纪友齐"。鲁庄公从小孝母，向来视母命如君命，当下传令撤军。于是鲁军在滑地留宿三日，空空而返。施伯惊问其故。鲁庄公手捧文姜书简，交于施伯道："鲁乃周公之国，向以仁孝治天下。寡人岂敢不承母命！"施伯摇头不语，悻悻退出，心中暗自叹道："文姜为母，国君将毕生无为！"

齐襄公大败纪国，又吓退了鲁国，真是捷报频传，志得意满！当下帐中设宴，与诸大夫痛饮。饮到酣处，笑而辞去，又奔禚地会妹妹去了。欢宿数日，恩爱之状难以言表。

这日，文姜长发披肩，坐于河岸一片乱石之上，脚下清水细流，偶见几条小鱼翻飞跳跃，击起水花，珠玉飞溅。齐襄公立于身后为其梳头。文姜望着水波中两人闪闪的倒影，道："哥哥，我们会有孩子吗？"

襄公停下手中的玉梳，怔了半晌，又托住文姜水一般柔媚的乌发，从上到下，一梳到底。襄公笑道："会有的！我要妹妹给我生一个像你一样漂亮的女儿！"

文姜莞尔一笑，含情脉脉，回首望襄公，如出水芙蓉。襄公伸出右手，就要向文姜娇艳的面颊抚摸去，却听背后忽然来人道："禀国君，贺喜国君！临淄传报：宋妃三日前为国君生下一个女儿！"

襄公哈哈大笑，挥手示意那人退下。襄公乐道："正说女儿，女儿就来了！"

　　文姜也是笑靥如花，起来躬身行礼道："恭贺哥哥弄瓦之喜！哥哥之女，便是妹妹之女，我将视为己出。"

　　此语常人听来，甚是荒唐，而襄公听去，却是分外动情。襄公执文姜之手道："妹妹之子，也是哥哥之子，我那外甥小子刚做了鲁国国君，免不了受人欺负！妹妹放心，只要有哥哥在，绝不会让天下人小瞧了孩儿！——何不请同儿来禚地一见？"

　　文姜道："我也正有此意。"当下作书，只说请儿子到禚地以叙母子之情，差人飞送曲阜。

　　鲁庄公不敢有违母意，遂至禚地谒见文姜。见齐襄公也在，庄公甚窘，如坐针毡。却说庄公虽为国君，却不过十四五岁年纪，稚气未脱。襄公一身霸气，凛不可犯，观庄公果真如同自己小儿一般。襄公开怀，设享礼之宴，厚请庄公。席间酒过数巡，文姜道："同儿尚未婚配，你舅舅三日前刚刚生得一个女儿，真是天作之缘！我今做主，约为婚姻。"

　　庄公不乐，面带愠色："齐女尚在血胞之中，岂可配我为婚？"

　　文姜将酒爵掷于案上，眉间冷如冰雪，厉声道："我儿这是要疏远母族之国啊！儿今做了一国之君，尽可以将母亲弃之不顾！"

　　这一下唬得庄公失魂，忙伏身拜倒于地，告罪道："同儿岂敢！同儿断不敢有此狂悖忤逆之念！母亲明鉴！儿只是觉得……觉得，儿与齐女年齿，相差太远。"

　　文姜转怒为乐，掩面笑道："傻儿子，等你真正做了男人，你就明白小女人的好了！"当下又正色道："我儿所言也有一定道理。无妨，待十八年后，齐女长大成人，你们再完婚不迟。"

　　庄公诺诺道："儿谨遵母亲之命。"

　　婚约齐女后来取名哀姜。至周惠王八年，公元前669年，鲁庄公迎娶哀姜入鲁，立为夫人，此为后话不提。

　　一直不语的齐襄公见婚事已定，来到鲁庄公面前，一把执住庄公右臂，提起来道："看把外甥吓得，哈哈，来来来，陪舅舅一起狩猎去。"

　　两国之君各乘一车，并驾齐驱，在左右簇拥之下，向禚地之野驰去。来到一片丛林，见有野物出没其间。齐襄公搭手一箭，一只麋鹿应声倒地，众人喝彩不已，齐襄公以长弓拍拍车栏道:"不知同儿射术如何?"

鲁庄公见齐襄公面带轻蔑之色,也不答话,驱车向猎物奔去。鲁庄公例不虚发,九射九中,连襄公也忍不住喝出好来。

庄公面露得意之色,见前方槐树林下一堆草丛中,两只白兔兀自跳跃。庄公大喜,赶过来正欲发箭,却听得右首明明白白一个声音道:"有母无父,认仇为父! 真乃齐侯假子也!"庄公涨红了脸,侧首望去,见大槐树前立着一个黑衣大汉,猎户装束,或是鲁国人,或是齐国人。庄公满脸怒火,唤身后武士,悄悄嘱托了几句。庄公追上兔儿,一射不中,再射,又不。两只兔儿受惊,三蹦两跳就不见了踪影。

襄公与庄公满载猎物以归。丛林深处,那名黑衣大汉被四名强悍的鲁国武士堵住,一阵铜矛乱戳,黑衣大汉浑身冒血,死不瞑目,倒在了乱草丛中……

纪城之中,阴云密布。纪季应纪侯急召,匆匆赶至宫中。纪季见纪侯面如土灰,花白的头发凌乱不堪。纪季失声道:"纪侯……"

纪侯哑然苦笑,举着一支木简递过来。纪季接过一看,原来是郑国国君子仪的书信,写着"郑防子突之变,实难出兵相救"。原来见鲁国救兵不来,纪侯又向郑国求救。郑子仪新君初立,惧于齐国兵威,又见鲁国也不救纪,便以国中恐子突作乱为由,拒绝了纪国。当下纪季大惊失色,呆呆地望着纪侯。大军压境,孤立无援,战不能胜,退不能守,僵持了这许多时日,纪侯万念俱灰,终于彻底放了下来。纪侯冷冷地笑个不停,寒气逼人,听得纪季心惊肉跳。纪侯起身,对纪季行揖道:"齐纪数百年之争,该结束了。哥哥无能,无颜面对先祖。纪国后事就拜托弟弟了。"纪季慌忙深深躬身还揖。待抬起头来,见纪侯背影恍如风中枯叶,飘飘荡荡就不见了。

太庙之中,灯火高烧。纪侯遣散众人,独自一人哭到半夜。再后来,哭声不闻,只听得狂笑之声始终不停,那笑声又似鬼哭一般,令人毛骨悚然,直打冷战。待到晨曦微透,清亮光中,守城兵士恍见一人披头散发,又跳又笑,似国君非国君,非国君像国君,开了城门,飘然逝去。

从此世间再无纪侯消息。

纪季于宫中纪侯空席之前,召集群臣。纪季长叹,双目干枯,将群臣扫了一遍,又垂头道:"纪侯走了。走前言道:齐纪数百年之争,该结束了。敢问诸公:死国与存祀,孰轻孰重?"一大夫道:"国破而能存祀,善莫大焉!"言罢,众人皆落下泪来。

纪季惨淡一笑,道:"如此,纪季愿做亡国之人,屈身于齐,以求保得宗庙。"言毕,捧着降书以及纪国土地户口之册,昂然出门而去。纪季一边走一边落泪,叹道:"从此天下,再无纪国……"

纪城之外,齐襄公威风凛凛,手执纪季降书,立于阵前大车麾盖之下,左有连称,右有管至父。吊桥滑落,城门洞开,两队甲兵出得城来,纷纷抛戈于地,躬身迎接齐军入城。齐襄公嘴角翘起笑意,环顾左右道:"寡人知道,纪国迟早大开城门迎接寡人——哈哈哈哈,进城!"

齐襄公率众入城,来到纪侯宫中。尚未入座,但见纪季捧着一沓手册,跪拜于地道:"亡国之人纪季拜见齐侯! 今将纪国土地户口之数,悉数献上。自今日始,纪乃齐国一邑,纪季乃为齐国一臣,不敢再有二心。"

齐襄公哈哈大笑道:"收了。寡人知道,纪侯得了疯症,不知所终。开城纳降,迎接寡人者,乃纪季也。寡人当有赏赐……"

"岂敢想齐侯之赏!"纪季打断襄公,双目垂泪道,"唯愿齐侯恩准纪季留守纪之宗庙,四时祭祀不绝,我愿足矣。"

齐襄公道:"自古王者,不可绝人之祀。准! 寡人封纪季为纪庙庙主,令太庙之旁,割三十户人家为庙主食邑,以供祭祀。"纪季叩拜,正欲退出,忽闻女子啼哭之声嘤嘤传来。襄公大怒,喝道:"何人哭泣?"

须臾,有一妇人满面泪痕,入堂中拜道:"纪侯夫人伯姬听闻纪国已亡,登时惊悸而死,宫中是以哀哭,不想为齐侯所怒,请齐侯治罪。我乃伯姬陪嫁媵女叔姬。"

管至父见叔姬秀眉粉面,楚楚可怜,当下于襄公耳畔悄悄道:"此夫人颇有姿色,国君可以纳入后宫取乐。"说来奇怪,襄公虽然好淫,但于文姜之外,却容不得其他女色,当下小声斥道:"亡国妻女,岂可再忍心戏弄! 休得胡言!"转头又问道:"你姐妹二人可是鲁国人?"

叔姬应道:"确是鲁人。"襄公心中暗忖:"果然是妹妹国中之人,看得妹妹薄面,我当善待。"当下慷慨道:"伯姬以身殉国,传命以夫人之礼厚葬。叔姬夫人既是鲁女,我当派车护送夫人回鲁国,以享桑梓之乐。"

叔姬躬身道:"齐侯美意,不胜感激! 然妇人之义,既嫁从夫。我乃纪侯之妾,生为纪氏之妇,死为纪氏之鬼,我当死纪,誓不归鲁!"襄公一怔,不由对叔姬心生无限敬意。当下允道:"在纪庙之侧,另筑一馆舍,专供叔姬夫人居住守节。"叔姬等称谢退出。

纪人退出后,连称与管至父及随军诸臣纷纷伏地,齐声道:"恭贺齐侯灭纪! 齐侯威震天下,当为霸主!"襄公听得心花怒放,当下道:"齐国灭纪,诸公功不可没! 连称,寡人重赏! 管至父,寡人重赏! 石之纷如,寡人重赏! 还有那个……那个什么管仲,一计取三邑,寡人也重赏……"

时周庄王七年,公元前 690 年。

诸事安置停当,齐军正欲班师回国。襄公忽又接到了文姜书信,文姜道:"妹妹贺哥哥灭纪凯旋,哥哥真英雄也! 妹妹置酒禚地,专候哥哥一会。"襄公大喜,世人如何看待自己不重要,妹妹对自己的评说才是金口玉言。今妹妹称自己为"英雄",这比做了天下霸主,更值得狂喜与骄傲! 刹那间,文姜娇媚的笑靥出现于脑海。当下襄公令连称、管至父率军先行回国,自己唤来车马,亲自驾驭,喜不自胜,直奔禚地去了。

茫茫东方,青色如黛。天高地阔之间,齐襄公仿佛一只灵猴,自由跳跃飞奔。荒野丛林,烟尘古道,齐襄公一边驾马驱车,一边得意唱道:

> 桃有华,灿灿其霞。当户不折,飘而为苴。吁嗟兮复吁嗟!
> 桃有英,烨烨其灵。今兹不折,讵无来春? 叮咛兮复叮咛!
> …………

第十三章　九败丈夫

　　齐鲁交界的禚地，水木繁茂，人烟稀少，一片丛林中的文姜馆舍分外耀眼。齐襄公与文姜出则同舆，卧则同榻，日日欢宴，夜夜笙歌，俨然一对夫妇，逍遥世外桃源。有英雄哥哥做伴，文姜顿感"此生足矣"。

　　这日饮宴间，文姜忽然想到姐姐宣姜陪着那个猪一般的公子硕冷冷地避居在卫国，不禁忧从中来。又想到姐姐的儿子卫惠公朔遭国人驱逐，丢了江山，时下依旧客居在齐国，倘若襄公哥哥帮着外甥复了国，则姐姐又可以过上国母那种奢华艳丽的生活了。当下灵机一动，红着眼眶道："哥哥威服鲁郑，又灭纪国，大长我齐人威风，齐国霸业不远矣，不知哥哥下一步做何打算？"

　　齐襄公美美地饮了一爵酒，笑吟吟看着文姜道："江山霸业何足道哉，我只要妹妹足矣！——奈何你我生为兄妹，礼义廉耻，世所不容！——不管他，为了妹妹，我便王霸一回！哪个多嘴多舌，我便灭了哪个！"

　　文姜大为感动，深情地唤了一声"哥哥"，道："妹妹有了哥哥，死而无憾。妹妹更盼着哥哥称雄诸侯，为天下主！——妹妹请求哥哥发兵讨卫，帮助朔儿复国。一者，朔儿是姐姐宣姜之子，哥哥外甥，舅甥之情，理当援手；二者，卫国内乱已久，国力衰微，哥哥兴义兵一战可以定卫，从此卫国将俯首称臣于齐；三者，哥哥威鲁、慑郑、灭纪，如果再挥师定卫，则天下震荡，海内惧服，哥哥将为天下霸主！"

襄公正色道："妹妹之请,哥哥焉能不应? 我也早有伐卫之心,只是不得其便。今天妹妹既说了,咱们就干! 这就回临淄,发兵为朔儿复国!"襄公言毕,一饮而尽。又道:"我舍不得妹妹,妹妹与我一同回临淄吧。"

文姜面带难色,摇摇头,喃喃道："临淄,我,你我……不便……"

襄公哈哈大笑道："什么不便,一不做二不休! 我偏要让世人看看,诸儿就是要接妹妹回临淄宫中居住,我要妹妹做我的妻!"

文姜本来羞怯,见哥哥如此豪言,当下忽然生出一股胆气,恍觉纵有刀山火海,只要有哥哥在身边,便丝毫不惧。文姜面色娇红,眸子中放出亮光,痴痴地望着襄公,再不言语。

次日,襄公携文姜同乘帷车,甲兵掩护,浩浩荡荡返回临淄。是夜,兄妹二人公然同宿宫中。襄公早已肆无忌惮,文姜也是羞耻全无。

齐襄公本有妃嫔数人,王姬在时,王姬为大;王姬死后,众嫔以连妃为首。连妃乃大夫连称之妹,天生貌美,又擅歌舞,本来甚得襄公宠爱。然而自从襄公移情文姜之后,便觉得天下丽人,仅文姜一人而已,再难将连妃等纳入眼中。文姜夜宿宫中的消息传来,连妃大怒,找到哥哥连称,哭哭啼啼道："国君鬼迷心窍,兄妹淫乱。如今竟将文姜公然接入后宫,将我冷落一旁。这可怎么得了! 哥哥要替妹妹做主。"

连称道："文姜之事,由来已久,非朝夕之间可以图之。然而兄妹终究是兄妹,国君别样风流而已。文姜之于后宫,不过昙花一现。今王姬已死,内宫空虚,国君夫人席位非我妹子莫属! 妹子权且忍耐,哥哥保你成为齐国夫人,后宫之主!"一番话劝得连妃破涕为笑,回自己宫中去了。

这日,天气晴朗。临淄城中,管仲一身青衣大步流星走着。齐襄公回国后,早将灭纪功臣赏赐完毕,末了想到还有一个管仲,于是传令命管仲进宫受赏。

管仲行近宫门,远远望见对面过来一人,仿佛熟悉,似曾相识。又近了几步,俄而醒悟,来人正是丢了江山的卫公子朔。正所谓冤家路窄! 十余年过去了,公子朔早非当年的稚气少年,但见身形细高,肤白眉秀,约莫二十七八年纪,只是瘦骨嶙峋,暗藏憔悴之态,难怪管仲猛一下认不出来。当年管仲求仕卫国,曾为公子朔家臣,因为不满公子朔谋杀二兄,篡权窃国(是为卫惠公),而被公子朔追杀。后来管仲一路向南逃脱,途中险些丧命。又三年后,卫国国中左公子泄、右公子职率众发动政变,驱逐国君朔,改立公子黔牟为君。公子朔于是逃到母舅之国齐国避难,至今已经七年有余了。

公子朔怔了一怔,也认出了管仲。公子朔慢悠悠走到管仲面前,目藏冰寒之光,竟冲着管仲行了一揖,呵呵冷笑道:"公子朔拜见八败丈夫。南阳贩红枣,齐国贩布帛,随国贩黄昌,宋国盗了一钟粟,卫国弃了本公子,睢阳城下临阵退缩,郑国颍上休妻丧母,今时到齐国侥幸做了公子师父,又险些令公子纠命丧纪国!哎呀,这八件故事,可谓桩桩惊世骇俗,不同凡响!难怪乎八败丈夫名震天下!哈哈哈哈,可喜可贺!"公子朔一气呵成,讥笑不已。

管仲空怀抱负,素不得志,数年奔波始终一无所成,又加上恃才放旷,性情孤傲,故而招惹了无尽的讥讽与取笑。公子朔所谓"八败丈夫""八件故事",倒也不是空穴来风,正是时人讥笑管仲的笑柄。管仲静静不语,待公子朔道完,只一拱手,淡淡道:"管仲拜见齐国甥儿、亡国卫侯。"

公子朔笑声戛然而止,手指管仲喝一声"你!"恼得脸色一阵白一阵红,须臾又道:"哼哼,寡人是亡了国的卫侯,不过齐侯就要帮着寡人复国了,寡人马上还是南面称尊的国君!倒是管子的前程堪忧啊,八败丈夫,再往前走,就是九败、十败了!不如这样,好歹我们主仆一场,你还来与寡人做个家臣,寡人保你富贵无忧,如何?"

管仲一脸冷峻,步步紧逼就压过来:"深山有凤,不飞则已,一飞冲天;不鸣则已,一鸣惊人!管仲八事,桩桩件件,掷地有声,无愧天地!可叹世间大丑,生于钟鸣鼎食之家,长于礼乐繁盛之族,慈眉善目,心如蛇蝎,同胞骨肉,暗杀荒野!窃国乱贼,一己之私,蔑视国法,丧尽天良!天下之阴,天下之险,天下之毒,莫过于你公子朔!如此,还敢讥讽本丈夫吗?"管仲说一句,逼一步,公子朔随之就退一步。末了,不知怎么腿一软,竟然踉跄倒地。管仲仰天大笑,又道:"大道光明,小人摔倒!"言罢,拂袖而去。那公子朔呆呆坐在地上望着,又羞又恼,气得要将口中两排牙咬碎了。

管仲候于门外,闻得内侍传报,脱履入堂,见齐襄公从身后扶住文姜右臂,两人正在调弄锦瑟。文姜低眉颔首,微露半面,笑声如铃。见管仲进来,襄公起身,走过来道:"灭纪之战,管师父虽然越轨弄险,但也并非一无所获。袭取鄑邑、郱邑、郚邑,乃管师父的奇谋良策,寡人的功劳簿上,还是给管师父记了一笔。来呀——"

内侍捧过来一个红色托盘,内有一块锦缎,一条腰带,一只带钩,两件玉饰。管仲接过来,躬身行礼,淡淡应道:"谢国君赏赐。"

襄公暗觉管仲言语冷淡,似有不快,猜想大约还是因为纪国治罪之事耿耿于怀。其实管仲早将那事抛于九霄云外,只因目睹襄公兄妹乱礼而替齐国蒙羞。襄公当下嘿嘿一笑,道:"当时纪国三邑久攻不下,寡人心急,一不小心,治了管师父的罪!管师父不要怨恨寡人哦,寡人日后另有重用。"

管仲道:"管仲实无怨言。臣自当为臣,君自当为君。"

襄公道:"管师父还有何话?"

管仲道:"臣无话。臣告退。"于是托着木盘退出。

此时,文姜猛抬头问道:"此人就是管仲?"

襄公"嗯"了一声,应道:"时是奇才,时是蠢才,飘忽不定,这个管仲啊,言过其实,又太狂妄,只堪小用。"

文姜若有所思,幽幽叹道:"管仲,或是欺世盗名的巨奸,也或是堕落浅滩的神龙。"

襄公"咦"了一声,正要向文姜详问,却听得痛哭之声由门外一步一步传来。文姜立时伤感道:"是朔儿……"

公子朔以袖掩面,入堂便伏倒在地,死死抱住襄公左腿,哭道:"舅舅助我!我遭贼人驱逐,躲在齐国已经七年了,朔儿本是卫侯,岂可将江山拱手让与他人!这七年来,朔儿日以泪洗面,甚是思念故土。舅舅的姐姐、朔儿的母亲宣姜,也是日夜思念朔儿,盼着母子团聚。舅舅——舅舅!今舅舅兵威加于四海,天下谁人不服!愿舅舅借我一师,助我复国,卫国生生世世仰齐为尊……"公子朔满是哀伤,早已泪流满面。

襄公扶起公子朔,昂然道:"欺我外甥,便是欺我,孰不可忍!朔儿放心,寡人即日起将亲提大军,并统率盟国伐卫,为你重新夺回江山!"

公子朔喜极又泣,伏地哭道:"舅舅啊——"

襄公一挥手道:"好了,朔儿起来,早做准备,不日即可伐卫。"

文姜赶过来,扶起公子朔道:"朔儿也是一国之君,岂可只知道哭泣,还不向舅舅谢恩。还有,朔儿复了国,要好生善待你的母亲……我可怜的姐姐啊……"文姜说着,忍不住就掉下泪来。

公子朔登时止哭,替姨母文姜拭去泪痕,又对襄公三叩九拜致谢,然后一步一步悄然退下了。

出了宫门,公子朔拂袖而立,仰视青天,目射寒光,暗暗地冷笑三声。

齐襄公决计伐卫,出兵车五百乘,令大夫连称、管至父统军,以力士石之纷如为先锋,同时遣使分赴鲁国、宋国、陈国、蔡国,相约一同伐卫,共扶惠公。又特令管仲为谋士,随军出征。文姜自又返回禚地居住。

齐襄公又发檄文予各国。檄文道:"天祸卫国,生逆臣泄、职,擅行废立,致卫君避祸敝邑,于今七年。孤坐不安席,以疆场多事,不即诛讨。今幸少闲,悉索敝赋,愿从诸君之后,左右卫君,以诛卫之不当立者!"

齐襄公率五百兵车,迤逦西行,不日抵达卫境,扎下营寨。公子朔一踏上故国,便眼中冒火,捧起一抔黄土,随风扬起,恶狠狠道:"卫国,我终于回来了! 我要拿回我的一切!"数日后,其他四路诸侯应约而来:鲁庄公同,率兵车二百乘;宋闵公捷,率兵车二百乘;陈宣公杵臼,率兵车一百乘;蔡哀侯献舞,率兵车一百乘。加上齐国兵车,五国联军共计兵车一千一百乘! 齐襄公大喜,安排酒宴歌舞为四国国君洗尘。

消息早已传到卫国,朝歌宫中,阴云笼罩。卫君黔牟、左公子泄、右公子职召集诸大夫商议。卫君黔牟道:"七年之前,诸公废了卫侯朔,立我为君。今朔外托齐国,率五国诸侯、千乘兵车来讨还江山,如之奈何?"

左公子泄道:"朔乃阴狠毒辣之辈,齐乃助纣为虐之国。今虽来势汹汹,却已早失人望,我等集全国之力,众志成城,定可保国君无恙!"

右公子职道:"左公子泄所言是也。虽如此,尚需遣使往他国求助,首要应当入洛邑向周天子告急! 国君乃周王之婿,天子自然不会怠慢,此为其一。天子之妹王姬嫁于齐国不足一年便郁郁而终,天子心中必恼齐国,必助我国,此为其二。天子发兵助我,自然会有天下诸侯响应,如此以顺诛逆,则五国兵车可破,卫国之危可解,此为其三。"

众人附议。人群中,只见大夫甯跪起身道:"我愿入周,求救天子。"卫君黔牟道:"甯大夫真乃国之栋梁! 快车速行洛邑,定要给寡人搬来救兵。"甯跪领命退出。国事紧急,不敢有丝毫懈怠,轻车简从,便奔赴洛邑去了。

卫、周相距不远,逆黄河而上,甯跪急行一日一夜,便已赶到洛邑。入宫面见周庄王,禀明救卫之急。周庄王听后不语,着甯跪先到驿馆休息,又急召群臣来议。

众臣入宫觐见,却见天子掩面哭泣,哀痛之状溢于言表。众人面面相觑,疑惑不解,有几个老臣也随之落泪。原来周庄王因为卫国之事,不由自主想到了妹妹王姬。当年为了稳固社稷,周室将王妹嫁于齐襄公,以为从此得了擎天一柱,哪承想齐襄公兄妹乱伦,王姬郁郁而死。周庄王一场大梦落空,还白白赔上了王妹性命,本就恼羞成怒,又感到孤苦无依,忍不住就失声痛哭起来。

周公黑背、西虢公伯为群臣之首,两人齐声道:"我王因何而哭?"

周庄王长舒一口气,整理端坐,正色道:"我为妹妹王姬而哭——卫国之事,想必诸公已有耳闻。今齐国纠合鲁国、宋国、陈国、蔡国伐卫,扬言要赶走卫君黔牟,还政于朔。卫君黔牟遣大夫甯跪入周求助。卫乃周之姻亲之国,天子不可坐视不理! 谁人可为我发兵救卫? ——杀一杀齐国的威风,以慰王姬妹妹在天之灵!"

虢公禀道:"王室自繻葛战后,威望日损,号令不行,天下各国早已各行其政。如今齐侯诸儿,不念王姬一脉之亲,纠合四国诸侯,战车千乘,兵临卫城,声讨卫国擅行废立,誓要扶助惠公复国,其名为顺,其兵曰强,不可敌也! 愿我王三思。"

周公随声附和。众人多有附议,都说"虢公之言甚是"。

"虢公之言差矣!"左班最末一人挺身而出,声若洪钟。众人回首望去,乃是下士子途(又作子突)。

子途身材魁伟,双肩宽阔,颧骨高耸,长须飘飘,三十七八岁,正当壮龄。当下道:"五国诸侯,千乘兵车,唯有兵强而已,如何可谓名正言顺?"

虢公道:"甲之诸侯失国,乙之诸侯得之;乙之诸侯失国,甲之诸侯又得之,有何不可?"

周公又道:"诸侯失国,诸侯纳之,如何不是名正言顺?"

子途傲然道:"虢公、周公之言大谬! 数年之前,黔牟继位卫君,已禀周室,行天子令! 天子既立黔牟,必废子朔! 今二公不以天子为顺,而以诸侯为顺,子途迷茫不解。"

虢公满头苍发,白眉低垂,气得干咳几声,斥道:"年轻人莫要轻狂! 王室不振,已非一日,兵戎大事,量力而行。昔日周桓王不满郑国犯上作乱,亲率王军讨伐,繻葛之战,郑将祝聃射王左肩! 此羞辱之箭,依稀如昨,至今两世,不能问罪。如今齐等五国兵力,十倍于卫! 倘若贸然出兵,孤军赴援,无异于以卵击石,自损天威,于事无补。我倒要请问子途,该当如何?"

　　子途仰头大笑,步于殿堂,环顾群臣道:"天下之事,以理胜力为常,以力胜理为变。大道纲常,天子王命,理之所在!恃强凌弱,武力祸乱,力之所在!一时之强弱在力,千古之胜负在理。倘若蔑视王理而可以得志,无一人敢于起而问罪,千古是非,从此颠倒!天下从此无天子,无君臣,天下亡矣!请问虢公及满堂公卿,将有何颜面立于朝堂之上!"

　　虢公不能答,退而不语。终于有一人敢于直言大是大非,周庄王心喜,连连点头。

　　周公道:"今若令你兴兵救卫,你可能胜任王命吗?"

　　子途应道:"国家兵戎,在于大司马。子途职位卑微,不堪其任。倘若无人敢往,子途可以不惜生死,愿代大司马卫国一行。"

　　周公又道:"你去救卫,可以确保必胜吗?"

　　子途瞥一眼周公,转身正面天子,慨然道:"我王有令子途,子途万死不辞。子途出师卫国,已据理胜,有此一胜,子途死而无憾!或有文王武王英灵护佑,仗义执言,四国悔罪,幡然而退,此乃王室之福,子途不敢妄言。"

　　有一大夫富辰,禀道:"子途豪言,气壮山河!可令子途出师,亦使天下知道王室有人!"

　　周庄公早有此意,当下命道:"准!令卫国大夫甯跪先行,王师随后起行。"

　　众臣散去。出了宫门,虢公私下嘱咐周公道:"子途救卫,必是死路一条。只能拨给他二百兵车,不可多给一乘!再将军中老弱病残拨给他,这些人都将是一去不回的冤魂!那些王室的青壮武士,能多留一个是一个吧。"周公应诺。

　　子途领命。翌日见了破车残兵,早知其中暗藏的深意,当下也并不抱怨推诿,慷慨任之。子途告于太庙,率军出城,雄赳赳向卫国进发了。

　　齐襄公统率五国兵车,势如破竹,一路没有遇到像样的抵抗,眼看即将兵临朝歌城下。这日正与众人聚于帐中商议攻城之策,忽闻前哨探报:"卫国甯跪出使王室归来,周天子令子途为帅,统兵救卫。"

　　众人一凛,颇感意外。齐襄公问道:"来了多少兵车?"

　　答道:"二三百乘。"

"二三百乘？"齐襄公大笑不已，又问，"这个子途，何许人也？"

探报道："尚未探知。"鲁庄公、宋闵公、陈宣公、蔡哀侯四君也面面相觑，无人知晓。须臾，却见大夫连称道："子途，我略知一二，此人为洛邑一个下士。"

众人哄堂大笑，陈宣公道："下士统军，妄言救卫，看来真是周室无人了！"

卫侯朔道："今之卫君黔牟，也是周室之婿，为得一点天子颜面，洛邑只好派出一点救兵。只是区区二三百乘车，岂不是抱薪救火，自取其辱吗？"

宋闵公笑道："昔日繻葛，郑庄公一战而挫天子锐气，从此庄公霸气纵横，天下无人敢敌。今天赐良机，齐侯正好借助伐卫之战，而将周天子之军扫荡灭尽，如此，则齐侯雄威布于四海，霸业成矣！"

连称、管至父等齐人带头喝彩，先后嚷道："灭了王师！灭了王师！"

"不可！"一人大声喝道，众人登时肃静。原来是管仲。管仲高声道："今时周室虽然衰微，而其天下共主之势犹在。周王救卫，不论是成是败，乃将天下口舌刹那间聚焦于齐侯之身，故而不可不慎。周王之师杯水车薪，自然是不足挂齿，有他无他，皆于大局无碍。齐侯何苦招惹周天子，惹得诸侯议论纷纷，岂非得不偿失？"

管至父又嚷道："现在是天子招惹齐侯，不是齐侯招惹天子！"

齐襄公微微一笑道："管师父接着说，这天子之师，寡人将如何处置？"

管仲道："此事简单。只需遣出一军，将天子之师堵在半道，使其置身战局之外即可。齐侯取了朝歌，卫国之事自然平定，而天子之师自然也就会退回洛邑。如此可谓两全之策。"

齐襄公道："言之有理！此论比之灭掉天子之师，确实高明百倍。"襄公一顿，又命道："寡人决计采纳管仲之策，谁可率军将天子之师中途堵截？"

众人无一人应允，原来都想着攻占朝歌，抢立头功，谁也不愿意接这不起眼的冷令。公子朔素来与管仲不和，有意排挤他，当下道："管师父之论，我辈不及。既然管师父出此计策，堵截洛邑王师之事，非管师父莫属。"

管仲当下道："五国大夫，无人应命。既如此，管仲愿意接令，堵王师于朝歌局外。"

齐襄公大喜道："好，好！寡人给你兵车三百乘，不需战，只要将天子之师拖在半道即可。待寡人取了朝歌，你便是大功一件。"

　　管仲率兵车三百乘一路西去。军队缓缓而进,行至卫国南境一处山谷,叫作孤途谷,乃周师进入朝歌必经之地。管仲见此处双峰插天,夹出一条咽喉要道,心想:"我在此处据守险要而下寨,只需等待周师而拒之,不必再向前行。"

　　管仲传命地形官,问道:"此处是何地? 周师入卫,可还有别的路径?"

　　地形官道:"此地唤作孤途谷,谷深而阔,兵车可行,是大军入卫的唯一大道。若说别的道路,离此十里另有一条山路,只是狭隘崎岖,且临湍流,十分凶险,更通不得车马,偶有山间野人于其中徒步穿行。"

　　管仲暗想:"兵车乃战之利器,周师有车二三百乘,断然走不了那条山野险道,除非他是自寻死路。我此行,只为退兵止战,非是要性命相搏。只要守住这条孤途,便可以逼退周师了。"当下传令于谷口当道安营扎寨,又命军士将寨前道路挖断,形成一条不可逾越的深沟,如此周师插翅也难飞过来,管仲只需帐中读书饮酒,坐等周师自行撤军便可。

　　布设妥当。未出两日,果然见一队兵车顺着山谷开来。管仲立于深沟前一块隆起的青石上,凝目望去,见来军打着"周"字旗号,军士多有老弱,兵车明显残破,军纪涣散,士气低沉,恐两百乘车也不尽足。管仲摇头道:"徒来送死,周室之衰,何其太过!"

　　周师行至沟前,有一人霍地跳下车来,眼望深沟,大惊失色。管仲见那人魁伟高大,神色凛然,心中暗暗叫道:"好一个丈夫。"管仲于青石上作揖道:"来人想必是王师统领子途大夫。"

　　子途正色望向管仲,冷冷道:"正是子途。你是何人?"

　　管仲道:"我乃齐国麾下管仲,特意在此恭候子途。"

　　子途闻言,暴跳如雷,哆嗦着手,指着军前深沟,厉声喝道:"管仲! 你既率领兵车前来,当与我列阵相战,一决雌雄! 如今抢先来到孤途谷,挖下深沟,断我前路,令我进不能进,退不能退,你! 你是什么意思!"

　　管仲大笑,拱手道:"进固然进不得,退如何退不了? 子途勿恼,我挖沟断路,正是要逼你退兵回朝。如今天下大乱,诸侯各自为政,王室之令早已形同虚设。齐国号令四国以伐卫,周室若有天威则可以主之,如无实力则不如弃之,如此浅显之理,如何不知? 子途统领如此残败之二百乘车,只怕未到朝歌城下,便被五国千乘踏为齑粉,何苦枉送了这诸多性命! 我观子途堂堂丈夫,风华正茂,实不忍眼睁睁看着你只身送死,子途啊,你速速退去吧。"

子途怒道:"荒唐!洛邑城中我请命之时,有人笑我是送死;如今我带兵行至这山谷,又有人不让我死!哈哈,子途之死何足道哉,子途之死何足惧哉!我只要天下人明白:天下有王!天下有理!天下有正义!管仲闪开,勿要挡我死路!"

管仲心中一凛,不由暗生敬佩之情。然而越是敬重,越是觉得不能让如此人杰枉死。当下踌躇半晌,猛然回道:"好,管仲闪开了,子途快快长出飞天双翅,然后飞过这孤途鸿沟吧。"言罢一摇头,拂袖步入帐中去了。

子途"你"了一声,气得满脸涨红,拾起一块石头就朝沟中砸过去。对面齐军忍不住发出笑声来。子途更加窘迫,回首咆哮道:"原地安营扎寨,待命!"于是周师也驻扎下来。以深沟为界,齐、周两军营盘对峙,把个狭长的孤途谷塞得满满当当,堵得水泄不通。

管仲令士兵昼夜巡视,密切关注周师动静。一连三日,除了望见子途于营外焦躁踱步外,毫无动向。管仲摇头道:"好个迂腐的子途,看你能不能挺过五日!"

第四日,管仲一觉醒来便招人入帐,询问对面情况,回道:"一如往日,正生火煮饭,只见白烟袅袅。"管仲放下心来,整理衣冠,出了营帐,慢慢向深沟走去。管仲在深沟边上来回转了两圈,目不转睛盯着对面的周师营盘瞧了又瞧。但见依稀如昨,几个老兵正在炊烟中穿梭,只是营前多了几十辆老旧破损的战车,一溜排开,似乎故意堆在那里给管仲看。

管仲忽然大惊:"不好!"当下急急传令攻过去。齐军于是在深沟上架起木板,片刻间便如水一般涌过去,冲进周营。原想着会有一场恶战,不想周师已是一座空营,大队人马早已撤去,只留下不足百数的老弱兵丁假装到处生火,以为疑阵。营前那几十辆破车,也是故意麻痹齐军的。齐军毫不费力便拿下周营,将那些老弱周兵悉数抓捕,押了过来。管仲问道:"子途去哪里了?什么时候走的?"

为首一个白发老兵答道:"离此十里有一条山道,子途大夫率众于昨日深夜撤走,沿那条山道入卫了。留下我等老残,专门迷惑你们。"原来子途此次前来,早已抱定了以身殉国的死念,绝无退兵求生之妄想。山谷大道已被管仲截断,后来探得还有一条山间小道,只是兵车难行。死尚且不怕,还会怕道路艰难吗?第四日,待到深夜山间漆黑,齐军监视松懈之际,子途率领周师悄悄从后帐撤走,寻山路而去。临行前特将残破不堪用的几十辆老车和近百无用老兵留下,以麻痹管仲,赢得时间。天地悠悠,只是可惜了子途一番苦心!那条山路崎岖狭窄,一面临着湍急的河流,又是黑夜朦胧难辨,似乎到处都是陷阱。士兵们拆了战车,扛在肩头赶路,马匹也是一匹一匹牵着慢慢走,即使如此小心翼翼,依然有人马落入河中,惨叫之声撕心裂肺,刺破山谷,战车也损失了不少。众人连连叫苦,待到天色微明,出了山间,上了大路。子途清点车马人数,不禁落泪,只有一百三十乘车了!

管仲听了那老兵之言,心生凄凉,摇头道:"子途自寻死路,也是枉费了我管仲一番苦心啊。"又一挥手道:"将这些周兵全部释放,你们回家去吧。"那些白发苍苍的老兵登时跪地称谢,管仲却一脸忧愁,只是摇头,默默无语。管仲又传令齐军集结,弃孤途谷,火速回师,希望可以来得及追上子途及周师。

却说子途整理残部,鼓舞士气,马不停蹄,人不歇脚,风驰电掣一般,还是如愿赶到了朝歌城。时齐襄公率五国兵车将朝歌团团围住,攻城正急。卫君黔牟、左公子泄、右公子职及大夫甯跪等齐聚城头,指挥作战。

眼见卫国难以抵挡,孤城将破,卫君黔牟正自哀叹不已,大夫甯跪忽然喊道:"周师来了!天子来救卫国了!"黔牟眼睛一亮,扶着城头的高墙望去,果然见西边风烟滚滚,来了一队车马,中军打的正是"周"字旗号!众人不由振作精神。城下人山人海,正在血肉搏杀,一片混乱。待到周师行得近些了,众人这才发现不过百余兵车而已!先前仅有的一点希望登时化为泡影。左公子泄不由得眉头紧锁,右公子职叹道:"看来周天子只能如此而已了。"黔牟冷冷笑道:"寡人完了……"

子途一车当先,率领周师冲入齐军阵中。子途立于车前,身后一面"周"字大旗迎风扬起,当下高声喊道:"子途奉天子令,诛杀乱臣!"于是拔出腰间铜剑左砍右杀。齐国联军未曾料到周师会来救援,猛然吃了一惊。待到阵中厮杀了几个回合,发现周军少得可怜,且是残兵败甲,如此所谓的天子救兵岂非玩笑一般!连称、管至父、石之纷如等不约而同大笑起来:"周天子还真敢派人来送死啊!"

于是联军暂停攻城,纷纷合围过来。可怜子途些许蝼蚁之兵,如何抵挡五国虎狼之众!五国联军当下如狮扑兔,如汤泼雪,片刻之间,百余乘周军纷纷倒地,横尸血泊之中。子途前胸后背被铜戈铜剑刺中五处,肩头又中一箭,三次倒下又三次爬起,终于将血气耗尽。子途挣扎着从死尸堆中爬上那辆插着"周"字大旗的战车,略略定了定神。放眼望去,自己带来的弟兄全部战死,无一幸免,五国甲兵又一层一层围过来,将自己困在核心。面对如此绝境,子途忽然大笑起来,惊得围兵陡然间止住了步伐。只见子途背依周旗,整整衣冠,对着西南洛邑方向深深行拜天子礼。恭恭敬敬礼毕,子途对天言道:"我奉王命而战死,乐做忠义之魂!"言罢,横剑自刎。

血流如注,子途终于垂下了头。颔下长须美髯上,挂着一颗颗晶莹透亮的血珠,闪着夺命的红光。五国联军的武士们被震慑得目瞪口呆,哑了一般!城头卫君黔牟、左公子泄、右公子职、大夫甯跪等远远望见,齐齐向子途躬身行礼,致敬!石之纷如本是齐国一流猛士,曾两度用剑刺中子途,此刻不知为何竟失手将铜剑遗落地上……

茫然之间,只有齐国大夫连称觉得情形不对,当下大声喝道:"周师已败!我等快快攻城,抢夺头功啊!"这一声喝,五国联军如梦方醒,纷纷调转矛戈,继续向城上攻打。

子途自刎,周师败亡,更令穷途末路的守城卫军胆寒,眼见朝歌必破,竟有一帮守兵弃城逃命去了。五国之军越战越猛,石之纷如率领齐军率先登城。卫军大乱,眨眼之间,城楼失守,而底下城门也被砍开,联军蜂拥而入。呐喊声中,朝歌城破。

左公子泄、右公子职和大夫甯跪收集残兵,护着黔牟从西门逃出,喘息未定,又遇敌军杀来。原来是鲁国之军,当前一员猛将,乃鲁庄公庶兄公子庆父。庆父大喝一声,鲁军便团团围定,好一场厮杀!末了,左公子泄、右公子职、公子黔牟俱被当场生俘,只有甯跪大夫侥幸逃出。甯跪情知力不能救,摇了摇头,叹了叹气,一路向西逃往秦国去了。公子庆父将三公子绑了,押入城中,交予鲁庄公。

朝歌被攻破,卫侯朔早率一支人马抢先入城。朔原来的旧部也早有联络,纷纷过来拥护旧主。不久,齐襄公、宋闵公、鲁庄公、陈宣公、蔡哀侯五国国君在甲兵掩护之下,浩浩荡荡开入城中,百姓们吓得于道路两侧伏地跪迎。

卫国宫中。卫侯朔躬身迎接五国国君入席。虽说再度做了卫惠公,朔却不敢坐主席,将居中尊位让与齐襄公,自己坐于下首。齐襄公也丝毫不作谦让,居中入席。其他国君及各国从军大夫皆入席,分宾主坐定。齐襄公得意道:"如今大事已定。外甥从即刻起,又是卫侯了!"

卫惠公道:"舅舅与宋公、鲁侯、陈侯、蔡侯共举义兵,助朔复国,恩同再造!朔感激不尽。从此以后，卫国永为齐国之属，诸君盟国，永不相负！"

宋闵公笑道："都是齐侯之功，我等不过推波助澜而已。卫侯不用客气。"

陈宣公、蔡哀侯先后应道："宋公言之有理。齐侯将为天下霸主！"

众人应声，都向齐侯道贺"霸主"，齐襄公乐得前俯后仰。

卫惠公起身，从身后侍从手中接过一本册子，恭恭敬敬献与齐襄公，道："卫国府库所藏金珠宝玉，悉数在此。朔愿将卫国之富全部献给舅舅，以谢再造之恩。"

齐襄公接过来，随意瞟了两眼，道："都是卫国的好宝贝！此次伐卫，鲁侯、宋公、陈侯、蔡侯皆是劳苦功高，尤其鲁侯，生擒卫国三公子，更是大功一件！我看，将这些财宝一分为五，大家平分了它！"

卫惠公道："谨遵舅舅令。朔一点心意，愿诸位国君笑纳。"

众人拍案，连连叫好，殿堂中笑声一片。正乐呵间，却见鲁庄公道："公子黔牟、左公子泄、右公子职三人，已被缚在殿外，听候发落。"

卫惠公冷冷道："都是左、右公子唆使黔牟作乱，害得朔流落他乡七八年之久，哼哼，你们也有今日！我恨不能将你们碎尸万段，以泄心头之怒！"言罢，恍觉不妥，缩了身子，向齐襄公禀道："一切请舅舅定夺。"

齐襄公笑眯眯道："你是卫侯，你看着办。"

卫惠公再禀道："今日之事，全凭舅舅做主。"

齐襄公哈哈一笑，又厉声道："卫国之乱，全是左公子泄、右公子职两个乱臣贼子之罪！今寡人率军平叛，拨乱反正，必斩乱臣。刀斧手听令：将左、右公子斩首，悬之东门，以儆效尤！至于公子黔牟嘛……"齐襄公仿佛想到了什么，半晌道："黔牟乃周室之婿，寡人也曾娶过王姬，说来这黔牟与寡人还有连襟之情呢，算了，赦黔牟无罪，放他归周吧。"

卫惠公道："遵舅舅命。"左公子泄、右公子职须臾被斩，头悬国门。而公子黔牟则被驱逐洛邑，此后一蹶不振，便老死在了那里。

卫惠公又备了美酒佳馔，以飨众人。觥筹交错，满堂欢饮，又有黄钟大吕奏起，乐人演唱《周南》《召南》。六国国君频频劝酒，个个失态，真如醉生梦死一般。

时周庄王九年，公元前688年，齐襄公率齐、鲁、宋、陈、蔡五国之师伐卫，卫惠公朔得以复国。

管仲带着三百兵车,如风驰来,但还是晚了。赶到朝歌城下,战事早已结束,五国之师已经入城良久。城门之前,烟火弥漫,血肉狼藉。管仲一眼望见那面"周"字大旗车上,子途已亡。管仲翻身跳下车,踏着血迹跑了过来。那面周旗破而无损,风中微微舒展,其声如泣如诉。子途横尸旗下,右手边弃着一把带血的铜剑。管仲什么都明白了,对着亡魂躬身行礼,道:"大义犹在人间,子途虽死尤生!管仲感佩不已。"又小心翼翼攀上车,取下周旗,轻轻掩在子途尸上。下得车来,又是三拜。触景生情,管仲顿感英雄没落,人生难遇,不由想到自己十几年来每每征程多艰,总是郁郁不得志,如此次百般辛苦要救子途,可还是挡不住子途慷慨赴死之志!管仲难遏心中悲凉,叹道:"悠悠苍天,何戏于我!"

总需入城复命,管仲悻悻前行。左脚刚一踏入城门,心中猛然想道:"我率领三百兵车而不能阻挡子途二百残部,齐侯必治我罪!朔又重新做了卫侯,难免火上加油,对我百般羞辱,如何是好?"一面痴痴沉思,一面缓缓移步,恍然觉得这个城门甬道好似幽深黑洞,永无尽头。管仲思了半晌,也无头绪,索性放开双脚,大步而行,暗道:"不过刀山火海,看我顺势而为……"

管仲踏入卫宫,早有人报,进得殿堂,见各位国君饮酒正酣。宴席左侧有钟鼓,右侧有笙瑟,雅乐正飞扬。管仲端正衣冠,俯身跪拜于地,大声道:"管仲特来向齐侯请罪。"

众人"咦"了一声。齐襄公也是一怔,咽了爵中之酒,才想起来还有管仲这个人、这件事。齐襄公笑道:"管仲,管师父啊,你不来,我还真忘了。你带了三百乘兵车前去堵截周天子之师,寡人请问,周师现在堵在哪里啊?"

管仲正色道:"周师已被齐侯灭掉,城门乱尸,便有周师统领子途。管仲失职,无话可说,请齐侯降罪。"

众人哄堂大笑。管仲又正色道:"管仲有罪,但依旧要向齐侯进一言:当今天子虽弱而王道犹在,天下诸侯依旧奉周天子为共主。齐侯欲成霸业,必要先尊周室,举天子而令诸侯!倘若弃天子又伐周室,则失天下之心,齐侯必将自取其败。"

"住口!"齐襄公喝道,"横行天下,唯我独尊!管他什么天子王道!当今之势,武力唯视,岂有他哉!"

管仲眸子微转,立时改口道:"是是是,管仲谬论了。齐侯威加四海,孰敢不服!管仲一来阵前失守纵敌,二来庙堂冒犯虎威,实不可赦! 请齐侯一并发落。"

　　此话中听,齐襄公又得意笑了起来。却见卫惠公怒斥道:"管仲,献策的是你,带兵堵截的还是你,齐侯拨你兵车三百乘,周室来师不过一二百乘,而你竟不能堵住,使周师入卫,险些坏了齐侯攻城大计,你可真是一个善败的人啊! 世人皆唤管仲为八败丈夫,诚不虚言,我看算上今日之事,当改名九败丈夫了——请齐侯早治管仲之罪,以正军纪!"

　　齐襄公大笑,酒已半醉,当下又饮一爵道:"不。管仲无罪! 寡人还有赏……寡人赏管仲四个大字:九败丈夫!"

　　满堂又是哄然大笑,蔡哀侯拍案乐道:"好,好! 九败丈夫,此赏绝妙!"

　　卫惠公更是满脸坏笑,道:"来呀,上酒! ——我敬九败丈夫一爵!"

　　酒尚未至,不想管仲灵机一动,仰头就笑,再度伏身叩拜道:"谢齐侯赐管仲无罪之身! 谢齐侯赏管仲九败之名!"

　　众人皆愣住。正僵之时,侍人捧酒过来。管仲立时起身,接过酒爵一饮而尽,又拱手道:"谢卫侯赐酒……感激不尽!"

　　卫惠公登时脸白。

　　管仲一转身,叫道:"拿瑟来!"回首禀齐襄公道:"管仲粗通音律,略可鼓瑟。管仲愿歌一曲,为齐侯及诸公助兴。"

　　齐襄公大喝一声:"好!"众人附和。卫惠公沮丧着脸,只得退回席去。

　　乐人捧来一具朱红梓木古瑟。管仲席地而坐,置瑟膝前。待众人又饮了一爵,管仲双手拨动瑟弦,便有清泉水声汩汩涌出。那水声由远及近,起伏辗转,俄尔低吟,俄尔飞荡,渐有天风海雨、波涛翻滚之宏大气象。众人听得入迷,又见管仲朗朗唱道:

　　　　简兮简兮,方将万舞。日之方中,在前上处。

　　　　硕人俣俣,公庭万舞。有力如虎,执辔如组。

　　　　左手执龠,右手秉翟。赫如渥赭,公言锡爵。

　　　　山有榛,隰有苓。云谁之思? 西方美人。彼美人兮,西方之人兮。

　　此是《简兮》歌。描述了一位英俊潇洒、高大魁梧的武士翩翩起舞,观舞的少女对他情愫暗生,百般爱慕。管仲此歌暗藏英雄美人之念,正合齐襄公心意。齐襄公听得摇头击掌,最是得意,仿佛歌中"硕人俣俣"正是自己,"西方美人"正是文姜。

一曲歌完,众人喝彩。齐襄公命赐酒。管仲饮了那酒,道:"谢齐侯。城门外尸横遍野,恐扫了诸位国君酒兴,管仲这就出宫,督促清扫。管仲告退。"

齐襄公允准,管仲退出,堂中乐人继续歌舞助兴。只见卫惠公急急道:"岂可不治管仲之罪!齐侯如何号令三军?"

"放肆!"齐襄公冷眼刺向卫惠公,喝道,"我齐国的人什么时候需要你来多嘴,管仲我已赏赐,不得再言!"惠公犯了襄公之忌。襄公心里,最是厌恶他人指手画脚,别人要说东,他偏要向西;别人要说长,他偏要寻短;倘若有人敢说文姜不好,他就敢拔剑杀了他。襄公无畏无惧,只图一时快意,鸢飞鱼跃,天马行空。

卫惠公诺诺,不敢再言,微低着头,眼睁睁看着管仲的背影飘然而去。惠公心中暗道:"此人谋常人所不能谋,忍常人所不能忍,今若不杀,他日一朝得势,必是天下雄才!在座诸公将无一人可敌……"

管仲出门走得老远,才长长嘘了一口气,无限悲伤涌上心头。放眼望去,宫室壮丽,侍女如云,人间富贵如锦如绣,而管仲却觉身处茫茫荒野,空无一人,西风呼啸,草木飘摇,冷冷清清,似人间非人间,非人间却人间。管仲失声自言道:"好冷……"于是一边拊掌,一边轻唱,沿着黄土宫墙径直向前去了:

> 考槃在涧,硕人之宽。独寐寤言,永矢弗谖。
> 考槃在阿,硕人之薖。独寐寤歌,永矢弗过。
> 考槃在陆,硕人之轴。独寐寤宿,永矢弗告。

…………

第十四章　贝丘政变

卫惠公凭借外援,复国为君。齐襄公、鲁庄公、宋闵公、陈宣公、蔡哀侯个个得了卫惠公赠送的金帛财宝,纷纷带着各自兵马回国去了。

齐襄公刚刚进入齐境,便令大夫连称率军先回临淄,自己跑到禚地与文姜欢会一月,方才返回。待到进入齐宫,众人发现,国君依旧是兄妹同归。

灭纪国,伐卫国,克周天子之师,齐襄公自诩为天下一人,愈加狂妄无羁。倒是文姜深谋远虑,劝道:"哥哥固然英雄,但是不应与周室为敌。管仲言道天子虽弱而依旧为天下共主,妹妹以为此乃高明之见。倘若天子振臂一呼而伐齐,难保没有诸侯响应,如此则齐国危矣。"齐襄公道:"妹妹也如此说,我信妹妹。可一面遣使入周,言罪称臣,一面驻军防守葵丘,以防周室讨伐。"文姜道:"如此则万无一失。"

不日,齐襄公命大夫雍廪为使,出使洛邑,以化解周、齐恩怨。雍廪领命,率领仪仗车队出宫。正行在临淄大道上,见迎面驰来一辆二马大车,那车奔驰迅猛,眼看就要撞了上来,雍廪的护卫扑上前去,勒住其车马,喝道:"雍大夫奉命出使洛邑,闲杂人等速速让道!"

"谁让本公子让道啊?"只见对面车厢中出来一人,神态傲慢不羁,是公子公孙无知。先君齐僖公有一弟叫作夷仲年,二人兄弟情深,僖公待之甚厚。夷仲年只生一子,便是公孙无知。齐僖公临终时传位于儿子诸儿(齐襄公),并特意嘱托他两件大事:一是攻灭纪国,报百年世仇;二是善待公孙无知,衣服礼秩,一如僖公生前。但齐襄公继位后,只对胞弟公子纠和公子小白呵护有加,而对公孙无知日渐冷落,再加上公孙无知好酒好色好猎,每日里闲游无度,国中众大夫也多有看法,于是公孙无知的日子也就一日不如一日了。

却说雍廪见是国君的浪荡堂弟,碍于人情脸面,当下赔笑道:"下人们不知是公子车驾,冲撞了公子,还望公子恕罪!——来呀,将车队移至道旁,给公子让道。"

公孙无知得意笑道:"算你识相!在齐国,还没人取挡本公子的道!"言罢,驾车扬长而去。公孙无知的车走远了,雍廪的车队才上道开行。几个护卫窃窃私语道:"什么公子,不过仰仗祖上荫蔽的一个浪荡子!"

"我等奉国君之命出使洛邑,依国家礼制,公孙无知应当给我们让道才对!"

"国君应当治他的罪,出我们胸中这口怨气!"

…………

此事不胫而走,传入齐襄公耳中。襄公大怒,传见公孙无知。公孙无知战战兢兢入堂,侍立在侧,不敢抬头。余光扫见襄公正与文姜饮酒,两人微醺薄醉,襄公笑道要文姜以嘴喂酒,文姜羞不可当,以手轻轻指公孙无知一下,就默默退入后室中了。

齐襄公此时方才看到公孙无知杵在一旁,当下喝道:"公子可知罪!"

公孙无知嗫嚅道:"无知该死,搅扰了国君和……和文姜夫人的雅兴。"

"混账!"齐襄公厉声道,"我来问你,你与雍大夫争道,可有此事?"

"有。雍廪给本公子让道,这,这有什么……"

"雍大夫乃是出使洛邑的齐使,该你给雍大夫让道!你心中还有没有礼法?"

"是。是是。"公孙无知声如蚊蝇。

齐襄公道:"你仰仗君恩,飞扬跋扈,置国家礼制于不顾,寡人定将严惩不贷!——罚你所享俸禄裁减一半。你去吧!"

公孙无知大惊,心疼得要落下泪来,抬头正要乞求,见齐襄公冷冷瞪着自己,更吓得一身冷汗。当下一句话也不敢说,一步一趋退了出来。

行至宫门,依旧精神恍惚,稍不留神,竟与一人撞个满怀。公孙无知恍觉碰了一堵石壁,"哎哟"一声,却见来者是大夫连称,旁边另有一人是管至父。公孙无知道:"连大夫,管大夫,哪里去呀?"

连称道:"入宫面见国君去呀——难道和公子争道去呀? 哼哼!"言毕冷笑两声,就和管至父拂袖而去。

公孙无知愈加懊恼,喃喃道:"国君欺负我,你们也欺负我! 倘若先君僖公还活着,我看你们谁敢!"

…………

连称与管至父脱履入堂,拜见齐襄公。时已盛夏,甜瓜正熟,侍人刚刚切好了瓜,盛在笾中,置于案头。齐襄公漫不经心,望着笾中甜瓜道:"寡人命连称大夫为主将,管至父大夫为副将,领兵戍守葵丘,以遏东南之路——尤其要防着周天子伐我。"

葵丘乃荒野之地,况戍边异常辛苦,二人心中皆有不快,都想着自国君继位以来,二人也是屡建功勋,为什么国君偏要将这份吃苦的差事委派给自己? 当下心有灵犀,彼此使了个眼色。连称低声道:"国君有命,我们自当效力。敢问国君,臣等戍边,何时期满?"

齐襄公从竹笾中拈起一块瓜,轻咬一口,甜汁四溢,道:"瓜熟而代。明年瓜熟之日,即是我派他人替换尔等之时,你二人勿辞劳苦!"

"诺!"连称与管至父应声退去,自去安排驻防葵丘事宜。

公孙无知百无聊赖,常于宫中闲游。一日,见宫墙边上,一片茂密竹林深处,依稀有一黄衣女子独坐垂泪。公孙无知蹑手蹑脚走近,见是连妃。连妃花容月貌,身材窈窕,更善歌舞,本是后宫第一美人,最得襄公宠爱,不想文姜来了之后,连妃就被抛到九霄云外了。深宫寂寞,韶华易老,连妃越想越伤心,于是躲在竹林里暗自哭泣,不想却被公孙无知窥见。翠竹盈盈,一个美艳妇人楚楚落泪,公孙无知越看越爱,不觉动了淫心,暗想道:"国君夺了我的俸禄,我便要睡了国君的女人!"

公孙无知瞥一眼四周,寂静无人。无知拎起衣裙,蹑着双脚,悄悄来到连妃身后,连妃不知。无知不语,探手从连妃肩头滑过。连妃大惊,起身回望,却见无知笑吟吟盯着自己。无知不慌不忙,从袖中掏出一块方锦,递过来。连妃忽然觉得心暖,忍不住又向无知望去。无知虽没有襄公那般英俊,那般神采,然而眼中透出那种浓烈的情欲之火,恰恰点燃了自己。两人一触即发,不言自喻。连妃接过方锦,轻拭泪痕,柔声道:"公子如何来了这里?"

无知道:"桃李芳华,寂寞难耐,出来闲游,巧遇夫人,真是好有缘分!"

连妃脸色微红,道:"我想到了一点心事,忍不住落泪,公子莫要见笑。"

无知道:"夫人如此美貌,千万不可哭坏了花容。夫人一哭,这片竹子便纷纷从中折了!无知我也要伤心得折了腰板。"连妃忍不住一笑。又见公孙无知故意躬身行揖一般,把身子弯得真要折了。连妃掩面又笑。这当儿,无知乘机伸出右手,在连妃左脚上轻轻揉了一圈。

连妃惊得娇喘,双脚微微颤了一下,却并未退缩。无知情知事情有望,绕到连妃身后,低声柔柔道:"我猜夫人哭泣,只是因为国君有个妹妹,而夫人却没有个哥哥……"

连妃呢喃道:"我有哥哥,大夫连称……"

无知接道:"此哥哥,非彼哥哥,难道夫人不想有一个彼哥哥吗?"

连妃红透脖颈,只不语。呆了半晌,启口含羞道:"不知……彼哥哥,何在?"

无知大喜,凑到连妃耳边,情语悄悄:"我就是那彼哥哥。"

连妃起身,一脸娇羞,饱含春意。连妃将方锦塞到无知胸前,又低头道:"哥哥要见妹妹,只需今夜三更,内寝中来。"言未毕,便夺路而去。无知心花怒放,得意笑道:"艳福销魂,只待今宵,嘿嘿……"

是夜三更,公孙无知悄悄潜入连妃寝宫。连妃故意留了门户,无知仿佛有人引路一般。寝榻相逢,干柴烈火,两人只字不语,急急灭灯宽衣,遂成云雨之欢。

夜色幽暗,满床芬芳,连妃裸露的胸前散着汗珠,如荷叶晨露。无知一一吮去,连妃痒而不敢笑出。欢愉之际,无知哄骗连妃道:"你有所不知——当年齐僖公临终之时,本要传位于我,不想被诸儿先发夺去。总有一天,这个齐侯的宝座还是我的!到那时候我就封你为齐国夫人。"连妃情知无知信口开河,但听着实在入耳,当下权且信假为真,柔媚笑道:"窃玉偷香的齐侯——连夫人谢恩!"

却说两人偷偷摸摸不觉半年,连妃渐生忧虑。想到必有东窗事发的一天,依着齐襄公杀伐果断的性子,自己必然命丧黄泉。连妃又想起公孙无知的枕边鬼话,一咬牙,半夜里劝公孙无知假传齐僖公遗命,废了齐襄公,自己做国君。不想公孙无知嘻嘻笑道:"我只有睡国君女人的胆,却没有夺国君位子的胆。"连妃骂道:"没用的东西,只有被人欺负的命!"连妃又给远在葵丘的哥哥发去秘信,言及自己与无知有染,请求哥哥以齐襄公淫乱妹妹文姜为由,先发制人,废襄公而立公孙无知,不料又被哥哥呵斥:"休得胡言!连称绝不做乱臣贼子!"连妃幽幽叹息:"哥哥也是没用的东西!"

时光荏苒,转眼又到盛夏,葵丘军营,酷热难耐。这日正午,连称于帐中坐卧不宁,连呼"热,热",有戍卒便进献一筐于清水里浸了的甜瓜,以为消暑。连称杀瓜,一口气吃了三个。吃着吃着,忽然想到去年这时国君"瓜熟而代"之约,连称笑道:"不知不觉已经戍边一年,国君就要派人来换我了,终于要离开这个鬼地方了!"于是遣心腹入临淄城中打探。不想得来的消息却是:"齐侯在谷城与文姜欢会,有一月不回。"连称再也忍耐不住,一年来的怨气登时爆发,怒吼道:"无道昏君!王姬死后,我妹当为继室。今昏君无视人伦,将我妹冷落不顾,日日夜夜只与文姜淫乐!又将我等有功之臣弃之荒野,饱受边塞之苦!孰不可忍!我必杀之!"又谓管至父道:"你当助我一臂之力!"

管至父沉吟半晌,道:"瓜熟而代,乃国君亲许之诺,君无戏言!恐其忘之,今可遣一人入谷城,向国君请代。请而不准,则是国君失信,如此军心必生怨恨,方可为我所用,大事可成!"连称笑道:"管大夫高明。"于是令一心腹古姓卒长采摘满满一车甜瓜,前往谷城拜见国君。

谷城中有一泓清池,但见林木茂盛,荷花斗艳,景色清雅。时齐襄公正与文姜在水边赏荷,有人传报葵丘来人求见,齐襄公准。古卒长押着一车甜瓜进来,见襄公行礼拜道:"我乃葵丘卒长,奉连称大夫之命进献一车瓜。连大夫说,葵丘生得好瓜,甘甜爽口,特进献与国君品尝。"

齐襄公道:"知道了。"继续与文姜指点荷花。半晌发现,古卒长说完话后,待在身后一动不动。

齐襄公转过身来,冷冷看着古卒长道:"你还有何事?"

古卒长禀道:"连大夫还说,去年此时,国君有瓜熟而代之诺。今又瓜熟,特来请代。"

齐襄公厉声喝道:"大胆!请代,请代!——你们胆敢代寡人发令!还说什么请不请?何时去,何时返,何人去,何人返,权在寡人!谁敢妄言!——告诉连称,再守一年,明年瓜熟再返!"

古卒长战战兢兢道："诺。小人告退。"就匆匆退下，返回葵丘去了。

文姜眸子闪亮，望了望那满满一车的甜瓜，柔声劝道："哥哥有言在先，自当遵守信诺，理应派人去葵丘换回连称才对。"

"无妨。连称乃忠臣，让他再守一年，我再换回。"齐襄公不以为意，揽着文姜的腰肢就向荷花深处款款而去……

古卒长回到军营，将谷城之事和盘托出。连称恨恨不已，心中叹道："国君不仁，休怪连称不义！"是夜设一秘帐，屏退左右，独设两席，与管至父密谋。连称道："昏君早忘了瓜熟之约！如此无信无义之人，何必忠于他？我意已决，誓杀昏君，为国除害！"

管至父道："我愿追随将军，共诛荒淫无道之主！"

连称叹一声"好"，又道："事成之后，齐国江山，你我共享。不知管大夫有何妙计？"

"国君负我，失信在前，军心、民心、朝野之心，皆可为我所用，我得此先机，自然有利。然而举大事必有所奉，方可成功。我想到一人——公孙无知。无知乃先君僖公兄弟夷仲年之子，僖公宠爱仲年，并爱无知。无知蓄养宫中，衣食俸禄，与世子无异。而自襄公继位以来，处处冷落、排挤无知，无知敢怒不敢言。去年因为与大夫雍廪争道，襄公小题大做，借故惩罚无知，将其衣食俸禄削减一半。无知痛恨襄公这一节，正可大做文章——有风言说僖公当年有意传位与无知，此传言真也好，假也好，皆可为我所用！"管至父低低道，"我们除掉襄公，立无知为君，可谓名正言顺！我等可密通无知，定下废立之计。令无知为城中内应，我们里应外合，事必可成！"

连称道："什么时候动手？攻打临淄，尚需要一些时日做准备……"

"不可！绝不可以攻城！"管至父打断连称话语，一脸凝重道，"临淄高大坚固，倘若行攻城法，彼自据城坚守，难有胜算。齐侯其人，好大喜功，又好狩猎，好游乐，待其出城在外时，便是断了羽翼利爪，那时才是你我良机，可一战而定！"

"妙哉！"连称叹道，当下忽然想到半年前妹妹连妃的密信，有感道，"我妹连妃，本当立为夫人，只因文姜乱了君心，以至失宠，心中早有怨言。可嘱托无知与我妹共同合计，早晚窥伺国中动静，如此我们内外遥相呼应，可保万无一失。"

当下议定。连称执笔，连夜起草一份密信，写道杀襄公立无知等密语，然后又誊抄了一份。次日遣心腹入城，一份送与公孙无知，一份送与妹妹连妃。

公孙无知获信,得知连称、管至父将要共同拥立自己为君,一时浑身上下都来了胆气,以为天赐良机,狂喜难抑,当下写了"里应外合"的回书,托来人转与连称。无知又拿着来信找到连妃,不想连妃更是得意,也取出一件密信递与无知看。两信内容一模一样,均是连称手笔。无知又惊又喜,一时手舞足蹈,忘乎所以,嘻嘻笑道:"我曾许诺封你为国夫人,此事不远矣!"

临淄街头,熙熙攘攘,人头攒动,一片嘈杂,俄尔有嘹亮的歌声响起,仿佛闷热的空气里吹来一缕清凉之风。但见一人身穿青衣,背负长弓,步履轻快而从容,穿街过市,如入无人之境。那人形容俊朗,面色如玉,颌下黑须丝丝飘扬,浑身从头到脚神采奕奕,透着三分潇洒,三分威严,又有三分凄凉,但见他一边走一边高唱道:"考槃在涧,硕人之宽。独寐寤言,永矢弗谖。考槃在阿,硕人之薖。独寐寤歌,永矢弗过。考槃在陆,硕人之轴。独寐寤宿,永矢弗告。"歌声激扬,若山涧流水,长空孤鹰,引得众人一时听愣了。

那人正是管仲。光阴急迫,岁月匆匆,管仲已经年愈四旬。当年的神箭少年也已挂满长须,稚嫩不再,苍老尚无,而一腔傲然之气丝毫不减,通体上下依旧是蓄得满满的激情和梦想。

却说人群里有个女子。齐国世卿高子之幼女,年方十八,名为高雪儿,乃高氏掌上明珠。高雪儿窈窕淑女,冰雪聪慧,博古通今,年幼而见解超群,常有惊世骇俗之语,只是性情孤傲,不屑凡俗,常常冷颜冷面,所以得了个"雪美人"的雅号。方今刚刚成年,便有几家齐国贵族前来说媒,均被一一回绝。高雪儿道:"非英雄不嫁,非大才不嫁,非巨匠不嫁。"其父高子也是无可奈何。今日,高雪儿与自家表妹冰儿、侄女梦姞出府到临淄城中观赏街景,高雪儿一听管仲歌声,一见管仲之容,顿时心摇神荡,魂魄俱销,只痴痴不动,仿佛五百年前故人,一朝梦里相逢。

冰儿手中提着一个青囊,里面塞着几只高雪儿最喜欢吃的桃子。冰儿见高雪儿发呆,暗觉好笑,连唤了几声"姐姐",高雪儿才醒过神来。梦姞在旁,咯咯笑着。雪儿用手抚了抚自己发热的面颊,道:"这人唱的是《考槃》。此诗乃隐者之诗,却被他唱得只三分像隐者,而七分像仕人。"

冰儿见一向孤傲的姐姐此刻露出娇羞之色,得意道:"那他到底是隐者还是仕人?"

雪儿依旧低头,道:"我怎么知道。"

"哎呀,也有姐姐不知道的呀!"冰儿咯咯一笑,"稍等,待妹妹前去问个明白。"说罢,跳着走了。雪儿伸手欲要拦住,但又缩了回来。

冰儿如一只小鸟蹦到管仲面前,躬身行礼,大大方方道:"先生之歌,甚是高妙。敢问先生,唱的可是自己吗?"

管仲望去,见迎面是一个十七八岁的女子,着杏黄色葛布深衣,模样伶俐活泼,像是哪家贵族大院的千金小姐,当下道:"然也。"

冰儿昂然道:"既如此,请教先生:先生身处城中,何以'考槃在涧'? 先生清瘦细长,何以'硕人之宽'? 先生混迹闹市,又何以'独寐寤言'?"

管仲微微一笑,脱口答道:"胸中有天下,尘中即是世外,世外也在尘中,何有'考槃在涧''考槃在城'之别? 在下身体虽瘦,然而其心胜似'硕人之宽'。'独寐寤言'……"管仲一声长叹道:"天下昏昏,唯我独醒! 天下皆浊,唯我独清!"言毕,也不招呼一声,就阔步而去,看得出来,满怀忧伤。冰儿不由"唉"了一声。

未行几步,面前又有一人霍然挡住去路。高雪儿阻在道上,不动声色把管仲瞧了个够,这反倒让管仲惊讶不已。这时冰儿跑到高雪儿身侧,年幼的梦姞也跟上来,三个女子高低错落簇在一起,如清水芙蓉,摇摇三朵。高雪儿此时方才嫣然一笑,行礼道:"我的妹妹不懂礼仪,冲撞了先生,先生勿怪。"

管仲见高雪儿肤白如雪,清雅若梅,稚嫩可爱的容颜下藏着少女罕见的成熟沉稳之气,又见高雪儿身穿的锦缎深衣,也是自己偏爱的豆青色,不由心生欢喜。管仲未有一丝杂念,只觉得偶遇几个孩子而已,当下淡淡道:"无妨。"就走了。

高雪儿不语,微低着头,只待管仲从身畔如清水般一丝一丝地划过。管仲刚刚过去,高雪儿眸子一闪,急转身从冰儿青囊中掏出一只硕大的鲜红桃子,三步两步追上去,塞入管仲怀中。管仲还没弄明白是什么东西,就见高雪儿咯咯咯地笑,拉着身边二女,逃也似的钻入人群中不见了。

管仲不由好笑。周围不少人也笑出声来。管仲赞道:"谁家生的好女儿!"将桃子得意抛起,接住后美美咬了一口,便将这事抛诸脑后,就奔公子纠府上了。

管仲不知,冰儿和梦姞结伴又返了回来,悄悄跟踪了他好久。待打探清楚,两人返回高府,高雪儿早已急不可待。冰儿道:"那人名叫管仲,是公子纠的师父。其实不怎么样,华而不实,徒有虚名,有个诨名叫作九败丈夫。"高雪儿摇头,深思良久道:"不。管仲绝非一个九败的丈夫,而是一个必有九成的英豪!只是当下未得际遇而已,你们等着看吧……"

冰儿、梦姞满脸惊诧,相觑而笑,梦姞道:"姑姑痴了,白日里说着梦话……"

管仲入府,今日要检验公子纠射技。数年过去,公子纠与公子小白皆已长大成人,公子纠读书略胜小白一筹,唯独射技不如小白,这让有神射之称的管仲黯然伤神。府中有射圃,管仲取下弓箭,示范道:"心静似古井,目疾如闪电,挽弓运力,百发百中!""嗖"地一箭,正中靶心。公子纠与召忽都叫一声"好"。管仲将弓递与公子纠,道:"你来,连射十箭。"

只可惜公子纠只得管仲射艺之形,却不得其神。连发十箭,五箭中的,三箭偏离,两箭落空。管仲颇感焦躁,训斥道:"孺子何其愚拙!箭尚且射不好,将来继承大位,何以治国?"公子纠满头是汗,一时无措,道:"纠无能,我当继续苦练。"

召忽走过来,笑道:"天下能与管子神射媲美的,怕是没有几个。公子向来勤勉有加,管师父又何必过于苛刻呢?"又道:"公子不要焦急,慢慢来!"公子纠道:"是。"

公子纠继续习射。召忽拉着管仲入堂,说是要欣赏一卷《五典》。管仲一边走一边回头道:"我实是为公子前程着急……"

太阳渐渐西滑,已是申时。盛夏的午后尤其闷热,召忽道:"我们还到淄水中读书去?"管仲笑道:"正合我意!"当下师徒三人整理好竹简书册等物,乘了马车,出门朝南而去。

临淄城东依淄水河而建。淄者,黑也,只因河水呈墨绿色,故取名淄水。淄水为齐之大河,阔十余丈,水势汪洋,源发南山,一路向北,蜿蜒入海。河中有一弯月形小岛,四周芦丛环绕,岛上多有粗壮大柳、参天古槐,是炎夏消暑的好地方,管仲他们常常于午后来这里读书纳凉。却说三人出了南门,弃车登舟,上得岛来。但见河水一片墨绿,映得对面城小如掌,绿荫蔽日,草木鲜亮,恍若神仙世界,顿感一片清凉。管仲忍不住喝彩道:"好水!"公子纠铺设了几张蒲席,自己则坐在一株柳树下读《诗经》,管仲与召忽相携走到另一边,远眺临淄城。

陡然间,眼前悠悠漂来一舟,又听人喊道:"你们好自在啊,我来也!"——是鲍叔牙。

二人大喜,迎了鲍叔牙上岛。三人便在芦苇丛前的浓荫下,行揖入席,笑谈起来。鲍叔牙道:"天太热了,我便放了小白的假。老鲍也闷得慌,到公子纠府上找你们,一看没人,我就知道你们来这岛上了!"

几人大笑。管仲问道:"公子小白这会儿干什么去了?"

"又到高子府上饮宴去了。"鲍叔牙道,"这个小白,读书一般,只是太爱交友,射猎、饮酒、投壶、蹴鞠、郊游,凡是朋友聚会嬉戏之事,无一不爱! 且出手阔绰,挥金如土,我总担心此公子过于放浪形骸,难成大器。"

召忽道:"教在师父。鲍兄要谨言慎行,莫要让小白也成了公孙无知。"

鲍叔牙点头。管仲又问道:"小白平时多与何人来往?"

鲍叔牙道:"国中大夫无不结交,尤其与高子、国子来往最密。"

闻得"高子、国子"四字,管仲心中不由一惊。高氏、国氏是齐国重臣,为国中仅有的两大世袭卿大夫族,两家掌握着齐国一多半的军力,其实力地位仅次于国君。小白的广交朋友显然是有轻重缓急的。管仲顿感公子小白放浪形骸、挥霍钱财只是其表,暗藏大志,蓄积力量,谋划长远才是其里。当下叹道:"我看此公子倒是气度不凡。"

管仲又道:"我等既要传授二公子学业,也要保护好二位公子! 管仲近日来忧心忡忡,总觉齐国要有祸事发生。"

鲍叔牙笑道:"朗朗乾坤,国泰民安,哪里来的什么祸事?"

"非也,祸不远矣!"管仲忧虑道,"齐国之祸,不在其外,而在其内。昔日卫宣公夺儿妇宣姜为妾,引得卫国诸公子骨肉相残,国君之位三易其主。有奇淫者必有奇祸,诚不虚言。如今齐侯淫乱妹妹文姜,愈加悖礼狂纵,早成引火之势! 卫国祸事只怕要在齐国重演。如今已现凶兆……"

召忽与鲍叔牙大惊,管仲又道:"上梁不正下梁歪,传言宫中连妃与公孙无知通奸,此事绝非空穴来风。更要紧的是:连妃哥哥连称大夫,去年戍守葵丘之际,齐侯曾有瓜熟而代之约,如今事到跟前,却又自食其言。国君失信,国乱之兆! 我担心连妃与连称内外呼应而作乱,如此则必生大祸。"

鲍叔牙道:"齐侯继位以来,重用连称、管至父等,此二人得国恩厚矣,想来不会作乱。"

管仲道:"鲍兄君子,自然作君子之想。然而,连、管二人,岂是仁善之辈? 国君襄公也算半个雄主,只是不善用人。观国君所用连称、管至父、石之纷如、孟阳、徒人费等,皆是小人之流,而将高子、国子等正直忠良之臣束之高阁,冷落一旁,此乃险局!连、管等人,只顾私怨,不念国恩,一旦反目,国家必危!"

鲍叔牙道:"如此,当禀告国君,以防万一。"

管仲摇头道:"只可惜,国君沉醉文姜温柔之乡,不纳我辈逆耳忠言。"鲍叔牙无语。

召忽道:"管兄多虑了,你看对面这座临淄城,铜墙铁壁,固若金汤,连、管即使想作乱,也是进不来的。"

管仲起身,望着淄水对面的临淄城,幽幽道:"临淄,好一座铜墙铁壁之城!三百年前,太公姜尚受封齐国,开建临淄。为防东夷入侵,临淄选址有意依淄水而建,黄土夯筑的城墙层层叠叠拔地而起,窄处也达二三十米,宽处竟达六七十米,真可谓坚不可摧!管仲遍游天下城池,发现只有临淄的城墙并非四方四正的直线!临淄城墙共有拐角二十四处,尤其东面临河之墙更是蜿蜒曲折,依着水岸之势而行,其意是城下不留空余,以防敌军借地攻城之用。姜太公当年可谓用心良苦! ——然而,临淄之城只能防城外之敌,倘若敌人从城中生出,祸起萧墙,铜墙铁壁又有什么用处呢?"

召忽恍然大悟,道:"管兄高见,召忽不及。"

鲍叔牙又问道:"只是这祸事,不知从何处萧墙而起?"

管仲道:"我辈在明,彼人在暗。何处萧墙,难以预料。然而祸事一起,便是江河决堤一般,人与鱼鳖将共遭殃。"

三人不由忧虑起来。当下又论及一些国野趣事,待到倦鸟归林,夕阳烧得淄水赤焰如火,一行几人方才尽兴,于是乘舟返归。

岁月匆匆,时不我待,星移斗转,转眼天寒。自五国伐卫之后,将近两年无战事,齐襄公颇觉手痒难耐。这日深居宫中,望见窗外寒鸟翻飞,有几片枯叶被风卷着就没了踪影,齐襄公忽然就动了出城狩猎的念头。临淄城西北,有一大片丘陵野地,名叫贝丘。那里莽莽苍苍,地势开阔,湖泊密布,树木驳杂,是狐兔野兽云集的家园,也正是狩猎的好地方。依着礼制,齐国国君每年秋天都要到那里狩猎,所以,那里最高处的一座土山中,还修建有一座国君离宫——贝丘离宫。

齐襄公当下唤石之纷如,吩咐道:"贝丘狩猎去。寡人近日甚感无聊,要在贝丘多住一些日子，就不用其他大臣同行了，有你一人护驾即可。"

石之纷如得令而退，心中想着贝丘的诸多事宜，一边走，一边失口自言道："狩猎，当多准备好鹰好犬。"不想连妃领着两个侍女闲走，正巧与石之纷如碰头，将刚才的话听个真切。连妃见石之纷如像是从国君那里过来，当下高声道："国君狩猎，上等鹰犬自然不可缺少。此事不难，找到孟阳，一切妥当。"

孟阳乃齐襄公最喜欢的幸臣，石之纷如大悟，躬身道："谢过连妃。不是连妃指引，我一时倒把孟阳忘了。"

连妃笑道："蝇头小事，何足挂齿。往年都是贝丘狩猎，今年国君是不是要换一个地方玩玩儿呢？是明天去玩儿还是哪天去玩儿？"

石之纷如不假思索，立时回道："哪里，还是到贝丘去。两日后出发，国君令我随行。"

连妃大喜，又强装严肃道："贝丘护卫，责任非同一般。你忙去吧。"

石之纷如告退。连妃眉头紧锁，静了片刻，扭头对婢女道："去准备一盒果子来。"

须臾，婢女捧来一只漆木红盒，里面都是些上好的干果。连妃道："我去给国君献果，你们先回吧。"婢女应声而退。连妃捧着果盒来见襄公。

襄公不喜连妃，听说是来献果，勉强应诺。连妃将果盒捧上，细声道："这是臣妾为国君挑选的果子，清甜无比，请国君品尝一二。"

襄公坐在案前，端着一卷竹简看书，头也不抬，只淡淡道："好。"

连妃瞪大杏眼，仔细观察襄公一举一动，又道："国君两日后要到贝丘狩猎，可否带上臣妾，让妾好生服侍。"

襄公微微一怔，依旧低头道："国君狩猎乃是讲武，女眷恐有不便。你退下吧。"

连妃变色，也不再言语，只躬身行了一礼，就退出。踱至门口，转头回望，见襄公依旧一副冷冰冰的面容。连妃暗暗冷笑一声，心道："好绝情的诸儿！你必是要带文姜同行！如此甚好，我便成全你们做一对黄泉鸳鸯！——哼哼，齐侯贝丘捕猎野兽，却想不到自己会被他人捕猎吧！"连妃恼恨文姜，甚于襄公，最想除文姜而后快。只是文姜依旧待在禚地，偏偏这一回未与襄公同行。

连妃回宫，急召公孙无知商议。无知道："速将消息报与你哥哥连称，连大夫必借国君出城狩猎之机，率兵来攻取临淄。届时我为内应，打开城门，迎连大夫兵马入城，则齐国尽入你我囊中。"连妃点头。于是将襄公贝丘狩猎的消息写成密信，传到葵丘哥哥手中。因为早有预谋，公孙无知也准备了家仆及食客百余人，专候叛乱这一天，当下也回府准备去了。

黑夜里，西风横扫葵丘，渐觉杀气逼人。帅帐深处，两人对席，一灯如豆。连称将连妃密信递与管至父。连称道："机会来了！趁国君贝丘狩猎，我发兵城下，有妹妹与公孙无知开城接应，我们兵不血刃，必可拿下临淄！"

管至父默然，沉吟半晌道："国君不死，终是国君。难保他不会从鲁国、卫国、宋国等地借兵前来征讨，如何御之？况且襄公能征善战，心狠手辣，疯魔一般，绝不可小觑。我们不如伏兵贝丘，出其不意杀了襄公，然后再回师临淄，奉公孙无知为君。此方为万全之策。"连称冷冷道："甚好！就这么干！"

连称立传葵丘诸守将，大小官员，齐聚帐中。连称调兵遣将，将贝丘兵变种种事宜一一安排。葵丘戍卒，久役在外，无不想家，加上连称、管至父早已在军中散布舆论，制造声势，以为今日之用，所以连称起事，军中无人不响应，其势仿佛曝晒的柴草，一触即燃，片刻间便烈焰熏天。待军中安排已毕，连称又写一密信，差心腹传于城中连妃、公孙无知处，约定举事具体时间及主要事项。诸事皆已安排妥当，一张夺命销魂网，专候襄公走进来。

这日辰时，襄公车驾出城，身后除了威武的甲兵，另有一行侍从挎着弓矢，牵着猛犬，架着猎鹰随行。但见浩浩荡荡，一路狂吠，把半个临淄城都咆哮得不得安宁。此次贝丘狩猎，襄公只令石之纷如带了一队护卫保驾，另有贴身近臣孟阳、徒人费二人在侧，国中其他大臣倒无一个相伴。车驾出了城门，正巧让管仲碰上。管仲闪在一旁，观其阵势，已知是国君要到贝丘狩猎。管仲心惊道："今年不同以往，国君为何如此大意？防卫如此薄弱，又无重臣伴随，倘若贝丘发生变故，如之奈何？"

齐襄公行至贝丘，有当地居民沿路跪拜，进献酒肉果品，襄公喜不自胜。当夜贝丘离宫中设宴，襄公与孟阳等众欢饮，觥筹交错，谈笑风生，直到半夜，方才睡去。

次日起驾，往贝丘荒野深处挺进。西风荡起，落叶翻飞，草木摇摇欲坠，此中景致，倒也壮人胆魄。途中行至一处高阜，齐襄公驻车阜上远眺。眼前树林驳杂，藤萝如网，密不透风一般，更兼满地枯草，没人膝盖，风中摇荡如一道道水波。齐襄公大喜道："林子里不知藏有多少野物!"于是下令将这片树林团团围住,四面纵火,只待猎物被烟火熏出,便要纵放鹰犬,群起而围猎之。

火烈风猛,浓烟升腾,火势越烧越旺,众人"嗷嗷"欢呼声中,有无数狐兔之类东逃西窜而出。到处都是围猎的武士,你左一箭,我右一箭。猎犬也被放出,狼一般扑了这边扑那边。风火呼呼响处,狂笑之声此起彼伏。襄公立在高阜的车上,指指这里,点点那里,高兴得不亦乐乎。"都去! 都去! 快! 快!"襄公喝散身边从人,都下去捕猎狐兔。身边只有孟阳一人侍立于侧。

忽然火林中蹿出一只黑色大物,径直奔上高阜,蹲踞于襄公车前。原来是一头野猪! 那野猪瞪着圆眼,似要吃人,却又蹲着一动不动。襄公大怒,环顾孟阳道:"给我射了这头野猪!"谁知孟阳瞪了那物,骇然大叫:"此非野猪,乃是公子彭生!"这一声叫,令襄公魂飞魄散。原来当年文姜妹妹伴随其夫鲁桓公入齐,襄公与文姜淫乱被发现后,便派公子彭生谋杀了鲁桓公。后来鲁国问罪,襄公又杀彭生以谢罪。那彭生临死之前,狂呼道:"无道昏君! 反而嫁祸于我! ——彭生死后变成厉鬼,也要取你性命!"——此刻公子彭生之语似乎又在耳边响彻! 襄公强装镇定,厉声喝道:"彭生何敢见我!"从孟阳手中夺了弓箭,"嗖嗖"射去。不料咫尺距离,连发三箭,无一射中。襄公更加错乱。此时那野猪霍地直立起来,前蹄双拱,后蹄挪步,似在效仿人之行走,更兼放声啼叫,其声哀哀,如人受刑惨叫一般,且分明一声一声皆是"彭生""彭生""彭生"。襄公哪里受得住! 当下毛骨悚然,浑身冷汗,大叫一声,跌下车来。襄公跌跛了左脚,脚上那只丝履也脱落下来。正不知所以,那野猪一个箭步蹿了过来,衔了襄公左履,倏忽就不见了。

孟阳大呼:"来人来人!"徒人费及其他侍者从火林边匆忙赶来,将襄公扶起,卧于车中。石之纷如也赶来,一看国君受伤,便立时传令罢猎,率众人护着襄公车驾返回贝丘离宫去了。

左脚跌伤只是一点外伤,除了行走不便,倒也无大碍。但不知道为什么,襄公却觉精神恍惚,心中不宁,有大不祥之感。是夜,襄公在榻上辗转反侧,难以入眠。听得离宫中万籁俱寂,唯有西风簌簌之声。襄公焦躁,坐起身子想下来走走,于是喊道:"来人。"孟阳与徒人费正在外间守候,闻声慌忙进来。

"扶寡人走走。"襄公道。未等两人过来搀扶,襄公已经穿好右履,这才发现找不到左履。原来白日里只顾着坠车与脚伤,一时匆忙,不觉失履,此时方才察觉。襄公纳闷不已,微声道:"怪哉,左履哪里去了?"

"左履被野猪叼走了。"徒人费回道。这一下不当紧,又解动了襄公的隐痛和怕处,当下勃然大怒,斥道:"你为什么不看一下寡人的左履是有是无? 真被那猪衔走,为什么当时不找回来?"襄公怒火攻心,身不由己,从榻侧取来一条皮鞭,跛着左脚,也不要孟阳扶,对着徒人费就抽起来。徒人费情知自己犯错,也不躲避,反而跪在地上,弓着背,任由襄公鞭打。

襄公今晚如同着魔一般,出手非同一般的狠辣,直打得徒人费背上皮开肉绽,血滴了一地。侍立在旁的孟阳看得心惊肉跳,似乎不敢呼吸。襄公筋疲力尽,方才住手,坐在榻边喘着粗气。徒人费满眼是泪,咬牙忍痛退出。

夜色清冷,离宫沉沉。徒人费出了内门,总觉得隐隐有异动。将近中门,见门外天空透着浓艳的火光。正疑虑间,只听呼啦一响,门洞大开,一片甲兵提着兵器,打着火把,鱼贯而入。居中首领两人,正是连称与管至父! 众人一上来就将徒人费围住,压倒在地上。"连、管举兵叛乱!"徒人费心中大惊。

连称拔出剑,横在徒人费肩头,喝道:"徒人费! 昏君何在?"

"在寝宫。"

"是否已经睡下?"

"左脚摔得疼痛,想睡睡不下。"

"回得好,你可以走了!"连称冷笑,就要斩徒人费之头。

"不可杀我!"徒人费陡然站直身子道,"我有用处! 放我入内,我可为内应!"

管至父走过来,笑道:"你是昏君的近侍、忠臣,岂能为我们内应! 不过想苟延残喘罢了。"

"管大夫此言差矣! 费恨不能杀了国君! 请看——"徒人费三下两下剥掉自己衣服,转过身去,将脊背让连称、管至父看,又呜呜哭道,"我刚刚险些被他打死……"

火光之下,徒人费白皙的背早已血肉模糊,尽是鞭挞之痕,而血迹犹新。连称与管至父相顾愕然。连称道:"我且信你。"

徒人费泪眼模糊,狠狠道:"离宫之中有猛将石之纷如守护,取之不易。连大夫、管大夫不如在此稍等,令费先行入内,以奉药为名,出其不意刺杀国君! 岂非妙策?"

连称哈哈大笑："天助我也！你可速去，除了昏君，我给你记一大功。"

徒人费道："我只要报仇，何谈功劳！"言罢一作揖，闪身不见了。

徒人费一路匆匆跑去。刚入内门，与石之纷如撞个满怀。石之纷如也察觉宫中有异况，正向国君处赶来，当下急问道："外边发生了什么变故？"

徒人费上气不接下气，道："连称、管至父叛乱，已率兵围在……围在中门，快调来甲兵，以中门为凭……据守。"

石之纷如喝道："连称、管至父！焉敢如此！——来人！保护中门！"

护卫纷纷拥过来。徒人费道："你自用兵，我去禀报国君。"

徒人费惊慌失措，破门而入襄公内寝，呼道："连称、管至父犯上作乱，已经打入离宫！"时襄公正被孟阳扶着踱步缓走，闻得消息，惊得右腿闪了一下。襄公定住神，攥紧右拳，叹气道："二人必是怨我未曾兑现瓜代之诺，所以叛乱。只是离宫守军，相对于连、管的葵丘戍卒，不过九牛一毛，我命休矣！"

徒人费道："眼下十万火急，若有一人佯装国君，卧于榻上代君而死，而国君速速藏匿，仓促之间，或可掩人耳目，幸而得脱，以图后计。"

襄公回望二人，默默不语。却见孟阳伏地拜道："我受国君之恩，无以为报，今愿代国君而睡！"说罢起身就榻，面向内里，侧身而卧。

襄公落泪道："孟阳啊……"被徒人费截道："国君万勿犹豫，迟则晚矣！"襄公无奈，解下身上的锦袍覆盖在孟阳身上。

内寝后侧，悬挂着一袭黑帛帷帐，正可藏身。徒人费拥着襄公走过去："户后黑帐中，国君可暂避。"

襄公问道："你怎么办？"

徒人费答："我将与石之纷如共抗贼兵。"

"你不怕背上疼痛吗？"

"臣死都不怕，还怕疼吗？"

襄公凄凉一叹："时至今日，方识忠臣！"

…………

再说连称率众在外等了半晌，始终不见徒人费踪影，料定必定生变，当下大喝一声，领兵打了进来。正逢石之纷如，双方于中门之地展开激战。慌乱中，徒人费挺着铜剑，抢先来刺连称，喊道："乱臣贼子，拿命来！"连称早知徒人费反水，一脸阴冷，只伫立不动。徒人费奔来，一剑刺中连称胸膛，然而剑不能入。一来连称早有防备，身穿重甲；二来徒人费只是一个内侍，并不会使用兵器。徒人费正惊诧间，连称运剑如风，只一下便削掉徒人费顶发，反手又是一剑，直劈徒人费头颅，徒人费惨叫，就倒在了门前血泊中，一命呜呼了。

连称回首，见双方大战正酣，而离宫守军已经节节败退。遍地火起，亮如白昼。满眼搏杀中，唯见石之纷如舞动长矛，愈战愈勇。连称大怒，举剑来战纷如。须臾，管至父也引着七八员猛将围上来。一虎难敌群狼，十几个回合后，石之纷如支撑不住，连连后退，稍不留神，脚下被石阶绊倒，尚未起身，便被一阵乱刀砍死在地。石之纷如一死，残余守军纷纷投降。连称破了中门，再无阻挡，率虎狼之众风一般扑向襄公寝室。

离宫内寝仅亮着一盏幽暗的灯火。连称、管至父等破门而入，一眼望见寝榻上侧卧一人，身上分明盖着国君的锦袍。连称二话不说，一剑砍向那人颈项，立时头颅滚向一侧。连称探身一看，却是年少无须，此时身后有人亮起几支火把来，连称看得更真，道："此非昏君，乃幸臣孟阳。"

管至父道："昏君定是藏了起来！他左脚已伤，断然走不远！搜！"

众人得令搜寻，并不见襄公踪影。连称在寝室内踱步端详，逐一细查。忽见户后黑色帷帐前面，落得一只丝履，不是襄公的还是谁的？——原来襄公急着躲命，又将右脚之履遗失在外。莫非老天要因履而取襄公之命吗？连称一把扯掉黑帐，见襄公脚痛难耐，做一堆儿蹲着。连称大笑不已，抓住襄公如拎雏鸡一般，掂起来扔在堂中，大骂道："无道昏君！你穷兵黩武，连年征战，杀人如麻，是不仁也！你背父之命，疏远、欺辱公孙无知，是不孝也！你淫乱妹妹文姜，公然无忌，是无礼也！你言而有失，瓜熟不代，以致军心生乱，是无信也！仁孝礼信，四德皆失，何以为人！何况君乎？我连称今日替天行道，斩杀昏君！"言罢，举剑。

"慢！"襄公大喝，挺直身子站起来，冷冷道，"我虽无道，但不受乱臣贼子之辱！我死，乃天丧我也！后必有正直忠良之臣取尔狗命，为国除害！"

连称哈哈大笑："我的国君，你想得还挺远啊！可惜呀，你永远看不到以后了！你我君臣一场，连称送你上路！"说着将铜剑横于襄公胸前。

襄公镇定自如，不慌不忙将连称之剑接过来，架在自己左肩，意要自刎。襄公幽幽转过身去，见火光灯影之中，孟阳早已横尸在榻。襄公淡淡一笑，闭目沉醉，缓缓吟诗："桃有英，烨烨其灵。今兹不折，讵无来春？叮咛兮复叮咛……桃有华，灿灿其霞。当户不折，飘而为苴。吁嗟兮复吁嗟！"这是少男少女时节，文姜远嫁之际，兄妹两人凄然离别的情诗。刹那间，文姜婀娜身姿，一颦一笑，犹在眼前。襄公不由又想到，文姜婚后第一次入齐，兄妹十五年后旧情复燃，彻夜风流。当时寝榻枕边，襄公对文姜言道："哥哥妹妹之情，至死方休！"——莫非早就是一句谶语？此刻文姜仿佛就在身旁，襄公似乎对着文姜俏脸，甜甜笑道："哥哥妹妹之情，至死方休！——妹妹，诸儿说到做到了。"言毕，横剑自刎。众人纷纷瞧去，见襄公伏身血泊之中，嘴角犹带三分笑容。

连称啐道："死前依旧哥哥妹妹，你这个风流鬼，可以死而无怨了。"又道："怎么说我等也曾尊他为君，来呀，用被褥裹尸，葬于离宫之后贝丘山上。孟阳、徒人费一并葬了，到阴间好继续侍奉国君吧。"

身后人得令。管至父道："大事已经成了一半。眼下当火速兵临临淄，天亮前入主齐宫，方才大功告成！"

连称道："是也。"命人纵火焚烧离宫，令其彻底化为灰烬。又传令集合部众，半道上与接应的甲兵车马会合一处，趁着朦胧夜色，杀奔临淄城来。

时周庄王十一年，公元前 686 年，齐国大夫连称、管至父杀国君襄公，后立襄公堂弟公孙无知继位。

却说管仲连日来寝食难安，昨天目送襄公贝丘远行之后，更是心神不宁，总觉得国中将有巨变发生。这日深夜，依旧难寝，于庭中缓步沉思。正踱步间，忽见西北方天空一片红光。深更半夜，哪里来的红光？管仲瞧着那红，猛然惊道："不好！西北方位，正是贝丘所在，红光必是离宫中的火光，贝丘必然发生兵变！"管仲见庭中西南角生着一株硕大梧桐，于是攀树而上，登顶观望。夜色中贝丘的火光愈发鲜艳，显然是一场猛烈的兵火。管仲暗思道："依国中形势推断，必是连称、管至父率领葵丘戍卒，围攻贝丘离宫而叛乱。火势如此猛烈，国君必是凶多吉少！连、管烧了离宫，必会挥师来取临淄，而叛军得了临淄，首先必杀国君的兄弟，以绝后患。我当护送公子纠出城，先逃得性命要紧！"

　　管仲如一只灵猫攀下树来，牵得一辆二马快车，先寻来召忽，又急忙唤醒公子纠。公子纠睡眼惺忪，被管仲和召忽簇拥着就登上了车。管仲亲自驾车，飞驰而去。夜色黯然，街道清冷，空无一人。公子纠迷茫道："发生了什么事？管师父这是要带我去哪里？"

　　"去鲁国。公子母亲之国。"

　　"好好的去什么鲁国？我不去。"

　　"公子必须去！连称、管至父叛乱，已经率兵攻占贝丘离宫，国君多已被杀，公子必须先逃出城去！"管仲一边驾车，一边回头喝道。

　　"啊！不不！"公子纠陡然就大哭起来，抓住管仲手中辔绳，将马车勒得慢了下来，"国君啊！兄长！——国君危难，我要去救国君！我要回去！"

　　管仲狠狠地攥紧公子纠臂膀，眼露冷光，声色俱厉道："死了哥哥，难道还要再死弟弟！贝丘火势滔天，连、管叛贼声势浩大，必已得手，我等赶去，无异于白白送命！——回去！一定是要回的！但不是现在，我等先到鲁国避难，再搬救兵来报仇。"一席话说得公子纠无语，一屁股坐在车上，哭哭啼啼，不停叫着"兄长"。召忽好言相劝，但越劝公子纠哭得越凶。管仲见公子纠如此阴柔懦弱，当下不由得摇头叹息。

　　管仲驾车，又过了两个路口，猛然想到鲍叔牙和公子小白也还蒙在鼓里。当下又掉转马头，奔小白府上而去。

　　管仲连连叩门，其声甚急。鲍叔牙与公子小白一前一后迎出。管仲言道连、管贝丘叛乱，两人大惊失色。鲍叔牙道："大变在前，我等当先保公子出城，保得性命再说。"

　　公子小白颇显沉着，道："国君胞弟只有纠、白二人。兄长纠乃鲁夫人所生，小白乃卫夫人所生。兄长当去鲁国避难，小白当赴卫国逃命。"

　　管仲点头，又道："事态万分紧急，我等火速离去。"

　　"卫国不可去！卫国刚刚内乱不久，局势晦暗不明，国中更是吉凶难料。我同公子到莒国暂避为宜。"

　　小白道："就依鲍师父。"

　　小白不再进堂，只将身上衣裳慢慢整理好。鲍叔牙转身去取车马。

　　小白出门走下来，公子纠一见，跳下车抱住小白就哭。小白并不落泪，扶住公子纠肩膀，劝道："哥哥莫哭，此时不是哭的时候，你我留得性命在，必可为国君报仇，重整齐国社稷！"

鲍叔牙驾着一辆马车过来，唤管仲道："兄弟，我们快走吧。"

管仲回首，微微笑道："公子纠与公子小白同父所生，而性情迥异。你看小白，处变不惊，临危不乱，此乃诸侯气象，纠所不及。"

鲍叔牙仿佛没有听见，急忙扶小白上车。

管仲也朝自己的马车走去。未行几步，想到齐国遭逢剧变，自己与鲍叔牙从此一别，将各侍其主，流亡他乡，此后不知吉凶若何，何时才会重逢？没准日后二公子为争夺国君之位而兵戎相见，彼时管鲍情何以堪？想到这里，心中陡然一阵酸楚。管仲回首，对鲍叔牙深行一揖，深情道："今日一别，各为其主，此后祸福难料。重逢之日，或在沙场。鲍兄珍重！"说完又行一礼。

鲍叔牙哈哈一笑，于车上拱手还揖道："各为其主，其路迥异。然而你我朋友之情，永不相负！管鲍相逢有日，不必挂怀。"说完又笑，无事一般，驾起马车就要走。

管仲心中叹道："鲍兄胸怀，如日如月，我不及也。"

召忽在一旁暗暗叹道："管鲍之情，今日一见，方知其重。"

两辆马车一前一后奔驰，抵城门后，管仲只说国君于贝丘急召二公子，赚得守兵开了城门。管鲍各驾一车，于城外岔路口告别。寒风猎猎，夜色茫茫，一个南下鲁国，一个东行莒国去了。

一个时辰后，灯火渐暗，城门守卫个个睡意正酣。一眨眼的工夫，连称、管至父已经兵临城下。管鲍及二公子走得好险，再晚片刻必是待宰羔羊。连称将三支信箭射向城内，但见公孙无知率着百余号家兵，操着短剑长戈，潜至城内门楼底下，以迅雷不及掩耳之势就杀了守卫，放了吊桥，开了城门。连、管大军如潮水涌入，不费吹灰之力，就迅速控制了临淄以及齐宫。黑夜沉沉，车马辚辚，整个齐国依旧酣梦未醒，然而却已天地变色，江山易主。一个从天忽堕的变局开始了。

第十五章　侍主流亡

　　临淄东西南北十三座城门皆被连称、管至父接管,宫城更是被严加管控。国中百姓一觉醒来,发现街巷到处张贴布告,上书齐襄公兄妹淫乱、好战好杀、不仁不义等罪状,已被连管诛杀于贝丘云云。临淄城顿时一片沸腾,国人大都骂襄公无道,死有应得。有一美髯之士于街道正中设酒十缶,遍邀行人来饮,一时应者云集。那人与众多陌路人倒酒,大笑道:"乱伦之人岂可为君? 我深以为耻,齐国深以为羞! 如今,这羞耻如同云雾一朝散去,还了一个艳阳高照! 我当与诸君共饮十缶佳酿! 快哉! 快哉!"

　　齐宫肃整,众臣被传入宫中朝见。大殿内,公孙无知居中,连称居左首,管至父居右首,其他国中大臣居下坐定。无知嘴角翘起,暗自得意,连称一脸铁青,腰间悬着一把嵌着黑玉的宝剑,而管至父则轻捋胡须,眼睛不住在堂中扫来扫去。

　　"除了高子、国子称病,其他臣子都齐了。"内侍禀道。

　　"什么? 两人都病了? ——分明卖老,躲着不见!"无知大怒吼道。国中诸臣如大夫雍廪、大夫公孙隰朋、大夫东郭牙等俱在,唯独少了高子、国子。高子、国子俱为齐国世卿,地位最隆,乃齐国臣民之首,且两家还掌管着齐国至少一半的兵力。高、国不来,无知岂能不恼?

　　却见管至父眼珠一转,强笑道:"高子、国子连年为国操劳,所以贵体有恙。无妨,高、国二卿权且休养,不必朝见。"

管至父说完,对公孙无知使了一个眼色,又与连称传递眼神。连称心领神会,重重咳了两声,一本正经道:"诸公安坐,听连称一言。诸儿继任国君以来,与妹文姜淫乱,寡廉鲜耻,置天下礼仪于不顾。因淫生乱,残暴不仁,杀鲁桓公,杀郑子亹,东灭纪国,西伐卫国,罪不容诛,天理难容!诸儿妄为人君,还是一个不孝之子!当年僖公病逝,临终遗言传公孙无知继任国君,不想被诸儿欺瞒天下,捷足先登!诸儿为祸齐国久矣,所以!连称杀了诸儿,为国除害!我等将谨遵僖公遗命,立公孙无知为君!"

众人闻言大惊,一时皆默默无语。呆了半晌,忽见一人哈哈大笑道:"先君传位无知,以何为证?"群臣视之,是大夫公孙隰朋。

公孙无知挺起胸脯,堂而皇之道:"先君于病榻之侧,亲口说传位于我,我就是证据!"

"先君也曾口说传位于公孙隰朋,哈哈哈哈——诸位以为可信吗?"隰朋狂笑,随之满堂大笑。

公孙无知憋得脸色红涨,张口难言,只左顾右看。连称霍地抽出利剑,立身喝道:"今日之势,胆敢不遵先君遗命者,试问连称之剑!"言未毕,两队甲兵执矛操戈,从门外拥入,将诸大臣从身后看住。

"哼哼,是非曲直,试问隰朋之头!"公孙隰朋怒发冲冠,毫无畏惧,起身离席,大笑三声,便一拂袖,昂首而去。

连称并不敢阻,任其离去,只抄剑在手,冷冷瞪着众人,眼里满是杀机。堂中一时鸦雀无声。

忽然又一人抽身离席——却是绕到堂前,匍匐拜道:"臣拜见国君!"——哪个率先参拜,哪个率先称"君"?众人都惊望去,见是大夫雍廪。雍廪又哭道:"昔日雍廪受命出使洛邑,曾与国君在城中争道,雍廪如此无礼!雍廪死罪!请国君赐罪。"言罢呜咽,连连叩首,做恐惧卑顺之状。

那日争道,实是自身无礼,雍廪占理,公孙无知岂能不知?然而此刻雍廪第一个臣服自己,正是如旱得雨,如渴得饮,其意必是低头以求富贵,公孙无知如此想着,当下喜不自胜,道:"寡人恕你无罪。雍廪仍为大夫,加赐采邑,助寡人治理齐国。"

连称、管至父见局面于己有利,顺势拜道:"臣拜见国君!"

雍廪高声又拜。其他大臣见此情形，也勉强参拜，脸上多有不乐意者。有人一边礼拜，一边暗暗骂道："雍廪软骨头，趋炎附势的小人！"

公孙无知得意忘形，哈哈大笑道："众臣免礼！既然大家拜我，那我就顺了大家心愿，做了这个国君！"又道："封连称为正卿，封管至父为亚卿，封连称之妹为国夫人，其余众大夫官职依旧，皆有封赏——寡人信你们！还有……还有今后大小政事，寡人命连称、管至父全权处理，众臣要听其号令。"

下面有"诺诺"之声低低响起。公孙无知暗自偷乐道："难以置信，犹在梦中！我无知终于做了国君啊，终于封连妃做了夫人啊！此后寡人可以与夫人正大光明行乐啰……"于是宣布退朝，就奔连夫人后宫去了。

高氏庭院，门户紧闭。斜阳虽暖，北风更烈，一片萧瑟孤寒中，高子裹着白裘披风，独自一人于庭中踱步。高子约莫四旬年纪，魁梧高大，略显清瘦，国字脸下留着一撮儿浓密的黑须。城中巨变高子自然知道，之所以称病不出，是觉得政局复杂不明，自己身为齐国世卿，众臣之首，不可贸然表态，需要等一等看一看才好。此刻，襄公诸儿、公孙无知、公子纠、公子小白，这兄弟四人反反复复在高子脑海中闪烁。高子左思右想，前想后想，最终锁定一人，当下于寒风中不由脱口道："小白啊小白……"

"高兄好不自在！"廊边忽然走来一人，圆脸黑髯，体胖而肥，一件黑色披风依然包裹不住滚圆的身躯，来者正是国子。国子笑眯眯道："我已不请自来——特来向高兄询问病情！"

今日早朝，两人皆是称病不出，实则都是假装有病。高子当下也是会心一笑，拱手行礼道："国兄，请——"

堂中火塘正烧，炭火通红，熏得室内如沐春风。两人脱履入室，摘掉披风，于火塘前落席入坐。国子道："我知高兄得的乃是心病，我亦如是。高兄啊，连称、管至父已经拥立公孙无知为君，国中臣子已拜。连、管二人也被封为卿，与你我爵禄相同。城中百姓竟然也拍手称赞，我听说有人街头散酒，邀请行人共饮同庆，连、管与无知，莫非真的如此得民心？"

高子道："他们若真得民心，哪里还有公孙隰朋当朝怒斥而去！不过一时得势、昙花一现而已——至于城中饮酒之庆，普通百姓他们懂得什么！"

"父亲,普通百姓当然懂。"一个轻灵美妙的少女之声传来,高雪儿一身素衣,如梨花飘入,接着道,"百姓饮酒欢庆,庆的只是无道昏君已死,而非荒淫之主又立。"

高子微皱眉,大声道:"小小年纪,女儿之家,休得妄言国政!"

国子却喜道:"哎呀,雪儿可谓独具慧眼! 国人都说雪美人聪慧机敏,见识不凡,今日算领教了。雪儿,但讲无妨。"

雪儿嫣然一笑,屈身行了一礼,毫无忌讳道:"国子叔叔谬赞。襄公种种所为,齐国朝野,普天之下,孰人不知,孰人不晓? 无道昏君,天人共愤。襄公被诛,罪有应得,不过苍天假手连、管罢了。然而连、管实是叛乱谋逆,妄立同样荒淫的公孙无知为君,则大失人望! 襄公乃无道昏君,无知又绝非英明之主,所以百姓之庆,只是半庆,另一半实是堪忧。"

高子闭目不语,心中为着女儿之论万分欣慰。国子道:"雪儿才是真知灼见! 此番见识,洞若观火,就是须眉男子,也是不及!"

高子道:"小女总爱胡思乱想,国兄见笑了。"

雪儿道:"父亲总不许女儿关注国事,可女儿每每总是身不由己。我来,是特意问一下国子叔叔,听说公子纠和公子小白连夜逃出城去了,可是真的? 不知去了哪里?"

国子正色道:"千真万确。连称、管至父天不亮接管了临淄,入城后第一件事就是派甲兵捕杀公子纠与小白,谁承想,却扑了个空! 好险,这俩小子,跑得倒挺快! 至于去了哪里,尚且不知。"

雪儿微低头,眨着水汪汪的一对明眸,悄悄道:"那……那,管仲也逃了?"

"对! 管仲、召忽、鲍叔牙一块儿不见了。肯定是师父护着各自的公子跑了。"国子脱口应道。忽然觉得雪儿只问"管仲",很有些蹊跷。回头一望,见雪儿乌发垂肩,满脸桃红,在火塘掩映下,更透出几丝少女的娇羞来。国子已经猜出了八九分,当下又故意道:"不过,听说为掩护大家出逃,管仲在途中被人杀了。"

"啊! 不可能的! 我观管仲乃济世大才,怎么可能连逃命的本事也没有呢? 在哪里被杀了? 怎么死的?"雪儿一时惊慌失措,脸色陡然间煞白,追着国子问个不停,眼睛中尽是无限柔情。

国子见状,忍不住大笑,跪坐席上乐得前俯后仰,道:"高兄啊,女儿长大了啊!"

雪儿这才明白国子是有意玩笑,当下羞得一跺脚,咬着嘴唇,嗔道:"又逗我玩儿!

我与管仲,只不过有过一面之缘,随口一问……"言未毕,扭头转身,如一头小鹿蹦跳着就跑开了。

国子依旧眯着眼,笑道:"我看雪儿对管仲是情有独钟啊!"

高子接道:"国兄取笑了! 我这女儿一向孤傲,自视甚高,怎么可能对那个九败丈夫刮目相看?"

"也是啊。"国子恍悟,觉得自己刚才可能想多了,当下话锋一转,低声密语道,"雪儿所言却是光明智见! 齐国江山,岂能交给公孙无知、连、管这等庸庸碌碌之小人! 你我手中握着齐国二军,为社稷计,我们举兵,必然一呼百应,杀无知与连、管,然后迎回公子小白继承大位,高兄以为如何?"

高子大惊,但瞬间平复如故。高子眼射冷光,沉沉道:"我也早有此意。不过此事目下只可你知我知,休得再让第三人知道! 兹事重大,我们还要从长计议。不要急,依我之见,无知与连、管目下虽然得势,但也是如履薄冰,处处深渊。齐国上下,各方势力暗流涌动,我料不久必有变故发生。你我暂且告病,静观其变,谋而后动! 要动,就要来他个一动定乾坤!"

国子道:"还是高兄谋略老成,弟谨遵兄命。唉,国家又将发生天翻地覆之变,前途渺茫,福祸难料,真不知齐国这次会走向何方?"

"你看,这火,越烧越旺。"高子夹住一块木炭,慢慢投于火塘之中,然后拨弄了几下,那火星四溅开来,如烟花一般蹿了上去,直刺得人赶紧躲开眼睛……

十天过去了,临淄城波澜不惊。是夜,宫中载歌载舞,公孙无知与连夫人设宴,邀连称、管至父共饮。酒过三巡,公孙无知道:"如今大局已定,我们可以稳坐江山了。连卿,管卿,我们再饮一爵。"

三人举爵共饮。连夫人呵呵一笑,道:"当今天下,强者为尊。妹子早劝哥哥先发制人,谋大富贵。如今大功告成,说来我当居头功。"

"妹妹,"连称恍觉称呼不妥,改口又道,"夫人见解超群,臣等不及。"

公孙无知色眼迷离,望着连夫人,嘿嘿笑道:"江山不算什么,得美人连氏,江山黯然失色!"

连夫人假嗔,啐道:"呸! 如此胸无大志! 不过总算没有负我!"

　　四人笑谈，又饮一爵。管至父道："眼下有两件大事较为棘手。第一，高子、国子一直闭门称病，我等几次招揽，两人始终若即若离。这两位齐国世卿不入朝堂，人心向背终究是于我不利。第二，公子纠逃亡鲁国，公子小白逃往莒国。此二人不死，终是心腹大患！恐国中居心叵测之辈举此二人摇旗，再行废立。不得不防啊！"

　　连称道："高子、国子无妨。此二卿不过倚老卖老，一时观望而已，虽不奉我，也不反我，这就够了。可令雍廪再去相劝，许以厚禄，假以时日，高、国必会归顺。倒是公子纠与小白不可小觑，他们乃诸儿胞弟，姜氏吕姓嫡亲子孙，倘若他们联合鲁国、莒国来战，争夺国君之位，难保国中没有响应。"

　　公孙无知最怕的就是这个，当下道："我们得了临淄，就去杀公子纠和小白，不承想这两个人像是早得了消息，跑了。如今一个在鲁，一个在莒，如两根骨刺在喉，你们得想个办法彻底拔了去。"

　　沉默半晌。管至父道："莒乃弹丸之地，国小兵少，其势甚弱，如此一滩浅水，小白想兴风作浪，也作不起来，不足虑也。我担心的是避鲁的公子纠——不如来个釜底抽薪之计：公子纠身边有一个师父叫作管仲，是我同姓族人。周庄王九年，五国伐卫之时，管仲拦阻周军失败，被诸儿羞辱，称九败丈夫。管仲心中必怨诸儿。我等诛杀诸儿改立新君，管仲心中必有庆幸。今可书一密信，差人送至鲁国，召管仲入齐，做上大夫，我料管仲必来。管仲若来，则公子纠断一臂膀，鲁国也必恨公子纠不识人，如此，纠难有作为；我们则又多了一个雍廪般的人物，可谓一举两得。"

　　连称道："干！此计可行。"

　　公孙无知大口嚼肉，嘴上油腻腻的，连连道："好好好，就召管仲来，寡人封他为上大夫。"说罢，又从鼎中抓出一块带骨的肥羊。吃相猥琐，连称见了，脸上露出不乐之色。连夫人红颜粉面，蹙起蛾眉，手指公孙无知骂道："堂堂一国之君，莫非饿鬼转世！"公孙无知手里攥着肉疙瘩，丝毫不为撼动，只呵呵呵笑个不停。

　　管至父得了令，于是连夜动笔写了一封招纳管仲的密信，差心腹之人风子，天亮后出城，悄悄往鲁国曲阜而来。

　　却说那夜管仲带着公子纠与召忽出了临淄，一路南逃。因为事发突然，不曾备足饮食所需。跑了一天两夜，三人又饿又累。途经大山脚下一个城邑，闻得沿街叫卖，更是饥饿难忍。狼狈之人，身无分文，如何是好？正无奈间，只见管仲将马车停在偏僻墙角，自己大步行至街中行人聚集之处。管仲当众深行一揖，满脸笑容，大声道："我乃游学之人，路过此地，腹中饥饿，身无一钱，今愿为乡亲父老高歌一曲，只为换些果腹之物。愿大家不吝相助。"言罢，端正身姿，以掌击节，唱《关雎》歌道："关关雎鸠，在河之洲。窈窕淑女，君子好逑。参差荇菜，左右流之。窈窕淑女，寤寐求之。求之不得，寤寐思服。悠哉悠哉，辗转反侧……"管仲落落大方，声情并茂，歌声中透着一种诱人的美妙，不一会儿，众人纷纷拥过来观看，竟将半条街道堵了。

公子纠与召忽躲在角落里，心酸不已。公子纠出身侯门，召忽也是大夫之家，两人从小养尊处优，钟鸣鼎食，日子悠然，哪里受过这种难处？今见管仲化作市井小人，沿街卖唱，只为三人一餐，不由悲从中来，凄凉难耐。公子纠眼眶红润，叹道："为着本公子，管师父竟沦落至此，我心何安！"

唱了两曲，换得三块粟饼，几枚干果，还有半块风干的残肉。管仲捧过来，与他两人分而食之。两人腹中虽饿，口里却是吃不下，木然地呆坐在车上。管仲则是大口咀嚼，若无其事。须臾，管仲见两人托着食物呆呆不动，公子纠又落着泪，当下就明白了几分，管仲眼射精光，凛然道："大丈夫能屈能伸，饮得了侯门佳酿，也咽得下乡野粗食，如此方可干得大事！今日此种失意，何足挂齿！公子休要感慨世态炎凉，心中要时时以江山社稷为重！"言罢，撕下一口粟饼大嚼起来。

公子纠止泪点头，也轻咬一口手中的饼，道："难为管师父了！纠受益匪浅。"

召忽接道："管兄忠心侍主，召忽不及。"然后也大吃起来。

管仲笑道："召兄言重了。管仲出身草莽，自幼吃尽苦头，这种事情视若寻常，从不放在心上。不过今时之你我，肩负着辅佐公子的大任，万万疏忽不得！"

召忽道一声"诺"。管仲又道："临淄有消息，无知已经继位为君，我料无知、连、管之辈不得人心，城中久必生变。公子放心，管仲与召忽一定辅佐公子杀回城去，保公子登上国君之位！"

公子纠叹道："我得二位师父如此，实乃平生幸事！纠死而无憾！"

管仲听了，一边咀嚼一边脱口道："公子何出此不祥之言，我以为正是鲲鹏展翅、翱翔九天的机会！公子不必忧虑，我自有主张，来——吃吃吃。"虽说流亡之途，管仲却是一身潇洒，浑如平常，仿佛胸有成竹，一切尽在掌握中。公子纠与召忽则是流水漂萍，心中终究无底，但被管仲感染，便有了主心骨和依托，一时也生出许多豪气来。

三人勉强一餐，就匆匆上路了。马踏黄尘，车轮飞转，不日间，终于赶到了鲁国都城曲阜。

齐国政变，襄公被诛的消息传到鲁国，鲁庄公心中最是五味杂陈——齐襄公与自己母亲文姜夫人做出兄妹淫乱之举，天下一时传为笑柄，而自己生身之父鲁桓公又被自己这位奇葩舅舅老早杀掉！此父、此母、此舅，莫非累世结下了冤孽？老爹死后，十几岁的鲁庄公继位为君，之后许多年来总感蒙羞，又总觉被舅舅欺负。如今业已成年，血气方刚，正欲大有作为之时，偏偏这个舅舅祸起萧墙，被身边近臣谋了性命！风云迭变，乱象频出，喜也不是，忧也不是，齐鲁邦交又会发生什么样的变局犹未可知，鲁庄公禁不住思潮翻涌，茫然无措。此刻，鲁庄公急召两个心腹重臣大夫申繻、谋臣施伯入宫，正商议间，忽有内侍传报："齐公子纠与管仲、召忽三人立于宫门之外，求见国君。"

鲁庄公惊道："他们怎么来了鲁国？"

申繻道："公子纠必是从齐国动乱之中逃命出来，因为其母乃我们鲁国人，所以投奔母国来了。哼哼，齐国也有求我们的时候！"

鲁庄公稚嫩的脸上掠过一丝茫然，叹道："失势避难之人。这公子纠，我们是留，是逐？"

"留！一定要留！而且国君还要以大礼迎之！"施伯道，"泰山南北，齐鲁之邦。数百年来，两国忽而为友，忽而为敌，一时此强，一时彼弱，飘忽不定。齐国若乱，于鲁有利。今齐之襄公已死，公孙无知继位，我料国中人心浮动，必有异变。倘若公孙无知得势，必会来讨公子纠以杀之，我则可献出纠命以结齐好；倘若公孙无知失势，则公子纠便有复国为君的可能，我可发兵助其夺国，如此齐国将对鲁称臣。无论哪一种，皆对鲁国大有裨益。公子纠于鲁，乃是一宝。"

申繻道："施伯之见，一语中的！国君勿疑。"

鲁庄公沉思片刻，点了点头，又昂然道："传齐公子觐见。"

公子纠、管仲、召忽三人得传入宫。管仲一边走着，一边嘱咐了公子纠几句。来到门外，正欲入堂，却见鲁庄公不慌不忙迎了出来，见了公子纠先行礼道："同儿拜见舅舅。"公子纠比鲁庄公略大几岁，是齐襄公之弟，论起辈分，鲁庄公自然称其为舅。

公子纠大惊,慌忙伏地拜道:"鲁侯为何如此谦恭?我乃流亡之人,怎敢与鲁侯论舅甥之礼?"身后管仲、召忽随之躬身行礼。

鲁庄公扶起公子纠,拉着手入席,道:"我们乃至亲。诸儿舅舅已经殁了,好在齐国二公子都逃了出来,也算是幸事!舅舅不用怕,到了鲁国就是到了自己家中,有寡人在,必不会委屈了舅舅。"鲁庄公又道:"来人啊,将齐国公子纠一行安置在国中驿馆居住,禀饩供养,不可或缺。怠慢贵客,寡人严惩不贷!"堂前来了两名内侍,领命而去。

申繻、施伯只观望不语。管仲望着,对公子纠递了眼色。

公子纠退席,面鲁庄公俯身又行重礼,道:"鲁侯恩德,没齿难忘!鲁国虽好,终非吾家。还望鲁侯助我返归齐国,纠日后必有重谢!"

鲁庄公似笑非笑,瞥了一眼施伯,接着道:"这个自然。看着舅甥之面,鲁国必会帮助舅舅复国。眼下齐国境况晦暗不明,寡人派人多去打探。舅舅先安心住下,容后计较。"

公子纠又谢。鲁庄公传宴,待公子纠三人吃饱喝足,便命送去驿馆休息。

打发走了来客,鲁庄公又犯起愁来,问身边二人道:"申大夫、施大夫,下一步我们该怎么办?"

施伯道:"臣观公子纠乃是一个仁善懦弱之主,身边召忽只是一个刚直之臣,皆不足为虑。唯有那个管仲是个人才,不得不防!"

申繻呵呵笑道:"施伯智者千虑,多虑了。这个管仲只是一个华而不实的狂妄之徒,我听说其人无论从商、从政、从军皆是一塌糊涂,有九件败事,也因此搏了个九败丈夫的名号!如此之人,何必多虑?"

施伯道:"也或是深藏不露,大智若愚。无论管仲是奇才还是蠢材,谨慎起见,我以为可以纳管仲为鲁国大夫,离间他们主仆关系,如此便可以将公子纠牢牢掌握在我们手中。"

申繻以为可,鲁庄公道:"施伯所言甚是。只是需得一人为说客,说动管仲同意效命鲁国,寡人才好下旨。"

施伯一捋胡须,正色道:"毋庸他人。臣愿往。"

"施伯亲往,此事必成!"鲁庄公终于露出一个笑容。

驿馆之中,公子纠、管仲、召忽每人一个房舍,彼此隔开,每人各配两个仆隶。公子纠道："好大的气派,鲁侯对我等甚是慷慨。"管仲却摇头,忧道:"只怕别有用心。"

入夜,驿馆一片静谧。有人叩管仲之门,其声甚轻,然而直叩人心。管仲秉烛启门,见夜色朦胧,施伯独自一人立于门外。管仲道:"我们公子在那边!"说罢用手一指。

施伯哈哈大笑,直接夺门而入,一挥袖袍道:"非找公子,专访管仲。"

管仲于是掩门,回身见施伯已经坐在火塘边,且毫不客气,竟坐主席之上。管仲瞧在眼里,只慨然一笑,择宾席坐于一侧。管仲道:"蒙施伯大人前来,管仲受宠若惊啊。"

施伯拱手行礼,道:"管仲大名,如雷贯耳,今不期于曲阜相遇,施伯焉敢不来请教!"

管仲还礼道:"管仲乃一失魂落魄的山野小人,施大夫取笑了。"

施伯斜睨之,娓娓道来:"管仲者,颍上野人也。自幼家贫,母贤而教,少时即有神射之名。及至成年,游学列国,博古通今,有经世之大志,霸业之宏图。然而出身卑贱,屡不得志,先后行商、出仕、从军,无一有成,被世人讥笑为奸商、懦夫、贼子、逃兵、霉君,还有——九败丈夫!然而世人只道管仲是九败丈夫,却不知管仲只是丈夫九败而已!管仲之败,非才之败,不过不得际遇,不操权柄而已!——管兄若再自谦,岂非拿我施伯做三岁顽童?我今前来,只为怜惜人才,指一条光明大道而已。"施伯直指管仲平生,来前也的确下了一番功夫,言语间惺惺相惜,实在希望管仲可以与自己共事鲁国,做一番轰轰烈烈的事业。

管仲心动神摇,热血翻涌,这个世界上,除了鲍叔牙,就属施伯这番话知心了。然而施伯乃鲁国数一数二的栋梁,自己乃齐国落难公子之臣,各为其主,各尽其心,管仲又岂会因为一番游说而动摇自身信仰!管仲当下笑道:"愿闻施伯大夫所谓大道。"

施伯道:"鲁乃周公之国,礼仪之邦。国君开明而仁孝,政治清明而有序,争霸天下,图霸一方,也未可知!我愿在国君面前保举你为大夫,出仕鲁国,共图大业。此所谓在下为管兄所谋也。"

管仲顺其话题,慨然道:"齐鲁同在东方,而政风迥异。周朝开国之初,周公姬旦封于鲁,太公姜尚封于齐。时周公在镐京主持周政,便派其子伯禽赴鲁就国。五个月后,太公报政于周公。周公问道:'何疾也?'太公答:'吾简其君臣礼,从其俗为也。'又三年后,伯禽方来报政,周公问道:'何迟也?'伯禽答:'变其俗,革其礼,丧三年然后除之,故迟。'鲁国为政,崇尚周制,以礼治国;齐国为政,因其俗简其礼,唯求实务。鲁乃周礼正宗,非大贤不能为之。管仲德寡才疏,岂敢出仕于圣人之国。"

管仲不卑不亢，既是谦恭谢绝，又是猛烈反击。因为这个典故，最要紧的是，周公听完齐鲁报政之后，发出一声浩叹："呜呼，鲁后世其北面事齐矣！"认为鲁政繁缛而远民，而齐政简易且亲民，后世必是齐强而鲁弱，鲁国必俯首听命于齐了。管仲故意隐去这一节，而施伯岂能不知！

高手过招，无招胜有招。波澜不惊之间，一场智者对决，胜负已定。施伯当下霍地起身，心生怒气而又无从发出，不经意间已然失态，而管仲依旧稳如磐石。施伯当下假装掸去衣袖上并没有的灰尘，强装笑颜道："如此，施伯多虑了。管兄珍重。"言罢决绝而别，而杀机已露。

施伯快步独行，出了驿馆，见墙上树影随风飘摇，恍若一幅舞剑之图，施伯叹道："管仲不为鲁用，必是鲁之劲敌！"而管仲则独自于堂中踱步，细长的身影映在榻侧土壁上，和着火光忽大忽小，迷离不定。管仲也不由一叹："施伯不愧为鲁国第一谋士，此人日后必是公子复国的大敌！"

翌日深夜，风影依旧，忽然又来一人叩门。管仲启门，见来者像是齐国人。那人拱手礼道："齐人风子特来拜见管师父，可否室内一叙？"管仲不语，默默接入。两人于火塘边立定。

风子道："临淄城中，公孙无知业已继位为君，连称、管至父二人被封为卿。我今奉管至父令，特来请管师父回国做大夫，这里有其亲笔书信一封。"说完，从怀中掏出一封信札。

管仲启开密信，见竹简上黑漆写道："诸儿无道，好淫无礼，嗜战贪功，久祸齐国，天怒人怨。又失信义，瓜熟不代，三军愤愤。连、管顺天应人，诛杀昏君，拥立无知，国人无不称快！今江山初立，社稷新整，国家正是用人之际，念在你我同宗，特保举汝为大夫，愿弃暗投明，早日回国，共谋大计。"

管仲阅毕，暗自冷笑，心中忖道："昨天那个保我为鲁国大夫，今天这个保我为齐国大夫，哼哼，你们各怀鬼胎，都是要拉管仲下油鼎啊！"当下一言不发，只微笑着将密信收好，又轻轻塞入风子怀中。

管仲此举，让风子浑身打了个寒战。风子茫然，劝道："管至父乃齐之亚卿，由他保举，管师父日后在齐国将青云直上，前途不可限量，不比追随流亡的公子纠……"

未等风子说完,管仲厉声喝道:"连、管与尔等早已是刀兵加项,不日将死！难道要我回国给你们陪葬吗?!"

"你——"风子万万想不到管仲出语如此狂妄,一时被噎得哑口无言。管仲冷冷地转身,显然是下了逐客令。风子无奈,只得走,行至门口,回首恶狠狠道:"如此不识抬举,你将死无葬身之地!"

待风子离去,管仲屈身火塘边烤手。望着塘中火光,管仲不由陷入沉思。齐鲁两国纷纷招揽自己,实则一致把矛头对准了公子纠！齐国意在灭掉公子纠,鲁国却是借公子纠为自己最大限度谋利,实则比齐更为凶险。公子纠主臣三人避乱于鲁,无疑是走上了刀山火海,稍有不慎,便要粉身碎骨！前途渺茫,吉凶难卜,怎能不让人忧心！管仲加了炭,拍了拍手上的粉尘,又披上一件袍衣,裹紧身子走出门来,于庭院中四下踱步。不觉鸡鸣,天已放亮……

话分两头。却说那夜临淄惊变,鲍叔牙带着公子小白,与管仲等分手后,驱车赶路,奔东南方莒国而去。

黑夜中逃命,不知过了几个时辰,将出齐国国境,来到一大片黑松林中。林中古木参天,藤萝密挂,本就人迹罕至,此时显得愈加幽暗,鬼气森森,冷冷冥冥,诡秘可怖,不似人间。车轮响处,总觉有黑黝黝的怪物躲在两边,公子小白不禁打着寒噤。鲍叔牙胆气过人,毫无畏惧,驾着马车直往前冲。约莫在林中走了两里地,忽见一块空出来的天空,分外清亮,不禁令人心旷神怡。鲍叔牙吸了几口长气,策马更紧,眼前忽一下又黑,又钻入了深林中。人与马儿一时都没有适应过来,而车子依旧风一般向前飞驰。只听得马嘶鸣,人痛喊,木头折裂而响,眩晕之间,马车深陷于地,戛然而止,鲍叔牙与公子小白一前一后被甩出老远。

鲍叔牙只是被抛出,除了右侧身子被撞得疼痛,并无丝毫损伤。当下起身跑过来,借着松针间透出来的暗淡天光,依稀看得见车子是不小心撞上了路旁凹地的几块石头上,右边车轩已经折断,右轮也滚了出来,平躺在松树根下。马儿卧在地上不能起身,多半也是受了伤。而公子小白则半坐在道路一侧,身上压着乌黑的树影,正呻吟着。鲍叔牙赶忙爬过来,扶住小白,问道:"公子伤到了哪里?"

"手臂上有些疼痛,应该不打紧。"小白道。鲍叔牙这才意识到自己手上有黏黏的血迹,原来公子小白左臂撞上了一段树干,鲜血流出,好在只是皮肉之伤,并未触及筋骨。鲍叔牙扯下两条衣襟,给小白包扎好。小白站起身来试着甩了两圈胳膊,看来并无大碍。鲍叔牙喜道:"天幸公子并无大恙! 此地还未出齐国,你我不宜久留。只是马车已经撞坏,这可如何是好?"

小白慨然道:"师父不必忧虑。我不是那娇滴滴的公子,没了车马,我们用脚赶路。"

鲍叔牙道:"好! 委屈公子了。既如此,我们上路。天亮前一定要走出齐国!"当下两人弃了车马,抖擞精神,在松林中摸黑前行。荒僻野地,道路难辨,徒步反比乘车要轻松一些;小白也渐渐忘了疼痛。待到旭日初升,两人终于走出了齐国,胸中石头才算落了地。

行至下午,太阳渐渐西滑,两人来到谭城郊外。却说齐国与莒国之间,夹着一个弹丸小国。谭国,子爵,受封于西周穆王时期,其国都城便是谭城。谭国比莒国更为弱小,不过几个城邑而已,所以,谭、莒两国一向对齐国俯首称好。望着谭城,公子小白眉开眼笑,道:"谭城到了,谭子必会善待你我! 有人将赐予我们金帛车马,前去莒国就不用发愁了。"小白忽然转念一想,又道:"鲍师父,也不用索要车马了,行路到底辛苦,我们不如不去莒国,就留在谭国吧。"

鲍叔牙道:"也好。谭国比莒国距离临淄更近些。"

两人当下大喜过望,入得城来,先寻些草药给公子小白敷了伤口,然后又来到宫门,求见谭子。守卫闻是齐国公子到来,慌忙前去禀报。

却说齐国新君继位的消息已经传到谭城,国君谭子正与几个大夫议论齐国之变,见报齐公子小白到来,不由一怔。大夫鱼子道:"齐国公孙无知杀掉襄公,抢了江山。这小白乃襄公的胞弟,无知岂能饶他? 看来这位落难公子是到谭国逃命来了。"

谭子笑道:"落难公子,管他何益? 来呀,将齐小白轰走。"

"不可!"大夫智子道,"国君万万不可! 齐国襄公论罪当诛,然而无知继位实属篡逆。我料无知只是暂时窃据权柄,齐国不久必再生变,难保这个落难小白不是将来的齐侯,所以国君应以大礼待之。"

谭子道:"智子差矣,寡人正是为谭国长远计! 公孙无知已经做了齐侯,我们如果收留小白,即是与今日之齐为敌! 齐强谭弱,倘若无知兴兵伐我,谭国危矣!"

鱼子道:"国君与智大夫所虑皆有道理。留小白,恐开罪于今日之齐国;不留小白,恐开罪于将来之齐国。我们是弱国,当先顾眼下。我意驱逐小白是上策。"

谭子道:"鱼子之言,甚合寡人之意。"

智子急道:"当今天下,弱肉强食,战乱频仍。大国尚需深谋远虑,如谭之弱国岂可只顾眼下?即使不留小白,也仍需以国礼待之,以为将来所用。"

谭子一向宠信鱼子而讨厌智子,当下喝道:"如何处置小白,寡人心意已决!尔等再勿多言!"

智子已知国君定要一意孤行,便不再劝谏,当下暗暗叫苦道:"今日如若失礼于齐,来日恐将招来灭顶之灾啊。"

公子小白与鲍叔牙立于宫门之前,饥肠辘辘,左等右盼,不见人来。眼见夕阳西下,倦鸟归林,天色愈发暗淡下来。公子小白急得坐也不是,走也不是,扯起嗓门喊道:"谭子,谭子!你这是什么意思!"

"公子何必着急!"——终于来人了,是大夫鱼子,身后跟着两名武士。鱼子接着道:"国君午间饮醉,不能起身相迎,乃传命道:谭国一洼浅水,不能容得真龙。请齐公子自去——公子,请吧!"

小白心中顿时一阵失落,与鲍叔牙面面相觑,骇然无语。看见两人如此窘状,鱼子与身后武士忍不住讥笑起来,鱼子又道:"想来你二人也是饿了,谭国特奉齐公子一碗鱼!"说罢,身后一武士朝小白递过来一只黑色陶碗,里面盛着一条三寸长的早死了的红色小鱼。

"这是把我羞辱成一条脱离江海的小小死鱼啊!"公子小白顿觉蒙受奇耻大辱,白色面皮涨得通红,当下"砰"一下便将陶碗打翻在地,转身离去。小白越是生气,鱼子笑得越是开心。

鲍叔牙腰间悬着一块红色玉佩,因为匆忙逃离,身上并没带什么钱财。鲍叔牙剑眉倒竖,目如闪电,解下那块玉佩,霍一下就扔到鱼子脸上,冷冷喝道:"齐公子谢谭国之鱼!"鱼子三人登时转笑为恐,再也不敢作声。

小白与鲍叔牙离了宫门,依着原路出了谭城。鲍叔牙大骂:"谭子如此无礼!"公子小白咬牙道:"弹丸小国,竟敢欺我!有朝一日,小白必报今时之辱!"

天色转黑,寒气又起,主臣两人饥寒交迫,蹒跚而行。走不多远,见道边大槐树下,有一间废弃茅屋,虽然又破又漏,好歹可以挡挡风寒。两人走入屋中,于黑暗中互相倚着脊背,在墙角蹲坐下来。两人各自紧了紧衣服,似乎暖和了一些。鲍叔牙笑道:"公子,饿吗?"小白笑道:"不饿。就是眼前总是蹦出来一排一排食鼎,有鱼,有肉,有羹,热气腾腾。"鲍叔牙又笑道:"好。想着想着就睡了,睡了就不饿了……"

次日天亮,两人忍着饥饿继续赶路。一路上不知吃了多少苦头,终于来到莒国。赶到莒城脚下,公子小白竟然一屁股坐在地上,腹中实在饥渴难耐,到地方了,却连进城的力气也没有了。鲍叔牙陪小白坐了一会儿,瞧着眼前人来人往,川流不息,倒也有几家卖吃食的。"得想办法弄点吃的。"鲍叔牙心中想道,他摸一下自己腰间,还有一块白色玉佩,就起身朝对面人群走去。鲍叔牙市井出身,精于商道,三下五下,就用自己那块玉佩换得一碗梅子,三块粟饼,还有半缶清水。只是可惜了那块玉佩,那是齐国宫中少有的珍品。

这当儿,公子小白将眼前景物细致端详了一番。莒国,虽是周封的子爵小国,但也是东夷古国的所在,历史悠久。国都莒城反复修缮,早形成了子城、内城、外城三城重重包裹、层层拱卫的格局,所建城墙异常雄伟高大。小白观莒城,如观一座山,不由叹道:"这里倒是一个避难的好去处!"眼前南门外,人流熙攘,嘈嘈杂杂,各色人等不一而足。有匆匆过往的,有开店揽客的,有行商叫卖的,有蹴鞠斗鸡的,也有临街乞讨的,乃一个市井所在。公子小白出身贵胄,此等低端末流之景本来难入其眼,但经历了一番颠沛流离,家国巨变,恍觉人生如梦,对眼前百姓日常忽然生出一种温暖感来。小白微笑着看着眼前素不相识的人物,如同望着故土亲人,很是欣慰与开心。眼光扫了一圈,发现自己左首不远处,有一个白发老翁独自一人呆坐。那老翁一身黑色袍衣又脏又破,瘦骨嶙峋,须发蓬乱,闭眼垂头,失魂落魄,像是困得睡着了,又像是饿得没有力气了。奇怪的是,身边却放着一个干干净净的青囊。推己及人,小白不由对那位老翁起了恻隐之心。

"公子,快吃吧,吃完了好进城。"鲍叔牙依旧行了主臣之礼,在小白面前放下一碗干梅子、半缶清水和三块粟饼。原想着小白必将狼吞虎咽起来,孰料小白端着那碗梅子,径向身边老翁走去。鲍叔牙惊诧,捡起粟饼跟了过来。

小白蹲下身来,望着老翁,而老翁依旧垂头不动。小白不愿惊扰,只沉默不语,将碗中梅子一颗一颗拈出来,摆在老翁面前。实非有意,大约无心,小白刚刚取出六枚果子,呈一条直线，从自己这里摆到老翁那里。

这时，老翁缓缓抬起头来，入眼就望见一条线上六粒梅子。偏偏这一刹那间，无风自动，似有气来，老翁瞧见，从自己这首望去，第五颗梅子忽然滚去一边，其余五枚浑然不动。老翁大惊，两眼陡然放出光来，自叹道："天意。天意。"

小白不解，放下梅碗，拱手揖礼道："老人家想是饿了，这些梅子，晚辈敬奉。"

老翁这才抬头，见眼前是一个二十岁的英俊少年，后面又立一人，四十开外，正气凛凛。老翁道："多谢年轻人。你我有此梅子之缘，老夫正有一言相赠。"

小白道："愿听指教。"

老翁道："你们可是从西北方向而来？落难逃命而去？眼下吉凶祸福难料？"

莒国正在临淄东南，可不是从西北而来？小白与鲍叔牙大惊失色。小白道："正是！正是！"鲍叔牙也屈身蹲了下来。

老翁道："我朝文王传下周易，有六十四卦三百八十四爻，可卜世间一切福祸。西北者，方位中之乾也；梅子者，饮食中之乾也；公子之身，乃是人物中之乾也。适才公子相赠梅子，无意间一线六枚，乃以物画出《易经》六十四卦之首乾卦也。第五梅子生动，滚落一边，乃是五爻发动之意。其爻辞曰：飞龙在天。公子所得卦象大吉！其福无量！"

小白更加惊诧，又行礼道："愿听指教。"

老翁道："五十天内，九死一生，沧桑巨变。不为刀俎冤魂，便做天下霸主！公子贵不可言，乃凌冠古今，千古一人。"

小白与鲍叔牙骇然不已。鲍叔牙道："只是不知眼下该当如何？"

老翁不答，闭目沉思。须臾又睁眼道："我有片言，公子好生记取。"说罢，从身边青囊中取出一支竹简，用小刀刻了两行字，交与小白。

小白与鲍叔牙接着一看，见箭上刻的是："宝木始，宝木终。一箭始，一女终。"两人四目相对，茫然不解。小白道："晚辈愚昧，敢请老丈解释一二。"

那老翁捡了梅子，业已起身，道："公子梅子，老夫受领。公子之问，到时自知。公子只需记着亲贤臣、远小人即可。"说罢，背上青囊就走。步履迈开，足下生风，小白忽然发现，老者乃一个精神矍铄之人。

小白抢过鲍叔牙手中的饼，追了上去，递过。老翁不纳，依旧走去。小白望着老翁离去的背影，喊道："老丈可否留下姓名？"

"我本一国太卜,只是国已亡,家已灭,留着姓名又有何用!"老翁一声轻叹,就隐入人群之中不见了。公子小白拿着粟饼呆呆站着,一脸惘然。

鲍叔牙听闻此人预言公子小白将成为"天下霸主",不胜欣喜,过来道:"感谢老翁吉言,公子日后必将前途无量! 不想莒国城门市井,竟然隐藏着如此高人!"

小白醒过神来,叹道:"此人乃国之太卜,只可惜却也是亡国之人! 当今天下战乱不断,正不知有多少国兴,多少国灭! 天下沉浮,孰可主宰?"

鲍叔牙喜道:"好! 公子有天下之志,也正应了老翁预言,必不枉你我莒国一番辛苦! 公子请进食,填饱肚子进城,再谋大事。"

"鲍师父辛苦了。"小白说完,与鲍叔牙在路边一棵枯树下席地而坐,将粟饼、梅子吃个精光,又将半缶清水分着喝了,然后,大步入城而去。

早有人报知国君莒子。莒子礼贤下士,亲迎小白于殿外,设宴给二人洗尘,又分拨了一处上等馆舍以供居住,并赐车马一辆,仆从八人,每日里供养不断。公子小白感动得热泪盈眶。

是夜仆人安排沐浴更衣。洗去了一路风霜,公子才像个公子,师父才像个师父。仆从退去,房中只留主臣二人。小白道:"小白今日始知,一温一饱,何其可贵! 莒子美意,必有后报。我现在知道师父当初为什么要我们来莒国了。"

鲍叔牙道:"为何?"

小白笑道:"师父定是知晓这莒子乃天下第一善人,必会善待你我。"

鲍叔牙闻言一笑,正色道:"非也! 公子不可贪图一时安逸! 先君襄公已亡,无知又是篡逆而立,齐国不久必有变故。我料,无知必然被废,能继任国君者,非纠即白! 公子纠在鲁,你我在莒,鲁道颇远而莒城甚近;倘若齐国生变,我们一乘马车,由莒城而临淄,可以朝发而夕至,抢在公子纠前而入主齐国! 鲍叔牙既为公子师父,定当竭尽忠心,保公子当上齐国之君! 然后,图霸天下!"

小白如梦方醒,叹道:"原来来莒城,师父用心良苦!"一时热血沸腾,顿生鲲鹏之志,对鲍叔牙礼道:"小白若为齐侯,定报师父大德!"

鲍叔牙还礼道:"鲍叔牙不过尽人臣之道,公子不必如此。"

小白道:"小白愿听师父教诲,愿师父教我谋国之道。"

鲍叔牙沉吟片刻,道:"齐国国中有两大人物:高子、国子。此二人乃是齐国擎天之柱,有一呼百应之能。公子平时好结交,朝中多朋友,尤其与高、国二人过往最密。倘若得此二人拥护,则大事必成! 只是不知,高、国二卿是拥立公子纠呢还是拥立你小白呢? ——公子,现在是主动出手的时候了! 你可写书信一封,密传与高、国,先试探二人之心何在。"

"好!"小白霍一下起身,来到案头取出信简,挺起竹笔,点了墨,却又不知如何下笔,问道,"鲍师父,我该如何写这封信?"

鲍叔牙锁着眉头,道:"你只写'吾在莒城。小白'六字即可,其他无须多言。此信发与高子、国子各一封。倘若五日之内,未见回信,则说明两人尚在观望,犹豫不决;倘若五日内即得回书,则说明高、国之心在我,大事已成一半!"

案头灯火摇曳,壁上身影朦胧。公子小白称善,当下奋笔疾书。

第十六章　千古一箭

　　寒烟薄雾,淄水茫茫,旭日从东山上暖暖升起,整个临淄城便笼罩在一片氤氲之中。天依旧冷。

　　高子府中,偌大的庭院里,东南边角一株大槐树扭曲着糙厚的身躯艰难地向天空撑去。每当盛夏时节,繁茂的枝叶将庭院撒了满满一地绿荫,以至于这里仿佛没有阳光似的。这是高氏先祖当年种的一株老树,距今至少一百年了。此时春风未至,只有干硬的枝杈微微轻荡。槐树底下,一张青色的蒲席上,只见高子独自一人屈膝坐着,对着面前的一面墙壁凝神沉思。每逢有家国大事,高子总把自己关在这棵先祖种植的槐树下端坐、静思。这早已是他几十年的一个习惯了。

　　高子嘘一口气,从怀中掏出一支竹简,将简上"吾在莒城。小白"六个小字再度细细端详一遍,然后拿起竹简轻轻地敲击着自己的前额。此简正是逃难莒城的公子小白依照师父鲍叔牙的指导,写给高子、国子二人相同内容的亲笔书信。高子为此事已经思索一整夜了。当下齐国风云巨变,祸福难料,公孙无知与连称、管至父谋逆作乱,杀齐襄公,自立为君,一时横行。朝野间如公孙隰朋、宁越、仲孙湫,包括国子与自己等一大批国家重臣可谓众怨难平,看似悄无声息,实则暗流汹涌,皆有图谋,相信不久必有变故,公孙无知被废只是时日问题。而公子纠与公子小白二人流亡他国,一个在鲁,一个在莒,将来齐侯之位,必定非纠即白!虽说自己早已意属小白,然而公子纠毕竟是长兄,内有管仲、召忽辅佐，外有母舅之国相助，再加上公子纠天性仁德，信誉广布，国中多有信服，其胜算可谓是公子小白的三倍。纠与小白，两人不日间必有一场骨肉相搏，究竟鹿死谁手，尚未可知……齐国又到了进退存亡的岔路口，身为齐之世卿，百官之首，高子又岂能不为国家命运忧心忡忡！

"哈哈，高兄，好兴致啊！"

高子的沉思被打断，抬头瞧去，见国子在两个侍从的陪伴下一边笑着，一边走了进来。侍从每人拎着一个竹筐，里面各盛着一些新鲜的野猪肉和鹿肉。

"原来是国兄。"高子忙起身行揖。

国子还揖，道："这鬼天气，云不开雾不散的！我新近猎得一只野猪一只麋鹿，特送来与高兄尝尝。"身边侍从将两个竹筐并列在蒲席边上，就匆匆退去了。

于是二人在树下坐定。国子性急，撸了撸袖子，就将一支竹简递了过来："高兄，我昨天收到了公子小白的书信，他正躲在莒城。"

高子接过一瞧，见竹简上也是"吾在莒城。小白"六个字，与自己的内容并无二样。当下不由一笑，也将自己手中的竹简递与国子："我也收到了，你看。"

国子赶紧接过来，瞟了一眼字迹，眉头一皱一松，就与高子不约而同哈哈大笑起来。

国子道："好个聪明的小白！他明明是在向你我求助，然而懂得投石问路，先行试探一番，心智如此，足见谨慎圆通，可谓大器之才。只是高兄，你猜小白如此书信，不知道临淄城中共有几人收到？"

高子轻捋颔下黑须，淡淡道："除了你我，再无他人。"

国子惊道："高兄何以如此肯定？要知道小白平时挥金如土，结交广泛，朝野名流多有宾朋密友，这信件嘛……"

高子道："当下齐国乱局，可以鼎定乾坤者，只在你我二人。小白此信，所托者乃是诸侯之志，岂会乱投一通？"

"哈哈哈哈，高兄高见！既然如此，我与高兄共同推举小白来做齐侯如何？"

"不可鲁莽。眼下齐国新旧交替，元气大伤，正需要吐故纳新，涵养真气。所谓牵一发而动全身。你我乃齐国世卿，当以大局为重，谨慎行事，不可因一时鲁莽，空为国家再惹新灾！"高子满是忧虑。

国子一时不解，茫然道："莫非高兄心中，小白并非国君人选，另有他人？哦——公孙无知这混账,迟早要完蛋,剩下的就是小白和公子纠了,难道高兄意在公子纠?"

高子摇头道:"一国之君,诸侯之尊,虽然人争,终究天定,岂是你我可以臆测的? 当年先君齐僖公留下三子,长公子诸儿已被诛杀,尚有二公子纠和三公子小白,至于他兄弟二人谁人为君,也要看天意在谁了⋯⋯"

"我们不说天意,单道人力,以高兄看,公子纠若何? 公子小白若何?"

高子转头凝望半空,呆了半晌,淡淡道:"纠如美鹿,白如雏虎。"

"懂了。"国子道,"高兄老成谋国,愚弟不及。高、国一体进退,我愿唯高兄之命是从。既然如此,你我再等等看,该出手时再出手。不过,高兄,眼下公子小白的书信,我们该如何处置?"

"此事,我也正要找国兄商议,"高子笑道,"你我联名回一书信,就写道'公子珍重。别图后计'八个字,如何?"

"妙!"国子哈哈笑道。高子命侍从备了笔墨,当下亲自手书后,又转给国子署名。而后差一心腹家臣,速将密信送往莒城去了。

"得你我书信,公子小白可以吃定心丸了。"国子笑道,"今日单为小白书信而来,我就此别过。"

"哎——我府中有一绝味鼋鼎,正欲与国兄共享,何必行色匆匆?"

"不了,改日再品尝吧。"国子一向风风火火,不拘小节,一边说着,一边起身揖别。高子无奈,便还揖相送。

老槐树下,望着国子早已远去的背影,高子满脸忧色,自言自语道:"公孙无知、公子纠、公子小白三子之争,即将如风暴一般袭来! 到底谁输谁赢? 国君之位终究属谁? 齐国命运又将走向何方? ⋯⋯"

却说翌日傍晚,莒城馆舍中,公子小白与鲍叔牙接到了高、国的书信,打开一看,见竹简上写道:"公子珍重。别图后计。高子、国子。"鲍叔牙喜道:"公子洪福! 高子、国子皆有心于我,当下我们以静制动,静以待变。公子入主齐国的时日不远了!"

日月如梭,转眼春暖花开。这日早朝,国中诸大夫都到,唯独高子、国子二人依旧称病未来。公孙无知端坐,一脸疲惫之色。近日公孙无知纵情酒色,早已掏空了身子。而连称、管至父二人公然压班,引起众人怨愤不已。当此众怨沸腾之际,大夫雍廪忽然高声道："有客商自鲁国而来,言道公子纠借来鲁师,将要伐齐,诸位知否?"

众人顿时一片惊愕,公孙无知也不由打了一个冷战,待要询问详情,却见雍廪拱手一揖道:"雍廪告退。"就步履匆匆离席而去了。行为如此古怪,更令众人一头雾水,当下面面相觑,皆疑惑不解。座中公孙隰朋私谓宾须无道:"雍大夫今日故意怪诞,其中必有深意。待暮色降临,我们与众大夫到其府上一会,其中蹊跷尽知。"宾须无点了点头。

是夜,以公孙隰朋、宾须无为首,齐国大夫二十余人齐聚雍廪府中。但见雍廪早已设好席位,备足酒水,似乎已经等候多时。待入席坐定,宾须无先开口道:"日间听闻雍大夫有言,公子纠将从鲁国伐齐,我等特来请教。"众人早已急不可耐,纷纷叩问消息从何而来,齐国该如何应对。

雍廪环视座中诸人,正色道:"请教诸君,此事如何?"

公孙隰朋道:"襄公虽然淫乱无道,然而其兄弟如公子纠、公子小白又有何罪? 倘若不是逃得快,早已被逆臣连、管诛杀殆尽。如果公子纠率鲁师来伐,我等正是日望其来,如盼甘霖!"公孙隰朋坦言众人心声,直陈国家之痛,字字铿锵,振聋发聩,令座中众大夫多有痛哭流涕者。

雍廪拱手道:"公孙无知篡位,雍廪第一个俯首称臣,我虽屈膝,却并非无心之人。雍廪委屈事贼,正为谋图大事! 诸君! 谁愿助我,扫除奸邪,共除逆臣,再安社稷,岂非义举?"

众人止泣,顿时惊骇不已。宾须无道:"雍大夫早已成竹在胸,请问其计?"

雍廪道:"早朝雍廪所言,那是故弄玄虚,意在引得诸位前来,共商大计。我有一言,诸公细听:高子高敬仲,齐之世卿,国之重臣,素来人望极高,乃国君之下齐国第一人物。连称、管至父拥立公孙无知篡位以来,高子始终称病不出,我观高子必对连、管心存怨恨。连、管二贼,如果能得高子片言嘉奖,可谓力重千钧,只是恨其不能! 我之计:说服高子设家宴,以召连、管,二贼必然欣然前往。我伪造公子纠兵信,入宫面见公孙无知,此人纵情酒色,无智无勇,趁其不备,猝然刺死,谁人可救? 然后举火为号,高子于家中闭门而诛杀连、管,不过囊中取物,易如反掌也。然后,我等从鲁国迎回公子纠继位为君,如此大事可成!"

宾须无道:"壮哉义也! 我愿助雍大夫成事。高子其人,我自知之。高子家中之事,全在我宾须无身上。宫中之事,雍大夫当之!"

雍廪慷慨道："为国除贼，何惧一死！"

宾须无道："今日始知，雍大夫为国自贬，用心良苦，诚不易也！"众人不由想到公孙无知与连、管篡位夺权，雍廪当着满朝众臣之面，向公孙无知伏拜哭泣之景，当时都骂雍廪"软骨头"，现在看来乃是铮铮铁骨。

公孙隰朋道："我愿陪同雍大夫入宫，共同诛杀无知。"众人齐声响应，都愿陪同入宫。

宾须无道："事不宜迟，迟而生变。我立刻去见高卿，我们依计而行……"众人都道善。于是宾须无即刻离席，驱赶车马，趁着夜色又赶到高府。宾须无与高子乃志同道合的挚友，相交多年，当下也不遮掩，将雍廪之计和盘托出。高子正为齐国乱局日思夜想，恨不得其计，恨不逢其人，雍廪一出，正中高子下怀。当下高子慨然允诺宾须无之请，誓要联手除掉国贼，两人又深思熟虑，谋划至半夜方才别去。

高府大院，穿过道道曲廊，迈过重重门槛，后庭中有一大堂，繁花密树包裹，青纱幔帐高悬，酒席早已备好，并预置钟、鼓、琴、笙等乐器。高子于堂中缓缓踱步，走到一架青铜编钟跟前，漫不经心敲击了其中一钟，但听得开天辟地一声闷响重重传出，高子悠悠道："好一个黄钟大吕之声啊……"

身边来人悄声道："尊客到了。"高子满脸堆笑，迈着大步慌忙迎了出来。

但见宾须无领着连称、管至父笑吟吟而来。原来宾须无带着高子请柬，分至连、管二家，邀请两人今日到高子府中赴宴。连、管二人又惊又喜，大有受宠若惊之感，自然如约而至。

"啊哈哈哈哈，连卿——管卿——"高子行了一个大揖，连、管二人慌忙还揖，嘴里"高卿高卿"叫着，礼尚未行完，便被高子一左一右携着手臂入席去了。

四人落座，添酒。高子举一大爵道："先君襄公多有失德，亏得你二人于贝丘离宫建立奇功。老夫连日来旧病缠身，行动不便，未列朝班，未及道贺。近日病体渐渐康复，于是特备家宴，请二卿小酌。承蒙赏脸，荣幸之至，来来来，先饮三爵！"

连称道："谁人不知，高子乃齐国第一贵卿，高子宴请，谁敢不来？"

管至父道："只道高子不朝，是对我等心存芥蒂，今日之饮，方知是我管至父胡思乱想了，呵呵……得高子相助，以后这齐国就是我们共享的了！"几人于是举爵共饮。

高子添酒，接着笑道："岂敢与连、管并称，如今齐国皆在连、管掌握之中，你二人才是扛鼎巨匠，老夫及高氏子孙就拜托了！请满饮此酒。"一片大笑声中，又连饮几爵。

高子又道："老夫家中无以为乐，特备雅乐歌舞以助酒兴。"连称、管至父连连叫好。于是钟鼓齐鸣，一班乐姬于席前翩翩起舞。连、管二人边饮边看，忘乎所以。宾须无也频频劝饮，于是酒兴更浓，渐渐生出几分醉意来。

高子见状，暗暗冷笑两声，对身后立着之人一挥手，那人便凑过耳朵，但听得高子秘令道："重门紧闭，不得与外界沟通消息。待到宫中举火，速来传报。"

这边，后宫花圃中，亦是钟鼓齐鸣，歌舞方浓，公孙无知与连夫人宴饮正欢。公孙无知瞅一眼艳丽的歌女，又瞟一眼妩媚的夫人，举爵笑眯眯道："如今是越来越知道做国君的妙处了。"

两人举爵欲饮，忽然传报道："雍大夫闯进来了。"自公孙无知登基以来，雍廪处处以君臣之礼谨慎事之，所以深得公孙无知信任。"心腹之臣来了。"公孙无知喜道。

只见雍廪雄赳赳踏步而来，见了公孙无知，深深行礼道："雍廪无礼闯入，搅了国君雅兴，还望国君恕罪。只是国事急迫，雍廪焦躁难安。"当下一顿，眼射寒光道："公子纠率领鲁师打了过来，大军已至齐国边境，扬言要斩杀国君，为先君襄公报仇！"

"啊！"公孙无知不由惊叫一声，失手将酒爵掉在案上。连夫人也惊道："怪不得这几日我心神难安，原来是祸事降临——怕什么！兵来将挡，水来土屯，齐乃千乘之国，何惧一鲁！速召我哥哥迎敌！"

连夫人一提醒，公孙无知霍然道："是是，国舅何在？管大夫何在？"

雍廪道："国舅与管大夫出城游猎未归。国中诸大夫个个惶恐，早已齐聚朝堂，正等国君议事。国君请——"

"呃呃，要……要挡住公子纠……我，我……走……"公孙无知早已心神大乱，脸色煞白，语无伦次，当下急忙起身要迈步，不想身子一晃，闪了一下，幸亏被一旁的雍廪死死扶住。

"你……你要当心。"连夫人也起身，楚楚可怜道，恍如风雨飘摇中一朵红艳艳、湿漉漉，被剥掉了几片花瓣，挺立着一束黄蕊的芍药。

"美人不用怕，我是国君啊！"公孙无知回头一个憨笑，就和雍廪急忙忙去了。

朝堂内微微有一些暗淡。公孙无知被雍廪簇拥着一步步走入,但见朝中诸大夫并无一人缺席,公孙隰朋、仲孙湫等分列两旁,密密麻麻,黑压压的,并不朝拜国君,皆默不作声。公孙无知感到诧异,心不由自主怦怦乱蹦。又走了几步,发觉众人个个用虎狼一般恶狠狠的眼光怒视自己,公孙无知顿感发怵,脊背寒透,仿佛黑暗中正有万箭齐向自己射来。"这里有古怪!"公孙无知暗暗道,急忙止住脚步,唤道:"雍大夫啊——"

谁知一回头,陡然间吓个半死,只见雍廪握着一柄短匕,破口大骂道:"弑君篡逆的贼子,今天我要为齐国讨一个公道!"此言一出,两边众人皆高呼道:"逆贼,拿命来——"

众人拥着雍廪,如潮水一般涌过来。公孙无知大为惊骇,始觉雍廪造反,然而还是不愿意相信自己的眼睛,痴梦一般地想着我以爵禄厚养雍廪,雍廪断不至于杀我,当下喃喃哀求道:"雍大夫有话好说,不必……为何……为何如此啊……"一边说着,一边连连倒退。

众人以排山倒海之势压过来。雍廪正气凛然,抢先一个箭步,逼到公孙无知眼前,道:"与你这愚蠢之人,有何话讲!"言罢左手扣住公孙无知肩头,右手从下朝其胸膛就狠狠刺去。

公孙无知一声惨叫,登时气绝身亡,倒在阶下血泊之中。雍廪左脚踏在无知尸首肩头,右手攥着犹在滴血的铜匕,面对满朝大夫,昂然道:"幸得诸公相助,雍廪手刃国贼!快哉!"

众人齐呼一声好。公孙隰朋道:"大事已成一半。可于朝堂外速速放起烟火,通知高子。"

于是,在门外就地燃起一堆狼烟,须臾,黑烟直上九霄。

觥筹交错里,雅乐飘荡中,一侍从悄悄凑到高子耳边道:"宫中狼烟已起。"高子暗笑,向宾须无递一眼色,宾须无会意,微微点头。

高子举爵劝道:"两位贵宾,请满饮此爵——名曰逍遥之酒! 光阴苦短,人生如梦,饮了此酒,逍遥仙游。"

连称举爵大笑。管至父也笑道:"谢高子美意! 此酒入喉,即当羽化成仙不复为人矣!"

几人同饮。高子放下酒爵道:"今日欢宴,蓬荜生辉。我家中私藏一件商鼎,名曰逍遥鼎。此鼎本是烹煮畜生的利器,至今历时五百年依旧精光四射,杀气逼人,实乃国之宝器!我当取出此鼎,献与二卿,以助雅兴如何?"

"甚好,高子请快快取出!"连称喜不自胜。

"老夫去去就来。"高子行揖,退席而去。连称、管至父一边嚷着"快去快去",一边又继续沉醉歌舞中了。二人谁也没有发现,宾须无早已不在席间。

高子大袖飘飘,背影刚刚闪过门槛,只见大门陡然间闭死,两名带甲操戈的武士汹汹而来。连称、管至父大惊,正诧异间,闻得一声铜钟巨响,席间乐人歌姬等人如水退去,而眨眼之间,从廊柱后、树丛间、帐幔里呼啦啦蹿出一排又一排的甲兵,个个披坚执锐,似虎如狼。当中一人举起长戈,振臂呼道:"连称、管至父弑君篡国,今奉高卿密令,阖门诛杀,为国除贼!武士们,杀——"

连称大叫一声,掀翻了酒案。管至父霍然跳起,惊道:"中了高子的诡计了!可怜你我赤手空拳,不得一刀可用!"连称、管至父只道是高子盛情相请,并未带兵器而来,身边也只有随从四人,也是个个白衣。连称瞪眼如铃,恼羞成怒道:"高敬仲老儿,我誓杀汝!"

高府内暗设甲兵五十余人,皆是精锐之士。连称、管至父虽然也曾带兵临阵,也颇有勇力战心,然而一虎难敌群狼,片刻之间,血肉搏杀之中,连称被斩首,管至父也被一片乱戈刺死,身上到处都是冒血的窟窿。余下的几个随从也被诛尽。片刻前的歌舞升平宴,霎时化作夺命鬼门关,可叹杀人者终被人杀,一爵逍遥酒,人间不再有……

高子端坐府中正堂,身边是宾须无。见武士前来复命,高子面色如常,只微微一挥手,示意退下。宾须无道:"大事已定,真乃国之大幸!可与雍大夫会合,共商大计。"

不久,雍廪、公孙隰朋、仲孙湫等诸大夫齐聚高府,互相致贺。众人都道:"高子德高望重,如仰泰山,请为主持大政。"高子笑道:"折煞老夫了!为国除贼,雍大夫乃第一功臣!请雍大夫主政——"言罢,一边笑着一边将雍廪推上正中主席。

众人皆叹服。雍廪也当仁不让,一拱手道:"雍廪只为国家义举,绝不敢贪功。如今立君乃第一要务。我以为:其一,当赴贝丘离宫,取来先君襄公遗体,重新装殓,举国大葬。其二,将连、管及公孙无知弑君篡逆之举公告天下,以正顺逆。连、管二人罪孽尤重,当枭首以奠襄公。其三,遣使入鲁国,迎回公子纠,我等当拥立为君。"

众皆称善。雍廪智勇兼备,忠心谋国,人所共知。当下所言更是切中时要,有理有节，无人不服。满席大夫中，只有高子一人闻到"拥立公子纠为君"时，心中一颤，眉头不禁一皱。然而雍廪一言即出，大局已定，高子也不便再争辩什么，当下只静默无言。

齐国暂由雍廪主持大局，诸事停当，迎接公子纠的齐使也驾着车队启程了。

公孙无知之乱被迅速荡平。消息传入后宫，连夫人对镜独坐，泫然落泪，长吁一口气，幽幽叹道："我乃两任国君之夫人，头一个夫君因情而负我，后一个夫君无能而负我……待到来世，我断然不再做女人……"言罢，以白练悬于梁间，自缢而亡。

却说莒城离齐国不过咫尺之遥，齐国发生的事风一般迅速传入鲍叔牙与公子小白的耳中，只是真假难辨，莫衷一是。是夜，忽来一密使，自称受命于齐国高子，并呈上高子的一简书信。启信入眼，但见一行黑字："无知被诛，公子速回，以正君位。高子。"原来雍廪主政后，众人一致要从鲁国迎回公子纠来做齐侯，唯有高子心仪小白，于是暗暗传递消息，又秘密联络国子等以为内应，期许小白可以继位为君。

鲍叔牙满脸红光，对着公子小白大喜道："天幸高子来书，公子继位有望矣！公孙无知死后，可为国君者，非纠即白！管仲必护驾公子纠，星夜返国，以争社稷。我们事不宜迟，当抢在公子纠之前入主临淄！有高子相助，大事必可成功！"

公子小白道："天赐良机，断不可失。若小白果为齐侯，鲍师父当居首功。"

翌日，鲍叔牙面辞莒子，请求兵车甲士，以助小白返国。莒子亦大喜，当下慷慨应允。只是莒国国小兵弱，莒子只资助兵车三十乘，并有钱帛衣食等物，恭恭敬敬护送他们返归。莒子对于落难的公子小白礼遇有加，在莒期间，多有关照，鲍叔牙于是百般致谢。

高大的莒城门外，尘烟四起。鲍叔牙亲自为公子小白执辔驾车，在三十乘甲兵的护卫下，风风火火离了莒国，直奔临淄而去。

却说鲁国曲阜，得到齐国再生巨变，齐人欲迎立公子纠的消息后，管仲仰天大笑，拍案而起，朗朗道："我料无知、连、管必是砧上鱼肉，如今终被诛杀，天意乎！机会终于来了！齐国之君，舍公子纠，其有谁乎？"

管仲一番慷慨，引得身边公子纠与召忽也兴奋不已。但见管仲突然止笑，手捋黑须，目射精光，正色道："公孙无知死去，齐国国内空虚。临淄城中主持大局者，当是高子高敬仲。此人向来与公子小白交厚。当此新旧交迭之际,齐国朝野,有拥立公子纠者,也必有拥立公子小白者,二公子兄弟之间必有一战! 我与召忽兄当誓死尽忠,拥立公子纠继位齐侯!"

召忽道:"我等乃公子师父,敢不尽心效死!"

公子纠听了,顿时心软,柔声道:"我宁可不做齐侯,也不要我们兄弟之间手足相争。"

管仲陡然变色,直面公子纠,厉声斥道:"公子为何如此志短! 我们主臣三人逃难鲁国,寄人篱下,吃尽苦头,所为者不正是今日之机会吗? 当今王纲失序、诸侯大乱,正是大丈夫纵横天下、称雄海内之时,为何出此妇人之言? 况今日之齐国,非纠即白,非白即纠,正可谓箭在弦上,不容不发,断不容公子再有退缩之余地!"

公子纠窘得面色通红,强笑道:"纠知错,但凭管师父做主。"

召忽见状,赔了一笑,道:"公子乃仁慈之主,这返回临淄之事,还需管兄好好谋划一番。"

管仲道:"公子不需过于自责,但前途漫漫,总要有争雄之志。有我和召兄在,定要你做临淄之主。"三人落席端坐,管仲又道:"入主临淄,还需鲁国相助。鲍叔牙辅佐着公子小白,此人之耿直忠心,我自知之。纠与小白谁人可以先行抵达临淄,谁人便是齐国君侯! 当此非常时刻,尺寸光阴必争! 然而,鲍与小白在莒,距离临淄颇近,而我等在鲁,路途遥远。小白本已占得地利,况国中又有高子等人暗中相助,其胜算可谓高我一筹。所以,公子当火速面禀鲁庄公,以齐鲁世代姻亲连绵、兄弟邦交为贵游说之,需得从鲁国借得兵车三百乘,大兵压向齐境,以助声威。而我则先行遣得一师,将公子小白与鲍叔牙于半道中截下! 如此双管齐下,可保万无一失。"

召忽道:"此计甚好。鲁庄公初立,倘若辅助公子做了齐侯,于齐于鲁皆是大有裨益,想来不会不应。"

管仲道:"理虽如此,然而曲阜城中纷纭复杂,倘若有人从中作梗,拖延时日,让公子小白抢了先,那时主客已分,就悔之晚矣了。"

言罢管仲不由一叹。三人一片默然。

计议已定,公子纠不敢懈怠,从驿馆出来,直入宫中觐见鲁庄公。

而鲁庄公此刻也是焦虑万分,正与谋士施伯,公子庆父,大夫申繻、曹沫、秦子、梁子等群臣商议。齐使已来,要迎公子纠,鲁庄公有意发兵,助其归国,当下道:"齐国公孙无知已死,临淄大乱,我以兵车之威助公子纠得国,则纠必将感恩戴德,齐将臣于鲁。诸爱卿以为如何?"

"不可!"公子庆父满脸怒色,挺胸道,"我鲁国为何要为齐国耗费军资?齐国之乱,任凭他乱,越乱越好!与我们鲁国何干?——诸公,难道忘了先君桓公薨于临淄的往事了吗?"公子庆父所谓"往事",正是齐襄公因与文姜淫乱,而将鲁桓公谋杀于牛首山脚下的丑事,此乃鲁国之奇耻大辱,鲁人至今愤愤难平。公子庆父以往事挑动怒火,当下多有附和者。

大夫申繻道:"如此国耻,岂能相忘?正因此,公子纠恰恰是我们雪耻的一支利箭。鲁国如果不助公子纠,齐国之乱也终将被平息,只是那时候,齐侯宝座上的人,恐怕就另有其人了。反之,我若助公子纠为君,则公子纠必可为鲁所用,鲁国以兵威定鼎齐国,岂非扬眉吐气、名动天下之举!如此昔日之耻,还有何言?"

曹沫道:"申大夫言之有理,当助公子纠返国。"

鲁庄公面露喜色,不料秦子又道:"以某所见,齐国无君,群龙无首,正可谓天赐良机!我国正好打着为先君报仇雪耻的旗号,出其不意,攻其不备,发兵踏平临淄,可一鼓而得!从此泰山南北,永无齐患,岂不快哉!"

一时争论不休,鲁庄公问谋士施伯道:"施大夫以为如何?"

施伯正闭目沉思,当下睁眼道:"国君勿忧。东方之地,齐鲁互为强弱,唇齿相依之势数百年连绵不绝,绝非朝夕之间可以轻言兴亡的。当下之计,鲁国是要助齐,然而——绝非强齐!公子纠,不可不助,亦不可大助。齐之无君,齐之内乱,于鲁有利。我听说避难莒国的公子小白也在争夺国君之位,倘若他们兄弟手足相争,临淄之城火上浇油,则大利于鲁国。此事宜缓不宜急,国君只需静坐,先观其变,再做计较。"

一席话令众人豁然开朗。鲁庄公笑道:"施大夫总有高见。"

正说间,忽报公子纠求见。鲁庄公道:"说着说着他就来了。嘿嘿,不见!就说寡人患疾,冷他几天再说。"

"国君——"施伯道,"公子纠匆忙而来,必是要向我国借兵,急着返国。国君要见!公子纠提到兵车之事,也需满口允诺。只是兵者,国之大计,却急不得。"鲁庄公会意,点了点头。

须臾间，公子纠入殿，见鲁庄公居中而坐，两旁分列着鲁国诸多重臣。公子纠扑通一声伏拜于地，恳求道："纠乃齐之公子，无奈被乱臣贼子所逼，不得已避难鲁国。幸得鲁侯庇佑，不胜感激。今齐国生变，公孙无知被诛，国人皆盼我回归故里，以继社稷。愿鲁侯再施援手，借得兵车三百乘，助我入主临淄。纠若为齐主，必报鲁侯今日之德，绝不食言。鲁侯！鲁侯……"公子纠说着说着，想到这些时日颠沛流离之苦，忍不住痛哭起来。

鲁庄公霍然离席，跑过来扶住公子纠，道："公子快快请起。公子之母，乃鲁女也；公子与我，乃亲人也；齐之于鲁，乃友邦也。岂有不助之理？公子放心，三百乘兵车，何足道哉！寡人定起大兵，以保公子威风凛凛踏入临淄之城。"

此话一语暖三冬，竟让公子纠不知说什么好。公子纠嗫嚅着，只一个劲儿地叩首不止。其真诚仁善之状，令席中众大夫不由生出恻隐之心。

鲁庄公扶了又扶，不住道："快快请起，快快请起……"

公子纠被扶起，止住泪珠道："不知鲁侯何时发兵？此事万急，片刻耽误不得。"

鲁庄公眼神忽闪，呵呵一笑，顿时松开公子纠，不住向两侧席间挥手，慷慨道："此事万急，寡人岂能不知。公子请看，寡人正召集鲁国群贤，正为公子谋划兵事。然兵者，大计也，岂可粗略？我鲁国朝野正替公子急迫。"闻听此言，公子纠深情望向众大夫，便前前后后，左左右右，不住地屈身行揖不止。又听鲁庄公道："公子勿急，先回驿馆等候。待我与诸大夫议定，便为公子发兵，断不会误了这桩大事——诸公，我们刚才议到哪里了？公子甚急，我等不可怠慢。"鲁庄公一边说着，一边离开公子纠，入席落座去了。

施伯道："议到兵车调遣，可从国中左路之军调车一百乘，右路之军调车一百乘，中路之军调车一百乘，共三百乘兵车。令各路人马谨慎交割军中事务，待交割完毕，便可发兵。"

鲁庄公道："准。"

秦子接道："如今天气突变，军中疫病流行，臣议征调军医五十名，入泰山采足草药，务必使得入齐军士健康无虞。"

鲁庄公道："准。"

申缟道："兵车未动，粮草先行。此次发兵耗费巨大，臣粗算：仅军粮至少需征二十万钟粟,臣拟从国中征集五万,东方之野、西方之野、南方之野各征集五万。"

鲁庄公道:"准。"

…………

众人你一言我一语,喋喋不休。公子纠只觉得鲁国君臣正为自己之事殚精竭虑,而自己有心无力,立在这里反而碍手碍脚,顿觉脸颊发热,只好行揖告退。鲁庄公淡淡还了一揖。

待公子纠退出,满堂哄笑。鲁庄公乐道:"此公子虽然仁善,只是太蠢。我们扶助他做了齐侯,好似不值当。"众人又笑。

施伯忽然站立起来,瞟了一眼公子纠背影,郑重道:"此公子正是我们要拥立的齐侯!"众人皆一怔,又听施伯道:"鲁国所需要的只是一个邻国庸君,而不是东方雄主。"

众人恍然大悟,继之又是一阵大笑。满堂飘溢的笑声中,独有施伯脸色阴沉,默不作声,心中暗暗道,"公子纠固然庸碌,奈何身边有一个管仲辅佐! 此人是个厉害角色,只可惜不为鲁国所用。我当设计,离间他们君臣反目……"

公子纠返回驿馆,大笑大呼:"鲁侯答应发兵了! 鲁侯答应发兵了!"管仲、召忽慌忙迎入,问其始末。公子纠面露得意之色,侃侃而谈,将入宫觐见之况原原本本和盘托出,深恐遗漏任何一个细节。

管仲听完,拍案怒道:"公子被骗了! 鲁国是在故意推托,实无发兵之念!"公子纠、召忽皆大惊。公子纠一脸懵懂道:"鲁侯颇有兄弟之情,不会吧?"

管仲焦急道:"眼下除了从鲁国搬兵,也别无他法。公子……公子当再度入宫,恳求鲁庄公确定具体发兵时日。我料鲁庄公此次必定避而不见! 果如此,我等便是弃子了!"

公子纠惶惶,当下驱车又至宫门,跪拜求见鲁庄公。果然,内侍传报,言道国君忽染疾患,闭门养病,请齐公子速回馆驿等候,莫要再行叨扰等。公子纠当下垂头而返。

馆驿内闷不可挡,不见一丝风动。三位齐人愁眉紧锁,管仲也是一筹莫展。熬至夜幕降临,有神秘来客登门,怀揣一封信简,当着三人之面,只转给管仲一人。拆而视之,乃鲁国谋士施伯的亲笔书信:"公子难归齐,鲁国有贵席,管子岂无意乎?"管仲一看,哈哈大笑,厉声斥退来者。

掩上房门，公子纠三人分宾主坐定。管仲义正词严："施伯此信，乃挑拨我们君臣离心。管仲堂堂丈夫，岂会在此紧要关头，背主离去！日间公子求见鲁侯而不得，此刻又忽然收到施伯离间之书，如此看来，鲁国是不愿意为公子发兵了，至少是刻意拖延，从中作梗。出此计者，必施伯也！"

召忽道："既如此，我们该当如何？不若不辞而别，悄然潜回临淄，再谋良策。"

管仲叹道："谋国大计，岂能无兵车相助？况临淄混乱不堪，人心诡秘难测，恐我等刚入国中，便被刺杀于街巷之中。唉——容我三思。眼下鲁国，鲁国……我们需要找到一个绕过施伯而能主宰鲁侯的人来，如此方可成事……"

君臣三人畅谈良久，依旧无策。夜色已深，不得已卧榻睡去。管仲思潮翻涌，难以入眠，起身用冷水洗了脸，于庭中踱了一圈又一圈，瞧着月下的树影挪了一点又一点。此番机遇稍纵即逝，偏偏势单力薄而又求人不得，管仲比之公子纠，更是焦虑百倍。自己既为公子之辅，那就无论如何都要铲除万难，为主谋国。管仲道义忠心，始终未变，非是那富贵爵禄所能撼动的，只是……只是眼下这一步，究竟该如何走出去呢？

管仲彻夜不眠，苦思了整整一夜。不知不觉间，黑夜陡然退去，庭中大树忽然清亮，浓密的枝叶在清风中抖落了几滴露珠。远处，东方的天际，五彩斑斓的云团中，放出千道万道夺目的霞光来。

鲁宫西南二十里地方，一片竹林环绕、荷香荡漾的碧湖之畔，坐落着一座奢华的别苑，名叫坤德园。自齐襄公死后，文姜便从禚地搬来住在这里。鲁国乃天下闻名的周礼之邦，鲁庄公又为人至孝，于是特意在这里修筑馆舍以供养母亲。这日清晨，凉风习习，白烟缭绕于竹林之间，宛若画境。水面上一茎茎荷叶含羞挺立，随着一阵小风飘来，左右摇曳生姿，令人陶醉。一颗滚圆的露珠在如盘的叶面上这边滚来，那边滚去，晃晃悠悠，缠绵不舍，忽然，风势一急，倒底还是猛一下就向湖中滚落下去，如坠万丈深渊。文姜夫人秀眉粉脸，白衣胜雪，刚梳洗毕，在两个妙龄侍女的陪伴下，正坐在湖边草亭下赏荷。

随着几声马嘶，一辆墨车停了在了园门边。车上跳下两人，文姜回首一望，见是公子纠在管仲的陪同下，边喊着"姐姐，姐姐"，就冲自己跑了过来。管仲苦思一夜，直至天亮，灵光一闪——那个可以绕过施伯而能主宰鲁庄公的人，不正是文姜夫人吗？能助公子纠者,非文姜不可。于是驾上马车,载公子纠匆匆而来。

文姜不由立起身来,见公子纠扑到自己跟前直哭:"愿姐姐助我!诸儿哥哥被歹人陷害,死于贝丘,如今仇人公孙无知也被诛杀,国中一时大乱,当此关口,正是弟弟回国继位的良机!愿姐姐助我!"

一提到"诸儿哥哥",文姜霎时落下泪来,仿佛比公子纠更痛。眼前这个弟弟,实是勾起了文姜对"诸儿哥哥"那段敢冒天下之大不韪、饱含甜蜜与酸楚、至今魂牵梦绕、思念不绝的男女私情的伤感,睹人思人,感慨万千,而那人早已不在。诸儿之死,反倒在文姜心目中树立起一种唯我独尊、敢作敢为的高大形象来,经此大变,文姜愈发坚韧与无畏,于是索性从禚地搬回曲阜,长袖飘飘,浓艳登场,以巾帼女豪之姿左右鲁国政治走向!文姜暗暗发誓——从兹之后,文姜断不再做弱女子!

当下文姜扶住公子纠,流泪道:"你乃先父齐僖公之骨血,母亲又是鲁国之女,如今诸儿哥哥不在了,鲁国自当扶助你继承大统。如此浅显之理,我想我那同儿(鲁庄公)不会不明白。"

"姐姐有所不知,"公子纠道,"弟弟早已求过鲁侯,愿借兵车三百乘,以助我返齐。然而国中大臣政见不一,鲁侯犹豫不决。倘若拖延十天半月,他人必将捷足先登!那时悔之何用?"

身后管仲又道:"夫人容禀:昨日公子又二次求见鲁侯,却被拒之宫门之外,晚间我接到谋士施伯私信,言道公子返国艰难,劝管子投身鲁国。此等不忠不义、背主叛亲之举,管仲向来嗤之以鼻。愿夫人助公子一臂之力,劝鲁侯火速发兵,迟则危矣。"

"又是那施伯从中作梗,离间鲁国与我娘家的和睦!"文姜大怒,"我那同儿虽是国君,到底年幼,不明其中利害。弟弟放心,你我一同入宫,姐姐为你做主。"

公子纠喜极而泣,道:"多谢姐姐出手相助。"

文姜拉着公子纠的手就走,未行几步,忽然又想到了什么,止步道:"兵戎乃国家大事,许多话语还需你与同儿当面讲个清楚。"

公子纠道:"不劳姐姐费心。知恩图报,管师父早有对答之语。"

文姜回头一望,见管仲白面黑须,如松柏挺立,浑身上下透着干练与睿智,当下点了点头,心中暗暗赞道:"倘若弟弟继位为君,此人必是齐国第一权臣。"

车轮滚滚而去。一阵快风从路边的竹林掠过,如同一把利剑划过了湖面。

　　车子在宫门外停下，管仲扶着文姜、公子纠下车。未等传报，文姜便大步在前，带头闯了进来。时鲁庄公正伏案饮酸梅汤，见母夫人汹汹而入，不由大惊失色，忙请入座，又行大礼，眼睛一瞥，见公子纠与管仲却在其后，顿时明白一切，心中不由暗暗叫苦。

　　文姜看也不看他一眼，秀眉微蹙，冷冷道："听齐公子纠说，我儿病了，什么病啊？"

　　鲁庄公一怔，吞吐说："昨日偶染风寒，今见母亲，已然好了。"

　　文姜又冷冷道："我儿喝的什么？"

　　鲁庄公瞥一眼案上喝剩的半盏残汤，低声道："汤。"

　　"什么汤。"

　　"乃酸梅汤。"

　　"我看是迷魂汤！"文姜一下子火起，将酸梅汤打翻在地，厉声喝道，"我母国大乱，我弟弟来求，只盼你不吝发兵，助其成就齐国之主。此举不过顺水人情，于齐也利，于鲁也利，家国两便，你为何迟迟不动？当此国家紧要关头，千钧一发之刻，你身为一国君侯，不在军中调兵遣将，却躲在深宫中喝什么汤！我看你真是糊涂得要死！"

　　"回母亲，儿已答应为齐公子发兵三百乘……"鲁庄公说着说着，声音就低了下来，"只是三百乘兵车，兹事体大，很多事情都得准备一下，兵源、兵器、医药……"鲁庄公本想接着说"粮草"等一大堆搪塞的理由，见母亲不发一言，只直勾勾瞪着自己，那眼神仿佛在说："你接着撒谎！好个不孝子！"鲁庄公就不由打冷战，只得闭嘴。他知道自己再也瞒不过，呆了半晌，见母亲还是冷冰冰瞧看自己，那眼神似乎又在训斥："儿呀，几时发兵？"鲁庄公只得庄重道："母亲放心，儿子即刻发兵。公子纠贤德之人，世所称颂，况又是母弟、儿舅，我当亲率兵车，直上临淄！"

　　此时文姜面露微笑之色，软语道："好个同儿，看来这汤并不迷糊，来呀，再与国君盛一盏来。"旁边有内侍便跑着取酸梅汤去了。

　　公子纠行揖道："多谢鲁侯，必有厚报。"

　　鲁庄公冷冷转过身，对公子纠道："不知公子做了齐侯，将何以报鲁？"

　　公子纠下意识望了一眼身后的管仲，见管仲默然不语，只微微点头。公子纠道："齐之先祖太公，鲁之先祖周公，皆是大周股肱之臣。齐、鲁同时立国，共拱东方，几百年来互通姻亲，早已形同手足兄弟。我若做了齐侯，当以周公之礼为尊，以骨肉邦交为重，齐鲁互不侵犯，永结盟好。诸侯若有伐鲁，便是伐齐，纠当亲率三军，以供鲁侯驱使。还有……"公子纠喘了一口气,接着道:"鲁国之师,仁义之举,兵车三百,日费千金。纠返国后,当以双倍军资回报,并有白璧二十双、黄金五百镒献上,聊表寸心。望笑纳之。"公子纠此番"报鲁",乃是出门之前,管仲逐字逐句所教之语。

待公子纠讲完,文姜不由心中一颤,眼前这个弟弟实是令人刮目相看。

鲁庄公哈哈大笑,道:"如此,我再无忧虑。公子放心,明日一早,兵发临淄,我当统率三军,亲自护送公子登上齐侯宝座……"

文姜出面斡旋,使犹豫徘徊的鲁庄公最终下了决心。鲁庄公于是亲率兵车三百乘,以曹沫为帅,以秦子、梁子为将,浩浩荡荡护着公子纠向临淄开去。施伯闻之大惊,急匆匆赶来劝道:"国君为何一夜之间忽改主意?"鲁庄公道:"母命难违。况相助齐公子继位,终是大义之举,于鲁也多有饶益,何乐不为?"施伯闻言便不再劝谏,默默退出。未行几步,仰天一声长叹,摇头道:"有文姜为母,国君如龙被缚!鲁国之祸不远矣……"

鲁师迤逦北上。兵车刚出曲阜,管仲面鲁庄公道:"可继位齐侯者,非纠即白。今小白在莒,莒城入齐,远比鲁国之行要近得多,倘若小白抢先,便是主客已分,宾主易位,于我大为不利。白山是莒城进入临淄的必经之地,我愿借得精兵良马,先行一步,于白山道上将其截下,如此可保无虞。"

鲁庄公道:"此议甚好,需要甲兵多少?"

管仲道:"三十乘足矣。贵在神速,不在兵多。"

鲁庄公应诺。管仲留召忽陪着公子纠,随鲁师缓缓而行,自己则抄起弓箭,驾上快车,率着三十乘精兵,如风如电,径直奔白山而去了。

却说鲍叔牙与公子小白,在三十乘莒兵的护卫下,也是快车快马,说话工夫就已赶到白山。巳时已过,午时未到,天气十分燥热,白山道路又崎岖难行,军士多有牢骚满腹者,行程也渐渐慢了下来。颠簸的马车里,小白扶栏立于车盖之下,对着正在驾驭的鲍叔牙道:"鲍师父,士兵们太过辛劳,不如暂停,休息片刻。"

"不可!"鲍叔牙一边喝马,一边道,"如此万急时刻,岂容片刻耽误?管仲护着公子纠,必然也正在齐鲁大道上狂奔,我们要眼睁睁看着他们抢先吗?"

小白不语,沉默良久,回首望去,见只有自己这辆车在快跑,身后余车落得老远,有两辆索性止于道旁休息。鲍叔牙也无奈叫苦。

小白白嫩的脸皮上掠过阵阵忧虑，令鲍叔牙掉转马头，倒后一番，然后又将随行的三十乘兵车聚在一处。小白俯身，将车上莒子所赠的贝币拎来，哗啦啦逐个散与这些莒兵，人人有份。所有钱财悉数散尽，仅剩的空皮钱囊被小白抛于道旁。小白道："感谢各位兄弟护送小白返国，些许钱财，聊表谢意。待入了临淄，本公子另有重赏！"众人一片欢呼，热情高涨，都道："唯公子之命是从！"鲍叔牙大声道："甩开膀子跑起来！过了白山，前面就是桓岭，那里阴凉有水，我们在桓岭里歇马造饭！"

众人霎时鼓足了精神，车行如飞，不一会儿就穿过白山，直冲桓岭而去。鲍叔牙一边驾车跑着，一边哈哈笑道："王者之风！公子果有干大事的气魄！"

却说公子小白前脚离了白山，管仲后脚就赶到。但见车辙累累，有一只来自莒国的空空钱囊遗落在道旁。管仲不禁疑窦丛生。恰前方又有两个樵夫结伴而来，稍一打探，顿时就明白了一切。管仲大惊道："不好，来迟一步！日已近午，公子小白必在前方桓岭停歇造饭，我们快快追上去！"

微微起伏、处处蜿蜒的丘陵之地，到处都是密密麻麻的野树茂林，一条黄土大道从中横贯东西。此刻，高冈之下，大道之侧，一条溪流岸边，莒兵们早已开始埋锅煮饭，但见树影满地，弥漫的炊烟将众人掩映得若隐若现。公子小白与鲍叔牙端坐在一株老松树下的马车上，一边喝着从溪中汲来的清水，一边谈论着高子、国子的一些往事。

"小白公子别来无恙！"随着一阵爽朗的笑声，公子小白与鲍叔牙皆大惊，不约而同于车盖下并肩站起。但见对面高冈上忽然起了烟尘，乌沉沉一片甲兵簇拥中，有一战车飘然而出，管仲背负长弓，凭栏而立，青衣飒飒，长须飞扬，两道目光如两支离弦之箭，正居高临下射过来。

一见是管仲，鲍叔牙霎时惊喜得要跳下车去，然而左腿刚一抬起，就又迅速收回，脸上的笑容顿时扫去，用身体贴近小白，示意来者不善。鲍叔牙半是警惕半是欢喜道："数月不见，不想你我却在这桓岭相会，管兄安好？"

管仲恭恭敬敬行了一揖，凝视鲍叔牙良久，双目炯炯，满是深情浓意，但只缄口不语，俄而又提高嗓门道："今朝管鲍桓岭相逢，却不似昔日颍上之会！"

此语言简意赅，暗藏弦外之音，鲍叔牙恍觉一阵寒气袭过，从故友相逢的惊喜中骤然清醒过来，暗忖道："昔日兄弟相亲，今朝各归其主，狭路相逢，必有一斗，真真令人无限悲哀！"当下并不言语，只重重还了一揖，行的是军中武揖。

管仲正色道:"敢问公子意欲何为?"

小白早知管仲来意,坦然道:"兄长襄公死于非命,尸骨弃于贝丘山上,如今国人将之迁入临淄安葬,我正为我兄奔丧而来。"

管仲仰天大笑,道:"真乃重孝识礼之人!公子当知,襄公殁后,你们兄弟二人,公子纠为长,小白为幼,自古长幼有序,尊卑有别,公子纠自当先入城中祭奠方是。所以,你等当于这荒山野岭之中止步,切不可乱了古制礼法。"

鲍叔牙大怒道:"休要玩弄口舌!齐国生乱,国位空虚,先入临淄者,便是一国之君!你我各归其主,各自尽忠而已!鲍叔牙舍命,也要护拥我主成为齐侯!请公子纠速速退去!"

鲍叔牙火冒三丈,剑拔弩张,正在煮饭的莒兵闻听,纷纷抄着兵器拥过来,霎时将公子小白的马车护在中央。这些莒国武士都曾受小白的恩惠,皆愿效死命。那边,管仲身后的甲兵也是个个举起了长戈大戟,一片叫嚣。

双方战事一触即发。管仲冷静扫一眼对面莒兵,也是三十乘之多,与自己带来的人马对等。一旦动起手来,孰胜孰败,尚未可知。"我当出其不意,直取小白。"管仲暗暗道,当下眉头一皱,呵呵笑起:"终是故人,何必动兵呢!鲍兄既然如此说了,我们退了便是。"言罢,管仲掉转车马,霍然退走。

公子小白一怔,与鲍叔牙面面相觑,疑惑不解。鲍叔牙最懂管仲,深知其行事果敢,绝不半途而废;莫非今日果真念在昔日之情,厌倦了尘世纷争,索性放下了?

风过长林,脱兔疾走,鲍叔牙正思虑间,只见管仲戛然止住车轮,青筋暴起,目射精光,以其迅捷无比的惯用手法,快抽箭,猛转身,骤挽弓,羽箭破空,"嗖"地射出!管仲那一箭,力起丹田,发于臂膀,将胸中累积了四十年的郁郁不平之气、吞天吐地之想、纵横驰骋之志霎时贯注镞上,取居高临下之态势,挽千钧之力于指掌,运平生绝技于瞬间,觑定公子小白,如雷如电,如虎如龙,直逼胸膛,凌厉飞去!

鲍叔牙大惊,急呼"公子",忙推小白肩膀,希望可以将之推倒,然而为时已晚。只见公子小白微微闪了一下,口中"啊"的一声高叫,嘴角渗出一丝血迹,俯身趴倒在了车栏上。鲍叔牙惊得脸色惨白,赶忙扶住,想要扶起,却觉小白身子如石下沉,重重压在栏上,难以拉动。这当儿,管仲在冈上凝神细观,瞧得清清楚楚——但见公子小白紧紧压着车栏,一只手臂痛苦下垂,不住颤抖,另一只手臂隐匿于胸下看不见,大约正护着已然被射穿的心口，挣扎着只将脑袋抬起，恶狠狠瞪了自己一眼，就又吐出一口热血，唇下尽红，继之骤然间垂下了头，仿佛脖颈已折，完全如尸伏车，死了。

"公子小白死了！"在场双方无人不骇。鲍叔牙大叫着使劲晃动小白的身体，再无回应。鲍叔牙怒目圆睁，黑髯偾张，死盯着管仲，陡然"啊呀——"大喝一声，从车后抓来一副弓箭，翻身跳下，搭箭挽弓，就要射向管仲。

管仲提弓在手，却一动不动，只瞧着鲍叔牙，眼神中饱含情愫，是惊，是怒，是怨，是忧，是惆怅不已，是哀叹不休。往事幕幕，瞬间涌上心头，管仲暗道："鲍兄啊，你果真要射我？"

鲍叔牙的手颤了几颤，抖了几抖，最终将弓箭冷冷地摔在地上，叹气道："你走吧。"

刹那间管仲眼眶湿了，胸中热浪翻涌。"鲍兄终究是鲍兄！你我各为其主，又岂能不争？俗世纷乱，征程艰险，此身不知何时便已不存。倘若有朝一日，我果真命丧鲍兄之手，管仲倒觉得乃平生大幸！"管仲想着，对鲍叔牙执弓行了一揖，而后一回头，退去了。

鲁人欢呼不断。管仲得意地将弓弦弹了一下，自言自语道："天要公子纠为君，谁人可挡？我们可以缓缓而行了，哈哈哈哈……"

片刻间，高冈之上，黄烟弥漫，车轮声远，管仲的人马早已没了踪影。

"公子啊，大业就在眼前，谁料到你竟枉死在这荒郊野岭！"鲍叔牙扑通一声跪在车前，行臣子大礼。正伏身痛哭，却听得车上有声唤道："鲍师父……"鲍叔牙惊得眼睛要鼓出来，抬头望去，见公子小白从车栏边缓缓立起身来，嘴角轻轻吐出一星血渍，捂在腹上带钩地方的右手竟拔出一支箭来，镞尖无血。小白笑道："管师父之箭，名不虚传啊！"——原来管仲瞄准射的是小白左心，只因鲍叔牙胡乱推得一把，那箭射在了小白腹间的带钩上。此件带钩，其大如掌，精铜打制，中间嵌着一块纯厚的白玉。小白中箭后，深知管仲神射，百发百中，当下急中生智，咬破舌尖，吐出血来，伏身车上，佯死骗过了管仲。

小白当下忘情地摸了一下带钩。鲍叔牙凑近一看，钩上之玉已被射碎，裂纹四散开来，足见射力之强，发箭之猛，令人不由心有余悸。鲍叔牙忍不住叹道："公子死得极妙！"

小白乐道："青衣神射，天下皆知。我若不死，那管仲第二支夺命之箭必然接踵而至！彼时就得真死了啊。"说话间，身边的莒兵都拥了来，发出好大一片笑声。

这笑声却令鲍叔牙警醒，"嘘"了一下，断然止住，林间顿时陷入沉寂。鲍叔牙轻声道："此非久留之地，我等速去。"

公子小白道："善。"一挥手，示意众人撤。小白立在车上，嘴角血痕犹在，环视一眼这里的高树与浓荫，溪流与软草，道旁黄土里埋锅造饭饭还未熟，依旧柴烟缥缈，被灌木杂树高高低低簇拥着的那个高冈上管仲身影早已消失……小白豪气横生，顿觉自己骤变，可与天比高，可与地比大，当下双目炯炯，傲然道："不做诸侯，此生如枉！且做诸侯，必报今日一箭之仇！"

林木掩映间，这队马车如大蛇一般穿出了桓岭，待日落西山时，公子小白与鲍叔牙早已执辔于临淄城下。

时周庄王十二年，公元前 685 年。《史记》曰："鲁闻无知死，亦发兵送公子纠，而使管仲别将兵遮莒道，射中小白带钩。小白佯死，管仲使人驰报鲁。"

第十七章　临淄阴云

树影朦胧,孤月高挂,粗拙而厚实的黄土墙壁上,摇曳着一幅淡淡的天然图画。借着夜色掩映,有一人雄赳赳,气昂昂,神色凝重,步履匆忙,在家仆的引领下,从高府大院那株百年老槐树底下穿过,径直步入内堂。这人四十岁上下,一身玄衣,黑面虬髯,两边鬓发微微乱着,从头到脚都是风尘仆仆的模样。

此人正是鲍叔牙。桓岭中避过了管仲一箭,鲍叔牙与公子小白更感事态凶险,于是催马急驰,早到临淄。公子小白并未入城,鲍叔牙将其安置在城外一个荒僻的所在,令莒兵昼夜巡护,自己则独身入城,先到高子府中。

高子早已等候多时。见鲍叔牙脱履入堂,高子慌忙迎来道:"苍天有眼,幸你与公子终于到来!"

鲍叔牙忙揖礼道:"上托天意,下赖人心,公子托我谨向高子代达谢忱。"

两人分宾主坐定。鲍叔牙言道路上如何凶险,讲到管仲射钩、小白诈死一节,高子不由击案道:"身临险境智勇双全,生死关头凛然不惧,小白虽然年幼,到底英豪气象!正合为国君之选!"

鲍叔牙道:"鲍某既为公子之师,自当为主尽忠,虽死无憾。眼下国君之位,非白即纠,非纠即白! 还望高子施以援手,相助我主早登大位!"言罢,伏身于地相求。

高子急急止住,望着鲍叔牙,心中满是赞许之意,点了点头道:"小白能得你为师,才是天助！有鲍师父在，大业必成！"当下慨然道，"眼下国中，自雍廪大夫用计除掉公孙无知之后，因其义举，众人推之权理政务。雍廪倡议从鲁国迎立公子纠为君，众人也多有附和，公子纠得到鲁庄公相助，正在归齐途中。然而，齐国诸大夫之心，如国子、东郭牙、公孙隰朋等，却在小白身上，而非公子纠。我观二公子，纠如美麀，白如雏虎，齐国若要图强，非小白不可！如今，小白抢先入城，便成小白是主、而纠是宾之势，岂非天意所向乎！况偌大一个临淄，非我夸口，高敬仲一言既出，孰敢不从？今小白继位之计，鲍师父当于明处大肆称赞小白之贤，我当于暗处联络诸大夫鼎力相助，我料风生水起，大事必成！只是——"

高子一顿，面露忧色，鲍叔牙接着道："高子可是忧虑雍廪大夫？"

"正是。"

"我也正为此事烦恼。雍廪乃是除贼之功臣，目下又暂理国政，有此人鼎力支持公子纠，我等难免有两难之境。"

"非也！"高子眉头紧锁，望着跳跃的灯火，一边沉思一边道，"我观雍廪其人，倒也不是非公子纠不可。雍大夫一心为国，光明磊落，并无私情，推举公子纠继位，只是顺势而为之举。只要我等晓之以利害，明之以大义，相信雍大夫也会站到公子小白这一边！倘若他果真执迷不悟，我便举兵弹压，只要拿下了雍廪，临淄城中便再无碍手碍脚之人！"

鲍叔牙道："雍大夫之人，我早有耳闻。不劳高子费神，鲍某愿亲自登门，以齐国大业说之，相信雍大夫必应！"

高子笑道："我亦有此意。但愿天意吉祥，齐国不可再陷内乱了。"

"高子赤城谋国之心，鲍某深感敬佩！我主有福，可得高子相助。"鲍叔牙说着起身，拱手道，"既如此，我便告退。"

"慢——"高子道，"公子小白于临淄之外不可再有丝毫差池，我将遣府中之兵，随公同行，有我甲兵护卫，公子可保无虞。"

两人当下作别。高子调遣精兵，赠予鲍叔牙，以做公子小白在城外的防护。又赠予许多金帛食物，以供资用。有高子相助，公子小白可谓如虎添翼。那些莒兵自然返回莒国不提。

翌日，鲍叔牙携带重礼，拜访临淄城中各个大夫，逐个登门，无一落下。鲍叔牙秉性刚直,行事果敢,胸中但觉只有小白才是齐国国君的不二人选,只有小白才是齐国强盛的希望,于是胆正嘴硬,挺胸直言,毫无畏惧,滔滔不绝。鲍叔牙原来只是一个若有若无的公子师父,如今终于慷慨激昂走到台前,众人忽然发现,原来临淄城中竟有如此忠肝义胆的贤臣子、大丈夫!鲍叔牙倒是赢得了齐国上下一致嘉许。而城中的公卿权贵,哪一个昔日没有受过小白的恩惠?蓦然发现,当年公子小白游手好闲,挥金如土,广泛结交,看似浪荡公子,实则暗藏大志,于是众人都默许支持小白。此一点,公子纠一万个不及。

诸大夫之中,唯有雍廪独树一帜。以礼相迎,以礼相送,不卑不亢,不喜不怒,既不应允,也未拒绝,只正色道:"立公子小白,还是立公子纠,此乃齐国社稷之本,国之大计,非雍廪一人敢于独裁。来日召集众大夫于高子府上商议,共立新君。"鲍叔牙默然,礼敬而退。

这日,高子府中,群贤毕至,齐国国中最为显赫的公卿大夫齐聚一堂,如高子、国子、雍廪、东郭牙、公孙隰朋、宾须无、宁越、仲孙湫等,以高子居中,余列两旁,分宾主入席坐定。原来是雍廪召集诸大夫齐到高子府中,共议拥立何人继位为君的大事情。

雍廪先道:"数日前,赖诸公鼎力同心,除了国中逆贼。我等本意是从鲁国迎回公子纠以正大统,孰料先君幼弟公子小白先于公子纠而来,这国君之位,是立纠还是立白,雍廪不敢妄断,特请诸公商议。"

仲孙湫一声长叹,扯着嗓门道:"只想着除了无知、连、管,这齐国就太平了,孰料如此多事。依我看,纠与小白都是先君的兄弟,待他们一并到来,就交给他们兄弟协商,谁愿意做谁就做,我等尽心辅佐便是。"

众皆不语。半晌,公孙隰朋道:"自古君位传承,乃为嫡长子制;若子嗣不利,宜可兄终弟及。此乃国君家事,本非我等臣子可以妄论。奈何先君襄公死于非命,膝下无子,又无遗训,我等不得已而论其二弟孰可为君。隰朋以为,当今天下纷乱难息,诸侯征伐不休,齐国当立雄主!公子小白胸怀大志,智勇兼备,最具英豪气象,当立小白为君。"

国子笑道:"公孙大夫一言中的!我愿拥立小白!"话音刚落,席中多有附和者。

"不可!"东郭牙愤愤道,"公子纠仁德广布,最具君子气象,亦多得其父僖公、其兄襄公褒奖,不似小白那般玩物丧志。何况二兄弟中,纠为长,小白为幼,自古长幼有序,岂可乱了礼法?"

雍廪接着道:"我国早向鲁国派了使臣,如今鲁国以兵车三百乘护送公子纠正在返齐途中,倘若立白弃纠,鲁国颜面何在? 齐国亦将失信于鲁。稍有不慎,鲁国护驾之兵顷刻间化作讨伐之师,如之奈何?"

东郭牙重重道:"顺势而为,当立公子纠!"席间嘈杂一片,一时众说纷纭,各执一端。

仲孙湫叹道:"这边也不是,那边也不是,鬼知道天意在哪里?"

高子始终不语。雍廪见状,问道:"不知高子有何高见?"

高子微微一笑:"看天意吧。"

席间有三五人不由发出笑声来。但见国子忽然大笑道:"天意? 哈哈,高子真乃妙论! 诸公,公子小白先于公子纠而到临淄,岂非天意?"

众人尽皆愣住,一时满席雅雀无声。忽然间,一个擂鼓般的声音自外而入:"天意在此!"

众皆回头,见鲍叔牙双手端着一个铜盘,上覆赤帛,昂首挺胸大步而来。鲍叔牙走到席中,霍然将盘上赤帛揭开。原来是一条腰带,鲍叔牙双手各执一端,将正中带钩推到众人面前。那带钩精铜嵌玉,非寻常之物,然而那块厚厚的玉却像是被什么东西震碎了,满是裂纹。鲍叔牙一面走着,令满席众人个个看得清楚,一面慷慨道:"诸位大夫,此带钩乃公子小白所用之物。得知国中公孙无知被诛,我陪伴公子自莒城返齐。行至桓岭,被鲁国派遣的伏兵围住,为首者乃管仲。双方剑拔弩张之际,管仲一箭向公子射来! 管仲何许人也,我自知之,其人善射,百发百中! 然而——管仲之箭却只射中了这枚带钩! 公子临机咬破舌尖,吐血诈死,这才躲过一劫,快马赶到了临淄城下。众位大夫,此带钩可谓天意乎!"

鲍叔牙之言,令众人惊骇不已。公孙隰朋、宾须无等不由赞道:"小白公子,大器之才。"

雍廪大惊道:"此带钩乃兵戈不祥之物! 桓岭之间,小白与鲁已然结怨,倘若我等立小白为君,鲁国恼羞成怒,发兵来打,岂非惹火上身?"

鲍叔牙哈哈大笑,道:"鲁国之火,齐国上身定了! 我有一言,诸公细听:若立公子纠,齐必雪上加霜。鲁庄公以三百兵车护送公子纠,公子纠当许诺多少财帛以谢鲁侯呢? 我国两番内乱,又有多少财力可堪鲁之征求呢? 昔日宋庄公染指郑国内政,立郑子突为君而索贿无度,以致宋、郑之间兵火连绵,数年不绝,郑庄公一手开创的霸业由此荡然无存！此前车之鉴,莫非齐国要重蹈覆辙？鲁侯立了公子纠,此后齐国必将臣服于鲁,其势然也！齐之图强,在公子纠乎？在公子小白乎？"

这一层深意被鲍叔牙道破,众人都听得心头一凛。当下包括雍廪、东郭牙在内人人都意识到拥立公子小白才是明智之选。沉默了半晌,又听得东郭牙道:"如果立公子小白为君,我们又将如何面对已在途中的鲁庄公呢？"

鲍叔牙冷冷道:"我已有君,鲁侯必自退去。"

一直缄闭其口的高子俄尔起身,环视众人道:"立公子纠,齐必受制于鲁;立公子小白,齐国可以自强图霸。其中利害不可不思。公子小白先到,便是君主已到,此乃天命所归！我等立了小白,倘若鲁国胆敢无礼,便是干涉我国内政,师出有名,齐必拒之！高侯决定:拥立公子小白继位为君！"

高子一言九鼎,众人如吃定心丸。当下雍廪第一个应道:"为国之大计,雍廪愿拥立小白！"此时众人方知雍廪之心。国子又带头附议起来,满席大夫个个欢喜不已,都道:"好,好,拥立小白,拥立小白……"

鲍叔牙见状,长嘘一口气,心中不由暗暗叹道:"公子啊,也不枉了我们这一番千辛万苦……"

当下以高子、国子为首,仪仗开道,甲兵护卫,众人一道出城,将公子小白迎回城中即位,是为齐桓公。时周庄王十二年,公元前685年。

公子小白鱼跃龙门,顷刻间化作一方诸侯,出则乘坐五马驾驭的豪车,入则享用七鼎六簋的美食,操一国之权柄,享万人之朝拜,可谓少年得志,意气风发。继位为齐桓公,国中诸大夫如雍廪、东郭牙、公孙隰鹏等皆有拥戴之功,自然免不了一番厚赏。其中高子、国子二卿居功至伟,桓公又特别加赐封邑,而自己的师父鲍叔牙无疑是此番功业的第一功臣,桓公赐鲍叔牙卿大夫爵位,将临淄城西二百里外的一座小山及其周边土地作为鲍叔牙封地——此山便取名为鲍山,后来山下建有一座石城,取名鲍城,为鲍叔牙食邑之所。鲍叔牙由此被称作鲍子,与高子、国子并列为齐国三卿,地位一时无限恩荣。

安抚好国内,齐桓公不禁又忧上心头,独召鲍叔牙来见。昔日师徒患难,今朝君臣与共。鲍叔牙道:"国君可是为护送公子纠的鲁师烦恼？"

齐桓公道:"正是。我虽然做了齐侯,然而哥哥公子纠与鲁国岂肯善罢甘休？我刚登基,鲁国兵车便已陈设国门之外,我岂能不忧?"

鲍叔牙思索片刻,道:"我已有君,彼当自退。可遣仲孙湫为使,入鲁师告知鲁庄公。"

"倘若鲁侯与公子纠闻讯非但不退,反要进兵,如之奈何?"

"国君无须惊慌。鲁国非要伐我,便是兴无道之兵,不义之师,我保家卫国,慷慨应战便可。齐国君臣上下一致,同仇敌忾,必将大败鲁国! 今已为国君,便是一国之胆,一邦之魂,合于理则礼之,不合于理则战之,怕他什么? 国君当抖擞出齐侯的威风来!"

齐桓公大受鼓舞,止不住就要如同昔日拜师之仪那般,一边行礼一边道:"鲍师父教诲,小白谨记……"话尚未说完,便被鲍叔牙扶起道:"不可! 国君不可乱了你我君臣之礼!"

齐桓公一怔,笑道:"国君正当行尊师之仪! ——如此,就依鲍师父之计,速派仲孙湫出城,会一会鲁侯和我那哥哥。"

"诺。"鲍叔牙得令退去。

望着鲍叔牙的背影,齐桓公无意间探出手来,摩挲一下腰间的带钩。身上是新制的礼服,带钩无疑也是崭新的,齐桓公蓦然感到腹间一阵灼热袭来,仿佛此刻又被管仲射了一箭。齐桓公咬牙切齿,英俊白嫩的脸皮上泛起一阵怒色,低声狠狠道:"不杀管仲,小白枉为齐侯……"

汶水又名大汶河,源于沂蒙之山,自东向西一路逶迤,绕泰山东南而行,复又西去而注入济水。汶水是鲁国北部一条重要的界河,春秋初期整个汶水流域都归鲁国所有,其中在泰山一带的汶水北岸有一大片肥沃土地,时称汶阳之田,过了汶阳田便是齐国疆域了。汶阳田中还有一座汶阳小城,为鲁国北疆戍边之城。

鲁庄公护送公子纠的三百兵车刚刚开拔到汶阳一带,见这里地势开阔,水木清华,大地上绿油油的野草疯了一般,成片成片地蔓延,正是喂马的好地方。"汶水汤汤,行人彭彭。汶水滔滔,行人儦儦! 好一片鲁国江山!"望着汶阳,鲁庄公不由叹道,又传令在此地安营扎寨,休整一番再出发。大军离了曲阜,始终行进迟缓,一来此次行动只是护驾邀功,并非打仗,全军上下不免陷入一片骄横懈怠的氛围中;二来管仲自桓岭返回,带来了公子小白被射死的好消息,更令鲁庄公把心放到了肚子里,于是行军速度更缓了。

须臾间营寨立好。国君大帐中,鲁庄公正与曹沫、秦子、梁子等一帮随行大夫饮酒,笑谈一些齐鲁睦邻友好的往事,忽然帐外传报:"齐使仲孙湫求见国君。"

鲁庄公托着半爵残酒,眼睛饱含醉意,乐呵呵道:"大军刚到齐境,临淄城就派出使臣迎接我们来了! 齐国啊齐国,群龙无首的滋味不好受吧!"众人随之哄堂大笑。

仲孙湫大步入帐,环顾左右,面鲁庄公躬身行了一礼:"齐国大夫仲孙湫拜见鲁侯。"

鲁庄公轻蔑地瞟一眼,又瞧着手中酒爵,淡淡道:"为着齐国家事,寡人亲率三百兵车,不辞劳顿之苦,不日便可护送公子纠入主临淄。仲孙大夫忽然而来,莫不是嫌寡人行军太慢乎!"

仲孙湫正色道:"非也! 恰恰相反,湫不速而来,正要告知鲁侯:先君之弟公子小白早从莒城归齐,已于两日前承续社稷。齐国已有国君! 鲁侯莫要再提什么入主临淄之事。"

鲁庄公一怔,继之放声大笑起来:"就是那个躲在小小莒国的小白啊! 他被管仲射了一箭,口吐鲜血,于桓岭的古松树下长眠不醒了,临淄他是永远回不去了!"席间几个鲁国大夫不由大乐起来。

孰料仲孙湫更是仰头一阵狂笑,将鲁国众人的气焰压了下去。"管仲的箭只能射熊射虎射鱼射雁,岂能射中我齐国君侯!"仲孙湫当下一番慷慨,将管仲只是射中小白带钩,小白随即佯装假死,以及返归临淄后被众大夫拥立为君之事和盘托出,唯恐遗漏。仲孙湫环左右侃侃而谈,手舞足蹈,浑身上下得意不已,说得满席众人个个羞愧,鲁庄公的脸色红了去,白了来,须臾紫涨。

此消息大骇人心,恍如平地起雷,当头棒喝一般。鲁庄公当即将酒爵摔在案上,有酒滴蹦跳出来,落在盛着羊肉的铜鼎足下。鲁庄公大怒道:"前番要迎回公子纠继位的是你们,此番忽然拥立小白的又是你们! 今我为了友邦之好,大动干戈,亲率王师护送齐子,已达汶阳之界。你们要寡人何以自处?"

仲孙湫昂然道:"鲁侯善意,齐国日后必有重谢。眼下如何自处,鲁侯乃聪明绝顶之人,何劳下问? 愿鲁侯以齐鲁邦交为重,湫就此告退。"言罢,拱行一礼,拂袖而去。

帐中立时炸了锅。仲孙湫此来明显是劝退之意,然而如此半途而废,鲁国颜面何存? 众人叽叽喳喳,议论纷纷,秦子、梁子齐声高喊"齐国欺人太甚",叫嚣着要兵发临淄,废小白而改立公子纠为君。鲁庄公心中更是干柴烈火一般,他只想狠狠打一仗,一战而将齐国打趴下,至于公子纠、公子小白谁做国君,他无所谓的。鲁庄公当下拍案道:"齐国无礼太甚!寡人必要提兵攻入临淄,誓不空手而归!"众人多有赞同者。只有大夫曹沫劝道:"齐国已立国君,我等绝不可再以拥君之名伐齐,否则是自绝于天下矣!事已至此,自当退兵,并遣使称贺,以结齐鲁之好。"

曹沫之言自大大有理,然而鲁庄公胸中那一团又羞又怒之气实在难以遏制,加之二十上下年纪,正是血气喷涌之时,如何按捺得住?鲁庄公当下大吼一声,举起满满一大觚酒,仰着脖子就咕嘟咕嘟灌下去……

正举棋不定间,帐外管仲来见。却说管仲与公子纠、召忽三人被安置在后营,与大军粮草辎重同伍。如此重大消息,自然火速传入他们耳中。管仲闻讯大惊,呆了半晌,忽然发出爽朗朗一阵笑声。管仲由衷叹道:"临危不惧,权变非常,小白好手段!"当下忽然对公子小白生出一种异样的感觉来。管仲自以为神射之术,当世罕有,能从自己箭下逃生者,小白可谓第一人!尤其这个刚刚成年不久的娃娃于那万急时刻,居然可以使出佯死的手段,成功地骗过了自己!三日不见,刮目相看,公子小白可谓大器之才,此人做了齐侯,必可创建一番惊天伟业!相较而言,公子纠就差得远了——想到这里,管仲忽然出一身冷汗,不由拍了拍脑壳,自我警醒一下。"小白虽有大才,却非吾主!为人臣者,当以尽忠为第一要义。"管仲眉头紧锁,如坐针毡,霎时感到局势严峻,时不我待,为今之计只有借助鲁国兵力,不惜一战,但愿可以为公子纠再夺得江山。当下不敢片刻迟疑,便辞了公子纠,独自驾车穿出后营,来到鲁庄公帐前。

鲁庄公命管仲入帐。管仲一边走着,一边环视众人之色,但见个个焦虑不安,鲁庄公更是瘫坐案前,右手攥着铜爵,一脸怅惘。管仲顿时明白几分,禀道:"桓岭之中,齐小白侥幸逃得性命,虽一时得志做了国君,依我看不过是侥幸。胜负依旧未分,大局依旧未定,鲁侯当一鼓作气,打下临淄!"

鲁庄公头也不抬,低声道:"管子又有何妙计?"声如蚊蝇。

管仲道:"小白初立,脚跟未稳,人心未定,国中易生内变。趁此良机,火速攻之,我料必可一鼓而下!"

"哈哈哈哈,若依管子之言,齐小白早已被射死多日了!"鲁庄公忽然大笑,陡然变色道,"管仲数次游说,不过为其主谋一己私利而已!是发兵还是讲和,寡人自有决断,岂容你这外邦之人疯言疯语!来人哪,将这厮与我轰出去!"不知为什么,鲁庄公忽然觉得,此番这等尴尬处境,都是拜管仲所赐。管仲请命去射小白,结果一场空忙,害得自己也是自欺欺人。还有,要不是管仲上蹿下跳搬来文姜夫人出面,说不定此刻自己正高卧曲阜城中优哉游哉欣赏歌舞呢……

帐外两名武士持戈而入,将管仲一左一右架起来就拖走,管仲无奈挣扎着,不住乱喊:"机不可失! 鲁侯莫失良机啊!"

帐内又陷入一片沉寂。鲁庄公左思右想,终于下定决心,弃了酒爵,扶案起身道:"寡人劳师远征,绝不空手而归! 众臣听令,命秦子、梁子为先锋,即刻拔营,兵发齐国!"秦子、梁子应声领命;其余众人也是群情激愤,踊跃不已。席间只有曹沫一人无奈地摇了摇头……

管仲被轰走后并不死心,本要再行劝谏,没想到鲁庄公到底还是发兵了,管仲心中的石头终于落地,慨然叹道:"鲁国发兵,公子纠终有机会! 我等皆要奋力一搏!"

明月高悬,壮丽的齐宫灯火通明,恍如白昼。一盏刚刚捧上来的蜜水被齐桓公豁然摔在阶下,吓得两个侍女浑身颤抖,伏地求饶。齐桓公自幼好饮蜜水,此刻宫女端上来的蜜水也是一如既往,并无不妥,只是齐桓公心烦意乱,焦躁难安,但觉蜜水淡而无味,一时怒不可遏,不由自主就摔了水器。齐桓公毕竟还太年轻,初掌一国之权,但觉力不能任,有千头万绪,无从切入之感。尤其鲁国兵车正向家门口开来,其意就是要废了自己而改立公子纠为君,其心险恶,如箭在弦,不得不发! 此战乃自己继位以来第一大战,可谓一战而决生死! 如此关口,齐桓公岂能不急?

另一边,鲍叔牙解衣就寝,但辗转反侧,彻夜难眠。齐鲁交兵在即,整个齐国虽说人人如临大敌,然而最为焦虑者,便是齐桓公和鲍叔牙了。鲍叔牙刚勇无畏,本不惧鲁兵,然而一想到对方阵营中有一个管仲,便禁不住忧上心头。管仲的才学谋略,天底下没有比鲍叔牙更熟知的了。鲁国中多了一个管仲,便是多了一份奇谋诡计、变幻莫测的胜算,这一点老鲍深知不及也。然而,齐国无论如何不能输,输不得! 焉敢输? 如何才能确保齐国必胜,万无一失,鲍叔牙苦思一夜,依旧没有想到良策。晨曦初现,望着窗外七八茎摇摇晃晃的翠竹,一片湿漉漉的,鲍叔牙自言自语苦笑道:"管仲啊,老鲍我甚是想你啊,你若在,必有破鲁良策,哈哈……"

转眼日上三竿,鲍叔牙正要前往临淄军营巡查,忽有人来报:"齐市中出现一怪人,身穿白衣,腰悬长剑,半疯半傻,击掌唱道'吾有奇计,助齐破鲁。能识人者,鲍叔牙乎!'那人从齐市这头走到那头,又从那头走到这头,反复疯唱,已有两日。"鲍叔牙惊讶不已,当下道:"此人绝非疯癫,定有不得已的苦衷,况歌中特意唱到鲍叔牙,是引我前去相见。我需前往齐市观之。"

　　齐市在宫城之北。西周之初,姜子牙受封齐国,营建都城时,也是依照当时通行的国都建制:都城在外,宫城居内,大城套小城仿佛一"回"字。宫城向南为朝,向北为市,东为祖庙,西为社坛,所谓"左祖右社,前朝后市"。鲍叔牙心中颇为焦急,独自驾着一辆快车,绕过宫城北门,径直前行。

　　齐市街道宽阔,车水马龙,各色商贩、工匠、买卖人等川流不息。两旁店铺林立,清一色的黄土墙壁上,嵌着各种木柱和栅栏,上面都罩着厚厚的茅草为顶。正是每日里交易的旺盛时候,各种嘈杂声此起彼伏。鲍叔牙无意"此声",而是想着"那声"寻寻觅觅去。马车缓缓行了半道街,果不其然,"吾有奇计,助齐破鲁。能识人者,鲍叔牙乎!"的歌声还是从喧闹杂乱的市井烟尘里飘出,如同一股山野间的淙淙清流,活泼泼地、静悄悄地、远远地溜进了鲍叔牙的耳朵。鲍叔牙当下大喜,执辔驱车向前。过了一家门口摆着一堆堆的陶盆、陶罐、陶豆、陶簋的店,过了一家漆木店,过了一家蒸酒店,又过了一家煮丝店,陡然间有两辆抢道的牛车并驾齐驱迎面扑来,鲍叔牙赶忙躲闪从一侧避过。贴着路边而行,眼前是一片竹筐、木彀,伴随着叮叮当当的凿木之声,又有四五个汉子正在端详木彀的工艺,面红耳赤正争论着什么。鲍叔牙只管向前,不想前面又被密密麻麻、穿着粗布葛衣的行人阻住了道路。鲍叔牙扯起嗓门喝一声马,那些人顿时受惊,不约而同回首,并急急忙忙让开了道路。

　　仿佛穿出了阴暗的密林,鲍叔牙眼前豁然开朗,但见一人浑身白衣,腰悬长剑,背对着自己缓缓向前,一边走着一边唱着"能识人者,鲍叔牙乎",虽是背影,但足见丰神飘洒,气宇轩昂,有鹤立鸡群之感。

　　"高士请留步!"鲍叔牙戛然止住车马,高呼一声便跳下车来,唯恐那人听不到。

　　眼前白衣人转过身来,目不转睛盯着鲍叔牙看。鲍叔牙也向那人上下打量去:此人四十上下,仪表堂堂,身形魁梧,虽然消瘦,却也是铁骨铮铮,看得出来饱经风霜,不知吃了多少苦头。面白如玉,黑须少许,鼻梁高耸,目光炯炯,浑身上下透着一股清高冷傲之气,仿佛大雪压下一簇苍劲挺拔的翠竹。鲍叔牙不由叹道:"此人绝非草莽人物,必是大有来历。"当下行了一揖道:"先生几日来唱着鲍叔牙的名字穿行齐市,可是鲍叔牙故友?"

"非也。"那白衣人还揖,淡淡答道。

"既非故友,可是受人所托?"

"非也。"

"你可认得鲍叔牙其人?"

"不认得。"那人忽然爽朗一笑,"不过此刻便已认识,你必是鲍叔牙也!"

鲍叔牙不禁吃了一惊,当下也大笑道:"我就是鲍叔牙。公吟歌齐市,引我前来,必有高论——未曾请教姓名。"

白衣人悠悠乐道:"我乃市井行乞之人,岂敢在鲍卿面前称名道姓。只是闲游四海,偶过齐国,见临淄有难,不容不说。鲍卿可知,当下齐国正有一险?"

鲍叔牙有意试探一番,于是眯着眼睛轻轻道:"未知。"

街市两侧行人渐多,又有几辆牛车吱吱呀呀驶过,两人伫立街中,非但不予相让,反而纹丝不动,仿佛这些身外闲人并不存在似的。白衣人慨然道:"齐,多事之秋。公孙无知被诛杀后,避难在鲁的公子纠与在莒的公子小白纷纷抢着回国,争夺国主。冥冥之中自有天助,小白得鲍卿相助,抢先入城,先发制人,做了今日齐侯。然而,那公子纠岂肯善罢甘休? 如今,公子纠得鲁庄公相助,三百兵车不日即将抵达城下,临淄二公子之争势必引发齐鲁之间一场恶战! 齐侯新立,此战可谓生死攸关——倘若齐胜,则桓公威望渐隆,江山稳固;反之如果鲁胜,则临淄城中至少有两人——新齐侯与鲍叔牙,非死即废,将永无翻身之日! 我猜,眼下临淄城中最是寝食难安者,必是鲍卿与齐侯也。故,此战务必全胜,一旦失手,将入万劫不复之境! 此即当下齐国之大险所在,鲍卿以为然否?"

鲍叔牙强装镇定,然而还是不由脊背发凉,渗出冷汗来。眼前白衣人不知是何方神圣,竟将当下时局分析得如此透彻,尤其那句"眼下临淄城中最是寝食难安者,必是鲍卿与齐侯"可谓这几日来的生动写照,入骨三分。鲍叔牙整整衣冠,躬身深深行了一揖,拱手道:"先生乃智谋高明之士! 先生既慧眼识局,也必有破鲁良策,愿先生教我取胜之道,鲍叔牙洗耳恭听。"

那人也未料到鲍叔牙如此真诚谦恭，当下大受感动，深深还揖道："鲍卿如此胸怀，令人钦佩。我正有一策，可助齐国一战破鲁！愿借鲍卿车马一用，同往乾（gān）时一行。"

"乾时？"鲍叔牙不由嗫嚅一声。乾时乃一个地名，位于临淄城西北，时水流经此地，也不知道为什么就取了这么一个古怪的名字。在鲍叔牙的脑海里，乾时不过只是一小段时水河流而已，真不知道这个地方与破鲁之间能有什么关系。

两人含笑，一前一后上了马车。鲍叔牙执辔，车轮滚滚，从齐市喧嚣中驶出，转道向左，由临淄西门出城，沿着宽阔的官道一路奔乾时而去。

一路上，白衣人净与鲍叔牙聊一些齐国地理，如山川开合、河流走向等，如数家珍一般，令鲍叔牙叹为观止。不知不觉间已到乾时，但见地势连绵，微微起伏，到处草木横生，生机盎然。马车止在横亘的堤岸边上，那下面当有一条汹涌奔流的"河"吧！鲍叔牙道："我们登上堤岸，一睹时水壮观。"那白衣人默然。

两人携手，顺着一条羊肠小道，从灌木丛中，绕过几株老枣树，登上河岸。"啊！"鲍叔牙失声大叫起来——哪里有什么河水？眼下分明是一条横亘南北的鸿沟，深约二十米，宽约二十米，仿佛被什么神兵利器从两岸直刷刷劈开，挖走，掏空，到处裸露着坚硬的棕红色土壤。"河水什么时候干涸了？"鲍叔牙迷茫着，接着道，"惭愧，老鲍身处齐国，却对齐国山河不甚了解。"

白衣人望着又深又阔的河床，眼放精光，如睹宝藏一般："此地名曰乾时。乾者，干也；时者，时水也。这时水发于临淄西南山地，绕城西边迤逦北上，继之又折而向西，注入济水。时水是一条季节性河流，雨季时常有山洪，水势狂纵，奔流到此如同刀劈斧凿，冲出广深河床。然而旱季时又会断流，干涸如斯。大体而论，此地一年之中半年有水，半年干枯，所以便得了乾时这个名字。今时缺雨多旱，乾时化作深谷，横亘南北，何其壮观！"

鲍叔牙叹道："老鲍领教了。"

那白衣人转头望着鲍叔牙，正色道："此地居高临下，沟深若谷，正是诱敌深入、伏击歼灭的绝佳用武之地！我所献之策，名曰乾时之战。鲁师自西而来，可遣一将诈败，将鲁国之师尽数诱入河底。我军居高，早做埋伏，如此以上攻下，矢石如雨，前后堵截，瓮中捉鳖！休说三百兵车，即使千乘之兵，也叫他灰飞烟灭，有来无归。此计可解齐国之险、鲍卿之忧乎？"

"啊呀！"鲍叔牙又惊又喜。眼下齐鲁大战在即，鲍叔牙正为此事犯愁，整夜冥思苦想，不得其计。万急时刻，白衣人忽然从天而降，献了奇谋良策，鲍叔牙饥人得食，渴人得饮，胸中不禁长舒一口悠然之气。

鲍叔牙躬身致谢，抬起头来又注视那人，但见他气质不俗，眉宇之间尽是英雄豪气。鲍叔牙素有知人之明，当下道："先生绝非常人，我观先生必是军旅世家、公卿之门！愿先生赐教姓名。"

白衣人转眼间露出凄凉之色，对着河谷一声长叹，幽幽道："我是姬克。"

"姬克？"鲍叔牙惊愕不已，又大喜过望，接着道，"你便是天子之子，王子城父！世传王子城父是治军用兵的奇才，今日相见，果然名不虚传！"

"岂敢以城父相称，我今不过是沦落江湖的匹夫。"王子城父的神色愈加黯淡。鲍叔牙闻言，不由想到了一些往事。王子城父姓姬名克，本是周桓王的次子，天资聪颖，智勇全备，尤精于兵道，只因曾经担任洛阳王城的城父，世人便称之为王子城父。周桓王逝后，王子城父之兄姬佗以嫡长子之尊继承天子大统，便是今日的周庄王。然而新王即位未出三年，据说王子城父联合周公黑肩谋反作乱，因为谋事不秘而被察觉，于是周庄王先发制人，痛下杀手，一举而荡平。周公黑肩被诛，王子城父则逃出了洛邑，下落不明。时周庄王三年，公元前694年事，史称"子克之乱"。王子城父遭此巨变，前途茫然，逃亡途中悄悄转道嵩山，请求师父指点迷津。当时管仲正在嵩山松泉子的洞府中求学，只因松泉子也是王子城父的师父，于是同门二人有过一次邂逅。一番高谈阔论之后，王子城父与管仲同时下山，于嵩山脚下分道扬镳，从那之后至今已有九年，王子城父与管仲两相漂泊，再未谋面。关于这一段天下震惊的乱事，管仲从嵩山回到颍上后，与鲍叔牙曾有一席畅谈，管仲道："世人皆以为王子城父乱臣贼子，我看非也。诸侯并起，天下大乱，面对日益衰颓的周室，莫说洛邑王子，四海之内有识之士，哪个不为之忧虑！当今之势，守旧制必是死路，唯变革可以图强！新旧交替之际，难免流血断头，王子城父其才、其德、其勇足可担当大任，只可惜所托非人，谋事不成，一失足而成千古恨！天下志士当为之同悲。"

鲍叔牙想到这里，不由将管仲这番评论和盘托出，王子城父听完一声叹："知我者，管仲也！我们同拜松泉子为师，可我仅为师父半个弟子，唯管仲幸得师父真传，我不及也。"呆了半晌,遥思松泉洞前,明月朗照,万壑松风,天地如洗,乾坤澄明,何其令人神往!又道:"往事不堪回首,我逃出洛邑,先走燕国,后来又在北方各国辗转,如风飘絮,如水打萍,半乞半商,几同废人。数月前我探得管仲在齐国为公子师父,于是便赶到临淄,渴望与故人一会。不想我到之时,恰逢贝丘政变,齐襄公被弒,公孙无知篡位,而你们两个护着各自的公子,一个前往莒国,一个前往鲁国去了。我只好沦落齐市,乞讨为生……哈哈哈哈,天下如此之乱,俄而有国交兵,俄而有家夺利,俄而有人谋权,如煎沸汤,如燃烈火,如驱飞蛾,众生包裹在水火炼狱,出入皆无门,生死不由己……试问天下,谁人可以自主?"

王子城父这番话引起了鲍叔牙诸多感慨,也引起了鲍叔牙对管仲的无限思念,眼前这位王子的遭遇与管仲何其相像?天意弄人,智谋之士怀才难遇,屡被驱逐,难得朋友来相聚,总是风雨话凄凉。尤其眼下,自己又将与平生知己沙场对决,生死相搏,这是何等残忍之事?鲍叔牙不敢再想,长叹道:"生于乱世,乃我辈莫大不幸!数日后,在这乾时战场……你,我,皆要与昔日故友管仲相搏杀了……"言未毕,眼神里露出无限感伤。

不料王子城父登时变色,一语斩钉截铁:"事在人为!先救齐国,再救管仲!"

此语可谓石破天惊,醍醐灌顶!"然也!"鲍叔牙恍然大悟,不由重重击了一掌,两人不约而同哈哈大笑起来。那笑声如风,从此岸悠悠滑落而下,于河谷干硬如石的土地上陡然反弹,仿佛翻了一个潇洒的筋斗,轻轻落在彼岸一片碧绿的梧桐叶子上。

"只是,"鲍叔牙忽然止住笑容,又忧虑道,"管仲现在鲁国军中,倘若他识破乾时之计,如之奈何?"

王子城父道:"在临淄闲游的这些日子,鲍兄与管仲之事,我皆了如指掌。鲍兄之福,在于辅佐了一个少年英主;而管仲之憾,在于千里之马依旧未遇伯乐。尽可放心,我料管仲之才,必不为鲁侯所用!即便识破我计,也是枉然。"

"哈哈哈哈,如此,我再无忧虑!"鲍叔牙说罢,面王子城父行了一礼,"王子入齐,乃是天助我也!请随我入宫觐见齐侯,我将保举汝为大夫,助齐破鲁。"

王子城父还揖。

两人扶着苍老的枣树从堤岸上走下来,而后升车驾马,一溜烟向齐宫奔驰而去。身后,一阵大风袭来,卷起无数的枯枝残叶,顺着那鸿沟般的河床,层层叠叠向前冲,仿佛车轮滚滚,战马齐奔……

第十八章　乾时大战

鲍叔牙与王子城父视察完乾时,并肩驱车,匆匆赶到齐宫。鲍叔牙将王子城父举荐给齐桓公,桓公大喜,迎入席中。三人一番密谈,定下了乾时战事。桓公道:"寡人初立,便遭敌侵,城父于此危难之际助我齐国,真乃天公赐我! 小白不才,愿拜城父为大夫,早晚受教。"王子城父道:"姬克乃流亡之人,蒙齐侯不弃,感激涕零。如今空手而来,寸功未建,岂敢受封大夫? 愿虚位以待,容我运筹,助齐破鲁,以报齐侯!"桓公称善。

是夜,桓公专为王子城父设宴,应邀而至者皆是当下齐国第一流的人物,如高子、国子、鲍叔牙、公孙隰朋、东郭牙、宁越、雍廪等。大战在即,君臣聚会,王子城父一番雄论,赢得阵阵喝彩声。城父出身高贵,本是洛邑王子,早年之时,其用兵善战之名便被列国诸侯所熟知,只是后来遭逢"子克之乱",以致没落至今。席间众人皆被王子城父之才所折服,频频举酒以表敬意。公孙隰朋笑道:"王子降临齐国,犹如商得伊尹,周得姜尚,齐国必将大兴于天下!"东郭牙叹道:"齐鲁之战,生死攸关,必用奇计,一战而定! 王子城父之谋,东郭牙自愧不如!"雍廪拍着胸膛道:"此战雍廪愿打先锋,请求国君恩准!"

那边,鲁庄公统率兵车,穿过汶阳之田,一路北上,不日赶到时水岸边一个叫作枣丘的地方驻扎。此地河水细流淙淙,两岸草木茂盛,倒是安营扎寨的好地方。鲁师依着地势,据险而立,鲁庄公及国中诸将在前,公子纠与管仲、召忽等后勤之兵居后,沿着河岸,前后连绵十余里,蔚为壮观。然而,顺着这条时水再往前行二十里,便是断水干涸的乾时鸿沟。

消息报入临淄，齐桓公、鲍叔牙、王子城父等，相视一笑。

旌旗蔽日，甲兵如云，齐国三军云集在高高的点将台前。但见齐桓公手握长剑，一身戎装，昂首登坛，威风凛凛立于麾盖之下。桓公不过二十岁，白净的面皮虽然未脱稚嫩，清秀的眉宇间却投射着一道霸主之光。此刻全天下所有的人都在看着他呢！看他是德薄才疏，弱不禁风，顷刻间被敌方踏为齑粉，还是英雄少年，指挥若定，力挫强敌，一战成名？！

桓公俯视三军，凛然道："小白承蒙朝野错爱，被拥为齐国之君，继任以来，昼夜不敢懈怠，唯恐愧对祖宗社稷！如今鲁国无故伐我，兵车陈于国门之外，誓要打破临淄，亡我齐国！小白绝不答应！——众将士听我号令，万民一心，众志成城，同仇敌忾，破鲁保齐！"

"同仇敌忾，破鲁保齐！"台下军士齐声挥戈，高呼雷动。

桓公将手中铜剑高高举起，压住了呼声。桓公高声道："东郭牙、仲孙湫何在！命东郭牙为左军主将，仲孙湫为左军副将，统兵车二百乘迎战！"

东郭牙，仲孙湫应声领命。

"命王子城父为右军主将，宁越为右军副将！也统率兵车二百乘。"两人立时领命。王子城父见国君直接封自己做了右军主将，心中陡然一凛，当下大有得遇伯乐之感。

"寡人自统中军一百乘，誓要与鲁侯一决雌雄！命鲍叔牙为中军主将，雍廪为中军副将，随寡人出征！"鲍叔牙与雍廪领命。只见鲍叔牙又道："迎战鲁国，有臣等足矣，何劳国君亲征？"

东郭牙也接道："国君初立未稳，横遭两国交恶，此乃非常之时。臣也建议国君宜坐守王城，前线战事可交由鲍叔牙统一指挥。"

桓公斗志昂扬，翘首道："正因初立，我才要亲自统兵迎战！寡人正要天下人都看看，小白是何等模样的齐侯！"

众兵士高呼："齐侯必胜！齐侯必胜！"但见桓公又道："命公孙隰朋镇守临淄，负责粮草接应，万万不可有误！"

公孙隰朋拱手领命。

桓公于点将台上踱了几步,深情凝望着下面的战车兵戈,满怀激动道:"仲孙湫率左军一支埋伏于乾时之西岸,宁越率右军一支埋伏于乾时之东岸,只待鲁师被诱入乾时深沟之中,便同时从上攻下,左右夹击。东郭牙与王子城父各率领另一支左、右之军悄悄潜行,埋伏于枣丘之南险要山地,鲁师败于乾时必要转头向鲁国逃去,你二人便在半道截断他们的归路! 乾时一战,必要大败鲁国,扬我齐威! 传寡人令,能生擒鲁庄公者,赐百数之金,赏万户之邑……"

枣丘鲁国军营中,国君大帐里,鲁庄公与曹沬、秦子、梁子等将商议已定,正在部署,准备强攻临淄,只待打下齐国都城,便逼迫桓公退位,改立公子纠为君。帐外忽报管仲求见,献攻克临淄之策。鲁庄公冷冷一笑,道:"我计已定,何用此人再言! 管仲乃九败大夫,难不成要诱惑寡人成全其十败之名?"于是令帐外甲兵将管仲轰走。

管仲悻悻而退。不想过了一首雅乐的工夫,又传急报:"齐国先锋雍廪,于营门外索战。"鲁庄公击掌大喜道:"就怕齐人龟缩城中,今出城来战,正中我们下怀。谁可为寡人打头阵?"

曹沬请命道:"我军初来,看我一战而斩齐将之头,以壮军威!"

鲁庄公喝一声:"好!"秦子、梁子也应声请战。鲁庄公道:"众将都有立功之机,我等全数出营,见机行事——不可让那雍廪等得心急了啊……"

众人随之发出一阵笑声。

两军阵前,鲁庄公乘着独属于国君的戎车,盯着雍廪,目射寒光。那戎车五马驾驭,清一色雄健的赤色骏马,都佩着由铜珠、白贝穿金线结成的马络头;马脖子下,各系着两枚亮晶晶的銮铃;马头之上,各套着一个金灿灿的虎头马冠,那虎冠怒目圆睁,咧开的一张大口裸露出上下两排尖牙,仿佛饿虎扑住猎物,正要张口撕咬一般。由此这戎马也便具足了虎威。滚圆的车轮高至人胸,车轴上装着精铜打造的尖锥利器,奔驰起来便如两道利剑从旁划过,触着人身,非死即伤。鲁庄公扶着车栏立于车厢之中,他的身后,插着一面绣着黑色鲁字的锦绣黄旗,迎风飘扬。

有风吹过,戎车的十个銮铃发出叮叮当当一阵脆响。对面,雍廪驾车出列,大声斥道:"我国新君已立,愿与诸邦结好。鲁侯何故行此不仁不义之兵! 周礼之国,信义安在?"

　　鲁庄公一看到雍廪便火冒三丈,听见其言道"信义",更是火上浇油,当下厉声喝道:"雍廪小人! 当初是你诛杀公孙无知,是你遣使入鲁要迎立公子纠,又是你半道改志,弃纠立白! 如此反复无常,焉敢在两军阵前言'信义'二字?"说罢,从身旁取来一副弓箭,"嗖"地一下就射了过去。

　　雍廪奉的是"佯装战败,诱敌深入"之令,当下将计就计,故意露出羞惭之色,一半为躲鲁侯之箭,一半假装虚意逃走,当下掉转车辕就撤。

　　眼看雍廪要逃,曹沫大喝一声道:"雍廪休走!"于是驾车追来。

　　雍廪大怒,迎着曹沫就又冲过来。两人的战车在各自御者的驾驭下,雍廪操戈,曹沫使戟,忽一下冲来,忽一下冲去,大战了十余个回合。雍廪故意卖个破绽,假装躲闪不及,被曹沫之戟划破了肩头。雍廪拼命惨叫一声,收了长戈,便催车鼠窜而去。整个齐师于是在雍廪的带领下,一股脑向北撤了。

　　鲁庄公见状,一挥手令道:"掩杀过去,活捉雍廪!"当下喊杀声震天动地,鲁师齐发,左有秦子,右有梁子,中有曹沫,如一片滚滚黑云卷了过去。

　　追击战中,鲁庄公瞧见雍廪沿着时水逃窜极快,所率之众明显军纪涣散,一触即溃。鲁师摧枯拉朽,愈追愈勇;齐师仓皇而逃,弃甲抛戈,狼狈不堪。时水岸边如犬逐兔,一片混乱,顿时化作游猎的乐园。只是雍廪在精锐亲兵的护卫下,活脱脱如漏网之鱼,依旧洒脱遁去。只因初时是雍廪遣使入鲁,要迎公子纠回国,不想一石激起千层浪,事态逐步演化为两国兵戎相见,所以鲁庄公极恨雍廪,欲擒之而后快,于是齐师追赶甚急。

　　前方河流转弯处,有三岔路口。眼看即将追上雍廪,不想又有一队兵车忽然从天而降,为首一将,却是鲍叔牙。鲍叔牙早已在此等候多时,当下大叫道:"雍大夫勿急,老鲍来也!"于是鲍、雍合兵一处,与齐国兵车搅在一起,双方又开始一场恶战。

　　秦子、梁子皆是鲁国一流的勇士,见鲍叔牙也来了,战心更起,梁子道:"国君誓要擒拿雍廪,看我捉了鲍叔牙,胜过十个雍廪!"秦子道:"鲍叔牙乃齐小白的心腹,擒了鲍叔牙,齐国不战自降!"两人联起手来攻打鲍叔牙一个,那边曹沫又战雍廪,双方杀得不可开交。

　　初时鲍叔牙勇不可挡,力挫秦子、梁子,但十几个回合后,仿佛力气使尽,节节败退。乱军中,鲍叔牙与雍廪递一个眼色,高喊道:"强弱悬殊太过,你我保命要紧,快撤!"于是齐军再度沿着时水狼狈逃去。

乾时之计,王子城父恐雍廪一个诈败不够,于是令鲍叔牙二度诈败,以骄敌心,如此方可万无一失将鲁师诱入乾时。

北去的大道上,黄尘滚滚,车辙累累,到处都是齐军弃甲抛戈的狼狈相。一块隆起的土丘下,不知何时,鲍叔牙亲乘的兵车也被抛弃在这里,上面还掩盖着鲍叔牙指挥所用的帅旗。梁子追到这里,哈哈大笑道:"鲍叔牙连旗子都丢掉了,临淄无人矣!"

鲁师被短暂的胜利冲昏了头脑,气焰高涨,目空一切,以为齐国不堪一击,必要一举而克之。雍廪威风凛凛来战,一战而逃。鲍叔牙气势汹汹来救,几个回合又逃,两人如龟缩,如鼠窜,是何等的不堪!偏偏雍廪是此次齐鲁交兵的引火之源,而鲍叔牙又是辅佐齐桓公登基的第一人物,此二人正是鲁庄公咬牙切齿、恨之所在,鲁庄公必要食其肉,寝其皮,敲其骨,方可吐尽胸中那股怨气!于是,追,擒拿雍廪!追,擒拿鲍叔牙!追,一战克齐!战车辚辚如风,杀声呼啸如雨,鲁师自国君、将领以至于普通的兵卒,均被一片狂热而浮躁的气氛笼罩着,催动着,也失控着,只一个劲儿地被齐兵诈败而逃的背影引诱着追逐而去。

追!终于追到了乾时。

气氛骤变。四周静得出奇,静得仿佛被厉鬼偷窥,静得令人头皮发麻,额头冒汗,心中惊颤。鲁庄公与曹沫、秦子、梁子率领兵车全数追入乾时这个大鸿沟中。不知何故,刚才的呐喊声陡然间消退得无影无踪,整个军队无人号令而自行止住,人人都睁大眼睛向陡立高耸的仿佛悬崖顶上的一条土线望去,顿时鸦雀无声,一片沉寂。鲁庄公抬头四下仰望,发现这里乃是一条宽阔的干涸的河床,土地干硬如同红色石头一般,两岸约有二十米高,陡峭如崖,高耸如山,只有架上绳梯才有攀爬上去的可能,整个地势乃是一条天然的深沟,更如一块葬人的墓穴。

鲁庄公蓦然大惊,始知上当,然而心中满是迷茫,明明沿着清澈流淌的时水一路追赶而来,如何忽然间不见了水流,又如何闯入了这块险绝之地?鲁庄公失声问道:"此地何名?时水何在?"

秦子摇了摇头。梁子道:"我等不知。只顾着追赶齐师,不知何故就追到了这里。"

却见曹沫惊慌道:"国君,此地河床如鸿沟,必是时水流到这里断流枯竭之故。此乃兵家险地,倘若齐人使用伏兵攻之,我师危矣!快火速撤出!"

这也是鲁庄公最为担忧的,当下不由脊背寒透,惊愕道:"不好!快撤!"

鲁军躁动不安,正要转头退走,忽然前方旌旗雷动,声震河川,霎时如潮水涌出一片齐军,车马规整,层层铁壁,甲兵精锐个个似虎如狼。"鲁侯何必行色匆匆?"但见一人乘坐赤色麾盖的五马戎车,从战阵之中悠悠而出,身后立着两员虎将,右为雍廪,左为鲍叔牙。

那人正是齐桓公。

齐桓公与鲁庄公都是二十上下的年轻国君,只不过鲁庄公早在八年之前、十三岁少龄之时即已继位。两人都是血气方刚、壮志凌云的好时节,当下可谓雏虎相逢,狭路争勇。齐桓公呵呵笑道:"鲁侯留步。寡人初做齐侯,未及亲向鲁侯通告。这乾时鸿沟,正是两国会晤的好地方啊!鲁侯,你看我这齐侯做得还算潇洒不?"

鲁庄公受此嘲讽,陡然变色道:"姜小白!我本助齐而齐中途负我,齐国出尔反尔,鲁国颜面何在?你如此大言不惭,不以为耻,反以为荣,岂可为君?公子纠与你,乃有兄弟长幼之别,居国位、承社稷者,当为兄长公子纠也!是你巧使阴谋诡计,抢先入城,夺了江山,我正要替天行道,教训孺子……"

"哈哈哈哈!"齐桓公一阵豪笑,"敢问鲁侯,桓岭途中,令管仲射我者,也是鲁侯的阴谋之计吗?"

"管仲之射,是你兄公子纠他们擅自主张,与鲁国毫无关系。"

"鲁国要拥立的英明国君,便是如此这般吗?"齐桓公厉声斥道。

鲁庄公一时被反诘无语,不知所措。齐桓公步步紧逼,猛然一击车厢道:"你说寡人不配为君,寡人偏要做个雄主给天下人看看!鲁侯胆敢兴兵伐我,那就请列队迎战吧。今日之战,你我定要一决雌雄!"

话音刚落,但见鲍叔牙一挥手,三声炮响震天动地。鲁庄公大惊,抬起头来,但见岸上杂乱的树木丛中,到处都冒出齐兵来,那些齐兵显然是精心埋伏的,不是手中搭着弓箭,便是抄着滚木礌石,密密麻麻,齐声呐喊,虎视眈眈,齐望沟底。东边岸上,是宁越右军之军;西边岸上,乃是仲孙湫左军之军。

鲁师一片惊骇,曹沫大呼道:"快撤!快撤——"然而为时已晚。先是一排又一排的长箭如蝗飞来,直欲把河底射穿。箭雨过后,滚木和礌石纷纷扬扬从天而下,如同硕大的雨点不分东西南北,向狭长的深沟中狠狠地砸了又砸。鲁师霎时如同炸锅一般,人人都急欲逃窜，然而拥挤的兵车与摩肩接踵的人墙在那狭长的河床中，一时半会儿如何能够腾转开来？仿佛在瓮里，逃无可逃，躲无可躲，叫天不应，叫地不灵，如肉在砧，任凭宰割。几乎一眨眼的工夫，鲁师死伤过半，哀声震天，伏尸遍地，血染河床。

箭雨与滚石过后，又是一通战鼓齐鸣，鲍叔牙、雍廪、宁越、仲孙湫四将齐出，率精锐之师，风火一般掩杀过去。鲁军如何能够抵挡得住？鲁庄公禁不住落泪哀叹："大势去矣！"被曹沫、秦子、梁子等拼死护在中央，仓皇就逃。这次反了过来，鲁军却被鲍叔牙等众汹汹追去。

如此惨烈之战，齐桓公平生也是第一遭碰上，眼前这一幕幕，也是瞧得惊心动魄，心有余悸。想着此战大胜，自己于狂风骤雨之中终于站稳了脚跟，不禁一喜，但瞧着眼前惨状，更知自己所走的道路凶险异常，如蹈水火，又不禁后怕。这一喜一怕在那一刻交织、融合、裂变、爆发，使桓公之心忽然变得坚硬无比，如石如铁，仿佛一瞬之间读尽古今之书，仿佛一瞬之间成熟了十年。尸横遍野，血流成河，喊杀声中，齐桓公禁不住又想到一人，微微笑道："王子城父谋兵，惊世骇俗！我得城父，如虎得翼。"

春秋之战，有其独属于自身的时代特性。彼时所谓"兵法"，更倾向于军纪、军规、军礼等基本军事制度与治军法则，与后世尤其自《孙子兵法》兴起之后，以谋略见长的用兵"兵法"迥然不同。乾时之战，是中国历史上首次依托有利地形而取胜的伏击之战，在当时的军事斗争中可谓石破天惊之创举，并成为后来中华兵法"地形"思想的重要来源之一。

乾时河床还算平坦，本来便于车战，只是满地都是滚木礌石、血肉横尸以及被砸毁遗弃的兵车，道路堵塞，以至于穿行艰难。鲁军不得不且战且退。鲍叔牙眼睛直盯着那辆分外耀眼的鲁侯之车，大呼"鲁侯休走"，率众就围了上来。

鲁庄公被围，惊得脸色煞白。车前御者拼命驾马，那五匹马却像是被吓破了胆，二十只蹄子只胡乱踢腾，不住嘶鸣，就是前进不了。一马额头上的青铜虎冠滑落下来，挡住了马眼，那马狂躁咆哮，不住晃着马头想要将虎冠甩掉，可惜左摇右晃，就是怎么也甩不掉。这当儿，鲍叔牙从旁挥着铜戈，向那御者袭来。

"曹沫来也！"危难之际，曹沫驾着战车，舞着大戟，来战鲍叔牙。鲍叔牙大怒，两人戈戟交锋，厮杀起来。曹沫本是久经战场的老将，此刻奋起平生之勇，一阵旋风般的冲杀,将鲍叔牙驱散,鲁庄公幸得逃脱遁去。然而一虎难敌群狼,曹沫酣战之际,身中两箭,左臂也被鲍叔牙刺伤。而鲍叔牙的后背也被曹沫用戟划破,所幸只是皮外之伤,未及骨肉。

曹沫也逃去了。

鲍叔牙急中生智,当即大声令道:"擒得鲁侯者,赐百数之金,赏万家之邑!"并命兵士一个接一个不断向远方传去。于是悬赏令如战歌一般齐鸣,声震河谷,齐军人人高呼,鲁人个个胆怯,鲁庄公更是缩在车厢那面锦绣黄旗之下,战栗不已。鲁庄公想到先前自己执意要擒拿雍廪与鲍叔牙,以至于遭此险境,看来此劫难逃,当下急得连连捶胸,大吼道:"天啊,乾时! 姬同将死于此地!"护在左右的秦子、梁子闻言,更加忧心,只一个劲儿地催促着车马"快快快",恨不能插翅飞走。

"擒鲁侯! 赐百金! 赏万邑!"伴随着齐军的口号,宁越部与仲孙湫部两部人马又黑压压袭来。"国君且慢!"秦子不知何时亲自驾了一辆轺车停在鲁庄公的车前。那轺车为一马驾驭的小车,车厢仅容二人,四面敞露,顶有伞盖,虽然简陋,却是十分轻便。秦子跳下车来,将一套普通士兵的衣裳抛给鲁庄公,匆匆禀道:"国君的戎车独一无二,犹若众矢之的。请国君易服,掩旗,弃戎车改成轺车,如此方可脱险。"一边说着,一边将戎车上那面锦绣黄旗拔下,收卷起来,扔在地上。

鲁庄公恍然大悟,二话不说,脱掉国君官服,换了士兵衣裳。匆忙之间,不慎将长袖撕开一个口子,头冠也散落在车辖辘旁,白色的珠子乱蹦着四下里滚去。

鲁庄公被秦子架着,如抢一只小鸡似的被"扶"上轺车,秦子也跳上车,就要驾马驶去。忽见梁子翻身下车,拾起那面黄旗,迎风展开,牢牢安置在自己的战车之上。秦子惊问其故,梁子慨然道:"国君之旗,岂可轻弃? 此地凶险异常,我愿顶替国君,诳开齐军。国君可速去!"

秦子拱手道:"梁子珍重,我们枣丘相会。"

鲁庄公红着眼睛道:"梁子千万珍重! 寡人在枣丘候你!"

梁子默然,对着轺车拱手躬身,郑重行一大礼,轺车便飞一般驶去了。看着鲁庄公消失在烟尘中,梁子这才驾上自己的马车,故意向岔道奔去。那辆豪华而精美的五马戎车被丢在原地,马儿们站成一排,都喷着鼻息,似乎要休息了。

不久,仲孙湫率部围了戎车,发现车内空空,鲁侯不知去向。而宁越部被那面鲁侯绣旗吸引,穷追而去,在一座小山包下将梁子之车里三层外三层围住。齐兵将无数戈矛架在梁子肩上,以为便是鲁侯,但见梁子哈哈大笑道:"你们都被骗了。我乃鲁将梁子,以身代君,以旗诱敌,我国君早已远去了。"梁子当下被众人缚住,只满面微笑,并无丝毫抵抗。

不久,鲍叔牙也赶到,知齐军已获全胜,便传令鸣金收兵。

三人同往见齐桓公,鲍叔牙奏捷报,仲孙湫献戎车,宁越献梁子。桓公大喜,各与嘉奖,并斩梁子于军前。乾时之地,齐军一片欢呼雷动。只因东郭牙与王子城父那边战况尚且不明,桓公便命宁越、仲孙湫屯军于乾时,以备接应,自己与鲍叔牙、雍廪率中路之军,浩浩荡荡,返回临淄去了。

鲁庄公乘着轺车,逃出乾时,惊魂方定。少时曹沫也率部赶到。查点残兵败甲,发现鲁师十损六七,鲁庄公哀叹不已。正喘息间,忽见又有一军呼啸而来,鲁庄公惊骇之至,嚷道:"我命休矣!"不想身边秦子却喜道:"国君,是管仲率师接应我们来了!"

管仲为何带兵而来?却说大战之初,管仲献攻克临淄之策,鲁庄公拒而不见,将之轰走。管仲深知临淄城池固若金汤,久攻难克,本欲献计将临淄守军调出城外,然后趁着城内空虚,分兵克之,无奈不被鲁侯所用。此战于鲁,无异于意气之争;于公子纠而言,乃性命前途之豪赌。管仲岂能不急?当下返回后军帐后,忧心忡忡,坐卧难安。于是派出三名护兵赶赴前线,将前方战况轮番报来,片刻也不可耽误。

那三人便走马灯似的你来我往,累得满头大汗。管仲身在后帐,心在阵前,得报揣摩,指指点点,只有如此一番空运筹,方可略略解忧愁。

报"雍廪前来索战",管仲心中暗暗道:"来得正好,可一战而大败雍廪。"

报"雍廪败逃,鲍叔牙率军来救",管仲心中暗暗道:"鲍兄也来了!鲍兄出战,则临淄必然空虚,鲁侯若分兵攻城,齐都唾手可得。"

报"鲍叔牙又败,向北溃逃,我师追之",管仲心中暗暗道:"情况不对,鲍兄刚勇过人,岂能如此不堪一击?"

报"我师追入乾时",管仲一听,大惊失色,拍案惊道:"大事不好,鲁侯中计,恐陷入埋伏之中!"公子纠与召忽齐问何故,管仲道:"乾时半年有水,半年无水,眼下时节,乾时干涸如同深谷。此乃险地,若用伏兵之计,鲁侯必危!"又道:"鲍兄其人,我自知之。鲍兄乃真丈夫,只是不善兵戎之道,当无伏击之谋。愿鲍兄只是仓皇败逃,误入乾时。愿鲁侯不被设伏,不贪战功,可以全师而退。"又道:"鲁侯若败,我等也将陷入绝地!我当率师前往救援。"

总觉泰山将崩,大厦将倾,管仲留召忽守护公子纠,自己将后军之师全数遣出,一阵风,直奔乾时去了。

未及十里,便已得报乾时败况。又过了一刻工夫,便遇上了鲁庄公。管仲望去,见时水哗哗流淌,犹若妇人呜咽,岸上一片唉声叹气,满目尽是残兵败甲。管仲心如刀绞,拜鲁庄公,行揖道:"鲁侯被诱入乾时,我便知凶多吉少,于是率领后军本部人马赶来救援,还是来得晚了。"

鲁庄公此时才又想到管仲战前曾来献策,自己若予采纳,未必遭此惨败,当下对管仲忌恨之心稍减,羞愧之感激增,道:"不必多礼。管子战前献策,寡人军务倥偬,未得一见。管仲可是早已知道齐国乾时之计?"

"非也。"管仲道,"我之计策,是调齐军出临淄城,我们分兵而战,赚取空城。齐之乾时伏兵,我是得知鲁侯进兵乾时时,才恍然大悟的。"

"可惜呀,齐人不是被我诱出临淄的,我倒反而被齐人诱入了乾时。"鲁庄公哑然苦笑,又问道:"你何以知之?"

"鲁侯乃鲁人,不谙齐国地理。乾时之地,涝时水势冲奔,汪洋一片,旱时化作干涸深沟。齐国借天时地利之便,诱鲁师入乾时鸿沟,伏而击之,安有不胜之理?"

鲁庄公一声长叹:"管子与你那老朋友鲍叔牙可谓心有灵犀啊,鲍叔牙乾时如此用兵,实在是一个厉害角色!"

"非也。"管仲正色道,"齐小白做了国君,齐国目下多半是他的师父鲍叔牙主政。然而,我与鲍叔牙相知多年,二人若一。乾时之谋,绝非出自鲍叔牙之手,临淄城中,必有其他异人。"

鲁庄公、曹沫、秦子闻言都是一阵诧异,鲁庄公道:"齐小白为何如此多福?真乃天丧我也!"呆了半晌,又问道:"寡人请问管子,眼下之状,你我该当何如?"

管仲连连摇头,叹道:"鲁师十损六七,军心丧失殆尽。当务之急,唯有收拾残兵,撤回鲁国,再做计较。"

鲁庄公心中不由一阵窃笑,暗暗道:"寡人早闻,管仲逃跑的本领倒是天下无双。"然而满目惨状，除了逃跑，又能如何？鲁庄公垂下了头，将右手举到半空，有气无力打了个手势，软软道："撤。"

暮霭沉沉，寒鸦阵阵，行至枣丘大营，天色大黑。此地鲁营依着时水，由北至南连绵十余里，今早日出之时还是人山人海，人声鼎沸。转眼到了入夜，便是十帐七空，仿佛鬼域。饭食早已备好，热气腾腾，飘着香气，然而却不知应该找谁吃去。火光中，黑影里，逃回来的鲁兵再也忍耐不住，一片片陷入痛哭之中。鲁庄公胡乱吃了两口，但觉哽咽，落泪叹道："寡人自从做了鲁侯以来，何曾有过如此惨败？如今有何面目返回曲阜！"管仲在旁，正欲劝解，却听到了粮秣官撞死于石壁上的消息。原来那粮秣官年已六旬，三个儿子都在军中效力，却在一日之间全被射死在乾时之中，老人家悲痛难抑，寻了短见。鲁庄公闻报，无奈摇头，命厚赏厚葬，身边诸将也都陷入无限沮丧之中。唯管仲把心一横，正色道："军心一时难稳，枣丘距离临淄又颇近，非久留之地。需连夜拔营而去，倘若齐军半夜来袭，悔之晚矣！"

鲁庄公望着鼎中之饭，猛然一震，皱紧了双眉，厉声道："撤！"

夜路茫茫，夜风凛凛，鲁师摸黑撤去。一位刚刚娶妻、二十余岁、脸被划伤的兵士抄着长戈，夹杂在行进的行伍中幽幽唱道："四牡孔阜，六辔在手。骐骝是中，騧骊是骖。龙盾之合，鋈以觼軜。言念君子，温其在邑。方何为期？胡然我念之……呜呜呜呜……"

却说鲁军如惊弓之鸟，不敢有丝毫懈怠，趁着夜色，拔营遁去。军行一夜，疲惫不堪，至拂晓时分，来到一处不知什么名字的野地。东方晨曦初露，一列横亘的阵云中透出五彩的亮光，四周满是饱蘸着湿冷的清新空气。这里较为平坦，再向南去，一溜儿依稀可辨、高高矮矮的山包，被几缕乳白色的氤氲缭绕着。鲁庄公问道："我们到了哪里？"曹沫、秦子等不知，只见管仲回道："此地尚在齐国，再有一两个时辰，便可以赶到汶阳之田了。"

一听到"汶阳"二字，鲁庄公心中稍安，又望了望身边的残兵败甲，命道："军士早已疲惫，我们就地歇息片刻，吃了早饭再行赶路。"

"不如再努一把力，直赶到汶阳城中歇息，岂不更好？"管仲劝道。

鲁庄公摇了摇头："已离险境，鲁国就在眼前。吃一餐饭而已，管子不必担忧。"

大军止步。兵士们胡乱躺坐在满是湿露的荒草上休息,后军埋灶,架起釜来,又汲水,又生火,须臾之间,炊烟四起,水声渐沸。

灶中之柴噼噼啪啪,釜中之汤咕咕嘟嘟,众人正翘首待食,忽然传来一阵鼓噪之声,顷刻间,一队齐国车马仿佛一堵铁壁又压了过来。鲁军大惊,匆忙备战。

齐军中闪出一将,立在战车上,笑得前俯后仰:"搅了鲁侯食礼,某实有罪。如此饮食太过无趣,我送鲁侯一席干戈之食,如何?"

那人正是东郭牙。他与王子城父奉国君之令,率军在此埋伏,专候从乾时败逃而来的鲁军,然后再予以致命一击。

鲁庄公早吓得失了魂魄,身边众将不由围过来,将其护在中心。鲁庄公瘫坐在辎车上,大声哀叹:"天丧鲁国!"只见管仲凑过来,低低道:"虽遭绝境,犹不可自弃,舍命相搏,必有一线生机。此艰危之际,鲁侯之心便是三军之心,鲁侯稍有怯懦迟疑,将不战自溃!"言罢,管仲携着弓箭,跳上一车,独自扯起辔头,大声喝道:"鲁人返乡!挡我者死,顺我者生!"便一车当先,雄赳赳向齐军冲去。

管仲先以为君之道鼓动鲁庄公之心,又以返乡之念挑起鲁军斗志,三言两语间,鲁军大振。管仲驾车绝尘而去,其身如箭,率先射出,整个鲁军无不受其鼓舞!鲁庄公高呼道:"挡我者死!随寡人杀出一条生路来!"便也抄起弓箭,驱车向前冲去。曹沫、秦子、公子纠、召忽等纷纷带头呐喊,整个鲁军一片大噪,如同困兽之斗,拼着最后的勇猛,纷纷冲撞上去。

东郭牙一挥令旗,整个齐军也如水涌过来。双方霎时又陷入一场恶战。

齐军阵营中有一红袍老将直扑管仲,又有一白袍小将径取鲁侯,二将一左一右如旋风骤至。这边,管仲取弓,那边,庄公搭箭,呼呼两声箭响虽被喊杀之声淹没,却见红袍老将被管仲射中咽喉,落下车来死于乱草丛中,白袍小将被庄公一箭射穿了心房,大呼一声,伏在车栏边,撒手死掉了。庄公看一眼管仲,大声笑道:"管子好箭法!"管仲立在车上,高举长弓,也笑着大声回道:"彼此彼此!"

不想笑容尚未散去,眨眼之间,两人均被齐军团团围住。

后面曹沫挺着大戟赶过来,呼道:"曹沫当死,以保国君冲出!"秦子也冲过来呼道:"国君无忧,秦子来也!"一番厮杀中,曹沫与秦子为先锋,斩杀齐军无数;管仲护着鲁庄公,召忽护着公子纠,协力夺路而行。

齐军声势稍弱,眼看即将冲出包围圈,不想前面又黑压压闯过来一彪人马。管仲大喝,迎头战去。须臾间,杀得天昏地暗,不辨东西。管仲一抬头,见前面一大片野草灌木没过胸膛,其中似乎隐藏着三四条道路,身边只有零零星星不多的齐兵,而鲁庄公、曹沫、秦子与公子纠、召忽等早不见了人影。"想是早已冲杀出去,留我一人在此。"管仲不及多想,只向着南方奔去。

"管仲,吃我一箭!"不想身后猛然一箭飞来。管仲听风辨声,觉得射箭之人就在身后百步之内,然而那箭虽然力道很猛,却从头顶高高凌空而过,不用躲闪就自然避开了。管仲暗暗诧异,只驱着马车向前就跑。

那人就追。管仲正要回射,却见那人又连放两支空箭,一如先前。"故意虚射,不知此人是谁。"管仲回头望去,只见那人年龄与自己相当,手中抄着弓箭,也同自己一样独自驾着一辆二马兵车,却不认得。

"先打个寒暄。"管仲心中忖道,一边跑车,一边叫道,"看箭!"也虚射一支箭,从那人左侧一尺开外悠悠飘了过去。

那人嘴角有丝笑意一闪而过,又呼道:"众人闪开,这个管仲是我的!"于是将周边齐兵渐渐支开,自己与管仲仿佛独立于战场之外。

灌木丛中,荒僻道上,那人追过来与管仲并辔而行,两车在奔驰中不分前后,四马并驰,而那人也与管仲并肩。眼看草木遮掩,四下无人,那人鼓着劲儿,沉沉唤道:"管仲兄,我专在此地候你多时了。"

管仲一怔,扭头细细打量,但见那人浑身白衣,外披紫袍,白面黑须,堂堂仪表,只是过于消瘦,眼窝都陷了进去,双手揽着辔绳,正满脸堆笑望着自己。管仲怎么也想不起那人是谁,瞧了又瞧,眼睛里满是疑云。

"洛邑之山,松泉之洞。"那人又道。

"啊!你是王子城父!"管仲不由失声叫道。车马在荒野中疾驰,犹若时光在岁月中流逝。恍惚之间,管仲的脑海中闪现出一幅绝美画面:嵩山脚下,溪流岸边,几株老槐树下的三岔路口,一人青衣飘飘,一人白衣飞举,彼此躬身行揖,三拜而别。此情此景已是九年之前,那时管仲学道已成,别了师父松泉子正要下山,而王子城父遭逢"子克之乱",逃出洛邑不知前往何处,于是转道嵩山请师父松泉子指点迷津。因着这个机缘,松泉子毕生仅有的两个弟子得以相逢,匆匆一会又急急而别。此事依稀如昨,而九年光阴已逝！目下两人再度重逢之处，却在这两国博弈的偌大棋局之中。

管仲于奔驰的马车上，胡乱行个揖，爽朗一阵大笑。

王子城父还揖，叹道："笑你我重逢，却是如此这般！"

一见到王子城父，管仲心中的疑虑顿解。齐国乾时伏击，是管仲无论如何也没有预料到的，而此战谋划之高，又绝非出自鲍叔牙之手，齐军之中，必有高人坐镇！当下管仲道："乾时之战，打得漂亮！管仲自认非鲍兄所为，原来是临淄城中来了王子兄啊！"

"姬克雕虫小技，岂能瞒过管兄眼睛！只不过，管兄之才不被鲁侯所用罢了。"

"敢问王子兄，如何到了齐国？"

"自嵩山别后，四海飘零，一言难尽。后来听闻管兄在齐国做了公子师父，便来相投。不想我到临淄之时，正逢公孙无知作乱，管兄去了鲁国，你我就此擦肩而过。再后来，遇到鲍兄，便为之设乾时之谋，管兄啊……"四马并驰，身边草木之影如风掠过，王子城父显得很是焦急，"经此一战，齐鲁格局为之一变。管兄归鲁后，我以为公子纠必死无疑，管兄也是命悬一线。我与鲍叔牙必有救助管兄之策，愿管兄好自为之。"

管仲闻言，满是感激，又无限凄凉，叹道："管仲已经无路可走，生死由天！乾时之战，王子兄一战成名，而管仲则由此战步入穷途了……"

"事在人为！愿管兄谨记。"说话间，车马来到一个三岔路口。王子城父举手射出一箭，射在左岔口的一株柳树上。"管兄由此沿着左路速速离去，前方不远就是汶阳。你我后会有期，就此作别！"王子城父说着，拱手行礼。

管仲盯着王子城父，一时无语，只轻轻拱手，顿了顿。荒野之中，两人默然，又是匆匆一会，便又分道扬镳而去，此番情景，与九年之前嵩山脚下何其相像！

却说管仲奔走不远，不一会儿就撞上了鲁庄公及曹沫，却不见秦子。曹沫在乾时本已中箭，肩膀也受伤，此刻腹部又中一刀，虽被衣襟缠住，依旧滴血不止。而秦子已经死于乱军之中了。鲁庄公乘坐的车厢也被砍去一角，神色悲伤难耐。又过了一会儿，见召忽护着公子纠也赶了过来，所幸两人无一受损。

查点人马，基本到齐。经此一搏，鲁师虽然逃出，但再无丝毫战力，而后面齐军依旧死死追来。见鲁庄公愁眉紧锁，管仲忽然心生一计，道："可令兵士将辎重马车堵塞在道上，衣服也尽数脱掉，以做燃料。只有放起火来，令道路断绝，我等方能逃出此劫。"鲁庄公依言而行。

霎时间黑烟满地，红焰飞天，这条大道顿时化作一片火海。借此屏障，鲁庄公与管仲等率着残败之师，终于遁去——可叹军旅穿过汶阳之田，连自家的汶阳城也不敢进入，就向着曲阜迤逦奔去。鲁国此番用兵，十损七八，真可谓惨不忍睹。

齐军被火路阻隔，不得不止住步伐。片刻后，东郭牙与王子城父也一前一后赶来。望着熊熊大火，东郭牙大笑，道："鲁侯聪明过人，竟能想到烧路之法，也算一高！"王子城父心中暗暗道："此非鲁侯之能，必是管仲之策。但愿管兄可以平安逃回鲁国。"当下又接着道："再大的烈火也有熄灭的时候，可令士兵休息片刻，待火灭了，再行追击。"东郭牙道："然也。"

约莫过了一个时辰，道上火势渐小，眼看就要燃尽，不想一阵急风，不知从何处吹过来一截枯木和几团野草，它们滚入狂热的火烬中，又猛烈燃烧起来……

东郭牙与王子城父坐在轮毂前的草地上，饮水食粟，谈论些齐鲁往事。正说到妙处，忽然听到一阵车马声传来，军中有几个兵士远远地指着喜道："国君派人接应我们来了！"东郭牙与王子城父立起身，向北而望，烟尘来处，旌旗飞扬，但见鲍叔牙立在战车铜盖之下，被一队人马簇拥着就闪入眼帘。

鲍叔牙为何匆匆赶来？原来与临淄城中另一件大事有关——桓公设相。自齐襄公被弑之后，齐国动乱不息，桓公与师父鲍叔牙先是逃难莒城，后来又在归途中险些命丧管仲箭下，之后幸得鲍叔牙与高子、国子等相助，做了齐侯，再之后鲁国汹汹问罪，大兵压境，而乾时一战巧设伏兵，大败鲁国，终于肃清内外，定鼎江山，桓公也终于树立起了新齐侯的高大形象！短短数月之间，家国巨变，如蹈水火，令桓公惊心动魄，思潮起伏，遂萌生了安邦兴国之志。桓公想到一人——齐国开国鼻祖姜太公。当年周文王寻访姜太公于渭水之滨，拜为太师，尊为"太公望"。周武王继位后，又奉之为"师尚父"，得姜太公文韬武略相助，才有了后来的武王伐纣，一举灭商，姜太公也因此大功勋而被封于齐国。桓公又想到一人——师父鲍叔牙。师父与自己患难与共，不离不弃，肝胆相照，忠贞无二，游说高、国拥戴自己为君，举荐王子城父大败外敌，其德，其才，论公，论私，师父都是自己心中不可替代的第一人杰！师父与自己，岂非姜太公与周武王？欲成大业，必举贤荐能，知人善任。有鲍叔牙忠心辅佐，乃是天助小白！接下来就看小白如何重用师父了。

　　桓公终是一代雄主,心胸若海,独步古今。有周一代,辅佐周天子的执政大臣主要是"三公六卿",所谓"三公",指太师、太傅、太保;所谓"六卿",指天官冢宰、地官司徒、春官宗伯、夏官司马、秋官司寇、冬官司空。各诸侯国仿效周室,也建立了一套相应的官僚体系,其中辅佐国君的重要官职是:掌管户籍民事的司徒、负责治军的司马、掌管土地农业的司空,以及负责刑法治安的司寇。然而,无论是司徒、司马、司空、司寇,皆不是桓公想要赐予鲍叔牙的,这些官职只是各司其职,各管一块,桓公要鲍叔牙总揽政务,辅佐八方,为国君之辅,为百官之长。这个官职该是什么呢? 桓公想来想去,忽然想到《周礼》有云:"朝觐会同,则为上相"——即周天子举行重要大典时,有负责主持礼仪的官职,称为"相"。相者,辅助也,《周礼》之"相"不过是相助天子的礼仪官罢了,桓公心中之"相",乃相助君主治国、安邦、平天下的国之重器! ——即相国。桓公决定开历史之先河,增设相国之官职。

　　从乾时返回宫中后,桓公置酒,与群臣共饮。席间,鲍叔牙道:"我等皆已从乾时凯旋,不知东郭牙与王子城父之师战况如何。"

　　"不出两日,必有捷报。鲍师父不必担心。"桓公说着,又举爵道,"鲍师父与我相从于危难之中,今又为寡人立下赫赫大功,师父之德,小白刻骨不敢忘! 请满饮此爵之酒!"

　　"国君何出此言? 此不过为臣之道,何足挂齿。"鲍叔牙说着,举一爵酒一仰而尽。

　　桓公又道:"众卿,我有一言,齐国内乱已平,外敌已靖,正当重整旗鼓,再振雄风。仰太公之贤,追先祖之烈,励精图治,富国强兵,使我大齐成为东方强国,此寡人之志也。"众人听到这里,不由连连叫好,只见桓公接着道,"治国之要,首在选贤任官。齐国官属,上下一体,尊周公之制,已历三百年之久,然而以寡人观之,犹有不足。譬如手脚四肢,各有功用,只是心神腹地,指挥尚弱。故,寡人欲新设一职,上应君主,下摄群臣,位居百官之长,国君之相,以辅助寡人治理朝野,海内图霸!"

　　仲孙湫及其他几位大夫,先后道:"不知国君所设新官,是何名称?"

　　"相国!"桓公掷地有声。

　　"妙! 相国君,统百官,强社稷,壮河山! 国君不为祖制所拘,敢开天下先河,此乃强国之兆,我主洪福无量!"公孙隰朋笑容满面大赞,又接着道,"我国首任相国,非鲍叔牙莫属!"

桓公郑重道："公孙大夫言之有理。论才，论德，论功，鲍师父都当之无愧！寡人愿拜鲍师父为相……"

"不可！"鲍叔牙几乎是呵斥一般，仿佛依旧是师父在训诫弟子。众人不由愣住，方才的欢喜气氛戛然而止。众人望去，见鲍叔牙起身离席，面桓公郑重行礼道："蒙国君厚爱，鲍某感激涕零。然而鲍某自知粗莽之人，如何担得如此大任？国君新设相国，足见励精图强之心，然如此国家重器，非得其人不可轻授！——诸君以为然否？"此论坦坦荡荡，全是一片公心，席间众人也觉不无道理，一时无语。鲍叔牙又道："今日之议，微臣与诸位大夫也将为国君物色相国人选，如此大计，愿国君三思而行。"

桓公道："我早已三思，愿鲍师父勿要推却。"

鲍叔牙又躬身行礼，道："国君继位至今，乃众人群策群力，非鲍叔牙一人之能，难不成我要将众人之功窃为己有？国君请收回君命，否则，臣愿一死以明志。"

慌得桓公急忙道："鲍师父说哪里话来，此议暂罢！快快起身！入席，入席！"

鲍叔牙回席，又禀道："国君，齐鲁之战依旧未了，恐鲁人困兽犹斗，臣愿率领一师出城，接应东郭牙与王子城父。"

此语正解了眼下的僵局，桓公道："好，相国之事容后再议。国中之军，任凭鲍师父调遣，鲍师父之请，寡人自然应允。两军阵前，鲍师父可相机行事。"

"得令！"鲍叔牙饮了酒，就匆匆告退而去。众人皆致礼相送，公孙隰朋目送鲍叔牙离去，心中暗暗赞道："鲍公大义，世所罕有。"

鲍叔牙逃也似的离席而去，一出宫门，眼望浮云，目光如电，慨然自语道："齐之相国，普天之下，舍吾友管仲，谁可当之！"

却说鲍叔牙率师与东郭牙、王子城父会合，三人互相拱手行揖，互致敬意。王子城父陈述这里战况，只将私放管仲一节隐去，鲍叔牙听了大喜。眼见大火已熄，道路可行，鲍叔牙以手指道说："前方不远便是鲁国汶阳之田，我们乘胜追过去！"于是三人率师径直南下，一路追到汶水南岸，但鲁桓公之众早已遁去多时，鲍叔牙一时兴起，传令齐军打下了汶阳小城，将鲁国境内的汶阳之田悉数夺去。汶阳守将战死，兵士死的死，逃的逃，鲁人早被齐国吓破了胆，又岂敢有什么计较，齐军得汶阳之田，无异于囊中取物。鲍叔牙留兵两千，为汶阳之守，然后与东郭牙、王子城父带领得胜之师，一路凯旋，返回临淄去了。

　　时周庄王十二年，公元前 685 年，也即齐桓公继位元年，齐鲁爆发乾时之战，以齐国大胜，鲁国惨败并丢失汶阳之田而告终。

第十九章　鲍救管仲

鲍叔牙与东郭牙、王子城父率领得胜之师一路向北,朝临淄城开去。天有不测,乐而生悲,途中顺着一座老桥过河,不想那桥陡然间坍塌,王子城父及身边七八个兵士陷落河中,好在桥不甚高,水刚过头,兵士无一人受伤,只是王子城父被乱石撞断了右腿胫骨。鲍叔牙大惊,带头跳入水中将众人一一救起。王子城父也被军医及时接骨,所幸尚无大碍,只是短期内动弹不得,要静养百日。

大军进入临淄,齐桓公得报,一喜一忧,喜的是乾时大战齐国全胜,忧的是王子城父这个国之栋梁却不幸受伤! 齐桓公率领众大臣十余人亲往探视,见只是骨折,心中稍安。王子城父静卧榻上,众人围绕在侧。齐桓公当即赐予王子城父上大夫爵,并授临淄城父之职。众人称贺。鲍叔牙大喜道:"王子担任临淄之城父,可谓不二人选!"王子城父心中默默有念:"城父执掌都城军政大权,乃国君安危之所系,国君将临淄城交付于我,乃莫大信任! 我本周室洛邑城父,如今又做临淄城父,可见冥冥之中,自有天数。"当下慨然接受。齐桓公道:"有王子做寡人的城父,寡人高枕无忧矣!"

看完王子城父,齐桓公又于宫中设宴,大会群臣,以贺乾时之胜。一时钟鸣鼎食,乐舞翩翩,殿堂之中无不欢喜。酒过数巡,齐桓公朗朗道:"乾时之战,鲍师父与王子城父功劳最大,王子城父已受寡人城父之职,鲍师父也当受寡人相国之位!"

这已是齐桓公第二次要拜鲍叔牙为相了,席间众大夫都道:"鲍卿理当为相! 我等竭诚辅之。"

"不可！"鲍叔牙面堂黝黑，双目雪亮，当下将话锋急转，正色道，"我以为，今日犹未可贺也！"

众人都愣住，桓公也放下手中酒爵，满脸诧异道："为何？"

鲍叔牙声若洪钟："公子纠还在鲁国，有管仲、召忽为辅，又有母舅之国相助，心腹大患尚在！故，犹未可贺！"

齐桓公经此提醒，如梦忽醒，顿觉此事干系重大，心中暗暗道："天无二日，国无二君！"于是目不转睛盯着鲍叔牙，皱眉道："为之奈何？"

鲍叔牙道："乾时一战，鲁师十损七八，又失了汶阳之田。此时我正气盛，鲁正胆寒，臣当统率三军，直压鲁境，将公子纠等讨回，鲁国焉敢不从？"

齐桓公听了这话，心内沸腾，恭敬道："鲍师父言之有理，寡人举国之兵，任凭鲍师父调遣，公子纠之事也全凭鲍师父裁决，寡人只要一件——"霎时又想起管仲射钩，禁不住火冒三丈道，"只要——管仲活要见人，死要见尸！寡人誓要将管仲万箭穿心，以报昔日射钩之仇！"

席中群情激愤，仲孙湫嗷嗷道："将管仲押回临淄，架起油鼎，烹了！"

鲍叔牙大骇，瞬间又强装镇定道："鲍某得令。"齐桓公要杀管仲，早在鲍叔牙意料之中，然而鲍叔牙要救管仲，也是九死而不改其志。管鲍二十年深情厚谊，鲍叔牙早视管仲如同己身，其中的笃定，旁人自是难以知晓。记得初入齐国为公子师父之时，管仲、鲍叔牙、召忽三人相约：异日无论是公子纠继位，还是公子小白继位，皆要互相举荐，共成大业！誓言铮铮，依稀如昨，鲍叔牙又岂能忘怀？何况管仲实是当今天下第一奇才，胸怀大志而屡屡不得际遇，饱受嘲讽而始终不堕青云之志，世人皆道九败丈夫何其不堪，却不知只是珠玉遗在污泥里罢了，管仲真实之遭遇，管仲无量之才具，普天之下，九州之中，只有鲍叔牙一人最为知音，且坚信不疑！如此人杰，安能任其无辜枉死？无论是兄弟私情，还是国家大义，即使拼了自家性命不要，也要救下管仲，保全管仲，成就管仲！——鲍叔牙如此暗暗下了决心。

此番鲁国之行，名为杀管，实为救管，其中不知要经历多少曲折与艰难。鲍叔牙心中沉甸甸的，心想着如果得王子城父随行，正可以增添不少胜算，只可惜王子城父骨折而卧，百日之内行动不得。鲍叔牙慢慢饮了半爵酒，将席中众位大夫逐个扫了一遍，半响，面桓公道："臣愿乞公孙隰朋为齐使，随军一同前行。"

"准。"齐桓公高声应道。

鲍叔牙检视完军马，回到家中，独自卧于堂中席上，想着整个齐国，上自一国之君，下至士子庶民，人人皆欲将管仲杀之而后快，不由眉头紧锁，忧上心头。堂外忽然传报："府外来了一个冷冰冰的青衣女子，说是有重要大事，非要面见鲍卿。"

鲍叔牙诧异不已，心想临淄城中我从不认识什么女子，迟疑了片刻，命道："请。"

须臾，那女子带着一缕幽香飘然而入。乌发垂肩，眉目清秀，青衣妙曼，脚步轻盈，仿佛纤尘不染的画中人，只是冷颜冷面，浑身透着高贵而孤傲的气质，有拒人于千里之外的感觉。鲍叔牙见她不过十八九岁，料定必是公卿豪门之女，当下道："请教姑娘姓氏？找我有何要事？"

那女子躬身，优雅行了一揖："我是高雪儿。"而后抬起头来，沉着脸，拿清澈的眼睛剜向鲍叔牙："小女子在深闺之中，也曾闻得管鲍之交的美谈。此刻前来，只是想亲眼看一下，即将杀管仲的鲍叔牙到底是个何等模样的人。"

鲍叔牙黑髯偾张，不由一阵大笑："早闻高子有一个厉害女儿，人称雪美人，今日一见，果然不同凡响！哈哈哈哈，鲍叔牙黑面虬髯，四十年来本色不改，姑娘请看。"说罢昂首挺胸，又将双臂呈一字形伸展开来。

高雪儿白润的脸上，闪过一丝娇羞和慌乱，嘴唇嗫嚅了几下，道："鲍子明日即将带兵去鲁国，此去，管仲必死于你手！"

鲍叔牙止笑，大步走过来道："管仲是死是活，自有国家公论，岂是鲍叔牙可以自作主张的？"

"鲍子大谬！"高雪儿几乎失声尖叫起来，"管仲存亡，若以国家公论，必是死路！唯有鲍子自作主张，方有一线生机！"

鲍叔牙顿时愣住，心中却是又惊又喜，问道："何以见得？"

"只因要杀管仲者，却非他人，乃当今乾坤独断的齐侯。而能够劝住齐侯不杀管仲者，偌大齐国，唯有鲍叔牙一人而已！"高雪儿说着，又向鲍叔牙揖礼道："此事非大智大勇、大仁大义的鲍叔牙不能为之！"

此女小小年纪，竟能将世事洞悉得如此透彻，提纲挈领，一语中的，实是令鲍叔牙大为惊诧。鲍叔牙虽有营救管仲之念,但如此一番关节,不是眼前人今日道破,自己还真是没有想到。鲍叔牙背着手踱步。高雪儿早知鲍叔牙已被自己言语所动,当下盯着其缓缓移动的背影,追着道:"怎么,鲍子以为高雪儿是虚言妄语?"

鲍叔牙猛一转身,如虎回头,将高雪儿吓了一跳:"姑娘乃是管仲故交老友?"

高雪儿垂下了头,满脸羞怯,喃喃道:"非是故交,不过一面之缘。小女子……我于临淄街头偶遇管仲,听他,听他唱过《考槃》……"低低的声音中潜藏着无限神往,似乎有无穷话要说,但是不好意思,难以启齿。

鲍叔牙见状,已看出高雪儿对管仲的少女情怀,故意道:"不过街头偶遇,陌路相逢,姑娘何必对管仲如此上心?"

高雪儿急了:"我只是不忍看此大才,国之栋梁,壮志未酬,无辜枉死于乱世之中……"

鲍叔牙又故意道:"你如何知道管仲是栋梁大才?"

高雪儿本想回道"凭他《考槃》之歌",忽感鲍叔牙弦外之音,顿觉上当,一时窘得满脸绯红,跺着脚,柔声急道:"你……"

鲍叔牙喜上眉梢,刹那间觉得这个高雪儿不再是冷美人,倒像是一家人那般亲昵,笑吟吟道:"你不说,我便晚几天再救管仲,叫你再焦急几天!"

不想高雪儿一听此言,大出意料之外,呆呆不语立着,两行清泪就涌出眼眶,潸潸而下。那是相思之泪,是委屈之泪,是温暖之泪,是信任之泪,反倒令鲍叔牙转喜为忧,一时不知所措。

须臾,高雪儿挂着泪珠,楚楚可怜道:"鲍子繁忙,雪儿告退。"说完又行一礼,失魂落魄一般去了。晃了几步,忽然回转来,将一个青囊塞入鲍叔牙手中,埋头低低道:"这个交给管仲,告诉他,我……我盼他平安归来……"言讫一转身,三步并作两步,如同一只小鹿蹦蹦跳跳地跑出门去了。

鲍叔牙打开锦囊,见是一块竹简,上面字迹清秀隽永,写着《考槃》之诗,自然是高雪儿的手笔。鲍叔牙叹道:"整个临淄城中,除我之外,唯有这一个雪美人有救管之意,唉,管仲啊——"鲍叔牙托着那豆青色的锦囊,恍惚之间,觉得正托着一座雪峰插云的皑皑大山……

鲍叔牙与公孙隰朋率军一路南下,屯于汶阳之田。是夜,营中遍地篝火,灿若星河。公孙隰朋于帐中读书,不觉灯烛摇曳,睡意渐浓。公孙隰朋来不及下榻,便伏案于书简之上,沉沉睡去。忽然一阵狂风卷着沙石入帐,将灯吹灭;公孙隰朋只觉得寒气逼人,正欲掌灯,却见黑影里蹿出一只斑斓大虎,探着前爪,眼睛中射出两道白光,呼啸着向自己扑来! 公孙隰朋大叫,陡然间仰面摔倒,脊背生疼。原来是一个奇梦。公孙隰朋惊醒来,额头满是汗,犹觉背后还疼。公孙隰朋诧异不已,拭了汗,离案上榻,却再也难以入眠,于是披上衣服出帐,随便走走。

早已是子夜时分,军士们都已灭灯入睡,营中颇显寂静。公孙隰朋信步而行,不觉来到帅帐,但见帐壁火光,人影晃动,看来鲍叔牙也没睡,公孙隰朋于是悄然入帐,行了揖,问道:"夜色已深,鲍卿如何还没下榻?"

鲍叔牙呵呵一笑,将手中一简放于案上:"睡不着,正要找公孙大夫解闷呢——你如何也没睡?"

"我也正想着要找鲍卿解闷。"公孙隰朋哑然失笑,与鲍叔牙入席,满脸迷茫道,"鲍卿啊,我适才做了一个猛虎入帐的怪梦,吓醒了。"当下将梦中情景和盘托出,忧道:"不知此梦主何吉凶? 莫不是你我此番用兵,有被吞噬之虞吗?"

"非也!"鲍叔牙却大喜道,"昔日周文王飞熊入梦,而得太公大贤。公孙大夫此番梦虎,乃齐国将得霸王之辅,大吉之兆!"

公孙隰朋依旧诧异,道:"如此说来,是吉祥之梦?"但见鲍叔牙起身,从案头取来一简书函,墨迹未干,交与公孙隰朋道:"此乃我写给鲁侯的书信,天亮后,还要劳烦公孙大夫为使,到曲阜走一趟。"

公孙隰朋接过,见简上写道:

"外臣鲍叔牙,百拜鲁侯殿下:家无二主,国无二君。吾君已奉宗庙,公子纠欲行争夺,非不二之谊也。吾君以兄弟之亲,不忍加戮,愿假手于上国。管仲、召忽,吾君之仇,请受戮于太庙。"

公孙隰朋陡然一惊,瞬间又恢复平静。信中所言不过二事:一是借鲁国之手将公子纠杀掉;二是要将管仲、召忽活着带回齐国。公孙隰朋捧信陷入沉思。

鲍叔牙道:"公孙大夫以为管仲其人如何?"

公孙隰朋道:"我与管仲少有交往,但闻得世人对管仲褒贬不一,褒者以为济世之才,贬者骂为九败丈夫,莫衷一是。"顿了一下,又道:"我对管仲虽然不甚了解,然而我却知鲍卿乃刚正不阿、大义凛然的伟丈夫! 鲍卿观管仲是何人,我便信其是何人。"

鲍叔牙大笑道:"普天之下,最知管仲者,莫过鲍叔牙也! 公孙大夫啊,那管仲——便是你梦中那只猛虎! 此人必可辅助齐侯为天下霸主!"公孙隰朋惊骇不已。鲍叔牙又低低道:"管仲天下奇才,我已暗中举荐给国君,将召而用之。公孙大夫入齐,必要保管仲安然无恙! 切记切记!"

公孙隰朋始知责任重大,沉吟了片刻:"倘若鲁侯执意不放,必欲杀之而后快,如之奈何?"

鲍叔牙答:"你只提管仲射齐侯带钩之事,但言齐侯必要手刃管仲,鲁侯必信无疑。"

"诺。"公孙隰朋得令。两人又议了一些军务要事,公孙隰朋告退,各自安歇。

却说鲁庄公兵败乾时,率残师逃回鲁国,将公子纠、管仲、召忽三人安置在生窦地方,自己灰溜溜回到曲阜,什么人都不见,只召谋士施伯进宫。鲁庄公一见施伯,便痛哭流涕,伏拜于地:"悔恨当初不听施大夫之言,以致大败于乾时,鲁师十损七八,又折了秦子、梁子两员大将,此皆寡人之罪也!"

乾时之败,施伯早料在前,以为鲁庄公是咎由自取,但此刻见庄公诚心悔过,做臣子的又岂能再计较什么,当下扶起庄公道:"都是那公子纠狡诈,搬来自己的姐姐、国君的母亲文姜夫人斡旋,以至于国君不得不出兵! 齐鲁邦交数百年,又岂能以一战论输赢? 国君不必自责,从长计较,孰胜孰败,尚未可知。"

庄公道:"齐国下一步将会如何? 我国当如何应对?"

施伯道:"臣以为不出数日,齐国必遣使来讨公子纠,我们以静制动,相机行事即可。眼下公子纠等三人务要严密看守,以备后用。"

庄公道:"寡人但听施大夫主张。"

果然,未出十日,鲍叔牙屯大军于汶阳,公孙隰朋持鲍叔牙手书来见。鲁庄公阅了那书,将公孙隰朋暂安置在驿馆歇息,便又独召施伯来议。鲁庄公道:"一切如施大夫所言,齐使公孙隰朋来要人了。"一面说,一面将鲍叔牙信简递了过去。

施伯将简上之字阅了两遍,道:"齐小白初立,便能知人善任,大败我军于乾时,今又遣使而来,欲借我国之手而除掉公子纠,此乃王者气象。齐小白之能非公子纠可比啊!"

"这个新齐侯如此厉害,鲁国从此将无宁日!敢问施大夫,杀纠与存纠,哪个更利于鲁国?"鲁庄公脸上满是阴云。

"杀。"施伯冷冷道,"鲁国刚刚兵败,鲍叔牙便又屯大军于国门,此时之势,齐居上而鲁在下。当依鲍叔牙信中所言,杀公子纠,将管仲、召忽打入槛车交付公孙隰朋,再遣使入齐讲和,如此先结交新齐侯,再图后计,乃为上策。"

"寡人谨遵施伯高见。"鲁庄公道。当下便召猛士公子偃火速入宫,授了密令。

公子纠、管仲、召忽三人自乾时回来,便被困在生窦,名曰奉养,实则软禁,饱受屈辱。乾时大败,鲁国朝野将这口恶气全部撒在他们主臣身上,极尽冷嘲热讽之能事。三人之中,公子纠虽为主,实则以管仲为首,所以鲁人更恨管仲。一日清晨,召忽打开院门,却见外面墙壁上,悬挂着四四方方一张蒲席大小的羊皮,上面是管仲画像,那像画得十分精细——但是胸口处却插了一把被抹了羊血的铜匕,右上角题着剑拔弩张八个大字——"九败丈夫、乾时罪魁"。召忽怒而将羊皮揭下,一把火烧了。

这还不算,街道上时不时总有人传唱着一首叫作《九败丈夫》的歌谣,那歌道:"南阳贩枣被人打,齐国贩布被人骂。又去南方贩黄吕,江边狂呼救命啊!宋国为师却为盗,卫国入仕被蛇咬。睢阳城下拔腿跑,回乡母死妻走了。灭纪之战空献策,贬在祖庙望月小。以多攻少守战道,博得九败美名笑。可叹奇才管仲子,人生如戏英雄老!"管仲闻歌叹道:"人世冷暖,何至于如此恶毒刻薄!"而那作歌之人乃施伯。当时世上,真正认定管仲有王霸之才的,只有两人——齐国的鲍叔牙和鲁国的施伯。只因施伯曾几次劝说管仲为鲁国效力,均遭到管仲回绝,便起了嫉贤妒能之心。施伯搜罗了管仲平生曾有的九件败事,串而成歌,暗中使人传唱,定要使管仲身败名裂,虽生犹死,不复再被其他诸侯所用。

话说公子偃奉了鲁庄公之令,当下率领一百甲兵,两辆槛车,径直赶到生窦,一声令下,便将小院团团围住。公子偃气势汹汹,冲破大门,一群虎狼之兵不容分说,便将公子纠等三人用绳索缚住,按在庭中阶下。公子偃趾高气扬道:"奉国君之令,取公子纠首级,将管仲、召忽二人打入槛车!"

三人大骇,公子纠惊呼道:"我是你们国君之舅,文姜夫人之弟,鲁侯安敢杀我!"

公子偃呵呵冷笑,道:"公子错了。要杀你的,却是你那刚刚做了国君的小白弟弟,鲁侯不过假手而已,你那两位师父则将押回齐国,另行处决。"

公子纠顿时面色煞白,魂飞魄散。召忽一脸铁青,凛然不惧。而管仲神情闪烁不定,一双细长的凤眼不住四下里瞧去,但见到处都是操戈持戟的甲兵,敞开的门外,停着两辆笼子一般冷冰冰的槛车。危急时刻,管仲敏感察觉情势不对,"主死臣必亡,何以要杀公子而存管、召? 其中大有蹊跷……"管仲心中暗暗自问。

管仲焦急,想无可想,行无可行,正无奈间,公子纠被推上断头台,一柄长长的铜刀已架在项上。管仲与召忽同时失声叫道:"公子——"

公子纠早已无神,望着天上孤孤单单的一朵浮云,忽然微微一笑:"刀在项上,我犹不信,小白弟弟杀我……"言罢闭目,两行泪珠滚滚而下。只见铜刀一闪,一股热血喷涌而出,公子纠人头滚落于地。

管仲惊呆了,召忽霎时哭拜于地。

"将管仲、召忽打入槛车,押走。"公子偃命道。

召忽捶胸大哭,陡然间又仰天一笑,但见铮铮铁骨,凛然不屈:"为人子者,死于孝;为臣子者,死于忠! 我将从我主于地下,安肯受此桎梏之辱!"说罢,挣脱甲兵之手,怒目圆睁,发足狂奔,一头撞死在廊下柱子之上。

管仲又惊又急,抖擞着身躯要跳起来,忙喊着召忽的名字,然而岂能阻住,召忽满脸血迹,霎时气绝,横尸地上,死不闭目,其状惨不忍睹。

管仲呆了,望着召忽之尸、公子之头,红着眼眶,半晌不语。管仲咬了咬牙,深吸一口气,正色厉声道:"自古人君,有死臣,必有生臣! 我且苟全性命,生入齐国,为公子和召忽申冤昭雪!"言罢挣脱士兵,昂然起身,自向门外大步走去,待到槛车边,束身弓腰,探着脑袋就钻了进去。

这边公子偃呵呵一乐:"管仲倒底是管仲,识时务,是豪杰! 难怪九败而不死,哈哈哈哈……"公子偃又命斩下召忽之头,与公子纠之头各自封在一个红色木匣中,而后押着槛车,带上兵丁晃晃悠悠就走了。生窦大道上,老百姓围观如堵,见槛车里囚的是管仲,都齐声骂起来。公子偃十分得意,立在车上一边走着,一边瞧着,一边哼哼唱着:"南阳贩枣被人打,齐国贩布被人骂。又去南方贩黄吕,江边狂呼救命啊! ……"

各种羞辱如水涌来,如丝缠来,如刀割来,管仲屈身坐在槛车里,用心封了耳朵,只静静闭目养神。都来吧,任他水来,丝来,刀来,我终究是我!

公子偃来到曲阜宫中,向鲁庄公回禀,时施伯也在。公子偃侃侃而谈,说到公子纠临刑之前依旧不信是齐侯要杀他,鲁庄公笑道:"蠢材一个,岂能与齐小白相抗?"说到召忽为主殉节,鲁庄公不禁为之动容,叹道:"忠义召忽,无双国士!"说到管仲自囚于槛车,鲁庄公茫然"嗯"了一声,颇有轻蔑之意,身边施伯却大惊道:"其中有诈!臣观管仲之事,必有内应,必然不死!屯兵于汶阳者,鲍叔牙也。臣闻鲍叔牙与管仲私交甚笃,有管鲍并称之誉,形同一人。死公子而活管仲,难保不是鲍叔牙救管之计!"

鲁庄公道:"施大夫以为该当何如?"

施伯答道:"管仲,天下奇才。倘若被鲍叔牙救去,必为齐用。管仲深不可测,齐若用之,必霸天下,鲁将俯首于齐。国君不如致书齐侯,抢先救管,将之生留在鲁国,如此管仲必对国君感恩戴德,必为鲁用。鲁用则鲁强,齐国不足虑也。"

鲁庄公不以为然,笑道:"管仲之才,施伯何必言之太过。以寡人观之,不过九败丈夫而已,何堪大用!何况齐侯之仇怨,虽说在公子纠,更在管仲射钩,我若生留管仲,齐侯必恨我,于鲁无益。"

施伯道:"国君不用管仲,则必杀管仲,以其尸首还与齐国。齐侯若真恨管仲,则我杀之以泄其恨,齐侯必不怨我;齐侯若真用管仲,则我更要先下手为强,永绝后患。"

鲁庄公道:"施伯高见。"于是命公子偃将槛车押到刑场,即行斩首。

早有消息传报,公孙隰朋大惊,轻驾一辆快车,从馆舍急入鲁宫,径直闯入,正巧撞见鲁庄公要乘车外出,公孙隰朋拦住车驾,大声道:"鲁侯为何要杀管仲?"

鲁庄公急着去见母夫人文姜,只因文姜听得弟弟公子纠死在鲁国,又伤心又愤怒,鲁庄公正要前往劝慰,当下扶着车栏道:"公子纠亡了,不想那召忽也随他去了,只剩下一个管仲,寡人且替齐侯也杀了,岂不省事?"

公孙隰朋想到临行之时鲍叔牙的嘱托,厉声道:"鲁侯大谬!桓岭之中,我国君曾被管仲射钩,故对管仲恨之入骨,必要手刃仇人,将之千刀万剐,方解其恨!公孙隰朋身为齐使,出行之时,曾得万千叮嘱,岂敢有辱使命?鲁侯如今杀了管仲,于我国君而言,恰等于不曾杀管仲!"

鲁庄公一听,觉得合情合理,当下踌躇。公孙隰朋又道:"倘若我国君不能亲刃管仲,胸中这股怨气不得宣泄,一时发狂,再起兵戈,于鲁将大大不利!"

鲁庄公一听到"兵戈"二字,不由倒抽一口凉气,乾时惨败,余悸犹在,鲁庄公又急着去见文姜夫人,当下道:"寡人就将管仲交给公孙大夫,任凭齐国处置。"

"多谢鲁侯。"公孙隰朋拱手道。

曲阜城楼下,公子偃将囚着管仲的槛车,盛着公子纠、召忽之首的两个木匣,一并交给公孙隰朋。公孙隰朋接了,两人拱手作别。公孙隰朋查看槛车,见管仲完好,揖礼道:"管子,得罪了。"管仲坐在木笼子里也举手还了礼,道:"有劳公孙大夫。"两人互相用目光神秘地碰了一下,彼此便不再言语。公孙隰朋带有随从二十余人,一个役人驾着管仲的囚车,又一个役人驾着公孙隰朋的墨车,其余人等分列左右,跑步随行。公孙隰朋唯恐再生变故,满脸焦虑之色,催促道:"快走!"一行人便裹着黄尘,风一般地跑了。

眼看着公孙隰朋与役人们在鲁道上行色匆匆,逃命似的,哪里像是押送囚徒的样子,管仲心中暗暗叹道:"此必是鲍兄救我之计! 鲍兄啊……"管仲忽然眼眶红润,心中不由一阵阵酸楚。一日之间,连丧两命,唯有自己虎口脱险,非鲍叔牙相救,难道是死神开恩吗? 二十年前,管仲与鲍叔牙相识于南阳市井,彼时青春年少,三拜三揖,拱手之间便已铁定终生。二十年来,世事多艰,沧海桑田,然而管仲对鲍叔牙之情始终如一,而鲍叔牙对管仲之义也从未改变! 往事幕幕,如水涌来,当时种种不幸与艰难,此刻皆是醇香如酒,珍贵如金,令人想了就要掉泪。一时间,虽然佝偻着身子坐在车笼之中,却犹如高卧锦榻之上,令管仲如痴如梦,不愿复醒。

跑了半日,役人们渐渐没了精神,速度也不禁慢了下来。众人抱怨着要休息一下,公孙隰朋只令大家喝了些水,吃了些干粮,便又催起来。役人们拖着疲惫的身躯,个个沉闷,不得不上路。公孙隰朋也是焦虑不已,这些管仲一一瞧在眼里。管仲后背贴在木棍上,身子随马车上下颠簸,屁股被颠得生疼。管仲哪里顾得了这些,嗫嚅着嘴唇自言道:"鲁庄公身边有施伯,此乃智谋之士,虽然一时将我放了,倘若忽然醒悟,再派兵来追,我命休矣!"

平原广野,一声鸟鸣破空传来。管仲抬头望去,见东方云絮恍如鱼鳞,一只不知道什么鸟抖了抖翅膀,便如一个白点飞入云中去了。管仲望着那鸟与云絮,想着自己的凄惨遭遇,忽然心生一计,片刻间制得《黄鹄》之歌,歌词道:

黄鹄黄鹄,戢其翼,縶其足,不飞不鸣兮笼中伏。

高天何跼兮,厚地何蹐! 丁阳九兮逢百六。

引颈长呼兮,继之以哭!

黄鹄黄鹄,天生汝翼兮能飞,天生汝足兮能逐,遭此网罗兮谁与赎?

一朝破樊而出兮,吾不知其升衢而渐陆。

嗟彼弋人兮,徒旁观而踯躅!

管仲博学多才,深通音律,当下盘坐车笼之中,便将这《黄鹄》歌高唱起来。歌声自笼中飘出,四下荡漾开去。听到"戢其翼,縶其足,不飞不鸣兮笼中伏",公孙隰朋不由心神一震,如同酷热之中偶得凉风。听到"引颈长呼兮,继之以哭",公孙隰朋不由锁住眉头,不禁就要长歌当哭;听到"嗟彼弋人兮,徒旁观而踯躅",公孙隰朋果真就踯躅了,当下止住车马,几个箭步,来到管仲面前道:"管子之歌意境高妙,公孙隰朋大为折服,特止步请教,此为何歌?"

管仲道:"我闷在槛车之中,百无聊赖,一时兴起,便得了这《黄鹄》之歌。公孙大夫可令役人们随我一同歌唱,以解征程寂寞。"

公孙隰朋大喜,便令大家一同唱歌。役人们边走边唱,如同饥而得饭,病而得医,浑身上下都来了力气,将先前的郁闷与疲惫一扫而光,且行且乐,车驰人飞,十步并作五步走,两日路作一日行,不知不觉间,已到齐鲁边境。公孙隰朋大悟——管仲做歌,哪是什么消遣,实为赶紧逃命! 当下恍然道:"管子随机应变,我不如也!"又叹道:"今日始知,乐者,非单钟鸣鼎食之乐,亦有救亡图存之歌!"公孙隰朋出身大夫世家,自幼鲜衣美食,与寒门草莽之中艰难成长起来的管仲,自然不可同日而语。

堂阜,齐国南方边境小邑,与鲁接壤。眼看着将入齐国疆界,不想身后一列战车陡然奔袭而来。原来鲁庄公事后果然追悔,加上施伯撺掇,便又派公子偃率军追来,誓杀管仲。公孙隰朋大惊道:"快! 快! 前方堂阜,便是齐境!"管仲惊得心提到了嗓子眼,叹道:"难道上天真要亡我!"

役人们护着车马,加速向前奔去。追兵大喊,齐射箭来,公子偃吼道:"只射槛车里的管仲!"不一会儿,十几支箭便射在槛车的木头上。管仲在狭隘的车笼里左躲右闪,惊慌不已。公孙隰朋想到鲍叔牙"必要活管仲"的托付,当下大声令道:"众人护着槛车!宁可我死,不可使管仲亡!"当下率先从自己的墨车上跳下,顺势打几个滚,尘烟里人影闪烁,公孙隰朋便从后面爬上了管仲的槛车。而后背靠木笼挺立,掣出腰间宝剑,左劈右砍,将射过来的箭挡落地上。役人们也纷纷跑过来,肩并肩,手挽手,前前后后形成三道肉墙,为管仲挡箭。

追兵更近,箭雨更猛,有五六个役人中箭,倒在地上。公孙隰朋右臂也中一箭,鲜血直流,不得不改用左手舞剑。管仲感动不已,双手扒着木栏,探着脑袋,盯着公孙隰朋右臂,急急道:"不可,不可! 公孙大夫不可为管仲枉送了性命!"

正无奈间,前方忽然战鼓擂动,车马萧萧,黑云压城一般驰过来一支大军——正是鲍叔牙的接应之师。鲍叔牙在堂阜已经等候多时了!

喊杀声震天,早已将公子偃那百余人马吓破了胆。雄壮的大军之前,鲜艳的旌旗之下,鲍叔牙挽弓如月,"嗖"的一声,将一支长箭射在公子偃的车前。鲍叔牙声如洪钟,大声道:"多谢鲁国相送管仲! 已至堂阜,公子请回吧!"

公子偃气得肚皮要炸,却又无可奈何,当下一声长叹:"悔之晚矣——"只得掉转车辕,灰溜溜地返回了。

早有一群齐兵拥过来,将公孙隰朋从槛车上扶下,管仲道:"快给公孙大夫疗伤!"公孙隰朋被扶坐在路边一张蒲席上,有人便过来包扎。那些役人也被安置妥当。

艳阳高照,旌旗飘扬,甲兵分列道路两侧,铜戟闪着耀眼的冷光。威武雄壮的军前,苍茫的黄土地上,只孤零零停着一辆槛车。槛车里,管仲缩如小鹿。鲍叔牙一时难抑心中激动,竟擂起一阵无名鼓来。众将面面相觑,不知鼓声何意。正纳闷间,却见鲍叔牙将鼓槌向天抛起,哈哈一笑,就一路小跑,朝槛车而去。

鲍叔牙立于槛车之前,左瞧瞧,右看看,眼睛眯成一条细缝,乐呵呵道:"鲍叔牙盼管仲归来,如大旱之盼云霓! 天幸管兄毫发无损。"说罢,深深躬身行礼。

一种久违的如父如兄之感蓦然涌上心头,令管仲热血翻腾,五味杂陈,直欲大笑三声,大哭三下。然而,管仲何等机敏,一瞬间便又由痴狂转为冷静。此刻,身边有多少兵马在看着呢! 如此大兵压境的场面,似欢迎之仪,似斩杀之场,又似若有若无的幻境,管仲深情望一眼鲍叔牙,在木笼中拱手还礼,淡然道:"岂敢劳鲍子挂念,管仲如今不过槛中之囚。"

"管仲猛虎也好,囚徒也罢,都是老鲍的好兄弟!"鲍叔牙依旧乐着,就要破了槛笼,放管仲出来。

"不可!槛车乃国家法度,鲍子身为齐国重臣,未得君令,岂可擅自放出罪徒!"管仲厉声,满脸铁青,又道,"我闻齐侯誓要将我亲刃,以报射钩之仇!"

鲍叔牙仰头又是一阵大笑,柔声道:"管兄放心。我将举荐于你,齐侯必会重用!"

管仲忽然眼圈红了,鲍叔牙以为管仲是因"齐侯重用"而感激,不料管仲却哽咽道:"我与召忽共同辅佐公子纠,公子与召忽皆死,唯我独存。我不能保公子纠为君,又不能全臣子气节于地下,有何面目为人?如今先主已亡,却要我反过来辅佐先主的仇人,天下人定骂管仲!召忽有知,黄泉之下也将笑我!"管仲掉泪,嘴唇嗫嚅了一下,大悲大喜,大起大落,着实身不由己,情难自禁。

鲍叔牙道:"瑕岂可掩瑜,云安能蔽日!成大事者,不拘小节;立大功者,何患小耻!管子天下奇才,有富国强兵之能,图霸称雄之志,只恨未逢其时!齐侯英明神武,若得管子辅佐,正可谓如龙得水,如虎得翼,霸业何足道哉!管子是要功高天下,名显诸侯,还是要桎守匹夫小节,一事无成,了此残生?管兄弟啊,三思!"

鲍叔牙字字铿锵,管仲句句入耳。眼前之景,犹若当年两人行商途经楚国,管仲将鲍家黄金赔个精光,鲍叔牙慷慨训斥之时。彼时鲍叔牙"士有朋友,何以为朋友——'朋友者,若子若弟!'"的壮语令管仲毕生难忘,今此音复来,响彻耳际。"鲍兄大义,管仲涕零!"管仲在心中暗道,而后立起上半身,高声回道:"鲍子如此说,管仲还有何话可讲!全凭鲍兄主张!"

鲍叔牙大笑,取斧破了槛车,将管仲扶下,亲自为管仲解了绳,又为管仲拍掉满身的浮尘,在齐兵一片欢呼声中,携着管仲之手,向堂阜邑中行去。犹若年轻时代在南阳市井,管鲍那时初逢,鲍叔牙也是如此这般携着管仲,向一个街边小酒馆走去……

堂阜邑中,管仲沐浴更衣,洗净风尘,鲍叔牙又安排了一座干净雅致的小院供其居住。管仲称谢,因惦念公孙隰朋的伤势,两人又往探视,幸公孙隰朋已无大碍。管仲三拜,谢公孙大夫相救之恩。

鲍叔牙将诸事推之脑后,于小院堂中设一私宴,置五鼎、四簋、二竹笾、二木豆,有炖牛肉、炙羊肉、烤鱼肉、煮鼋肉以及蔬菜若干、果子几许、蘸酱五种,又有粟米饭、鲜肉羹为辅,又置一大罍酒,撤小爵而用大觚饮之。又将从人悉数屏退,不召唤不得入内,独留管鲍二人自在痛快。

两人彼此行礼,落座入席,鲍叔牙为上,管仲居下。铜罍边有铜斗,两人自行添酒。管仲瞟一眼席上挤得满满的精美食器,像是对鲍叔牙说,又像是对自己说道:"如此美食,岂可辜负。"说罢,毫不客气,也无礼仪,用食匕扎起一块牛肉就撕咬起来,啃了一半,又换成一块香喷喷的细长带骨的炙羊肉,大口咀嚼着,喝了几口肉羹,拈了几枚果子,又饮了一大觚玉液琼浆。管仲酒脱,大吃大喝,然而粗犷之中犹显优雅细腻之态。鲍叔牙也不说话,只乐呵呵看着管仲吃,时不时也举觚,似乎是劝饮,但又不忍搅了管仲的食兴,于是只默默对空而举,然后再独自饮下。堂中再无旁人,管仲放松,尽露本色,顷刻间由饱受摧残的拘身囚徒又还原成目空一切、放浪不羁的管兄弟了。

酒肉入腹,气血热涌。连日来在鲁国殚精竭虑,饮食难安,如今高坐故友亲朋之前,也沐浴了,也更衣了,也饱食了,管仲瞬间精神焕发,神采奕奕。岁月无情,人间有义,两人虽都年愈四旬,却个个虎胆龙威,气宇轩昂。鲍叔牙黑面虬髯,怒时雷霆闪电,一笑起来便如神佛;管仲白面长须,风神飘洒,如云中鹤,如雪中柏,依旧是堂堂美男子,凛凛大丈夫。

鲍叔牙看着管仲,欢喜异常,不由脱口叹道:"兄弟神采依旧,可喜可贺!"

管仲听了,若有所思,并不言语,放下手中吃食,恭恭敬敬连敬鲍叔牙三觚酒。鲍叔牙大乐,仰头一饮而尽。

管仲将酒觚放好,微微整理衣冠,起身离席,面鲍叔牙,行跪拜大礼。管仲满是感激之情,一本正经道:"鲍兄如兄如父,于管仲有再造之恩,受我三拜!"鲍叔牙急要劝住,管仲不依,礼毕,又道:"我登上槛车,便已知是鲍兄救我。公子纠之死,召忽之亡,实是只为换得管仲独生而已!鲍兄苦心,管仲自知。此生此世,不知将如何报答鲍兄。"

鲍叔牙只淡淡一笑,故意将话题岔开去,道:"不知管兄以为当今齐侯如何?"说着将管仲扶起,两人再入席中。

管仲答道:"齐侯小白乃一代雄主,其才、其智、其度,皆令公子纠望尘莫及。只是各为其主,管仲必以忠义为先,不得不于桓岭之中射了一箭。"

鲍叔牙点头："临淄城中另有一人评价他们兄弟道,纠如美鹿,白如雏虎。兄弟以为然否?"

"然也。治平之世,美鹿胜虎;如今海内大乱,无疑雏虎胜鹿。"管仲答道。

"英雄所见略同。今齐侯雄心勃勃,招贤纳士,在国中设相,虚位以待。齐侯志在强齐,其心不可量也!"

"桓公求相,我于途中已听公孙隰朋言道了,足见其志非小。然而,仅仅强齐,桓公胸怀还嫌不大,当争霸天下,为天下霸主! 此才是顺天应人之大道。"

"哈哈哈哈,果然是相国之论! 我正欲将兄弟举荐给国君,以任齐相!"

管仲惊诧不已,失声道:"我早知齐侯已经两番要任鲍兄为相,兄弟岂敢作此非分之想? 何况我与齐侯有射钩夺命之仇,齐侯岂能容我? 管仲只愿大难不死,以后能为鲍兄之仆,便足矣。"

"你我彼此相知几十年,老鲍是个粗人,自知非相国之才,不可误人误己又误国。而兄弟天下奇士,正是齐相的不二人选! 至于齐侯射钩之恨,就看老鲍如何疏泄了。欲成非常之功业,必用非常之人才;欲用非常之人才,必具非常之气度! 我对这个少年君侯充满信心。"

管仲听得热血澎湃,禁不住就要跃跃欲试。管仲空怀壮志二十余年,实在太需要一个机会了! 管仲无论如何也没有想到,眼前故友不但救了自己的命,还要将这个天大的机会拱手相赠! 当下竟也丝毫不做谦让,霸气道:"我若为相,齐必为霸,管仲定不负平生之志!"

鲍叔牙哈哈大笑道:"这才是管仲!"

管仲忽然回过神来,紧锁眉头道:"管仲累年漂泊,无亲无故,孤独一身,茕茕孑立,只鲍兄这一个朋友。然而一个朋友足矣! 你我相交二十多年,蒙鲍兄慷慨大度,屡施援手,昔日让金,今日让相,管仲假使身死,又有何憾! 管仲何德何能,得鲍兄如此朋友!"

鲍叔牙眯着笑眼,慷慨道:"我与你,朋友也! 朋友者,若子若弟。我荐兄弟为相,固然有个人私情,然而更是国家大义所存。鲍叔牙上为国家尽忠,下为朋友尽义,机缘巧合,两全其美,乃人生幸事,何乐而不为!"

管仲一拱手,道:"鲍兄胸怀,令人感佩不已!"

"对了,"鲍叔牙说着,掏出一只青色锦囊,递与管仲道,"临淄城中有一女子托我将此物转交给你,并转达她的话——"鲍叔牙说着,故意将这句话拉长,又学着女孩子的腔调道:"我盼他平安归来——"

鲍叔牙南腔北调,学得甚是滑稽。管仲不由笑了,接过锦囊,见是一册写在竹简上的《考槃》。管仲实在想不出这件物事有什么来历,诧异不已,嗫嚅道:"考槃……女子……这是……"

鲍叔牙见状,也惊呆了:"怎么,难道管兄不知此人? 不识此物?"

管仲将锦囊抛在鱼鼎边上,举觚饮了一口道:"难不成我在鲍兄面前惺惺作态? 我实不知,鲍兄请讲。"

鲍叔牙一叹:"山有木兮木有枝,心悦君兮君不知!"又微笑道,"此女子冷颜冷面,冰雪聪明,人称雪美人。自称与你曾在临淄街头有过一面之缘,只因你当时吟唱《考槃》之歌,她便以《考槃》之诗相赠。管兄,想起来了?"

管仲陷入沉思,当年郁郁不得志时,狂歌街头确是有的,只是这《考槃》歌于何时,与这女子邂逅于哪里,实在有些模糊了。

鲍叔牙性急,见管仲还是一脸茫然,脱口道:"这女子乃齐国高子之女,高雪儿!"

这么一提醒,管仲忽然想起来了,是的,在临淄街上两人是有一次偶遇,临了那个女子自报姓名是说"高雪儿",当下道:"我与这女子是有一面之缘! 唉,也不过一面之缘,何劳高氏之女如此挂念?"

"管子绝顶聪慧之人,岂能不解这其中的深意?"鲍叔牙嘿嘿一笑,接着道,"情义无价,福缘难得。管兄啊,你可知道,整个齐国自国君以降,人人皆欲杀你,我只道天下愿意救你之人,唯我鲍叔牙,岂料还有一个高雪儿! 我出城之时,高雪儿降尊纡贵,亲临我府,求我救你。我问其中缘故,高雪儿答道'我只是不忍看此大才,国之栋梁,壮志未酬,无辜枉死于乱世之中'——此番真情,管兄当三思啊。"

管仲大惊,一种知音难遇之感涌上心头,瞬间对高雪儿产生了一种难言的情愫,当下不由向那青囊上瞧去。鲍叔牙见状,嘿嘿一笑,便起身道:"军务倥偬,老鲍就失陪了。我立时要返回临淄,你在堂阜这儿先住上两天。"说着就大步而去,一边走一边甩着大袖,竟低声哼起那首《考槃》:"考槃在涧,硕人之宽。独寐寤言,永矢弗谖。考槃在阿,硕人之薖。独寐寤歌,永矢弗过……"声音中饱含戏谑之意。

管仲也不相留,也不相送,只乐呵呵望着鲍叔牙的背影一点一点离去。管仲将那青囊从鱼鼎边上托起，生怕被汤汁弄污了。他觉得那囊沉甸甸的，如一块青石压在肩头，又如一只顽猴跳进心里。管仲将锦囊轻轻藏于怀中，举觚自抿一小口，半晌叹道："有朋友如鲍叔牙，虽死无憾！有知音如高雪儿，夫复何求……"

第二十章　桓公拜相

鲍叔牙别了管仲，自堂阜驾车返回临淄，过南门，顺着一条南北干道直奔齐宫而去。

钟鼓齐鸣，笑声荡漾，时齐桓公正与几个女子在宫中玩投壶游戏，闻鲍叔牙归来，即命众人退下，自己匆匆赤足出迎。公子纠事正是齐桓公目下的心头之刺，他岂能不急？一见鲍叔牙，开口就道："鲍师父可算是回来了……"

那鲍叔牙并不行君臣之礼，一见齐桓公，"呜呜呜呜"扯着嗓门就哭，鼻翼抽动，黑髯乱抖，其声甚悲，只是眼中干涩无泪，行揖道："臣特来吊唁。"继之忽然"哈哈哈哈"又大笑起来，震得堂中颤了几颤。鲍叔牙眼睛乐成一条细缝，满脸戏谑，又揖道："臣特来贺喜！"

一吊一贺，齐桓公茫然，只觉师父今天行为怪异，大有深意。齐桓公道："鲍师父为何吊唁？"

鲍叔牙道："回禀国君，臣率威武之师屯兵鲁境，以讨公子纠。鲁侯畏惧，杀公子纠以谢罪，而召忽也随他去了。纠，国君之兄，不幸而亡，臣焉敢不吊？"

闻公子纠已亡，齐桓公心中陡然间沉了一下，闭了眼睛轻叹一声，只默默无语。半晌，睁开眼睛道："鲍师父又是为何而贺喜？"

"管仲，臣已活生生擒来。管仲为当今天下第一奇才，非召忽可以比，亦非臣可以比，其人有富国强兵之道，称霸天下之能，正可为国君之相国！君得一贤相，臣焉敢不贺？"

"什么！"齐桓公登时气得脸色煞白，大怒道，"寡人得管仲，誓要亲射其心，亲啖其肉，将之千刀万剐，碎尸万段，以解我心中射钩之恨！"齐桓公说着，用手抚摸着腹间带钩，又道："鲍师父难道忘记桓岭之中，管仲要射杀寡人吗？寡人每每摸到腹下，便余悸犹在，寝食难安！岂会再重用那个管仲！"

鲍叔牙正义凛然，毫不退缩，字字铿锵道："人臣之道，为主尽忠谋事。射钩之时，管仲心中只有公子纠而无国君；今，国君倘若不计前嫌，赦其无罪，大度能容，起而用之，管仲必将为君射天下！一钩之恨，何足道哉！"

齐桓公一心只想着报仇，无论如何都听不进，怒视鲍叔牙道："我知鲍师父与管仲是故交密友，如今为其狡辩，莫非因公徇私，徒为一己之利？"

鲍叔牙放声大笑，堂堂正正道："鲍叔牙之心，天地可鉴！臣若有私，当年岂能为管仲让金；臣若有私，今天岂能为管仲让相！鲍叔牙只是为国尽忠而已，不幸举荐者乃臣故友，岂有私乎！倒是国君，一叶障目，不见泰山，因一己私恨而执意枉杀贤才，此莫非公乎？"

"你——"齐桓公被诘，无言以对，胸中怒气更增，又觉鲍叔牙伟岸不可动摇，一时不知如何是好，气得又着腰在堂中乱走起来。

鲍叔牙目不斜视，如山自立，无一丝软弱退让之意。昔日师徒，今朝君臣，头一次闹僵了。

"唉——"齐桓公憋不住，不由一叹，又语无伦次道，"你，也就是你敢……鲍师父……"又转了两圈，面鲍叔牙道："既然鲍师父求情，寡人就赦了管仲，免他一死吧。"说罢，又长叹一声，便拂着袖，悻悻入内去了。

鲍叔牙微微行礼，目送国君。"只是不死，尚不得用。"鲍叔牙也叹了一声，当下大步退出去了。

是夜，齐桓公辗转反侧，内心久久难平，熬到鸡鸣，依旧难以入眠。管仲不能杀，齐桓公心中实是不甘！然而既已答应鲍师父赦了管仲，也只好就此作罢。齐桓公想着，江山社稷重于个人恩怨，只要能得鲍师父之心，释放一个管仲又算得了什么？齐桓公自语道："晨来朝会，寡人将再拜鲍师父为相。我两次拜相，鲍师父两次拒绝，想来都是为了救管仲之故。明日再拜,鲍师父当欣然应允。"看窗口已然透出微弱的天光,齐桓公哈欠连连,这才睡去。

　　是日早朝,众臣聚会。齐桓公道:"鲍师父从堂阜归来,鲁国之公子纠一事,众位大夫想必已知,寡人自不多言。寡人也答应鲍师父之请,赦了管仲死罪。今日之会,专论一事,寡人要再拜鲍师父为相,任以国政,鲍师父休要再推却。"

　　"臣替管仲拜谢国君不杀之恩。"鲍叔牙一面拜谢,一面又道,"然而拜相大事,非臣所能,臣断然不敢受!"

　　齐桓公脸色大为不悦,压着火气,强装平静道:"鲍卿之才,举国共睹;鲍卿之功,谁人可敌? 寡人之有鲍师父,犹如周文王之有姜太公,怎么,鲍师父要三次辞相,三拒寡人吗?"

　　鲍叔牙道:"国君厚恩,万死难报,臣岂敢与太公并论! 臣循礼守法,小心谨慎,只懂得为臣之道,非是相国之才。国君欲拜相,非管仲不可!"

　　此语石破天惊,众人听了,一片哗然。仲孙湫陡然大乐道:"就是那个九败丈夫啊,哈哈,是个人物,我听得鲁国有歌谣,专论九败丈夫之才:南阳贩枣被人打,齐国贩布被人骂。又去南方贩黄吕,江边狂呼救命啊! 宋国为师却为盗,卫国入仕被蛇咬。睢阳城下拔腿跑,回乡母死妻走了。灭纪之战空献策,贬在祖庙望月小。以多攻少守战道,博得九败美名笑。可叹奇才管仲子,人生如戏英雄老! 呵呵呵呵……"

　　齐桓公侧耳,细细听了那《九败丈夫》歌,便又直勾勾盯着鲍叔牙,道:"寡人已赦管仲无罪,鲍师父为何还要步步紧逼?"

　　仲孙湫之言,齐桓公之语,鲍叔牙皆不以为然,昂然道:"管仲之才,普天之下,无人比臣更知之。管仲有五能,臣皆不如也:其一,爱民富民,使民心聚而为用,臣不如也;其二,治国有术,权柄四方,臣不如也;其三,忠信达于国野,礼仪布于诸侯,臣不如也;第四,统兵治军,攻伐有道,臣不如也;第五,争霸称雄,使齐国为天下至尊! 臣不如也。管仲有此五能,臣岂敢妄论? 国君胸怀若海,英明非常,能赦仇人之死罪,亦必可起草莽为国相!"

　　鲍叔牙此番凛然之语,使齐桓公略略动心。齐桓公冷下心来,无意间又抚了抚带钩,对管仲忽然有了新的想法。管仲有才,齐桓公不是不知,只是其才能否堪任相国,一时间惘然。齐桓公心中,直到此刻,一直以为鲍叔牙之才更胜管仲,只有鲍叔牙才是齐相最佳人选。

齐桓公静静道："众位大夫以为管仲如何?"齐国众大夫眼中,管仲始终是一个远在视线之外,模糊不清、可有可无、褒贬不一的无名小卒,此人转瞬之间就提上了相国议程,实在大出意料。朝会重臣除王子城父在家养伤之外,其他如宁越、宾须无、雍廪、仲孙湫等皆默默无语。齐桓公扫视群臣,最后落在公孙隰朋身上,问道："公孙大夫曾赴鲁国救回管仲,不知对此人作何评判?"

公孙隰朋道："臣与管仲之间,也只有此次槛车之缘,对其人其事知之甚少。以臣观之,管仲的确满腹经纶,然而其才是大夫之才,还是相国之才,恕臣愚钝,一时之间难以知晓。"

齐桓公再度陷入茫然。举国之中,除了鲍叔牙一人鼎力举荐之外,再无半个附和者。管仲何以如此孤独无助,到底是一条神龙还是一只草虫?

鲍叔牙见状,霍然拱手行礼,高声道："臣愿以项上之头,为管仲作保!"

齐桓公又惊了,眉头紧锁,将鲍叔牙盯着瞧了好一阵子,而后一拂手,淡淡道："容后再议。"就冷冰冰地退朝了。

齐桓公心烦意乱,觉得宫中堵得慌,索性换上戎装,挎了弓矢,牵着猎犬,就出城往牛首山狩猎而去。随行带了三百小厮,有鹰一百只,又有犬一百只,风烟滚滚,喧闹鼎沸,威风凛凛,神气十足,沿途百姓见了皆驻足观看,都替小国君欢喜不已。齐桓公也是心中大乐,将先前的烦忧一扫而光。自做了国君后,这还是头一次潇洒放纵地去玩儿。

另一边,鲍叔牙正火烧火燎的。鲍叔牙三辞相国,两荐管仲,然而齐桓公就是不点头。鲍叔牙是个直爽的性子,也是个急躁的脾气,见管仲拜相始终不成,气得闷在府中独自饮起酒来。忽然,传报高雪儿来访,鲍叔牙不禁心中一颤,眼中放出光来,乐呵呵地出来迎接。

两人互相行礼,入席坐定。高雪儿道："鲍子高义,终于救下了管仲,雪儿特来致谢。"

鲍叔牙喜道："姑娘何必绕弯,姑娘此来是要见活管仲一面,可惜啊,管仲目前还待在堂阜。相见有日,何必心急!"

高雪儿前来的确是想见到管仲,不想其人却不在这里。见鲍叔牙将自己心事一语道破,当下满面含羞,垂头不语。鲍叔牙见状,狂饮一爵,转喜为忧,大叹"可惜",忧伤道:"管仲仅为国君赦免其罪,尚不得重用。奇才难遇明主,贤君不得贤臣,岂不可惜?"

高雪儿抬起头来,这才看到鲍叔牙案上有鼎有簋,有罍有爵,然而只是一个劲儿地饮酒,食物却丝毫未动。高雪儿暗暗叹道:"看来鲍子是为举荐管仲不成而闷闷不乐。"

鲍叔牙又道:"国君雄才,欲拜相国。老鲍以为,普天之下第一相才,非管仲莫属!可惜呀,不被国君所纳啊!"

高雪儿凝神望着鲍叔牙,默默沉思不已。但见鲍叔牙又是一句"可惜",将爵中之酒尽饮,带着三分醉意道:"老鲍人微言轻,非那一言九鼎的高子高敬仲啊!若是高子举荐,国君必信!"

高雪儿闻言,顿时心中一片慌乱和不安。鲍叔牙收起酒爵,笑吟吟依旧沉醉道:"你是高氏高雪儿……老鲍喝多了,老鲍告罪……"

高雪儿于是起身,恭敬行礼道:"管仲知音,唯君而已。鲍子才是齐国第一清醒之人。雪儿搅了鲍子酒兴,还望海涵,就此别过。"鲍叔牙还礼道:"酒酣不能相送,姑娘莫怪。"高雪儿便迈着轻盈的步伐,如二月春柳,袅袅娜娜去了。

高雪儿一走,鲍叔牙登时转醉为醒,无限欣喜,自言自语道:"不出三日,高子必荐管仲!"

高雪儿对管仲早已芳心暗许,日夜盼着管仲得明主之际遇,立不世之功勋。鲍叔牙适才一番点拨,高雪儿岂能不动心? 回到家中便苦苦恳求,要其父于齐桓公面前举荐管仲为相。高子向来沉稳老辣,当下呆了半晌不语。高子暗忖:其一,女儿如此情切,必是对管仲动了真情。倘若两人命中有缘,高氏之女又岂能嫁给一个声名狼藉的"九败丈夫"? 其二,国君拜相之事,早已闹得沸沸扬扬,立何人为相,乃齐国大业所系。身为齐之世卿,高子又岂能视若无睹,袖手旁观? 其三,管仲其人扑朔迷离,云雾一般,或有真才实学,或是浪得虚名而已,此人年愈四旬,世人只知管仲九败,却未见其有丝毫功业!管仲到底可信还是不可信? ……高子思潮翻滚,一时也难以理出个所以然来。见女儿神色可怜,宽慰了半天,道:"国相大计,非我辈可以妄言。国君一代明主,必会选得良相。管仲果然天下奇才,即使有八百阻碍,也终会拜相。女儿勿忧。"

高雪儿眼中噙满泪水,马上就要溢出来,嘴唇嗫嚅了几下,只是无语。高子挥挥手道:"去吧,去吧。"高雪儿便"哇"的一声痛哭失声,以袖掩面,拔腿跑了……

牛首山脚下，一块巨石高耸如屏，四周丛林环抱，几条小溪互相缠绕着从中流去。这里地势平坦而开阔，正是扎营的好地方。齐桓公狩猎累了，一番恣肆追捕，竟猎得麇鹿两只，野猪一头，其余随行人等也收获有山鸡、野兔、獾子若干。众人于溪水边架起篝火，将野味洗剥干净，放上作料，置于火上烧烤起来。不一会儿，浓郁的香气在山林间飘散，惹得人人垂涎。齐桓公最喜欢麇鹿肉，早有一鼎烤好的鹿肉端在案上，配着芥子酱、鱼肉酱，另有出城时带来的美酒，爵中斟得满满。

齐桓公手撕一块鹿肉，蘸酱入口，果然十分美味。望着远远的群山，溪边的野火，齐桓公心旷神怡，大口大口吃起来。不想这块鹿肉只吃了一半，忽然间忧上心头，便觉味如嚼蜡，再也吃不下去了，于是将剩下的鹿肉抛入鼎中，接着喝了满满一爵闷酒，就垂下了头，叹起气来。身边内侍面面相觑，都傻了眼。有一人靠前轻轻问道："国君可是觉得这鹿肉烤得不合胃口？"齐桓公仿佛没有听见，只连连叹气，令人一片茫然。

说话间，营外一人哈哈大笑，昂首阔步而来，众人见了都低头致敬，无一人敢阻拦。那人跨过溪流，绕过篝火，来到齐桓公面前，躬身行了礼，笑道："国君好兴致啊！"

齐桓公怅怅抬起头来，见来者是高子，正要问讯，却见高子戛然止笑，转喜为忧道："国君却又为何愁容满面啊？"

齐桓公苦笑一下，正想说"与高子上鹿鼎"，话未出口，不想高子又追问道："国君可是为立相一事忧心忡忡？"

"啊呀——"齐桓公大惊，但觉仿佛打了个冷战，却又异常舒服，"高子真神人也！寡人正为此事犯愁，正要寻高子请教一二。"

高子淡淡地笑："岂敢劳国君大驾。我想着国君会思念我，便自己寻来了。呵呵，国君自幼好猎，敢问国君，这麇鹿如何？"

"什么麇鹿？——高子，寡人正要请教你，当立何人为相？"

"世人有说麇鹿像马者，有说麇鹿像鹿者；有说麇鹿迅捷者，有说麇鹿蠢笨者；有说麇鹿鲜美者，有说麇鹿腥膻者，国君以为如何？"

"嗨，高卿啊，自己打一只，不就什么都知道了！"齐桓公不耐烦，顺口接一句。话一出口，恍然觉得这一问一答颇有深意。齐桓公望向高子，见高子也正满含深意地望着自己笑。

高子道:"世人如何说麋鹿皆不足道,重要的是自己亲自射鹿,亲自识鹿!国君啊,国君求相要国君自己去求!自古大贤,哪一个不是千辛万苦寻来的。岂不闻我国先祖姜太公,当年周文王如何亲自跋涉而访于渭水之滨,这才有了后来的太公运筹,武王伐纣,一战而灭商兴周。高子相信,以国君之英明神武,定可拜来贤相,成就齐国旷古功勋!"

一席话,齐桓公如拨云见日,恍然大悟,当下道:"小白感谢高子教诲!"又道:"再请教高子:管仲其人若何?"

"管仲者,我实不知。其才其德,国君当亲自衡量。"

齐桓公又问:"高子以为鲍叔牙其人若何?"

"胸怀坦荡,公而无私,其德可敬,其言可信。"

齐桓公道:"领教了。今日幸得与高子一会!"而后起身一挥手,慨然命道:"速速回宫!"

夜幕早降,北斗悬于檐上。鲍叔牙正在家中批阅简章,忽得急报:"国君到了!"鲍叔牙大惊,暗道:"国君深夜登临臣子之门,必有要事!"于是匆匆整理衣冠,率众迎驾。

鲍府门前房后,到处掌起灯火,亮如白昼。鲍叔牙率着长长的队伍迎到大门之外,却见齐桓公只是一辆简车,四个随从而已。鲍叔牙躬身行一大礼,道:"国君深夜造访,臣惶恐难安。"齐桓公含笑道:"小白只是想念师父,愿做一夕畅谈。"言罢,挽着鲍叔牙臂膀,径直入府去了。

大堂里,立着四棵青铜树,每棵树上摇曳着五盏灯。正中屏风前,设一案两席,齐桓公与鲍叔牙分君臣坐定。仆从尽退。鲍叔牙先道:"国君有何吩咐,但请直言。"

齐桓公道:"无他,寡人独为立相之事而来。"

鲍叔牙一愣,皱眉道:"臣已两次为国君举荐管仲,然而始终未得国君应允——难道,国君有了新的相国人选?"

"无。寡人前来,特命鲍师父再举荐一人。"

"管仲。"

鲍叔牙毫不思索,脱口而出,足见其心坚定如一。齐桓公哈哈大笑,当下道:"我与鲍师父相从于危难之中,鲍师父之忠心、公心,寡人岂能不知?高子也曾言:鲍师父其德可敬，其言可信！鲍师父既如此举荐管仲，寡人也便信管仲！只是鲍师父啊，寡人有一事不明。"

"国君请讲。"鲍叔牙道，心中却是欣喜若狂。

"四个字：九败丈夫。寡人要听鲍师父亲自讲讲，管仲天下奇才，如何得了九败丈夫这个名号？"

鲍叔牙仰头一笑，几乎唱着道："南阳贩枣被人打，齐国贩布被人骂。又去南方贩黄吕，江边狂呼救命啊！宋国为师却为盗，卫国入仕被蛇咬。睢阳城下拔腿跑，回乡母死妻走了。灭纪之战空献策，贬在祖庙望月小。以多攻少守战道，博得九败美名笑。可叹奇才管仲子，人生如戏英雄老——鲁国的这首《九败丈夫》歌，国君想来也是听得生了耳茧了吧？"

齐桓公大乐，用两根手指搓搓两个耳朵，扮鬼脸道："然也。"

鲍叔牙端坐，正色道："臣与管仲少年相识，至今已相交二十余年。管仲平生之事，鲍叔牙无一不知。这九败丈夫的称号，说来惭愧，实是起源于臣的哥哥鲍仲牙。管仲家贫，早年与臣合伙行商，每每总是出钱少而分利多，有一次还将臣半个家当赔了个精光！臣向来视钱财如粪土，重情义如泰山，也从未放在眼里。只是我那哥哥过于斤斤计较，对管仲的不满便与日俱增。那一年，管仲从卫国回来，被毒蛇咬了在臣家养伤，臣哥哥便嘲讽管仲为败丈夫！善败丈夫！五败丈夫！再后来管仲依旧屡屡不得志，总是豪言在前，败局在后，谋而不成，行而未果，加之其心性狂妄，恃才放旷，于是总遭嫉恨，常被小人奚落，慢慢地，七败丈夫、八败丈夫、九败丈夫接踵而来，以至于今日又被鲁国别有用心之人撰了《九败丈夫》之歌。作歌者看似将管仲骂得一无是处，实则是忌惮管仲之才，其意是要将管仲毁掉，将一代奇才棒杀！用心歹毒，实在当诛！"

齐桓公听了大惊失色，只见鲍叔牙娓娓道来："管仲一败——所谓南阳贩枣被人打。其事真有。管仲家贫，早年贩枣于南阳期间，的确曾被一群市井无赖羞辱、殴打，臣当时就在跟前。臣与管仲也自这场打架而相识。此架因何而打？皆因管仲慷慨施枣于一个孝养母亲的幼童，但拒施于另一个好吃懒做、混吃混喝的懒汉，那汉子便纠结一帮无赖群集而来。管仲见状，闭眼任这些泼皮尽管取枣而去，只是这些人仍步步紧逼，竟要夺取管仲手中之弓！财物不过轻如鸿毛，而弓箭乃志士性命所系，岂可被夺？管仲忍无可忍，勃然大怒，这才舍命相搏。世人只知管仲被打，却不知管仲忍辱负重，不计小节，其志远大,有所为而有所不为!

"管仲二败——所谓齐国贩布被人骂。其事真有。呵呵,此事乃管鲍合伙行商之时,曾到临淄购得一车齐国布帛。归途中,逢鲁国大旱,饿莩遍野,又于宋国遇到故人萧大兴落难,管仲于是刚愎自用,将一车布帛前后散尽,先救灾民,又救朋友,然后便遭到了随行兄弟们的怨恨、唾骂。视钱财如粪土,胸怀仁爱,义薄云天,老鲍深为感佩。此种情怀岂是那乡野小民、市井之辈所能理解的?

"管仲三败——所谓又去南方贩黄吕,江边狂呼救命啊。其事真有。管仲与臣二人结伴到南方随国私购黄吕,本想富贵险中求,谋取暴利。回归途中在青林山碰上楚国与随国交兵,我等不幸被扣留楚营之中。事有离奇,楚王令巫尹祭祀祈福,那巫尹却道出管仲为'北国猛虎,霸王之辅,楚国劲敌'的谶语,楚王于是果断下了杀令。后得斗縠於菟公子相助,我二人才逃离汉水,侥幸捡了性命。此一败过于曲折离奇,不足为外人道也。世人只知道管仲此行折了我鲍家十镒黄金,却不知楚巫关于管仲'北有虎,霸王辅'的预言。国君啊,巫卜自古以来便是国之大计,不可小觑,臣坚信,管仲必是天下一虎,霸王之辅!

"管仲四败——所谓宋国为师却为盗。其事不真。托朋友举荐,管仲曾到宋国投奔太宰华督,为其公子之师。授业期间,管仲无意发现数年之前,华督因贪恋魏夫人美色而将其夫孔父嘉阴谋杀死的秘事,因耻与为伍,便不辞而别。不想华督恼羞成怒,贼喊捉贼,反而污蔑管仲偷了府中一钟粟米而逃遁去了。管仲'粟米小贼'之号便由此而来。呜呼!志士仁人受此不白之冤,口唾之辱,与刀斧加身何异!臣深为管仲鸣不平!

"管仲五败——所谓卫国入仕被蛇咬。其事真有。却说管仲受了贼名之辱,便远离家乡,孤身投卫国而去。遇公子朔,为其家臣,本以为如鱼得水,孰料命运多舛,再陷深渊。那公子朔阴险毒辣,暗蓄死士,为了继承国君之位,不惜将自己的两个亲哥哥一前一后杀害,管仲断然弃公子朔而去。奈何天下大乱,小人得志,这公子朔不久还真做了卫惠公!而卫惠公继位,岂能轻饶管仲?管仲逃出朝歌,在途中躲过了一场追杀,只是不幸被毒蛇咬伤了腿。世人笑谈'卫国入仕被蛇咬',岂知那蛇,非畜类之蛇,实乃最毒之人蛇!而管仲虎口求生,进退有节,不甘堕落,自有气节,兵戈不能屈其身,爵位不能撼其心,财帛不能动其志,真大丈夫也!

"管仲六败——所谓睢阳城下拔腿跑。其事真有。时管仲首次从军于郑国,任一小卒。恰逢郑、宋两军战于睢阳之城。战鼓雷动,攻城在即,眼看着郑国武士在乱矢之中倒下一片又一片,管仲灵机一动,拔腿后撤,以求保命。此举触犯军纪,理当受罚,固然不错,然而管仲绝非那贪生怕死之人!老母无人赡养,毕生壮志未酬,岂可无辜枉死?管仲不怕死,但要死得其所,不负平生之志!

"管仲七败——所谓回乡母死妻走了。其事真有。自郑庄公死后,郑国频繁内乱,战事不休,国运日下,民生凋敝。我们鲍家也行商艰难,不得已和管仲又向新郑贩了一次粮食,没承想又撞上宋、郑交兵,我们空手而归。回到家乡,管仲原本生病的母亲又跌折了腿,奄奄一息,其中原因在于管妻乐姜。乐姜出身颍邑富商之家,自幼溺于富贵,不耐管家清贫,日积月累,夫妻嫌隙渐多。管仲赴新郑期间,乐姜未尽妇道,致使婆母重伤。管仲平生,为人至孝,见状怒不可遏,当即休妻。未出数日,管母也于深夜之时撒手人寰。唉——管仲何其多艰!人世诸苦尝遍!如此也好,孑然一身,再无牵挂,独为心中之梦,九败而不屈,九死而不悔!时至今日,我依然记得管仲在母亲坟前所发三誓:其一,管仲必将母亲灵柩迁至国之大都,不令母亲荒野孤独;其二,管仲誓娶公卿贵族之女,光耀管氏门庭;其三,管仲誓要匡天下、合诸侯,建不世之功业!以慰母亲在天之灵……

"管仲八败——所谓灭纪之战空献策,贬在祖庙望月小。其事亦真,国君并不生疏。时值先君齐襄公伐纪,管仲与公子纠,国君与鲍某,皆在军前效力。只因久攻不克,军中不安。那管仲视军纪若不存,擅离职守,私自外出,带着公子纠将鄑邑、郱邑、郚邑三地城防连夜探查了个遍。不幸遇到纪国巡兵,致使公子纠险些当场丧命。先君襄公大怒,将管仲逐出军营,贬做仆役,赶回临淄城中打扫太庙。然而管仲因为熟悉纪城布防,遂献良计,我军一战而连克三邑!此皆管仲之谋也。臣以为,管仲雄才,自视甚高,每每谋事,总以运筹帷幄自居,可惜一直不得其位。倘若使管仲居高位,操权柄,统国政,决阵前,必然神机妙算,百不失一!

"管仲九败——所谓以多攻少守战道,博得九败美名笑。其事不虚。周庄王元年,卫国内乱,卫惠公被驱逐,国内改立公子黔牟为君。至周庄王九年,先君齐襄公率师攻卫,要助外甥卫惠公夺回江山。双方交战之际,只因卫君黔牟乃周室之婿,所以周天子也派了二百兵车助卫。此战非简单的诸侯之战,周王室也卷了进来,海内瞩目。管仲以为天子虽然没落,但依旧为天下共主,故齐国要想图强称霸,对于周室当尊之以礼,而不可蔑之以战——郑庄公便败在这一点上。于是管仲请缨，率了三百兵车，只要将周师堵在半道，使其知难而退便可。天下大乱之时，更见浩然正气！那周师统帅子途大夫深知二百兵车不能救急，誓以必死之身告知世人：天子还在！子途竟然绕道而行，最终惨死朝歌城下——实在辜负了管仲一片苦心。管仲以多出百乘的兵力不能阻挡周师，论罪当斩。入城后于庆功宴上，管仲献媚而歌，只为博得先君襄公一笑——襄公戏称管仲为'九败丈夫'，乘着得意劲儿也便免了管仲死罪——'九败丈夫'也便由此而来。国君啊，我以为管仲尊王之策乃明智之举，其意实是为齐国霸业着想啊！管仲心志，在于争霸天下，非邦国一域之荣，所谋者大，所见者远，所虑者深。管仲乃千里之马，所欠者仅仅一个伯乐而已……国君啊，愿国君慎思……"

齐桓公听得痴迷，神驰不已。听到"又去南方贩黄吕"，心中暗暗惊道，"原来早有预言，管仲乃霸王之辅！"听到"回乡母死妻走了"，不禁哑然失笑，"这个管仲，真是个罕见的倒霉蛋！"听到"以多攻少守战道"，心中不由一声慨叹，"管仲实为天下大才，只是不得其用！可叹寡人险些杀一大才！"

齐桓公目光炯炯，望着鲍叔牙道："小白愚不可及！此时方知鲍师父三番辞相，三荐管仲之良苦用心。小白拜谢师父！"言罢行一礼，又道："寡人要亲试管仲之才，烦请鲍师父将管仲带来，以解寡人之问。"

鲍叔牙斩钉截铁，道："不可！臣闻'贱不能临贵，贫不能役富，疏不能制亲'。国君欲用管仲，非相国高官不可，非丰厚俸禄不可，非父兄之礼不可。非常之人，必待之于非常之礼。国君当卜择吉日，亲自迎之于郊外，如此管仲必忠君以死命！四方豪杰之士闻国君尊贤礼士而不计私仇，岂不纷纷投奔，望风而来？"

齐桓公闻言陷入沉思，缓缓起身，在堂中默默踱起步来。鲍叔牙立起身默默看着桓公。鲍叔牙心中一个劲儿地忐忑，暗暗道："都怪老鲍过于急躁，刚使国君赦了管仲死罪，今又要国君以大礼相迎，步步紧逼，莫非太过，以至于国君为难……"

谁承想齐桓公猛然回头，眸子闪着精光，微笑道："我乃姜太公嫡系后裔，大礼迎贤，不劳鲍师父嘱托。鲍师父，你我明日同往堂阜一游，寡人要躬身向管仲请教治国之道，如何？"

鲍叔牙大惊失色，不敢相信自己的耳朵，自己一路辅佐来的小白公子果然是一条神龙，变幻莫测！当下道："国君如此胸怀，当为天下共主！只是——"鲍叔牙转眼露出忧色:"堂阜乃我齐国南疆小邑,与鲁接壤,臣担心贸然前去,万一发生意外,如何是好?"

齐桓公哈哈一笑:"鲁国早被我齐国吓破了胆,焉敢再有什么妄想! 何况师父的战车还在堂阜,你我乃自家军中一游,师父不必担忧。"原来齐桓公适才踱步期间,再次想到高子"国君求相要国君自己去求"之语,当下决意亲赴堂阜,私会管仲,以试其才。倘若管仲果是大才,自己降尊纡贵,躬身寻访,更易赢得管仲之心;倘若管仲华而不实,自己更可以方便进退,至少也落得一个尊贤礼士的美名。这个对于当下齐国聚集人心也是大有裨益。

鲍叔牙满脸喜悦,兴奋地一拱手,高声领命道:"诺!"

夜幕缓缓落下,茫茫荒野中,一个边境小城也披上了一层朦胧的轻纱,据高而望,城中透出的零零星星的灯火闪烁不已,像是繁星散落一地。城中一角,寻常小院,再普通不过的茅檐草堂中,管仲屈身伏案而坐,正于铜灯之下读着师父松泉子赠予他的那卷《天道》。

门外悉悉窣窣,仿佛有许多人进来,但是脚步极碎、极轻,疑是军纪甚严的过路的齐兵。管仲自住到这里,鲍叔牙特意安排五六个精干的兵士轮流照顾,不过管仲向来随遇而安,对于这些从未上过心,每日里不是闷头读书,便是踱步谋划,常常忘了饮食,更视这些人仿佛不存在一般,所以当下也不以为意,只眼光向门外闪了一下,便又沉入书中去了。

管仲丝毫不知,夜色之中,早有一队剽悍武士将这小院里里外外戒严。一辆寻常的二马驾驭的墨车停于门外,他一生中最重要的两个人并肩携手,先后下车,相视一笑,互道"请",就一步一步朝着他走了过来。

有人叩门,其声甚重,管仲放下手中书简,轻声自言道:"荒野边城,不知哪个深夜来访?"当下微一摇头,起身开门去。

"吱呀"一声,粗笨的木门被拽开,黯淡而摇曳的灯火中,两张微微笑脸恍如一阵大风迎面扑来——一个细皮白面,一个黑脸虬髯,正是齐桓公与鲍叔牙!

管仲大骇,扶门的右手不由自主颤动了一下,眼睛中陡然间射出精光来。然而仅仅在目光碰撞的瞬间,机敏的管仲便已料定"齐侯考我来了",当下不慌不乱,不卑不亢,伏身拜倒于地,其礼甚恭,重重道:"万死罪臣拜见齐侯。"

齐桓公慌忙扶住，道："管子快快请起。小白今日始知，管子乃当世第一奇才，只恨寡人相知甚晚！"

一旁鲍叔牙呵呵笑道："管兄啊，国君已经特赦于你，你再不是什么死罪之身了。"

管仲道："齐侯大德，恩同再造！"一面说着，一面将齐桓公迎入席中。鲍叔牙却不动，只立于门边，唱道："十亩之间兮，桑者闲闲兮，行与子还兮。十亩之外兮，桑者泄泄兮，行与子逝兮！哈哈哈哈，老鲍告辞了。"

齐桓公道："有劳鲍师父。寡人欲向管子请教治国之道，做彻夜长谈。"

鲍叔牙掩门而退，但并未远去，只静静立于户外，屏气凝神，如石而立，仿佛在为里面二人守值。

草堂中齐桓公与管仲分君臣坐定，一灯独亮，两人身影瘦长。齐桓公放眼望了望，见堂中黯淡，四面皆是白壁，除了一案、一榻、一书，还有悬于窗边的一张长弓之外，再无他物。齐桓公道："边城贫寒，委屈管子了。"

管仲微微一笑："虽然陋室破席，但是齐侯端坐，天降吉祥，满堂金亮，灿若云霞，直令草堂仿佛金屋一般啊，哈哈——齐侯下驾，但请吩咐。"

齐桓公抖了抖肩膀，端了端架子，心想着"我是堂堂一国齐侯"，正色道："寡人欲拜管子为辅，今乘夜而来，专为请教国政。齐乃东方大国，僖公之时便已强加四海，威服诸侯。后至先君襄公失道，政令无常，以致酿成巨祸，绵延至今。寡人初立，百废待兴，当以何策治齐，请管子教我。"

管仲脸上掠过一丝不易察觉的沉重，道："国君不辞劳远，深夜来访，只是为请教国政？"

"礼贤下士，何谈劳苦。愿管子不吝赐教。"

"此等治国之政，如鲍叔牙，如公孙隰朋，如宁越、宾须无、王子城父、高子、国子等皆有高论，俯拾皆是，不劳向管仲下问。"管仲话锋一转，陡然间抛出一句冷语，"敢问齐侯之志若何？"

齐桓公霎时蒙了，一时无措，暗道："是寡人在问你，如何却变成你问寡人？"心中大为不悦，又不好当面直接拒绝，便悻悻道："治平齐国，强盛一方，上有明君，下有贤臣，国泰民安，政通人和。此寡人之志也。"

管仲闻言大笑，陡然变色道："如此，管仲还不如在鲁国追随公子纠死于地下！留此庸碌无为之身,有何用处!——国君若有称霸天下之志,管仲竭诚辅佐之!倘若国君仅存治齐之小念,管仲断然不为辅!"说罢,竟起身拔腿向门外走去,冰冷决绝。

境况陡转急下,齐桓公猝不及防,大为惊骇,竟冒出一头冷汗来。一边匆匆唤着"管子管子",一边又觉得不知如何自处。正慌乱间,却见鲍叔牙破门而入,逼着管仲厉声喝道:"管仲!国君专为齐国拜相而来!你纵有盖世奇才,岂可如此无礼!天将杀管仲!"

管仲戛然止步,顿觉狂放太过,暗暗生悔。这当儿,却见齐桓公走下席来,面管仲躬身行了一礼:"寡人称霸之志久矣!只恨德寡才薄,力不能及,岂敢在管子面前口出狂言?"齐桓公说着,始终低头,反如臣子侍君一般,恭敬之心溢于言表。

管仲随机应变,仰头就是一阵大笑,瞥鲍叔牙一眼,戏谑道:"我正为激起国君争霸之志也!"

齐桓公也笑着抬起头来,却见管仲端正衣冠,纳头便又三拜,须臾间,管仲狂妄之色尽退,眼眶中满是红润,感恩道:"齐侯胸怀,世所罕见。管仲幸甚,得遇旷世明主!适才笑谈,不足论也。管仲正有霸道九策,献与齐侯。"

一时三人皆有知音难遇之感,恍觉累世故人,千寻万觅,终于相认。黯淡的灯火中,三人彼此互望,会心一笑。鲍叔牙乐道:"你这个管疯子啊……"一边说着一边又退去了,掩了门,依旧守立于堂外檐下。

齐桓公急不可待:"我正欲请教霸道!——如何九策?管子请讲,寡人唯有恭敬受教。"

管仲将齐桓公迎入主席,自己陪于客席,娓娓道来:"自平王东迁洛邑至今,历八十余年,我华夏正遭逢旷古未有之巨变。此变非独周室之变,亦是自夏朝以来炎黄一脉千余年未有之巨变!当今天下,有两大巨患:对内天子失序,礼崩乐坏,征战杀伐皆由诸侯出,海内大乱,鼎沸一般;对外夷狄四起,如虎在邻,劫掠不断,侵扰中原。当此内忧外患、存亡续绝之关口,我辈自当胸怀大局,顺势而变,迎难而上,鼎定乱局,此华夏儿女匹夫有责之所在。管仲以为,当今天下之势,必以变迎之,此道也。当向何处变——一个字:霸!王道衰落,必有霸道继兴。霸者,代天子而统诸侯、攘夷狄、安四海也!非霸不足以顺应时势潮流,非霸不足以强大国家,非霸不足以光大华夏!齐国之路,唯霸道方是上上之选!故,管仲怀揣珠玉良久,有霸道九策!只恨时至今日,方遇伯乐。"管仲一边说着,一边从案头取过一卷竹书,高举过头,献与齐桓公。

　　齐桓公恍然如梦，先低头向竹书躬身行礼，之后双手齐齐托过来。铜灯燃得正亮，火影晃动中，一支支竹简更显色暗，上面密密麻麻、工工整整，都是蝇头大小的漆黑字迹。篇首写着霸道九策的纲目，后面是逐条逐条详细的分解。齐桓公只看了开篇几行字，便已心惊不已。耳边又听管仲逐字逐句道："霸道九策曰：其一，重民富民，以民为本；其二，任人唯贤，行三选法；其三，四民分业；其四，叁其国而伍其鄙，强兵隐于民；其五，均地分力，相地衰征；其六，官山海；其七，广设市井，四海通商；其八，收天下人心以为我用；其九，尊王攘夷，为天下霸。"

　　齐桓公抚着简上字迹，如抚河山，心中沉甸甸的。半晌，启口道："小白一问：何谓重民富民，以民为本？"

　　"古来圣王，所以取广誉，立大功，显于天下，荫蔽后世，未得民心而成之者，闻所未闻。古来暴王，所以失国家，危社稷，覆宗庙，灭于天下，未失民心而成之者，闻所未闻。所以，民乃天下之极，不可不务也。君主能安其民，则民事君主如事父母，主忧则民忧之，主难则民死之。君主视民如粪土，则民必不为其所用。主忧则民不忧之，主难则民多弃之。齐侯志欲强国图霸，根基在民，必以民为本。然得民之道是什么呢？——莫如富之。人心向利，如同江河之水冲奔而下，日夜无休，不召自来。兴农以饱民，行商以富民，执礼以教民，立法以束民，仓廪实则知礼节，衣食足则知荣辱！薄赋税，轻刑罚，善养孤寡，使民藏富，如此民心与我合一，只恨其少，不厌其多；我得民心，如鱼得水，如龙得云，何愁大业不就！"

　　"小白二问：如何任人唯贤，何谓三选法？"

　　"有周以来，世卿世禄之制，历三四百年，任人唯亲，堵塞才路，早已形成桎梏之势。方今天下大乱，海内争雄，倘若志士豪杰不得其用，何来霸业！管仲以为，尊贤尚功为眼下首要之务，齐国当不以世袭为贵，不以寒门为贱，以才衡官，提拔草莽，任人唯贤。匹夫有善，故可得而举之，有三选之法——每年岁首，乡长朝见国君时，必须将乡中品行端正、聪明有才、孝敬父母、勇武出众之人报告给国君，此为一选；凡被乡长举荐上来的人才，先安排在官府中试用一年，年终经过考核，将其中优异者上报国君处，此为二选；最后国君根据试用考核之凭，亲自面试，再度考验，取其中佼佼者委以合适官职，为国效力，此为三选。行此三选之法，则齐国人才辈出，国势必盛。"

　　"小白三问：如何四民分业？"

"士、农、工、商，谓之四民。目下齐国四民杂处，其事混乱，不利于治。所谓四民分业，就是处士必于闲燕，处农必就田垄，处工必就官府，处商必就市井，人以类聚，各就其位，其业自然易于精熟。何况从早到晚，日日年年，父子兄弟，言传口授，耳濡目染，假使不教也易会，假使不学也易成，'少而习焉，其心安焉，不见异物而迁焉！'于是乎士之子常为士，农之子常为农，工之子常为工，商之子常为商，不迁其业，安居乐业，各精于业，国家必然大治。"

齐桓公称妙，又道："小白四问：何谓叁其国而伍其鄙，如何强兵隐于民？"

"此乃齐国大动之策，为霸业之基。有周以来，国家乃是乡、遂制——以国都为中心，百里之内设六乡，百里之外设六遂，各有官员治之。此制粗疏，于今不足为用，管仲欲将乡、遂制改革为国、鄙制。叁其国者，就是将国都地区划为二十一乡，君上统领十一乡，高子统领五乡，国子统领五乡。一分为三，所谓叁其国也。国君之乡设一军，高子、国子之乡各设一军，三国故为三军。其中建制：五家为轨，设一轨长；十轨为里，设一里司；四里为连，设一连长；十连为乡，设一良人。此即是政令，亦是军令。伍其鄙者，就是将国都区域之外的野鄙之地划分为五部分，设五个属大夫管理。其中五家为一轨，六轨为一邑，十邑为一卒，十卒为一乡，三乡为一属，分设轨长、邑司、卒长、良人、属大夫五级官职治理，而五属大夫直接受辖于国君。

"称霸天下，皆在兵戎强盛。强兵之道何出？——寄军于政，兵隐于民。国中二十一乡之民，一家出一兵计：五家一轨，有兵五人，是为伍，由轨长率领；十轨一里，有兵五十人，是为小戎，由里司率领；四里一连，有兵二百人，是为卒，由连长率领；十连一乡，有兵二千人，是为旅，由良人率领；五乡为一师，有兵一万人，是为军；十五乡之民便可得三万新军，分由国君、高子、国子统领。如此三支新军，平时耕种，闲时操练，战时出征。民习于武，武渗于民。其兵士起于五轨之家，累世而居，血脉亲近，祭祀同福，死丧同恤，家与家皆紧邻，人与人若兄弟。夜战时仅凭耳朵听音，便知对方所在；昼战时随意瞟上一眼，便知对方是谁。彼此熟悉，你我不分，浑然一体。居则同乐，死则同哀，守则同固，战则同胜！齐国有此三万强兵，足可称霸诸侯，横行天下！"

齐桓公大惊失色："弹指之间，管子便已变出三万新军，倏忽间从天而降，却又悄然遁形！管子真乃神人也！"又急不可耐追问道："小白五问：如何均地分力，相地衰征？"

"地者，政之本；农者，国之基。周之井田制必须废除，实施新农政。土地由国家统一调度,按照一家一户多少,平均分配给农民耕种,再无公田、私田之分。但所分土地之数,乃为实数——土地有肥沃、贫瘠之别,有山丘、平地、水泽之分,同等收获却需要数量不等之土地,比如此家若分一块良田,彼家可能要分三块贫田,如此才是公平。此所谓'地均以实数'。井田既废除,赋税亦须改革。所谓相地衰征,即是将土地按质量不同相而划为数等,依据产量差异而分出不同等级,再依据等级差异而征收不同的地税。譬如上地八十里之产出等同于中地一百里之产出,又等同于下地一百二十里之产出,它们的征税标准自然是不同的。唯有相地衰征,其理公正,民心方服,则民不移,五谷丰足,人口繁盛。"

齐桓公惊喜道:"从此农夫不受贵主奴役,自家只为自家耕种,自家只为自家谋福,岂不夜寝早起,不惮劳苦? 齐国山川广野,将是一片争先恐后、为而不倦的盛况! 小白六问:何为官山海?"

"日常不可或缺之常物,最是关乎国之稳定,也是巨利所在、税赋之源——必须实行官营。此物有二:一曰铁,二曰盐。铁者,譬如民间之女必有一针一刀,耕者必有一耒一耜一铫,木工必有一锯一锥一凿;盐则更甚,十口之家十人食盐,百口之家百人食盐,孰人可免? 官山海之山,即是矿山所出之铁;官山海之海,即是海中所产之盐。盐铁官营之法,在于山海收归国有,又允可民间介入经营,统筹协调,与民分利,其中细则颇多,大要如此,难以尽言。实施官山海令,民富思稳,百业兴盛,国库必充盈,此乃富民富国之道。"

"一盐一铁竟有如此巨用,小白可谓闻所未闻! 管子深知民间疾苦,百姓所钟,所谋者大,所见者深!"齐桓公接着道,"小白七问:如何广设市井,四海通商?"

"齐自太公立国以来,通商工之业,便鱼盐之利,此乃先贤富国强国之策,我辈自当发扬光大。齐之鱼、盐、丝织、粟米、铜器以至百工灵巧之器具,非但要在齐国境内流通,还需走出国门,货通百国。临淄国都之中,拟设工商之乡有三,发展商民可达六千户。国都之外,每隔一百五十里,设市井一处,为民自由交易之所,此所谓内商。国门大开,免征关税,降低市税,天下商贾,尽可入齐! 此所谓外商。齐境交通要道,每隔三十里,专为各国商旅设驿站一座——凡载一乘货物入齐者,供奉饮食。凡载三乘货物入齐者,加奉牲畜之草料。凡载五乘货物入齐者,再加派五个齐人侍奉着。如此八方商贾将如潮水不断涌来,海内财货将云屯雨集于齐国,齐将富甲于天下。"

齐桓公直听得热血翻涌，轻飘飘地，潇洒洒地，叹道："今日始知，管子乃天下第一巨商啊！"又道："小白八问：如何收天下人心以为我用？"

"以礼治邦国，以诚取天下。一要睦邻，二要富邻，三要为天下公，弱国扶之，强国抑之，亡国救之，暴国伐之，犯我夷狄者则灭之！欲称霸天下，当求天下之精材，收天下之豪杰，尽为齐所用。可派出游说之士百余人，衣轻裘，驾豪车，满载金帛美器，周游四方诸侯，使普天之下皆知齐国礼信之邦，使八方英豪尽来齐国一展所长。方今海内大乱，皆因礼坏乐崩。齐若能于乱世之中树立礼信，则天下诸侯必望风而归，必尊齐为伯长！诚如此，霸业自来。"

齐桓公听得神采飞扬，喜道："得管子为辅，何愁霸业不成！——小白九问：何为尊王攘夷，为天下霸？"

"华夏内乱，夷狄外侵，此为当今天下两大巨患。尊王以对内，攘夷以对外。尊王者，尊周天子也；攘夷者，抗四方夷狄也。周室虽衰，然而周天子依旧为天下共主，所以天子必要尊起。边境夷狄乘华夏之乱，四处入侵，此乃灭族之祸，必要举兵抗之。尊王便是攘夷，攘夷需赖尊王，两者一也。管仲以为，'戎狄豺狼，不可厌也；诸夏亲昵，不可弃也！'唯有尊王攘夷，联合华夏各国，一致对外，抗击异族，方能赢得天下之心，方能主宰时势沉浮，方能挽华夏于既倒！尊王攘夷大旗飘飘，四方诸侯自然群起而来，齐国必霸天下！——以上九策，以取民始，以霸业终，此管仲所以为齐侯谋划也。先富后强，先内后外，先尊后攘，不出五年，小见成效，二十年后，霸业鼎盛！"

…………

时天色已经大亮，小窗之中透来道道霞光。不知不觉间，齐桓公与管仲忘乎所以，已经谈了两天三夜，犹未见倦色。齐桓公难抑兴奋，几欲摩拳擦掌，当下起身离席，于堂中晨光里疾走几步，陡然间又转头向管仲道："管子所谋，令寡人拨云雾而见青天，此正为小白求而不得之梦想！我再无犹疑。寡人谨拜管子为相国，总揽军国大政，以成齐之霸业！"说罢，立在那里就要躬身拜相。

管仲慌忙起身过来，扶住齐桓公，打住道："臣闻大厦之成，非一木之材；大海之广，非一流之归。国君欲成大业，还需任用齐国五杰。"

齐桓公愕然，道："五杰是谁？"

管仲道："谦逊有德，口若悬河，言辞刚柔有度，进退熟知礼仪，臣不如公孙隰朋，请立为大司行(负责礼仪和外交的官)。开垦荒地,丰登五谷,尽土地之利,增人口之数,臣不如宁越,请立为大司农(负责农业生产的官)。平原广野,排兵列阵,使战车不乱,使甲兵不退,一鼓噪起而三军视死如归,臣不如王子城父,请立为大司马(负责军事的官)。熟谙刑法,判案公正,不杀无辜之人,不冤无罪之人,臣不如宾须无,请立为大司理(负责司法的官)。忠君为国,犯颜直谏,不避生死,不贪富贵,臣不如鲍叔牙,请立为大谏(规劝君主过失的官职)。此五杰各有一才,其才皆在管仲之上;然而若用臣去换,却又行不得。国君如只要富国强兵,用此五人足矣;国君如欲成就王霸之业,则非用管仲不可。"

"管子所荐五人五官,寡人一一应允。翌日官拜五人,各治其事,皆受制于相国。寡人今日之事,则专为齐国求相!"齐桓公说着,又要躬身拜相。

管仲扶住,又道:"我乃布衣褴褛之野民,岂不闻贱不可以治国,贫不可以治富? 欲拜管仲为相,请赐富贵。"

"小白诚心拜相,何吝些许富贵! 国中市租一年,尽赐予管子。只是不知够用吗?管子还有何求?"齐桓公慷慨道。

管仲毫不退避,又直言道:"无尊不可以制人,无权不可以图治,欲拜管仲为相,请赐尊荣。"

"国中朝野之官,尽受相国节制,即使高子、国子亦受相国调遣,位在相后。寡人年幼,谨拜相国为仲父! 国中大政,先告相国,次及寡人,一切施行,尽凭仲父裁决!"齐桓公慨然言道,又重重呼道:"仲父! 请受小白一拜!"言罢,伏身于地,纳头便拜。

一个当仁不让,海口大开,狂气不可挡;一个来者不拒,霸王度量,信君如信我! ——管仲还有何话可讲? 当下目光劲射如电,脸色静穆如山,挺一身傲骨,涌满腔热血,恭恭敬敬伏拜于齐桓公面前,凛凛道:"齐侯胸怀高于云天,广于汪洋,着实令人钦佩! 为着齐侯霸业,管仲但凭驱使,万死不辞!"

齐桓公起身,受了管仲之拜,扶起管仲,大喜道:"寡人终得仲父! 齐国终得贤相!霸业宏图,近在咫尺!"

木门"砰"一下被撞开,外面清凉之气忽一下就跑进来,案上的铜灯被小风裹着闪了几闪,便从晨光中消失了。原来鲍叔牙难耐心中狂喜,哪顾得了什么君臣之礼,笑吟吟闯了进来。齐桓公与管仲畅谈两天三夜,鲍叔牙也如护卫一般在堂外静静守了两天三夜。当下鲍叔牙笑道:"恭喜国君拜相,得当世第一奇才!"

齐桓公也笑道:"此皆鲍师父举荐之功。"

管仲立在一旁,默默拱手向鲍叔牙行了一礼。

鲍叔牙更乐,眼睛早眯成一条线,不由自主击掌叹道:"上为国君谋之以忠,下为朋友尽之以义,鲍叔牙,平生无憾矣!"

三人一时乐而忘形。这时,有一队侍者捧着香喷喷的朝食悄悄走了进来……

齐桓公返回宫中,果然依管仲所荐,立公孙隰朋为大司行,立宁越为大司农,立王子城父为大司马,立宾须无为大司理,立鲍叔牙为大谏。又沐浴斋戒三日,于太庙中祈祷一日,于宫城皋门之外,筑起一座九层之坛,取名拜相坛。

这日,国君亲卜的吉日,百鸟齐鸣。齐桓公出临淄城外三十里,亲自迎接自堂阜而来的管仲。两人同乘国君的五彩辂车,在万众的欢呼和瞩目中,缓缓来到拜相坛。齐国朝野众臣云集坛下,无一缺席。其中如鲍叔牙、公孙隰朋、宁越、宾须无等自不必说,高子也到了,国子也到了,腿伤未愈的王子城父被抬着也到了。四周甲兵环列,旌旗高扬,拜相坛及整个临淄城都笼罩在一片庄严肃穆的氛围之中。

众目睽睽下,齐桓公携着管仲一步一步登上坛顶,齐桓公行了拜相大礼,管仲还礼。诸礼已毕,齐桓公当众高声道:"天下纷扰,齐当争霸。寡人今拜管仲为相国,以谋大业!寡人亦拜管相为仲父,国人尽知。此后齐国之政,先告仲父,次及寡人,一切国政,尽凭仲父裁决!寡人信仲父如信己身,国人尊管相如尊寡人!有仲父为齐国操持,有众卿上下齐心,齐国霸业必成!"

一片欢呼声中,管仲接过印绶、佩剑,昂首挺胸,目射精光,傲然立于拜相坛上。天风浪浪,海山苍苍,一片白云卷过临淄城头,悠悠飘向远方。世事离奇,人生难料,颍水之畔一路走来的"九败丈夫",千锤百炼,历尽沧桑,转瞬之间就做了东方第一强国的管相。战车辚辚,狼烟滚滚,天下依旧在鼎沸中翻滚,而齐国则因为管相的到来,独树一帜,再起风云,开启了一段崭新而动魄的征程。一幅浓墨重彩的春秋画卷,即将从这里徐徐打开,惊艳东方。

时周庄王十二年,公元前685年。